유종원집(柳宗元集) 1

The Complete Works of Liu Zong Yuan

지은이 유종원(柳宗元, 773~819)은 당송팔대가(唐宋八大家)의 한사람으로 중국의 대표적인 문인이다. 자는 자후(子厚)이며 유하동(柳河東) 또는 유유주(柳柳州)라고도 부른다. 21세에 진사과에 급제한 후에 정치 혁신을 꾀하는 집단에 참여하였다가 몰락하여 10년 동안 벽지인 영주(永州)에서 지내며 창작에 몰두하여 많은 작품을 남겼다. 후에 남방인 유주(柳州)에서 4년 동안 자사를 지내다가 47세의 나이로 임지에서 세상을 떠났다. 한유(韓愈)와 더불어 당대의 고문운동을 선도하며 문체개혁에 나서 산문의 새로운 경지를 개척하였다. 특히 우언문(寓言文)과 산수유기(山水遊記)에 뛰어났으며, 의론문과 전기문도 뛰어나다. 시가에서도 상당한 성과를 거두었다. 하늘과 인간의 영역을 나누어 왕권의 절대성에 반대하는 등 매우 진보적이었으며 유교와 불교의 통합을 주장하기도 하였다. 사회주의 이념 아래에서 뛰어난 유물론자로 대단히 높이 평가를 받기도 하였다.

옮긴이 오수형(吳洙亨)은 서울대 중문과를 졸업하고 대만대학 중문연구소에서 문학석사, 서울대에서 문학박사 학위를 취득하였다. 현재 서울대 인문대학 중문과 교수로 재직 중이며, 한양대 중문과 교수를 역임했다. 대만 정치대학의 객좌교수로 강의하고, 중국 사회과학원 문학연구소에서 연구하였으며, 초대 한국중국산문학회장을 지냈다. 주로 중국 고전산문과 관련된 분야를 연구하며 강의한다. 『당송팔대가의 산문세계』, 『중국우언문학사』, 『욱리자』, 『유종원시선』 등의 책과 「유종원산문연구」, 「명대의 우언문학」, 「당대의 산문미학」 등의 논문이 있다.

옮긴이 이석형(李奭炯)은 서울대 중문과를 졸업하고 동대학원에서 석사와 박사학위를 취득하였다. 인제대학교 중문과에서 조교수를 역임하고 현재 중앙대 중어학과 교수로 재직하면서 중국문학사, 당시, 송사, 중국역대산문 등을 강의하고 있으며, 대만대학 및 복단대학에서 방문학인으로 연구한 바 있다. 주로 사학(詞學) 중심의 시가 방면에 연구를 집중하여, 저서로『청말사학이론연구』, 공동 역서로『두보초기시역해』, 『두보지덕연간시역해』, 『두보위관시기시역해』, 『두보진주동곡시기시역해』, 『두보성도시기시 역해』, 논문으로 「백우재사화연구」, 「주이준사론연구」, 「운간사파사학 연구」 등이 있다.

옮긴이 홍승직(洪承直)은 고려대 중문과를 졸업하고 동대학원에서 석사와 박사학위를 취득하였다. 현재 순천향대학교 중문과 교수로 재직하며 공자아카데미원장을 맡고 있다. 중국 섬서사범대학에서 방문학자로 연구한 바 있다. 주로 중국고전산문 분야를 연구 강의하며 중국 고전의 번역에 힘쓰고 있다. 『이탁오평전』, 『분서』, 『아버지 노릇』 등의 책과 「유종원산문의 문체별 연구」, 「풍자개의 산문세계」, 「사부에 나타난 유종원의 우환의식」 등의 논문이 있다.

유종원집(柳宗元集) 1

1판 1쇄 인쇄 2009년 7월 25일
1판 1쇄 발행 2009년 7월 31일

지은이 / 유종원
옮긴이 / 오수형 · 이석형 · 홍승직
펴낸이 / 박성모
펴낸곳 / 소명출판
등록 / 제13-522호
주소 / 137-878 서울시 서초구 서초동 1621-18 (란빌딩 1층)
대표전화 / (02) 585-7840
팩시밀리 / (02) 585-7848
somyong@korea.com / www.somyong.co.kr

ⓒ 2009, 한국학술진흥재단

값 27,000원

ISBN 978-89-5626-406-6 93820
ISBN 978-89-5626-405-9 (전4권)

유종원 지음 ‖ 오수형 · 이석형 · 홍승직 옮김 ‖

유종원집 1

柳宗元集 一

소명출판

1. 저본은 1979년 중국 중화서국(中華書局)에서 출판한 『유종원집』으로 이 책은 이미 매우 충실하 게 교감이 가해졌다. 판본이나 교감에 관련된 사항은 말미에 부록된 「교점후기」에 상세한 설명 이 있다. 작품의 진위 문제에 대하여는 해당 작품 주석의 언급 외에 부록의 「변위잡록(辨僞雜 錄)」에 자료가 정리되어 있다.

2. 저본에 실린 원저자 유종원의 작품을 모두 우리말로 옮겼으며, 주석은 각주의 방식을 취하여 번 역문에 달았다. 매 작품의 편명 끝에 단 주석은 해당 작품의 해제에 속한다. 원문은 번역문 뒤에 실었다.

3. 유종원의 작품이 아닌 「전언(前言)」과 말미의 부록에 실린 각종 자료들은 원문 없이 번역문만 실었다. 다만 유종원의 본집 속의 개별 작품에 부록된 타인의 작품은 번역문과 원문을 모두 실 었다.

4. 작품의 편명 표기는 독음(한자 : 우리말 풀이)의 방식을 취하였다. 예를 들면, 봉건론(封建論 : 봉 건제에 대해 논함)과 같다.

5. 번역문에서의 한자는 독음이 같으면 ( ) 안에 넣고 뜻만 같으면 [ ] 안에 넣었다. 인용문의 경우 는 " "와 ' '를 사용하고, 서명에는 『 』, 편명에는 「 」을 사용했다.

6. 한문 원문 중에 현재 통용되지 않는 이체자가 쓰인 경우는 조판의 편의상 지금 통용되는 글자로 바꾼 것도 있다. 원문의 문장부호는 가로쓰기에 맞춰 인용부호를 " "와 ' '로 바꾸었다.

7. 색인은 부록을 포함한 전체의 글 가운데 번역을 가한 글의 원래 한자 편명을 한글 독음 순서에 따라 배열하였다.

　중국의 문장가를 이야기할 때면 먼저 당송팔대가(唐宋八大家)가 언급된다. 그리고 그들 중에서도 이 책의 저자인 유종원(柳宗元)을 비롯하여 한유(韓愈), 구양수(歐陽修), 소식(蘇軾)이 '한유구소(韓柳歐蘇)'로 불리며 우선시된다. 이들이 당송 시기에 문단을 선도하며 뛰어난 문장을 창작함으로써 중국 역사상 가장 찬란한 고문의 꽃을 피워내며 중국산문사에 환한 빛을 발하였기 때문이다.

　유종원(773~819)은 당(唐)만이 아니라 중국 역사상 대단히 걸출한 문장가이며 사상가이고 정치가였다. 문장가로서의 그는 과거의 각종 문학형식을 잘 계승하여 다양한 문체에 고루 깊은 조예를 갖추어 높은 성과를 거두었다. 특히 시가에도 능하여 시와 문 모두에서 크게 성과를 거둔 대표적인 문인이기도 하다. 흔히 한유와 더불어 새로운 문체 개혁을 이끈 당대의 고문운동가로서 인식되지만, 그의 전집을 보면 새로운 문체로서의 고문 창작에만 주력한 것이 아니라, 다양한 옛 문학 전통의 계승과 보존에도 많은 노력을 기울여 크게 성공하였음을 알 수 있다. 사상가로서는 합리적이고

과학적인 사고의 소유자로서 각종 사상을 폭넓게 수용하였으며, 대단히 앞선 민주사상의 소유자였다. 이른바 '신중국' 성립 후에는 역사상 대표적인 유물론자로서 절대적인 위상을 지니기도 했다. 정치가로서는 진보적인 입장에서 개혁의 전열에 섰다가 실패한 불운의 주인공이었다. 그러나 그 정치적 불운은 그의 사상과 문학의 깊이를 더하여 불후의 업적을 남기게 한 원동력이 되었다고도 할 수 있으니, 다른 시각에서 보면 진정한 불운도 아니다. 일찍이 동시대 인물인 한유 역시 그렇게 평한 바 있다.

　발전은 옛것을 계승하고 새로운 것을 더함으로써 이루어진다. 즉 발전은 옛것에 대한 깊은 이해와 더불어 새로운 시각과 발상을 통한 창신에서 비롯된다. 당송시기의 고문운동이라는 새로운 문체 개혁의 요체가 바로 거기에 있으며, 유종원 문학 작품의 의미도 거기에 있다. 본 역서의 주된 목적도 바로 그와 궤를 같이하니, 유종원의 문학세계에 대한 전면적이고 새로운 이해를 바탕으로 하여 또 다른 새로운 것을 찾아내고 만들어내는 일에 작으나마 도움을 제공하려는 것이다.

　대학의 중문과 과목 중에 산문은 오래전부터 있어왔다. 그러나 그것은 대부분의 경우에 주로 언어를 익히듯 독해에 치중되어 진행될 뿐, 정체성을 지닌 독립된 장르로서 여겨지지 않은 것이 사실이다. 산문을 전공으로 표방하는 연구자가 나오기 시작한 것도 그리 오랜 일이 아니다. 그런 상황에서 산문의 연구와 교육은 답보상태를 면하기 어렵다. 특히 부족한 점은 산문 원전에 대한 국내에서 출판된 기초 자료의 미비이다. 국내에서 출판된 중국 고전산문 서적으로는 몇 종 안 되는 산문 선집이 전부인데, 그나마도 거의 모두가 같은 작품을 수록한 것들이어서 실제로 쉽게 접할 수 있는 자료는 지극히 제한적이다. 시대별이나 작가별 또는 작품의 종류별로 다룬 작품집도 여전히 찾아보기 어려운 형편이다. 몇몇 시인의 문집을 제외하면, 집부(集部)에 속하는 전집의 완역은 지극히 드문 상황에서 당송팔대가의 문집의 경우도 예외가 아니다. 그런 가운데 2003년 학술진흥재단의 명저 번역 지원으로 유종원에 크게 관심을 가졌던 역자들이 처음으로 당송팔대가의 한 사람의 문집을 완역하게 되었다. 2006년 상반기에 역주가 완료되었으나 여기저기 미비한 점을 보완하고 또 편집하는 과정에서 시간이 적지 않게 지나 이제야 책으로 내게 되었다.

본 역서가 저본으로 삼은 중국 중화서국의 『유종원집』은 주석이나 교감이 이미 상당히 완비되었다. 또 말미의 부록은 판본의 문제나 작품의 진위 문제 등에 대하여 풍부한 자료를 직접 제공하고 있다. 이들은 원전에 관련된 많은 번거로운 문제의 해결에 큰 도움이 된다. 그밖에 서두의 「전언」은 문화대혁명이 끝난 지 얼마 지나지 않아 쓴 것으로, 비록 사회주의 이념의 색채를 벗어나지 못한 한계를 지니고 있으나 여전히 유종원의 작품세계를 비교적 잘 조망하고 있다.

이 책은 세 사람이 번역을 분담하였다. 오수형은 전언, 1·3~4·14~21·26~29·40~41권을, 이석형은 22~25·37~39·42~45권을, 홍승직은 2·5~13·30~36권, 외집 및 보유를 각기 책임지고 역주하였다. 역자의 역량 부족과 더불어 또 공역에서 기인하는 많은 미비점이 존재하리라는 것을 안다. 그러나 중국에도 아직 백화로 된 이렇다 할 전집 역주본이 없는 데다, 유종원에 대한 당대 최고의 학자 장사교(章士釗)조차 원전의 난해함을 지적한 부분이 적지 않다. 그런 점들을 변명이자 위안으로 삼아 감히 책으로 내놓는다. 그로써 유종원 문학에 대한 연구와 교육에 두루 활용되기를 바라며 또한 향후에 더 많은 고전 문집의 번역 출판을 재촉하고자한다.

끝으로 편집에 있어 쉽지 않은 점이 많은 이 책을 정성들여 편집 출판해준 소명출판 여러분에게 깊이 감사의 마음을 전한다. 내용상의 오류와 불비함에 대해서는 제현의 아낌없는 가르침을 청하며, 이 책이 유종원의 문학세계 나아가 중국 산문의 다각적인 연구를 위한 기초 자료로서 미약하나마 의미있는 역할을 할 수 있기를 기대한다.

2009년 2월
역자 씀

柳宗元集 전체 차례

『유종원집』 전언(前言)[1]

유종원(柳宗元, 773~819)은 자가 자후(子厚)로, 중국 당대(唐代)의 걸출한 문학가이자 저명한 사상가이다. 그의 조적(祖籍)은 하동(河東)으로,[2] 사람들은 그를 유하동(柳河東)이라 부른다. 또 유주(柳州)에 쫓겨나 관직을 지냈으므로 유유주(柳柳州)라고도 부른다.[3] 그는 관료 지주 집안에서 태어나 21세에 진사과에 합격하였으며, 26세에 박학굉사과(博學宏詞科)에 급제하여 집현전서원정자(集賢殿書院正字)가 되었으며, 후에 다시 남전위(藍田尉)와 감찰어사이행(監察御史裏行)에 임명됐다. 정원(貞元) 21년(805)에 유우

---

1) 이 글은 본 역주의 저본인 북경 중화서국에서 출판한 『유종원집』(1979)의 「전언(前言)」이다. 유의할 점은 유종원의 사상에 대한 평론에 사회주의 이념의 색채가 농후하며, 특히 마지막 서너 줄에서는 사회주의 유물론에 대해 직접적으로 선전하고 있다는 것이다. 이 글은 1978년에 쓴 것으로, 당시는 문화대혁명이 끝난 지 얼마 지나지 않아 개혁개방이 본격적으로 이루어지기 이전이다. 따라서 그러한 시대상황을 고려하여 읽어야 마땅할 것이다.
2) 지금의 산서성 영제(永濟)이다.
3) 유주(柳州)는 지금의 광서성 유주(柳州)시이며, 유종원은 그곳에서 자사(刺史)를 지냈다.

석(劉禹錫)등과 같이 정치혁신을 주장하는 왕숙문(王叔文)의 집단에 참여하여 예부원외랑(禮部員外郎)으로 승진했다. 오래 지나지 않아 혁신이 실패하자 영주사마(永州司馬)로 좌천되었다.[4] 10년 후 유주자사(柳州刺史)로 옮겼으며, 다시 4년이 지나 유주에서 병사했다. 향년 47세였다.

유종원은 대종(代宗)·덕종(德宗)·순종(順宗)·헌종(憲宗)의 4대를 거쳤으나 그가 주로 활동한 시기는 정원(貞元)·원화(元和)시기이다.[5] 이 시기는 8년 동안 계속된 안사(安史)의 난을 지나며 당 왕조가 이미 내리막길을 가던 시기였으며, 옛 역사가들이 이른바 성당(盛唐)의 시대는 이미 가버린 때였다. 그 난리 이후에 지주계층과 농민계층의 대립 및 지주계층 내부의 각 집단 간의 대립은 완화되지 않았을 뿐만 아니라 더욱 격화되었다. 번진(藩鎭)의 군벌은 여전히 군대를 지니고 할거하였으며 황하 이북의 네 진(鎭)으로부터 내지(內地)로 확장하였다. 이들 번진은 주현(州縣)을 합병하였으니, "큰 군벌은 십여 개의 주(州)를 합병하고 작은 군벌은 서너 개의 주를 합병하였으며", "토지를 소유할 뿐만 아니라 그 백성을 소유하였으며 또 갑옷과 무기를 소유하였고 그 재물과 세금까지 소유하였고",[6] "각기 강한 군사 수만 명을 거느려 무기를 마련하고 성채를 지었으며, 스스로 각급의 문무 관리를 임명하고 공물과 세금을 바치지 않았으며",[7] 또 부자가 세습하면서 엄연히 중앙 정부와 대립하는 독립 왕국이 되었다. 중앙 정부 내부에서의 환관의 전횡도 날로 심해졌다. 그들은 중앙의 금군(禁軍)을 장악하고 조정을 좌지우지하며 황제를 겁주면서 전국에 권세를 떨쳤다. 조정의 당권과 환관과 지방 번진의 군벌은 갈등이 있었으나 또한 상호 결탁하여 패거리를 지어 악행을 저지르며 자신들의 지위와 기득권을 단단하게 다졌다. 그들은 멋대로 가혹하게 세금을

---

4) 영주(永州)는 지금의 호남성 영릉(零陵)현이다.
5) 정원·원화는 각기 덕종·헌종 때의 연호이다.
6) 『신당서(新唐書)』「병지(兵志)」.
7) 『자치통감(資治通鑑)』 223권.

걸고 토지를 차지하여 상공업을 몰락시키고 농촌을 황폐화시켰다. 지주계층(당권과 환관과 번진의 군벌은 원래 대지주임)의 잔혹한 압박과 착취 아래에서 수많은 농민들은 어지러이 파산하여 떠돌아다녔으며 그들의 반란이 끊임없이 발생했다. 계층 간의 대립이 격화되고 당 왕조의 위기가 날로 심각해지는 상황 아래에서, 지주계층의 일부 식견 있는 이들은, 당 왕조의 통치와 지주계층의 이익을 유지하고 보호하기 위해 환관과 번진의 특권 억제를 요구하며 나섰으며, 황제를 최고통치자로 하는 중앙 집권과 국가 통일을 옹호하고 민심을 잃는 잘못된 시정을 혁신함으로써 노동자의 무거운 부담을 경감시켜 사회를 안정시키고 생산력을 회복 발전시킬 것을 요구하였다. 유종원이 순종(順宗)시기에 왕숙문(王叔文) 등과 함께 진행한 정치혁신은 바로 이러한 특정 역사 환경의 산물이었다.

덕종(德宗) 정원(貞元) 연간에, 유종원이 감찰어사이행(監察御史裏行)이었을 때, 그는 왕숙문 등의 혁신파 인물들과 깊은 우의를 맺었다. 왕숙문은 당시에 동궁(東宮)의 황태자 이송(李誦)의 시독(侍讀)으로서 수시로 기회를 이용해 태자와 더불어 조정의 실정(失政)을 의론하면서 태자가 황제에 즉위한 후에 개혁이 이루어지기를 희망하였다. 태자 이송은 왕숙문의 정견을 상당히 인정하였으므로, 정원 21년(805) 정월 덕종 이괄(李适)을 계승하여 즉위하자 즉시 왕숙문·왕비(王伾) 등의 혁신파 인물들을 기용하였다. 유종원은 예부원외랑(禮部員外郎)에 발탁되었는데 왕숙문에게 매우 인정받는 혁신파의 핵심인물이었다. 이들은 집정한 후에 일련의 혁신조치를 취하였으니, 죄상이 뚜렷한 탐관오리를 파직하여 쫓아내고, 백성의 재산을 약탈하는 '궁시(宮市)'와 '오방소아(五坊小兒)'를 폐지하였으며,[8] 정식 세금 외의 억지 출연금과 잡세를 없애고, 장기간 번진에 의해 독점된 소

---

8) 궁시(宮市)는 당 덕종(德宗) 때에 궁중에서 파견된 환관이 민간인의 물건을 사며 정당한 값을 지불하지 않고 매매의 명목 하에 약탈을 가했던 일을 가리킨다. 오방소아(五坊小兒)는 황제의 사냥을 위한 동물을 기르던 소년들인데, 그들은 그 일을 핑계로 민간에서 재물을 탈취하며 막심한 피해를 입혔다.

금과 철의 운송 권한을 중앙에 귀속시켰으며, 일부분의 궁녀와 여성 악공(樂工)을 풀어주고 한직의 관리를 감원하였으며, 환관의 병권(兵權) 환수에 착수하는(방해를 받아 실현할 수 없었음) 등등의 조치를 취하였다. 이러한 조치들은 환관과 번진으로 대표되는 부패세력에게 타격을 가했으며 상당히 진보적 의의를 지닌다. 그러나 환관과 번진의 세력은 상당히 강대하였고 혁신파는 광범위하고 공고한 사회적 기반이 결핍되었으므로, 이 혁신운동은 저들의 연합된 반격 하에 급히 꺾였다. 환관 구문진(俱文珍)을 대표로 하는 환관세력은 위고(韋皋)[9]를 대표로 하는 번진의 군벌세력과 결탁하여 순종 이송을 압박하여 왕위를 태자 이순(李純)[10]에게 양위시켰다. 그리고 이어 혁신파에 박해를 가하였으니, 왕숙문은 피살되고 왕비(王伾) 역시 죽음으로 몰렸으며, 유종원 · 유우석 등의 8인은 먼 변두리 여러 주(州)의 사마(司馬)로 쫓겨났다. 이것이 바로 역사상 유명한 '2왕 8사마(二王 八司馬)의 사건'이다.

정치상의 실패와 방축은 유종원의 생활에서 중대한 전환점이었다. 그 이전의 젊은 유종원은 정치적으로 상당한 포부를 지녔었으며, "재능을 연마하고 공력을 닦아 백성에게 태평함을 주고 불멸의 명성을 드리우고자 하였다."[11] 그러나 그 이상이 깨진 후에는 자신의 정력을 주로 사상 문화 영역에 돌렸으니, "현인은 당시에 뜻을 이루지 못하면 반드시 후일에 귀해진다"고 여겨,[12] "책을 쓰고 과거를 판정하며 성인의 법을 밝혀 무궁한 명예를 얻기"를 갈망하였다.[13] 그는 발분하여 경서와 사서와 제자서(諸子書)를 연구하였으니, "백가(百家)의 서적을 읽고 고금을 내달려",[14] 자신의 체험을 써 "가슴속에 체득한 바를 기록하였으며", 황당한 것을 보면 늘

---

9) 검남서천절도사(劍南西川節度使)를 지냈다.
10) 헌종(憲宗).
11) 「답공사원공근논사진서(答貢士元公瑾論仕進書)」.
12) 「기허경조맹용서(寄許京兆孟容書)」.
13) 「여고십랑서(與顧十郎書)」.
14) 「여양경조빙서(與楊京兆憑書)」.

"용감성을 자제하지 못하고" 비판을 가해 "세간의 잘못을 구하고자 하였다."[15] 그의 문학성 있는 산문과 시가는 대부분이 느낀 바가 있어 쓴 것으로, 혹은 사회의 불공평을 폭로하며 노동자의 고통을 동정했으며, 혹은 때와 세상을 풍자하고 슬퍼하며 부패세력에 창끝을 겨누었으며, 혹은 "길게 슬픈 노래를 읊조리고 쓸쓸하고 억울한 마음을 발설하여 붓을 들어 편지를 씀으로써",[16] 자신의 비분을 기탁했다. 장기간의 방축 유랑생활은 그로 하여금 보다 더 심각하게 사회의 불공평을 관찰하게 만들었고 노동자의 고통을 체험하게 만들었다. 그리하여 그의 작품은 보다 더 풍부한 사상과 내용을 지니게 되었다. 그가 남긴 7백여 편의 작품 중에 절대 다수가 폄적된 이후에 쓴 것이다. 그 가운데 적지 않은 우수한 작품들은 중국문학사와 사상사에서 줄곧 그 빛을 번쩍이고 있다.

정치사상면에서 유종원은 선진(先秦) 이래 각 학파 정치학설의 융합을 주장하였다. 그러나 그가 가장 숭상하였던 것은 "요(堯)・순(舜)・공자(孔子)의 도(道)"였다. 그의 정치이상은 이른바 "인의(仁義)를 정립하여 교화를 돕고", "오직 중정(中正)과 신의(信義)에 뜻을 두어 요・순・공자의 도를 일으키고 백성들을 이롭게 하는 데에 힘쓰는 것"이었다.[17] 스스로 표하길, "요・순・공자의 뜻을 구하기 좋아하면서 오직 그러지 못할 것을 두려워하며", "요・순・공자의 도를 행하며 오직 만족스럽지 못할 것을 두려워한다"고 하였다.[18] 그러나 그는 한 학설만을 주종으로 따르지 않고, 양주(楊朱)・묵자(墨子)・신불해(申不害)・상앙(商鞅)・형가(刑家)・명가(名家)・종횡가(縱橫家)・불가(佛家)・도가(道家)의 각 학설이 모두 "세상에 유익하다"고 여겨, "모두에게서 그 장점을 취하고 그 잘못된 점을 버릴 것"을 주장하였다. 그는 그들 학파가 모두 "공자의 이류(異類)이며" "공자와 같은 도

---

15) 「여여도주온논비국어서(與呂道州溫論非國語書)」.
16) 「상이중승헌소저문계(上李中丞獻所著文啓)」.
17) 「기허경조맹용서(寄許京兆孟容書)」.
18) 「송누도남수재유회남장입도서(送婁圖南秀才遊淮南將入道序)」.

(道)"라고 여겨, 그들 학파를 "통괄하여 같게 만들고 간추려 융합시켜" "성인의 도"에 완전히 부합시킬 것을 주장하였다.[19]

유종원은 번진의 할거에 반대하였으며 중앙집권의 강화를 주장하였는데, 이는 그의 유명한 문장 「봉건론(封建論)」에 두드러지게 나타나 있다. 그는 진한(秦漢) 이래 중앙집권과 분봉(分封) 할거의 긍정적·부정적 두 방면의 경험적 교훈을 총괄하여, 군현제를 시행하고 "대를 이어 다스리는" 분봉(分封)의 세습제를 없애야 비로소 "죄를 지으면 쫓아내고, 능력이 있으면 상을 주도록" 할 수 있으며, 또 "현인이 윗자리에 앉고 못난이가 아래에 있게" 할 수 있어, 국가가 비로소 오래도록 잘 다스려질 수 있다고 설명하였다. 그는 군대를 가지고 자신을 지키는 번진을 "지역을 해치는" "포악하고 교활한 자", "반역의 장수"라고 지적하여, 그들의 문제점에 대해 "군대를 잘 통제하고 신중히 지방장관을 선택할 것"을 건의하고, 병권과 군현의 관리 임면권(任免權)을 왕조의 중앙에 집중시킬 것을 주장하였다.

유종원은 오직 현자를 임용할 것을 주장하고 가까운 이만을 임용하는 것에 반대하였는데, 특히 환관의 전횡에 반대하였다. 그는 「육역론(六逆論)」에서, 『좌전』에 보이는 "비천한 자가 고귀한 자를 막고, 관계가 먼 자가 근친을 물리치고, 새로운 자가 오래된 자를 물리치는 것"을 "혼란의 근원"이라고 간주하는 전통관념을 비판하면서, 귀천(貴賤)·친원(親遠)·신구(新舊)에 따라 임용하는 것에 반대하고, 오직 현우(賢愚)를 임용근거의 표준으로 삼을 것을 주장했다. 「송최자부파거시서(送崔子符罷擧詩序)」에서는 인재를 선발할 때 문장에만 근거하지 말고 반드시 "그 행동을 보고 그 지혜를 시험해야 한다"고 주장하며, 덕과 재능을 겸비하여 "백성을 교화하고 일의 처리"가 가능한지 여부를 보아야 한다고 주장했다. 그는 재상의 주요 임무는 광범위하게 "천하의 선비를 골라 그 직분에 맞추는 것"이라고 여겼으며,[20] 「진문공문수원의(晋文公問守原議)」와 「동엽봉제변(桐葉封弟辯)」에

---

19) 「송원십팔산인남유서(送元十八山人南遊序)」.
20) 「재인전(梓人傳)」.

서는 그 제재를 통해 환관의 정치참여와 전권(專權)에 반대했다.

유종원은 일찍부터 "백성에게 태평함을 주고" "백성을 편안하게 하려는" 포부를 품고 있었으며, 폄적된 이후에도 여전히 "백성의 본성이 안정되고 성인의 도가 빛나기"를 기대하였으며, 또한 "비록 벼슬이 높지 않아도 백성의 걱정을 잊지 않을 것"을 친구와 서로 격려했다.[21] 그는 탐관오리들이 노동자를 괴롭히는 것을 엄하게 비판하며 그들에게 "생산을 증대하고" "본성에 안주할" 권리를 줄 것을 요구하였다.[22] 또 「포사자설(捕蛇者説)」과 「전가(田家)」 등의 시문에서는 노동자의 고통을 깊이 있게 반영하고 그들을 동정하였다. 당시의 "뇌물 수수가 행해져 징세가 어지러워지는" 불합리한 현상에 대해, "한계를 정하고 명분과 실제를 맞추어" "균부(均賦)"를 실행하여 가난한 이들의 부담은 경감시키고 부자들의 세금은 증액하여 사회의 안정과 생산의 발전에 이롭게 할 것을 주장하였다.[23] 이러한 주장은 비록 중소 지주계층의 경제적 이익과 정치적인 수요만을 반영하였지만, 여전히 어느 정도 긍정적인 의미를 지닌다. 유종원은 유주자사일 때 자신의 직권 범위 안에서 노동자에게 유리한 몇 가지 일을 시행하기도 하였다.

철학사상면에서 유종원의 유물주의와 무신론 사상은 중국철학사상에 중요한 공헌을 하였다.

당대 중엽의 철학상의 유물주의와 유심주의의 투쟁은 주로 '천인(天人) 관계' 즉 인간과 하늘의 관계에 대한 문제를 둘러싸고 전개됐다. 당시에 유행한 신학(神學)의 천명론(天命論) 사상은 환관·번진으로 대표되는 부패세력의 필요에 부응하여 그들의 특권과 기득권의 수호에 유리하였고, 유물주의와 무신론 사상은 혁신파의 개혁 진행의 사상적 무기였다.

유종원은 순황(荀況)·왕충(王充) 등의 원기일원론(元氣一元論)의 유물주

---

21) 「답주군소이약구수서(答周君巢餌藥久壽書)」.

22) 「종수곽탁타전(種樹郭橐駝傳)」.

23) 「답원요주논정리서(答元饒州論政理書)」.

의사상을 계승 발전시켜, 하늘은 과일·초목 등 자연계의 모든 물질과 같이 혼돈(混沌)한 원기로 구성된 것으로서, 모든 것은 원기로 통일되며 원기를 벗어나 독립적으로 존재하는 의지를 지닌 하늘은 존재하지 않는다고 하였다.24) 그는 하늘은 "무엇을 영위하여 이루지도 않으며", "공적(功績)도 작위도 없는" 양기(陽氣)가 한없이 모여 이루어진 것이라고 하였으며, 또 하늘은 음(陰)과 양(陽)의 두 기운이 끝없이 무한한 우주에서 상호작용하여 "뜨겁고 서늘한 기운이 나와 교차되어 이루어지며" 우주의 운동을 추진하면서 발전한다고 하였다.25) 「비국어(非國語)」「삼천진(三川震)」에서 그는 지진이 "하늘과 인간이 감응하여[天人感應]" 발생한다는 억설을 반박하여, 천지산천과 음양의 두 기운은 모두 "스스로 움직이고 스스로 멈추며 스스로 솟고 스스로 흐르며", "스스로 싸우고 스스로 소멸하며 스스로 무너지고 스스로 이지러지고", "혹은 모이고 혹은 갈라서며 혹은 빨아들이고 혹은 내뿜으니", 지진은 바로 이러한 운동의 과정에서 형성된 일종의 자연현상으로서 마치 증기가 "왕성하게 넘쳐 오르는 것"이나 수력(水力)이 "몰아쳐 출렁이고 부딪히는 것"과 마찬가지라고 하였다. 이러한 시도는 자연계 자체로 자연계의 운동을 설명하는 관점으로서, 초기 변증법의 요소를 내포하고 있으며 매우 소중한 점이다.

유종원은 자연계의 하늘과 사회의 인간사는 "각기 움직여 관여하지 않으며[各行不相預]",26) 사람의 길흉화복이나 사회의 흥망성쇠는 모두 하늘이 주재할 수 있는 것이 아니고 "공도 자신이 이루고 화도 자신이 초래한다"고 여겼다.27) 그는 또 "화를 복으로 바꾸는 일"은 결코 "천명(天命)"에 의존할 것이 아니고 "우리 사람의 힘에 달린 것"이라고 여겼다.28) 또 「비국어(非國語)」에서는 큰 편폭으로 『국어(國語)』에서 선전한 천명론

---

24) 「천설(天說)」.
25) 「천대(天對)」.
26) 「답유우석천론서(答劉禹錫天論書)」.
27) 「천설(天說)」.
28) 「유고황질부(愈膏肓疾賦)」.

(天命論)을 비판하고 자신의 무신론 사상을 상세히 설명하였다. 심지어 그는 황제의 공덕을 찬송하여 올리는 글에서까지 동중서(董仲舒) 등이 선전한 "천인감응(天人感應)"의 부서설(符瑞說)이 "부정한 무인(巫人)과 눈먼 사관(史官)"의 말을 이용해 "후대를 속여 어지럽히는 것"이라며 대담하게 배척하였다. 또한 황제는 "하늘에서 명을 받지 않고 백성에게서 받고" "백성의 뜻에 의해 명을 받는다"고 지적하여, "왕권은 신이 내린다[君權神授]"는 백성을 우롱하는 설교를 부정했다.[29] 또 「단형론(斷刑論)」・「시령론(時令論)」 등의 문장에서는 "상은 봄과 여름에 주고" "형벌은 가을과 겨울에 시행한다"는 상벌제도의 신성화(神聖化)가 지니는 황당함을 심각하게 폭로하였다.

역대 반동통치자의 천명론 선전이 지닌 반동적 목적도 유종원은 폭로하였다. 그는 "역량이 충분한 이는 백성에게서 취하고, 역량이 부족한 자는 신에게서 취한다",[30] "옛날에 하늘을 이야기 한 자는 대체로 어리석은 자일 뿐이다"라고 지적했다.[31]

사회역사관 면에서, 유종원은 역사의 발전은 하늘의 뜻에 의해 결정되지 않으며 또 성인의 뜻에 좌우되지도 않고, 그 객관적인 필연의 추세가 있다고 여겼다. 그는 「봉건론(封建論)」에서 진화의 역사관으로 인류사회의 발전을 분석하여, 분봉제(分封制)의 발생은 "성인의 뜻이 아니다, 형세에 의한 것이다"라고 지적하였다. 그는 군현제(郡縣制)가 분봉제를 대신한 것은 변할 수 없는 객관적 추세라고 여겼다. 물론 역사적 조건과 출신의 한계에 따라 역사발전의 진정한 동력과 객관적 규율을 제시할 수 없었으니, 그의 역사관은 여전히 유심주의적(唯心主義的)인 것이었다. 「봉건론」과 「정부(貞符)」 등의 문장을 볼 때, 그가 말하는 "형세[勢]"는 실제로는 "백성의 뜻[生人之意]"의 다른 표현이었다. 그는 "백성의 뜻"을

---

29) 「정부(貞符)」.
30) 「비국어」 「신강우신(神降于莘)」.
31) 「단형론(斷刑論)」.

사회발전의 결정적 요소로 간주하여, 사회발전의 근본은 완전히 사회생산력의 발전임을 이해하지 못하였다. 그러나 마땅히 지적할 것은, 그가 당시에 이상의 관점을 제기하고 "하늘"과 "성인"이 역사를 창조했다는 것을 부정할 수 있었음은 여전히 소중하다는 점이다.

중국문학사에서 유종원은 중요한 지위를 차지한다. 문학이론이나 문학창작을 막론하고 그는 탁월한 공헌을 하였다.

유종원은 당대(唐代) 고문운동(古文運動) 주창자의 한 사람으로, 당시 문풍(文風)의 개혁에 중대한 추진작용을 하였다. 당대의 고문운동은 질박하고 유창한 산문을 제창하고, 화려한 문사에 내용이 빈 변문(騈文)에 반대하는 문학 혁신운동이다. 유종원은 형식주의의 변려(騈儷)한 문풍의 폐단에 대응하여 "글로 도를 밝힐 것[文者以明道]"을 제창하였으며,[32] 문장은 "당시에 도움이 되고 실제 사물에 미쳐야 한다[輔時及物]"는 점을 강조하였다.[33] 그는, "문장의 용도는 사령(辭令)·포폄(襃貶)과 도양(導揚)·풍유(諷諭)에 있을 뿐이다"라고 하였다.[34] 말하자면, 문학의 큰 작용을 이용하여 훌륭한 사물을 찬송하고 추악한 사물을 비판하고 풍자해야 한다는 것이다. 그는 내용을 살피지 않고 단편적으로 문사의 화려함을 강구하는 것은 "무늬 놓은 비단으로 함정을 덮어놓는 것"과 같아서 사람을 해치는 짓이라고 하였다. 다른 한편으로, 그는 문채(文彩)도 매우 중시하여, "표현하되 문채가 없으면 막히니" 문채는 "본디 없어서는 안 된다"고 여겼다.[35] 이는 그가 사상성과 예술성의 통일, 내용과 형식의 통일을 주장하고 있음을 알려준다. 물론 그가 주장한 사상성은, 본질적으로 말하면, 지주계층을 위한 것이다. 그가 말하는 "도를 밝힘[明道]" 혹은 "당시에 도움이 되고 실제 사물에 미침[輔時及物]" 등이 의미하는 것은, 바로 요(堯)·

---

32) 「답위중립논사도서(答韋仲立論師道書)」.
33) 「답오무릉논비국어서(答吳武陵論非國語書)」.
34) 「양평사문집후서(楊評事文集後序)」. 사령(辭令)은 응대하는 언사로서, 즉 생각의 교환을 가리킨다. 포폄(襃貶)은 칭찬과 비판을, 도양(導揚)은 인도하여 계발함을 의미한다.
35) 「답오무릉논비국어서(答吳武陵論非國語書)」.

순(舜)·공자의 도를 밝히는 것으로, 문장은 시사(時事)를 다루고 조정의 정치를 도와서 지주계층의 통치를 옹호해야 한다는 것이다. 그밖에 유종원은 작가의 사상과 품덕(品德)의 수양, 창작의 태도, 계승과 창신, 문학의 원류(源流)와 풍격(風格), 예술적 기교 등등의 문제에 대해서도 중시할 만한 의견을 표명하였다.

유종원의 문학창작은 내용이 풍부하고 형식도 다양하다. 그는 "사령(辭令)과 포폄(襃貶)은 저술문(著述文)에서 근원하고" "도양(導揚)과 풍유(諷諭)는 비흥문(比興文)에서 근원한다"라며, 문학작품을 두 가지의 큰 부류로 나누었다.36) 그리고 이 두 방면에 있어서 이전부터의 문인들은 "늘 한 쪽만을 잘하여 두 가지를 겸하는 이가 드물었다"고 하였다.37) 사실상, 그 자신은 이 두 가지에 다 능하였으니, 저술을 통한 의론에 뛰어났으며 또 비흥(比興)의 수법을 사용한 풍유에도 뛰어났다. 그는 내용상의 필요에 따라 창조적으로 문학형식을 운용하였으며, 예술적으로도 비교적 높은 성과를 얻었다.

유종원의 우언(寓言)산문은 일반적으로 모두 짧고 정교하며 함의가 깊다. 그는 쥐·큰곰·부판(蝜蝂)·시충(尸蟲)·복사(蝮蛇) 등의 형상을 묘사함으로써,38) 당시 사회의 각종 추악한 부류의 가증스런 모습을 폭로하며 비웃고 매도하여, 매우 통쾌하게 풍자하고 채찍질했다. 그는 중심 예봉을 요직을 절취하고 있는 환관과 그들이 먹여 살리는 악행의 앞잡이에게 겨누어, 그들이 "화를 흔들어 일으키고" "아랫사람을 헐뜯고 황제를 속이며",39) "몰래 질투하고 속임수를 감추고" "무고한 이를 해치는" 것을 지적하여 비난하였다.40) 그의 어떤 우언들은 고라니·나귀·바다의

---

36) 비흥(比興)은 비유와 기탁(寄託)으로 시가 창작의 수법이다.
37) 「양평사문집후서(楊評事文集後序)」.
38) 부판(蝜蝂)은 말똥구리와 유사한 곤충으로 유종원이 가상으로 만들어낸 곤충이다. 시충(尸蟲)은 몸안의 기생충으로, 도교에서는 이 벌레가 사람의 몸 안에 있으면서 사람의 잘못을 기록해두었다가 사람이 잠든 틈에 옥황상제에게 밀고하여 화를 당하게 만든다고 말한다. 복사(蝮蛇)는 독사의 일종이다.
39) 「매시충문(罵尸蟲文)」.
40) 「유복사문(宥蝮蛇文)」.

상인 · 익사자 등의 이야기를 통해 유모어가 있게 사람들에게 풍자하고 권계(勸戒)하였는데, 그 의미가 구체적 표현의 영역을 뛰어넘어 지금까지도 여전히 사람들의 깊은 반성을 자아낸다. 우언문학은 전국(戰國) 시기에 이미 비교적 많이 발전했다. 그러나 그때는 단지 문장 가운데 우언의 이야기를 사용하여 비유했을 뿐이어서 일종의 문학형식인 우언으로서 단독으로 출현한 것은 매우 드물었다. 유종원은 앞 사람들의 성과를 계승 발전시켜 우언을 일종의 독특한 문학형식으로 완전히 형성시켰는데, 이 점도 그가 공헌한 바이다.

　유종원이 쓴 문학성의 전기(傳記)산문은 대다수가 노동자에게서 소재를 얻은 것이니, 「종수곽탁타전(種樹郭橐駝傳)」 속의 곽탁타, 「포사자설(捕蛇者說)」 속의 장씨(蔣氏), 「재인전(梓人傳)」 속의 양잠(楊潛), 「동구기전(童區寄傳)」 속의 구기(區寄) 등등이 그와 같다. 그는 이러한 인물들의 묘사를 통해 자신의 정치주장을 기탁하고, 또 각기 다른 정도로 당시의 첨예한 계층 간의 대립을 폭로하였다. 비록 이런 작품들은 여전히 그 한계를 지니고 있으나, 노동자의 모습이 문학 작가의 전기산문에 비교적 많이 묘사된 점은 유종원 창작의 현실주의 정신을 반영한다. 이는 사마천(司馬遷)의 『사기』를 계승 발전시킨 것이라고 말할 수 있다.

　유종원의 유기(遊記)산문도 매우 특색이 있다. 그의 산수 자연경물에 대한 묘사는 정확하고 세밀하며 생기가 풍부하여 하나의 자연미를 느끼게 한다. 그는 흔히 경물을 빌려 정서를 풀어내었으니, 그로써 자기가 재주를 지니고도 불우하여 멀리 황량한 곳에 방축된 것에 대한 비분을 기탁하였다.

　유종원의 다양한 형식의 산문 중에는 방축을 당한 후의 우울하고 분한 감정을 표현한 것이 상당한 분량을 차지한다. 이런 작품은 비록 감상(感傷)의 분위기가 다소 짙으나, 그 중의 어떤 작품들은 예술적 기교에서 취할 점이 있다. 예를 들면, 「우계대(愚溪對)」 · 「답문(答問)」 등은 "어리석음[愚]", "재주 없음[拙]"으로 자신을 명명하였는데, 표현에 격분의 감정이 많고 당시의 세속을 풍자하며 슬퍼하면서 또한 스스로를 위안하고 격려하였으며, 작품의 구상이 교묘하고 문사가 우아하고 아름답다. 그가 소체(騷體)로 쓴 「조굴원문(弔屈原文)」도 역시 자신을 애도한 것인데, 옛 열사를 빌려 자신의 마음을 밝힌 것이다. 「징구부(懲咎賦)」·「민생부(閔生賦)」·「몽귀부(夢歸賦)」 등의 여러 부(賦)는 멀리 폄적된 것을 슬퍼하며 고향을 그리워하여, 가라앉고 답답하며 처절하고 감동적이다. 엄우(嚴羽)는, "당(唐)나라 사람 중에는 오직 유자후(柳子厚)만이 소(騷)에 대해 깊이 체득했다"고 하였다.[41] 유종원은 그 생활이 굴원(屈原)과 유사한 처지였으므로 굴원을 자신의 입신(立身)과 처사의 모범으로 삼았으며, 따라서 굴원의 소(騷)를 본받아 부(賦)를 지었다. 그래서 "목을 늘여 거짓으로 슬픈 체하며 극도로 모방하는" 사람들이 지은 부와는 근본적으로 다르다.

유종원은 단지 걸출한 산문가일 뿐만 아니라 저명한 시인이기도 하다. 그가 남긴 시는 그 수량이 아주 많은 것은 아니다.[42] 그러나 조예가 매우 깊어 고체시나 근체시를 막론하고 모두 여러 가작(佳作)과 경구(警句)가 있다. 그의 시는 평담(平淡)하고 자연스러우며, 맑고 깨끗하고 간결하고 산뜻하며, 또 감정이 진지하여 감칠맛이 있다. 소식(蘇軾)은 유종원의 시를 "따뜻하고 곱고 고요하고 깊다[溫麗靖深]", "담담한 듯하지만 실은 아름답다[似淡而實美]", "간결하고 예스러운 가운데 가냘픔과 통통함을 드러내고, 담박(淡泊)함 속에 지극한 맛을 기탁했다[發纖穠於簡古, 寄至味於淡泊]"고 했는데, 이는 유종원 시의 특색을 말한 것이다.

유종원은 역사적으로 공헌한 문학가이자 사상가였다. 그러나 아무래도 천백여 년 이전의 봉건 지주계층의 문인이었으므로 시대와 출신의 제약을 받지 않을 수 없었다. 그의 전집을 펼쳐보면 분명 그 안에 상당한 양의 접대용 문장을 발견할 수 있는데 그 내용은 딱히 취할 바가 없다. 또 우수한 작품 중에서도 시대와 계층의 낙인을 분명히 발견할 수

---

41) 『창랑시화(滄浪詩話)』.
42) 모두 160여 수이다.

있다. 예를 들면, 호족 대지주의 겸병활동을 억제하기 위해 「답원요주논정리서(答元饒州論政理書)」에서, 양세법(兩稅法)을 개혁하여 균부(均賦)를 시행해야 할 필요성을 제기함으로써 가난한 이와 부자가 합리적으로 세금을 부담할 수 있도록 하였는데, 그러면서도 또 "부잣집은 가난한 이의 어머니이니, 실로 파괴해선 안 된다"고 하였다. 이점이 바로 그의 지주계층으로서의 본성을 반영하는 것으로서 그의 개혁은 "부유층[富室]"을 "파괴"하지 않을 것을 전제로 한 것이었다. 또한 우주의 근원에 대한 인식이나 '천인감응설(天人感應說)'에 대한 비판에서도 모두 유물주의의 관점을 견지하였다. 그러나 불교에 대한 태도에서는 유물주의 무신론의 관점을 철저히 견지하지는 않았다. 그의 불교 선호에 대해 구체적으로 분석하자면, 그것은 그가 방축된 이후 탈출로를 찾지 못해 어쩔 수 없이 불교에서 정신적인 위안을 찾으려 한 것이었지, 실제적으로 그가 진정으로 불교의 교리를 깊이 믿었던 것은 아니었다. 주도적인 지위를 차지하는 것은 여전히 유물주의 무신론 사상이었다. 어찌됐던, 유종원의 불교 선호가 그의 유물주의 무신론의 칼날을 약화시킬 수는 없다. 그러한 한계는 유종원이 처했던 시대와 그가 속했던 계층으로부터 살피는 수밖에 없다. 그래야만 비로소 합리적인 해석을 할 수 있는 것이다.

유종원의 우수한 작품은 우리가 마땅히 계승해야 할 소중한 문화유산이다. 그의 문집 안에는 정화도 있으나 또 찌꺼기도 있으므로 우리는 반드시 변증유물주의와 역사유물주의의 관점으로 감별해야 하며, 마오쩌둥 동지가 지적한 "봉건적인 찌꺼기를 제거하고 민주적인 정화를 취함"에 근거하여,[43] 비판적으로 그 문화유산을 계승함으로써 오늘날 우리의 사회주의문화를 발전시키는 데 도움을 주어야 한다.

『유종원집』 교점조 1978.9

---

43) 『신민주주의론(新民主主義論)』.

제1권 아시가곡(雅詩歌曲)

헌평회이아표(獻平淮夷雅表 : 회이 평정의 시를 올리는 글)[1]

신(臣) 종원(宗元)이 아룁니다. 죄를 지어 쫓겨나 숨어 지내어 상서성(尙書省)의 글을 올리는 관직을 떠난 지 14년이 되었습니다.[2] 성은이 크시어

---

[1] 본편은 유주자사(柳州刺史)로 있던 작자가 조정의 군벌 평정을 찬양하며 아체(雅體)의 시 두 편을 지어 바치며 함께 올린 글이다. 당(唐) 헌종(憲宗)은 재상이었던 배도(裴度)에게 명해 반란을 일으킨 회서절도사(淮西節度使) 오원제(吳元濟)를 토벌하게 하였다. 그리고 삼 년여의 전쟁 끝에 원화(元和) 12년(817) 10월에 토벌전쟁은 완전한 승리로 끝났다. 이는 군벌의 반란에 시달렸던 당 왕조의 안정에 대단히 의미가 있는 역사적인 사건이었다. 이 글은 그 이듬해에 쓴 것이다. 회이(淮夷)는 주(周) 때의 동이(東夷)의 일족으로 회하(淮河) 유역에 거주하였다. 여기서는 오원제가 지휘하던 회하(淮河) 상류 일대를 가리킨다. 아(雅)는 『시경(詩經)』에 보이는 시의 한 체재이며, 이들 체재의 시들은 대부분이 서주(西周)의 사대부들이 지은 것으로, 일부분은 조정을 찬양하는 내용이다. 본편의 표제는 『문원영화(文苑英華)』에는 「진평회이아편표(進平淮夷雅篇表)」로, 『당문수(唐文粹)』에는 「헌평회서아병표(獻平淮西雅并表)」로 되어 있다. 본편 다음의 「평회이아(平淮夷雅)」 참조.

제게 먼 이곳 땅을 지키라 명하시었기에, 하사하신 인장과 끈을 품어 지니고 이 땅 이 백성을 관리하게 되었습니다. 신 종원은 실로 은혜에 감격하여 머리를 조아리고 또 조아립니다.

엎드려 생각건대, 예성문무황제(睿聖文武皇帝) 폐하께서는 하늘 같은 조화력(造化力)과 신명(神明)의 결단력으로 대 악한을 평정하시었으니,3) 정벌의 종과 북을 한 번 울리심으로 온 천하를 모두 신하로 복종시키셨습니다. 태평시대를 이루신 공과 중흥을 이루신 덕은 천고에 내놓아 더할 바가 없습니다. 신이 엎드려 스스로를 생각하건대, 저는 멀쩡하고 건강하였으나 전쟁에 참여하여 목숨을 걸 수 없었으니, 지금 이미 평안 무사한 때에야 어떻겠습니까? 그러니 나라의 은혜에 보답하려 한다면 오직 시문(詩文)뿐입니다.

삼가 알기로, 주(周) 선왕(宣王) 때는 중흥의 시대로 이름나 그 치도(治道)가 밝게 빛나 후대에 따를 때가 없었습니다. 그리하여 『시경』의 대아(大雅)와 소아(小雅)에서 찾아볼 때, 인원을 골라 순수(巡狩)를 나갔던 일은 「거공(車攻)」・「길일(吉日)」의 시를 보면 되고, 관리를 임명하고 제후를 봉했던 일은 「숭고(崧高)」・「한혁(韓奕)」・「증인(烝人)」을 보면 되고,4) 남북을 정벌했던 일은 「유월(六月)」・「채기(采芑)」를 보면 되고, 회이(淮夷)를 평정했던 일은 「강한(江漢)」・「상무(常武)」를 보면 됩니다. 이들 아(雅)는 종소리나 북소리처럼 뚜렷하고 번쩍번쩍 빛나서 귀와 눈을 뒤흔들어 놓습니다. 그리하여 선왕(宣王)의 모습과 보좌하는 신하들을 지금 돌이켜 바라보아도 마치 신(神)과도 같습니다. 이는 다른 이유가 있어서가 아니라 그를 노래한 아(雅)가 있기 때문입니다.

신이 삼가 본 바로, 폐하께서는 즉위하신 이래 하주(夏州)와 검남(劍南)

---

2) 작자는 영정(永貞) 원년(805)에 상서성 소속의 예부원외랑(禮部員外郎)의 직에서 쫓겨났다.
3) 헌종(憲宗)의 명으로 오원제(吳元濟)의 반란군을 평정한 것을 가리킨다.
4) 「증인(烝人)」의 원래 편명은 증민(烝民)인데, 태종 이세민(李世民)의 이름을 피해 인(人)자로 썼다.

을 평정하시고 강동(江東)과 하북(河北)을 안정시키셨으며, 지금 또 결단을 내리시어 회우(淮右) 지역을 토벌하셨습니다.[5] 그런데도 대아(大雅)의 노래는 지어지지 않았으니, 신이 실로 재주가 없으나 분함과 염려의 마음을 견딜 수가 없습니다. 그러나 조정에 문신이 많이 있기에 감히 여러 일들을 다 기록하지는 못하고 삼가 「평회이아(平淮夷雅)」 두 편만을 짓습니다. 비록 윤길보(尹吉甫)나 소목공(召穆公)의 공적에 미치지는 못하나,[6] 그 일을 후대에 전하여 당(唐)의 영광에 도움이 되기를 바랍니다. 삼가 죽음을 무릅쓰고 재배하며 올립니다. 신 종원(宗元)이 진정으로 두려워하여 머리를 조아리며 삼가 아룁니다.

臣宗元言 : 臣負罪竄伏, 違尙書牋奏十有四年. 聖恩寬宥, 命守遐壤, 懷印曳紱, 有社有人. 臣宗元誠感誠荷, 頓首頓首.

伏惟睿聖文武皇帝陛下, 天造神斷, 克淸大憝, 金鼓一動, 萬方畢臣. 太平之功, 中興之德, 推校千古, 無所與讓. 臣伏自忖度, 有方剛之力, 不得備戎行, 致死命, 況今已無事, 思報國恩, 獨惟文章.

伏見周宣王時稱中興, 其道彰大, 于後罕及. 然徵於詩大, 小雅, 其選

---

5) 하주(夏州)는 지금의 영하(寧夏) 지역이다. 헌종(憲宗) 원화(元和) 원년(806)에 조정은 퇴임한 하수절도사(夏綏節度使)의 후임으로 이연(李演)을 파견하였다. 그러나 전임자의 외조카 양혜림(楊惠琳)이 불복하며 반기를 들고 스스로 절도사가 되고자 하였다. 이에 헌종은 엄수(嚴綬)를 보내 반란을 평정하였다. 검남(黔南)은 지금의 사천 성도(成都)에 치소(治所)가 있던 방진(方鎭)이다. 영정(永貞) 원년(805)에 검남서천절도사(黔南西川節度使)가 죽은 후에 부사(副使)인 유벽(劉闢)이 반란을 일으키자 조정에서는 고숭문(高崇文)을 보내 아홉 달의 전쟁 끝에 이듬해에 반란을 평정하였다. 강동(江東)은 항주(杭州)에 치소가 있던 진해(鎭海)의 방진이다. 원화 2년(807)에 진해절도사 이기(李錡)가 반란을 일으켰다. 조정에서는 토벌에 나섰고, 이기는 자신의 부하에게 체포되어 그 반란은 보름만에 평정되었다. 하북(河北)은 지금의 하북 대명(大名)에 치소가 있던 위박(魏博)의 방진을 가리킨다. 원화 7년(812)에 위박절도사 전흥(田興)이 조정의 설득으로 십여 년간의 납세 거부를 철회하고 조정에 귀순하였다.
6) 윤길보(尹吉甫)는 주선왕(周宣王)의 대신으로서 주(周)에 대항하는 남방의 회이(淮夷)를 비롯한 변방부족을 여러 차례 평정하였다. 소목공(召穆公)은 주선왕을 힘껏 보좌하였으며, 회이(淮夷)와의 전쟁을 승리로 이끌기도 하였다.

徒出狩, 則車攻、吉日; 命官分土, 則崧高、韓奕、烝人; 南征北伐, 則六月、采芑; 平淮夷, 則江漢、常武. 鏗鍧炳耀, 盪人耳目. 故宣王之形容與其輔佐, 由今望之, 若神人然. 此無他, 以雅故也.

臣伏見陛下自卽位以來, 平夏州, 夷劍南, 取江東, 定河北. 今又發自天衷, 克翦淮右, 而大雅不作. 臣誠不佞, 然不勝憤懣. 伏以朝多文臣, 不敢盡專數事, 謹撰平淮夷雅二篇, 雖不及尹吉甫、召穆公等, 庶施諸後代, 有以佐唐之光明. 謹昧死再拜以獻. 臣宗元誠恐誠懼, 頓首頓首, 謹言.

평회이아(平淮夷雅 : 회이 평정의 시) 이편(二篇) 병서(幷序)[7]

「황무(皇武)」는 황제께서 승상 배도(裴度)로 하여금 군사를 통솔하여 큰 공을 세우도록 명령한 일을 노래한 것이다.[8]

황제께서 군대를 파견하셨다,
은수(溵水)와 회수(淮水) 가에.[9]

---

7) 본 작품은 회이(淮夷) 평정의 두 주역인 배도(裴度, 765~839)와 이소(李愬, 773~821)의 공적을 기술하고 황제와 당 왕조를 찬양하고 축원한 아(雅) 체재의 시이다. 「황무(皇武)」와 「방성(方城)」은 차례로 배도와 이소의 전공(戰功)을 그 내용으로 하였다. 편 머리에 각각 간단한 설명을 더했으며, 각 편 공히 4언 8구 11장으로 구성되었다(다만 「방성」은 10장만 남아 있음). 원화(元和) 9년(814)에 회서(淮西)의 군벌 오원제(吳元濟)가 공개적으로 반란을 일으킨 이래, 조정의 파병에도 불구하고 3년이 지나도록 그 반란은 평정되지 않았다. 그 후 원화 12년(817) 7월에 헌종(憲宗)은 주전파인 재상 배도(裴度)를 채주자사(蔡州刺史), 창의군절도사(彰義軍節度使), 신광채관찰사(申光蔡觀察使)로 임명하여 반란군 토벌을 총지휘하게 하였다. 그 해 10월 배도는 채주를 점령하여 반군 토벌의 결정적인 승리를 얻었다. 이 글은 그 이듬해, 즉 원화 13년(818)에 유종원이 남방에서 유주자사(柳州刺史)로 있을 때에 쓴 글이다. 앞의 「헌평회이아표(獻平淮夷雅表)」 참조.
8) 황무(皇武)는 '빛나는 무공'의 의미이다. 황(皇)은 황(煌)과 통한다.
9) 은수(溵水)는 지금의 하남성 동남부를 흐르는 강. 조정은 이광안(李光顔)을 충무절도사

전차는 장식을 갖추어,
채주(蔡州)의 성을 포위했다.10)
교활한 무리들 어리석고 완고하여,
만취한 정도를 넘어섰다.
미친 듯 날뛰며 소리 질러대며,
중대한 법을 범하였다.

황제께선 배도와 의논하셨다.
"오직 그대만이 나와 한마음이요,
토벌의 미완성이 네 기(紀)가 지났으니,11)
그대가 완성하길 기대하노라.
그대에게 지휘권을 부여하니,
가서 군대를 통솔하라.
수많은 채주 백성들에게,
용서와 축복을 전하라."

배도는 머리 조아려 절하고는,
사당에서 귀갑으로 점을 쳤다.
마제(禡祭)와 유제(類祭)를 올리고12)

(忠武節度使)로 삼아 이 일대에 주둔시켜 반란군을 토벌하게 하였다. 회수(淮水)는 하남성
에서 발원하여 안휘성과 강소성을 거쳐 바다로 흘러들어간다. 여기서는 하남성을 흐르
는 회수를 의미한다. 조정은 산남동도절도사(山南東道節度使) 엄수(嚴綬)를 하남 소재의
신광채초무사(申光蔡招撫使)로 삼아 회수 서쪽에 주둔하며 반란군을 토벌케 했다.
10) 채주(蔡州)는 치소(治所)가 지금의 하남성 여남(汝南)에 있었다. 당대(唐代)에는 지금의
    하남성 회하(淮河) 이북, 홍하(洪河) 상류 이남, 동백산(桐柏山) 이동 지역을 관할지역으
    로 하였다. 오원제는 이곳을 근거지로 하여 조정에 반항하였으며, 조정은 십여 만의
    병력을 그 주변에 파견하여 토벌하였다.
11) 한 기(紀)는 12년. 회서절도사의 조정에 대한 불복종은 보응(寶應) 원년(762) 이래 원
    화 9년(814)에 이르도록 52년 동안이나 계속되었다.
12) 마제(禡祭)와 유제(類祭)는 모두 출정 때에 지내는 제사로 전자는 정벌하는 땅에서, 후

사신(社神)에게 의제(宜祭)도 올렸다.13)
금빛 임명장은 눈부시게 번쩍이고,
방패에는 장식 달고 창에는 조각했다.
물소가죽 갑옷에 곰 그린 깃발 날리며,
위엄 넘치는 명령을 담당했다.

배도가 머리 조아려 절하고는,
출정하여 장안 동쪽에 이르렀다.
천자께서 배웅의 자리 마련하시니,
이런 잔 저런 잔에 술 가득하였다.
이 그릇 저 그릇에 고기 담기고,
풍성한 제물에 수많은 과일 그릇.
조정의 온갖 문무백관들이,
등급별로 차례로 예를 행했다.

산수(滻水)를 건너선 군대,14)
양 날개의 진(陣)을 펴고 전진하였다.
그 전략 누가 세웠는가,
보좌진의 대다수가 현인이었다.
구불구불 큰길은,
산으로 내로 이어졌다.
위세는 멀리 드날리고 눈앞은 번쩍이며,
오르락내리락 행진은 이어졌다.

자는 출정 전에 하늘에게 지낸다.
13) 사(社)는 토지신이며 그 제사를 의(宜)라고 한다.
14) 산수(滻水)는 장안 동쪽을 흐르는 강.

우리의 크고 작은 깃발들은,

큰 길 작은 길에 휘날렸다.

뭇 장수에게 훈령을 내리시니,

힘과 용기 솟구쳤다.

공께서는 이르시길 "여유로워라,

사나움에 의존하지 말라.

그대들의 모습 부드럽게 하라,

의로움만이 백성을 귀순시킨다."

언성(郾城)에 나아가 주둔하니,15)

저들은 무지하고 미쳐 날뛰었다.

반군을 모아놓고 반항을 선동하나,

창은 고슴도치 가시 같고 도끼는 사마귀 앞발 같았다.

엉금엉금 기는 갓난아이 처지에,

제 아비에게 대항하는 꼴이었다.

막 자라난 싹을 책망하는 까닭은,

키워준 태양을 거스르기 때문이었다.

황제의 군대 당당하기도 하니,

거칠 것 없고 믿는 바가 있었다.

적의 군대를 포획하고 나니,

배고픈 자가 먹을 것 얻었다.

채주(蔡州)의 반역도 궁지에 몰리니,

모두 다 모여들어 반항하였다.16)

왼쪽으로 빈틈을 공략하니,17)

---

15) 언성(郾城)은 지금의 하남성 언성현으로 채주(蔡州)와 가깝다.
16) 오원제(吳元濟)의 반란군이 정예군을 집결하여 회곡(洄曲) 일대에서 저항하였다.

그 계획 어김없이 성공하였다.

길을 열고 잔당을 소탕하며,
승상께서 채주성에 입성하셨다.
원래의 형벌을 면해 주시며,
우리의 어진 마음 알려주셨다.
그 위태로움 이미 안정되고,
각급 관리 숲처럼 정돈되었다.
일찍이 시끄럽던 아우성이,
노래와 찬양으로 변하였다.

황제께선 이르셨다. "돌아오라.
그대 다시 내 재상이 되어라."
진국공(晉國公)의 작위 내리시고,
하(夏)의 도읍지 땅을 하사하셨다.[18)
배도는 머리 조아려 절하며,
천자의 신성(神聖)하심을 찬양했다.
배도는 머리 조아려 절하며,
황제의 백성 보우(保佑)하심을 찬양했다.

회이(淮夷)가 평정되니,

---

17) 원화 12년(817), 평정군의 이소(李愬)는 서평(西平) 즉 지금의 하남성 서평을 함락하고
반란군의 장수 이우(李祐)를 생포하여 투항을 유도하였다. 그리고 이우의 건의를 받아
들여 회곡(洄曲)에 집중하느라 비워둔 채주성을 직접 공격하여 반란군의 우두머리인
오원제를 생포하였다. 그리하여 회서(淮西)의 반란은 평정되었다.
18) 하(夏)는 지금의 산서성(山西省) 태원(太原)을 도읍지로 하였다. 춘추시대에는 진(晉)나
라에 속했다. 배도(裴度)는 개선 후에 진국공(晉國公)에 봉해지고 식읍(食邑) 2천 호를 하
사받았으며, 여전히 재상의 지위를 유지하였다.

남북으로 위엄이 떨쳐졌다.
마땅히 묘제(廟祭)와 교제(郊祭)로,[19]
황제의 인덕(仁德)을 고해야 한다.
소 돌려주고 말 쉬게 하니,[20]
들의 농사는 풍작이다.
우리의 무공은 찬란하니,
영원토록 보우하여 끝이 없으리라.

「황무(皇武)」는 11장(章)으로 각 장은 8구(句)이다.

「방성(方城)」은 황제께서 이소(李愬)에게 명하여 끝내 채주(蔡州)에 진입하여 원흉을 사로잡고 회우(淮右) 지역을 평정하게 한 일을 노래한 것이다.[21]

방성(方城)은 높고도 높은데,
조정의 군사 그곳에 주둔한다.
전공을 탐내지도 다투지도 않으며,
황제의 명령만을 따랐다.
황제께서 이소에게 명을 내리시어,
그 인덕(仁德)을 선양하라 하셨다.

---

19) 묘제(廟祭)는 조상에게 고하는 제사이고, 교제(郊祭)는 하늘에 고하는 제사이다.
20) 『상서(尙書)』 「무성(武成)」에, "말은 화산(華山) 남쪽에 보내고, 소는 도림(桃林)의 들에 놓아준다"는 말이 보인다. 이는 전쟁의 종식을 의미한다.
21) 방성(方城)은 춘추시대 초(楚)나라가 쌓은 일종의 장성(長城). 북으로는 지금의 하남성 방성현 북방에서 시작하여, 남으로는 지금의 비양(泌陽)현 동북에 이른다. 전국시대에 다시 확대시켜 증축하였다. 그 중간에 방성의 이름을 지닌 산도 있다. 초(楚)나라는 이곳을 북방 방어의 중요 요새로 삼았다. 이소(李愬, 773~821)가 반란군을 토벌할 때에 방성 일대에 주둔하였으므로 그 이름을 취하였다. 이소(李愬)는 원화 11년(816)에 수당등절도사(隋唐鄧節度使)로서 군대를 통솔하여 회서(淮西) 군벌 오원제(吳元濟)를 토벌하였다. 이소의 전역에 대하여는 『구당서』 「이소전」에 상세하게 기술되어 있다.

못되고 흉악한 저들을 타도하고,
유순한 백성을 순종시키라 하셨다.

이소는 절하고 명을 받들어,
황제의 훈시를 실행에 옮겼다.
병마(兵馬)를 갈고 닦고 정돈하여,
공격의 시기를 기다렸다.
왕의 군대 위세가 넘쳐나니,
사나운 곰과도 닮았다.
그래도 용맹함과 역량 감추고서,
날마다 섬멸의 방법을 생각했다.

반란군이 어리석고 미쳤지만,
감히 이소의 영역을 침범하겠는가.
이소는 병사들의 마음 사로잡았으니,
소매 걷고 머리 들며 사기 높았다.
저마다 각가지 창을 세워들고,
찬란한 군기는 바람에 나부꼈다.
좌충우돌 반란군을 베어대고,
적장 정사량(丁士良)을 생포했다.[22]

붙잡은 선량한 적병을 용서하여,

---

22) 정사량(丁士良)은 반군 오원제의 부하 장수로 이소의 군사에게 생포되었다. 이소는
그의 포박을 풀어주고 우대하여 착생장(捉生將)으로 삼았고, 정사량은 적장 오수림(吳秀
琳)의 핵심 참모인 진광흡(陳光洽)을 생포하여 결국 오수림의 투항을 유도하였다. 당시
오수림은 오원제의 왼팔과도 같은 존재였으나, 진광흡을 잃자 문성책(文城柵)을 거점으
로 하여 관군에 대항하고 있던 군사 3천 명을 이끌고 투항하였다. 이소는 오수림마저
후대하여 그 도움을 받았다.

부모님께 문안드리게 하였다.
그들은 은혜를 피부로 느끼더니,
끝내는 가진 정보 제공했다.
저들 반란군이 의존하는 자에 대해,
정탐도 하고 투항도 유도했다.23)
저들 반란군의 소굴을 향해,
공격을 발동하여 그 진지로 나아갔다.

그들이 믿던 장수들이 생포되어,
아군에게 많은 공을 세웠다.
남몰래 적의 의도를 정찰하여,
적의 동정과 허실을 살폈다.24)
큰 눈이 펄펄 내리고,
세찬 바람 더욱 거셌지만,25)
그 추위를 따뜻함으로 여기고,
그 먼 목적지를 인근으로 여겼다.

여수(汝水) 남쪽은 아득히 광활하고,
표주박 같은 채주성은 우뚝 높았다.26)

---

23) 이소는 앞서 투항한 오수림을 후대하며 채주 탈취의 책략을 상의하여, 그의 모략에
따라 부하 장수를 보내 적의 맹장 이우(李祐)를 생포하였다. 이소는 이우의 포박을 풀
어주고 후대하였다.

24) 채주의 반군 대장 오원제는 당시에 연승하던 관군의 이광안(李光顏)에 대항하고자 정
예병을 회곡(淮曲)에 주둔시켰다. 따라서 채주의 전력은 매우 약화되었었다.

25) 원화(元和) 11년(816) 11월 10일 밤, 이소는 이우(李祐)에게 3천 병사를 주어 선봉장으
로 삼고 채주로 향하였다. 그 날 밤에는 큰 눈이 내리고 세찬 바람에 군기가 찢어졌으
며, 말은 겁나어 뛰지 못하였고 병사들은 추위에 시달려 창을 안은 채로 얼어 엎어진
자가 길에 늘어졌다.

26) 채주성은 굽이진 여수(汝水)에 휘감겨 있었으므로 매달린 표주박이란 의미인 현호(懸
瓠)의 별명도 가졌다.

기세를 떨쳐 일거에 공격하여,
그 소굴을 대대적으로 섬멸하였다.
교활한 적장은 포승에 묶여,
도읍 장안으로 압송되었다.
저자에서 대중에게 공개되고,
제사 후에 참형을 당했다.

이에 전쟁 종결의 유시가 내려지고,
채주의 백성들은 더없이 기뻐했다.
가족들 모두 모여,
부모님 봉양하고 자식 보살폈다.
여수(汝水)는 돌아 흐르는데,
그 강물 맑고도 풍부하였다.
채주 사람들 노래하며 다녔고,
우리의 군사 걸음도 여유로웠다.

채주의 백성은 노래 부르고,
채주의 풍속은 온화해졌다.
누가 당초 채주를 어지럽히고,
어찌하여 그들의 삶을 깨뜨렸는가.
평안함을 바랬는데,
그런 바람을 넘어섰다.
그 까닭 탐구하고 묻는다면,
황제의 은덕이 베풀어져서이다.

황제께선 이르셨다. "아아 이소여,
그대는 부친의 공을 계승했도다.

전에 문덕(文德) 높으신 내 조부님께선,
그를 서평왕(西平王)으로 중용하셨도다.[27)]
안으로는 집안을 가르치고,
밖으로는 나라의 모범이 되었도다.
채주의 백성으로 그 누가,
따르고 복종하지 않겠는가."

"채주의 백성들이 복종하는 것은,
오직 서평왕의 아들이 있어서다.
서평왕에겐 훌륭한 아들이고,
내게는 현명한 신하이다.
넓은 영역의 식읍을 허락하여,
내 백성에게 은혜를 베풀게 하리라.
종묘에서 그 공을 고하여,
만방에서 기리게 하리라."

「방성(方城)」은 11장으로 각 장은 8구이다.[28)]

皇武, 命丞相度董師集大功也.

皇耆其武, 于澥于淮. 旣巾乃車, 環蔡其來. 狡衆昏囂, 甚毒于醒. 狂奔
叫呶, 以干大刑.

皇咨于度, 惟汝一德. 曠誅四紀, 其徯汝克. 錫汝斧鉞, 其往視師. 師是
蔡人, 以宥以釐.

---

27) 이소의 부친은 이성(李晟)으로, 덕종(德宗) 때에 주자(朱泚)의 반란을 평정하여 서평왕
   (西平王)에 봉해졌다.
28) 실제 본문은 10장뿐이다. 「황무」가 11장인 것을 보더라도 일문(逸文)이 있을 가능성
   이 있다.

度拜稽首, 廟于元龜. 旣禡旣類, 于社是宜. 金節煌煌, 錫盾雕戈. 犀甲熊旟, 威命是荷.

度拜稽首, 出次于東. 天子餞之, 罍斚是崇. 鼎臑俎胾, 五獻百籩. 凡百卿士, 班以周旋.

旣涉于潕, 乃翼乃前. 孰圖厥猶, 其佐多賢. 宛宛周道, 于山于川. 遠揚邇昭, 陟降連連.

我施我旗, 于道于陌. 訓于羣帥, 拳勇來格. 公曰徐之, 無恃頷頷. 式和爾容, 惟義之宅.

進次于郾, 彼昏卒狂. 袞兒鞠頑, 鋒蝟斧螳. 赤子匍匐, 厥父是亢. 怒其萌芽, 以悖太陽.

王旅渾渾, 是伏是怙. 旣獲敵師, 若飢得餔. 蔡兒伊窘, 悉起來聚. 左攟其虛, 靡愬厥慮.

載闢載袚, 丞相是臨. 弛其武刑, 諭我德心. 其危旣安, 有長如林. 曾是譁讙, 化爲謳吟.

皇曰來歸, 汝復相予. 爵之成國, 胙以夏墟. 度拜稽首, 天子聖神. 度拜稽首, 皇祐下人.

淮夷旣平, 震是朔南. 宜廟宜郊, 以告德音. 歸牛休馬, 豐稼于野. 我武惟皇, 永保無疆.

皇武十有一章, 章八句.

方城, 命愬守也. 卒入蔡, 得其大醜, 以平淮右.

方城臨臨, 王卒峙之. 匪徼匪兢, 皇有正命. 皇命于愬, 往舒余仁. 踏彼艱頑, 柔惠是馴.

愬拜卽命, 于皇之訓. 旣礪旣攻, 以後厥刃. 王卒巖巖, 熊羆是式. 銜勇韜力, 日思予殛.

寇昏以狂, 敢蹈愬疆. 士獲厥心, 大袒高驤. 長戟酋矛, 粲其綏章. 右翦左屠, 聿禽其良.

其良旣宥, 告以父母. 恩柔于肌, 卒貢爾有. 維彼攸恃, 乃偵乃誘. 維彼攸宅, 乃發乃守.

其恃爰獲, 我功我多. 陰謀厥圖, 以完爾訛. 雨雪洋洋, 大風來加. 于燠其寒, 于邇其遐.

汝陰之茫, 懸瓠之峨. 是震是拔, 大殲厥家. 狡虜旣糜, 輸于國都. 示之市人, 卽社行誅.

乃諭乃止, 蔡有厚喜. 完其室家, 仰父俯子. 汝水沄沄, 旣淸而瀰. 蔡人行歌, 我步逶遲.

蔡人歌矣, 蔡風和矣, 孰類蔡初, 胡甎爾居. 式慕以康, 爲願有餘. 是究是吝, 皇德旣舒.

皇曰咨愸, 裕乃父功. 昔我文祖, 惟西平是庸. 內誨于家, 外刑于邦. 孰是蔡人, 而不率從.

蔡人率止, 惟西平有子. 西平有子, 惟我有臣. 疇允大邦, 俾惠我人. 于廟告功, 以顧萬方.

方城十有一章, 章八句.

당요가고취곡(唐鐃歌鼓吹曲: 당 요가 고취곡) 12편(十二篇) 병서(幷序)[29]

죄를 지은 신하 종원(宗元)이 아룁니다. 저는 죄를 짓고도 요행히 영주(永州)에 거처하며 국고에서 음식을 받으며 도둑질하듯 생명을 부지하고 있습니다. 보고 숨을 쉬며 생존해 있지만 할 일이 없어 수시로 두렵습니다만, 조금 한가하면 또 고서(古書)의 글귀를 훔쳐다가 그런대로 스스로 즐깁니다.

엎드려 생각하건대, 한(漢)·위(魏) 이래 대대로 요가(鐃歌)의 고취사(鼓吹詞)가 있었는데 당대(唐代)에만 유독 없습니다. 제가 예부원외랑(禮部員外郞)이었을 때 태상시(太常寺)가 예부와 붙어 있었는데, 고취서(鼓吹署)에 군악(軍樂)은 있으나 유독 가사만은 없다는 말을 들었습니다. 지금 또 한곡(漢曲) 12편, 위곡(魏曲) 14편, 진곡(晉曲) 16편을 살펴보니, 한곡의 가사는 공덕을 밝혀 기록하지 않았고 위곡과 진곡의 가사는 공덕을 기록하였습니다. 지금 저는 삼가 위곡과 진곡의 의미를 취하고 한곡의 편수에 맞춰, 당(唐) 요가(鐃歌) 고취곡(鼓吹曲) 12수를 지어, 고조(高祖)와 태조(太祖)의 신성하고 특이한 공적과 능력을 기록하고, 그를 통해 천하 평정의 수고로움과 장군 임명과 용병(用兵)의 어려움을 알리고자 합니다. 전쟁이 있어 군대를 동원할 때마다, 그들이 제가 지은 가사를 노래하여 위용(威容)을 갖추고, 또 크게 경계할 바를 알아 마땅히 왕명을 공경하고 누를 끼치지 않기를 바랍니다. 저는 사지(死地)에 내버려졌고 진언(進言)을 하든 하지 않든 그 죄는 마

---

29) 본편은 당(唐) 왕조의 전공(戰功)과 고조와 태종의 공덕을 찬송하는 내용의 노래가사 12수를 지어 바치는 글이다. 요(鐃)는 손잡이가 있는 종 모양의 징이다.『송서(宋書)』「악지(樂志)」에 따르면, 한(漢)나라 때에는 "고취곡(鼓吹曲)"을 "요가(鐃歌)"라고 하였다고 한다. 최표(崔豹)의『고금주(古今注)』에서는 천자가 신하들에게 연회를 베풀 때 사용하였다고 하였다. 곽무천(郭茂倩)의『악부시집(樂府詩集)』에는, 당(唐)대에 고취(鼓吹) 요가(鐃歌) 12곡이 있는데, 유종원이 고조와 태종의 공덕 및 정벌의 노고를 기록한 것이라고 하였다. 또 사서(史書)에 기록이 없는 것으로 보아 유종원이 개인적으로 짓고 상주하지 않았거나, 상주하였으나 사용하지 않았을 것이라고 하였다.

찬가지입니다. 그러나 진언하여 국사에 도움이 되기를 바라지, 감히 원망하는 마음으로 침묵을 지키고자 하지는 않습니다.

수(隋)나라 때에 혼란이 이미 극에 달하니 당(唐)의 군대가 진양(晉陽)에서 일어나 간사한 세력을 평정했고,[30] 황제께서 백성을 위해 의로운 주군이 되시어 어진 마음으로 무력을 동원하셨다. 이것이 첫째 노래 「진양무(晉陽武)」의 내용이다.

진양(晉陽)의 군대,
의기(義氣)와 위엄 떨쳤다,
양제(煬帝)가 덕을 잃었으니,
누구에게 돌아갔던가?
백성들 모두 도살되는데,
이를 안정시킨 이 누구였나?
위세도 당당하게,
천하의 기무(機務)를 차지하셨다.
어짊으로 호령하시며,
기치를 드날리셨다.
태양이 떠오르니,
전국 구주(九州)가 환해졌다.
멀고 가까운 주변 땅을 개척하시니,[31]
밝은 빛이 흘렀다.
천하의 삼분의 이를 차지하시고도,

---

30) 진양(晉陽)은 지금의 산서성 태원시(太原市) 서남 지역이다. 수(隋) 양제(煬帝) 대업(大業) 12년(616)에 이연(李淵)이 유수(留守)로 있었으며, 그 아들 이세민(李世民)이 이듬해에 이곳에서 의병을 일으킨 후 장안을 점령하였다. 다시 다음 해인 무덕(武德) 원년(618)에 이연이 고조(高祖)로 즉위하였다.
31) 원문의 '소(訴)'는 '척(斥)'의 오자로 보인다. 장지교(蔣之翹)의 『유집집주(柳集輯注)』 참조

말년의 수(隋)를 도우셨다.

올빼미와 오(鶩)새 같은 반역도 베시고,

곰과 교룡(蛟龍) 같은 강한 원군 받으셨다.

마른 이는 살찌우시고,

강자는 약화시키셨다.

국토는 평탄하고,

높은 하늘이 펼쳐진다.

그들을 모아 기르시니,

촘촘하게 은혜 미친다.

하늘은 덕이 있는 이만 도우시니,

경사(慶事)가 끝이 없다.

이상은 「진양무(晋陽武)」 26구이다.

당(唐)이 천명을 받고 이밀(李密)이 패전 끝에 귀순하자 그를 통해 여양(黎陽)을 흡수하고 동쪽 땅을 개척하였다.[32] 이것이 둘째 노래 「수지궁(獸之窮)」의 내용이다.

맹수가 궁박해지니,

산기슭으로 도망쳤다.

---

32) 이밀(李密)은 요동(遼東) 양평(襄平) 사람으로, 처음에는 양현감(楊玄感)을 따라 기병하여 수(隋)에 반항하다가 양현감이 패하자 적양(翟讓)에게 귀의하였다. 다시 대중의 추대로 맹주가 되어 위공(魏公)이라 칭하며 수십만의 병사를 통솔하였다. 그러나 수의 왕세충(王世充)과의 망산(邙山) 전투에서 패배하여 2만의 군사를 이끌고 당 고조에게 귀순하였다. 당시에 이밀은 여양(黎陽)의 호구(戶口) 기록을 바쳤다. 고조는 이밀을 후대하여 광록경(光祿卿)·형국공(邢國公)에 봉했으나, 후에 대우가 다소 박해졌고, 이밀은 이에 불만을 가졌다. 얼마 후에 고조는 그를 산동(山東)에 보내 남은 대중을 귀순시키려하였다가 다시 소환하였다. 이에 이밀은 겁을 내어 모반하였으며, 웅주(熊州)의 부장(副將) 성언사(盛彦師)가 그를 격파하여 그 머리를 장안에 보냈다.

하늘이 황덕(黃德)을 세우시니,[33)
사람 물던 간사하고 포악한 놈 복종했다.
군사들은 활을 활집에 넣어두고,
화살은 화살 통에 두었다.
황제의 군대는 조용히 있었으나,
적군은 더욱더 위축되었다.
스스로 대중을 잃은 것이지,
아군이 살육한 것이 아니었다.
사납게 덤벼든 맹수를 꺾으니,[34)
삼가며 두려움에 떨었다.
관직 주어 묶어두고,
벼슬 주어 먹였다.[35)
여양(黎陽)의 지역은,
그 땅 아득히 넓었다.
무기가 풍부하고,
창고도 가득 찼었다.
그러나 덕이 부족했기에,
누릴 수가 없었다.
승냥이 외뿔소와 같은 맹수 몰아내어,
우리에게 땅을 주셨다.

이상은 「수지궁(獸之窮)」 22구이다.

---

33) 당 왕조는 토(土)의 덕(德)을 표방하였는데 흙은 황색이므로 황덕(黃德)이라 하였다.
34) 원문의 "貋"는 맹수. 혹자는 "포(虣)"이어야 마땅하다며 "강침(強侵)"의 의미로 보았다. "포(虣)"는 "포(暴)"와 통한다.
35) 이밀을 장안에 불러 형국공(邢國公)에 임명한 일을 가리킨다.

태종(太宗)의 군대가 왕세충(王世充)을 토벌하자 두건덕(竇建德)이 그 반역을 도왔다.36) 그리하여 두건덕을 무뢰(武牢) 아래에서 공격하여 생포하고 마침내 왕세충을 투항시켰다. 이것이 셋째 노래 「전무뢰(戰武牢)」의 내용이다.

무뢰(武牢)에서 싸우니,37)
하(河) · 삭(朔)의 지역이 흔들렸다.38)
반역을 돕는 무리,
협공을 꾀하였다.
새끼 새 · 새끼 사슴의 힘으로,
높은 산에 대항했다.
새싹과도 같은 주제에,
서리와 우박을 우습게 여겼다.
황제께선 계획을 내정하시고,
그들을 장악하라 분부하셨다.
제거의 작전 펼치시니,
그들 두 우두머리 잡으셨다.
내외의 적들 떨게 하시고,
국토를 넓히셨다.
본성이 아둔한 자들,

---

36) 당 무덕(武德) 2년에 왕세충(王世充)이 정(鄭)을 국호로 삼아 황제를 자처하자 이듬해에 고조는 이세민(李世民)으로 하여금 그를 토벌하게 하였다. 그런데 왕세충과 함께 일찍이 진왕(秦王) 통(侗)을 옹립하고 하왕(夏王)이 되었던 두건덕(竇建德)이 무덕 4년에 군사를 일으켜 왕세충을 구하려하였다. 그러자 이세민은 무뢰(武牢)에서 두건덕의 군대를 대파하고 그를 생포하였다. 이에 왕세충도 동도(東都)를 바치며 투항하였다. 그리하여 하남(河南)이 평정되었다. 원문에서는 이세민의 '세'자를 피하여 왕세충을 왕충이라 하였다.
37) 무뢰(武牢)는 호뢰(虎牢)를 가리킨다. 이호(李虎)의 이름을 피하여 무뢰라 하였다. 지금의 하남성 사수현(汜水縣) 일대이다.
38) 황하 이북 지역을 가리킨다. 두건덕의 근거지였다.

모두 다 베셨다.
천하가 덕이 있는 이에게 귀의하니,
오직 그분만이 선각자시다.

이상은 「전무뢰(戰武牢)」 18구이다.

설거(薛擧)가 경주(涇州)를 점거하고 죽었고, 그 아들 인고(仁杲)는 더욱 용맹하고 사나웠으나 군대로 평정하였다.[39] 이것이 넷째 노래 「경수황(涇水黃)」의 내용이다.

경수(涇水)는 누렇게 탁하며,
농서(隴西)의 들은 넓고 넓다.
태백성(太白星)을 짊어지고,
천랑성(天狼星)에 올랐다.[40]
그 중에 사나운 새 나서서,
날개를 펼쳤다.
갈고리 같은 부리로는 앞을 가르며,
커다란 발로는 옆으로 뛰어댔다.
떨쳐 날아 굶주림에 울부짖으니,
날렵한 재주 당해낼 수 없었다.

---

39) 설거(薛擧)는 수말(隋末)에 농서(隴西)에서 기병하여 서진(西秦) 패왕(霸王)을 자처하며 무덕(武德) 원년에는 경주(涇州)에 침입하여 당의 군대를 격파하고 장안까지 넘보았다. 그러나 그는 병으로 죽고 그 아들 인고(仁杲)가 뒤를 이었으나 이세민에게 경수(涇水)에서 투항하고 장안에서 참수되었다. 경수(涇水)는 경양현(涇陽縣)에서 발원하여 동남방으로 흘러 양릉(陽陵)에 이르러 위수(渭水)에 들어간다. 그 물이 탁하다고 하여 편명에 '황(黃)'자를 사용하였다.

40) 태백(太白)과 천랑(天狼)은 별 이름으로, 모두 진(秦)의 지역과 관련이 있다. 설거의 근거지가 모두 진의 영토였던 점과 관련이 있다. 또한 태백성과 천랑성은 차례로 살육의 전쟁과 탐욕스럽고 잔인함을 암시한다.

늙은 두목 죽었으나,

그의 자식 더욱 대단했다.

기산(岐山)에 둥지 틀고 위수(渭水)를 마시며,[41]

제멋대로 날아다녔다.

황제께선 땅의 기강을 정돈하시고,

하늘의 기강을 일으켜 세우셨다.

번개가 하늘 가르듯 기치가 휘날리며,

초요성(招搖星)은 중앙에서 서슬이 빛났다.[42]

귀신이 도우러 오고,

꿈에는 길조가 나타났다.

적군의 머리 들판을 피로 물들이고,

혼백도 이리저리 날렸다.

별들이 제자리를 회복하고,

한쪽의 지역이 넓혀졌다.

이상은 「경수황(涇水黃)」 24구이다.

보씨(輔氏)가 강(江)·회(淮)를 근거지로 동해(東海)를 침범하니, 장수에게 평정을 명하셨다.[43] 이것이 다섯째 노래 「분경패(奔鯨沛)」의 내용이다.

---

41) 기산(岐山)과 위수(渭水) 모두 관중(關中), 즉 지금의 섬서성에 있다.
42) 초요(招搖)는 별 이름으로 북두칠성의 일곱 번째 별이다. 하늘 중앙에서 사방의 별자리를 바로잡듯이 군의 중앙에서 사방을 바로잡는 역할을 담당함을 의미한다.
43) 보씨(輔氏)는 보공석(輔公祏)을 가리킨다. 수(隋) 말기에 두복위(杜伏威)와 더불어 회남(淮南) 지역을 약탈하며 두복위(杜伏威) 밑에서 장사(長史)가 되었다. 무덕(武德) 6년에 두복위가 조정에 들어가자, 보공석은 단양(丹陽)에서 국호를 송(宋)이라 하고 황제라 참칭(僭稱)하며 옛 궁궐을 수리하여 거처하는 한편, 부하 장수를 보내 해주(海州)를 침범하고 수양(壽陽)을 노략질하였다. 조정에서는 효공(孝恭)과 이정(李靖) 등을 파견하여 토벌하였다. 이듬해에 보공석은 패주하다 농부에게 잡혀 효공에게 보내졌고, 효공은 그의 머리를 베어 장안에 보냈다.

날뛰는 고래 내달리어,
바닷가를 흔들었다.
무지개를 토해내어 해를 가리고,
뜬 구름까지 비린내를 풍겼다.
황제께서 노하여 내려다보시고,
도탄에 빠진 백성을 슬퍼하셨다.
신령스런 지휘권을 주시어,
원로대신을 선발하셨다.[44]
친히 하늘의 창을 내리시어,
고래 놈을 잡게 하셨다.
덮인 안개 흩어 걷어내시고,
바다의 문을 여셨다.
땅 평온하고 물도 고요하니,
천근(天根)의 별빛이 물에 뜬다.[45]
태양은 환히 빛을 발하며,
맑은 기운 타고서 떠오른다.
뜨거운 열기 널리 퍼져,
대자연이 녹는다.

이상은 「분경패(奔鯨沛)」 18구이다.

양(梁)나라 후손이 형(荆)·형(衡)·파(巴)·무(巫) 지역을 차지하고 남월
(南越)까지 이르니, 훌륭한 장수를 보내 싸움도 않고서 평정하였다. 이것
이 여섯째 노래 「포얼(苞蘖)」의 내용이다.[46]

---

44) 효공(孝恭)을 행군원수(行軍元帥)로 임명하여 보공석을 토벌케 한 것을 가리킨다.
45) 천근(天根)은 동방의 별자리로 네 개의 별로 이루어졌다. 보공석이 토벌되어 안정되
   었음을 가리킨다.

나무 밑동 곁가지 자라났지만,

겨우 뿌리만을 감고 있다.

강릉(江陵)과 형주(荊州)를 차지하고,

남방을 근거지로 하여 안주했다.

우리의 옛 양(梁)나라를 차지하니,

그곳 안정시키기 어려웠다.

장강(長江)과 한수(漢水) 험하고,

도읍지도 단단하고 견고했다.

성인께서 나서시어,

신령스런 위엄을 사용하셨다.

신하는 용감하고 지혜로워,

대군(大軍)을 사용하지 않았다.

사지(死地)에 뛰어들어,

전함 띄워두는 전술을 썼다.[47]

적을 교화해 같은 집안으로 만들었고,

전술은 적중했다.

넓고 넓은 바닷가 끝까지도,

싸움 않고 동화되었다.

포박한 채 압송해 투항시켜,

---

46) 후량(後梁) 선제(宣帝)의 증손인 소선(蕭銑)이 대업(大業) 13년(617)에 수(隋)에 반항하여 군사를 일으키고 이듬해 황제라 참칭하였다. 서로는 삼협(三峽), 남으로는 교지(交趾), 북으로는 한천(漢川) 지역을 부속시켰으며, 병사는 40만을 지니고 이듬해(618)에는 강릉(江陵)으로 천도하였다. 당 고조(高祖)는 무덕 4년(621)에 효공(孝恭)과 이정(李靖)에게 명해 파촉(巴蜀)의 군사로 기주(夔州)에서 출발하여 강을 따라 내려와 소선(蕭銑)을 토벌케 하였다. 그해 10월, 소선은 투항하여 장안에 압송되어 39세의 나이로 참수되었다. 포얼(苞蘖)은 죽은 나무 밑동의 곁가지로 소선을 가리킨다.

47) 효공(孝恭)이 강릉(江陵)을 공략할 때, 장강에 전함을 많이 띄워둠으로써 소선 측의 원군이 전세를 오판하여 참전하지 못하게 한 일을 가리킨다. 효공은 원군이 머뭇거리는 틈에 강릉을 공격하여 소선을 투항시켰다.

전공을 확정했다.[48)]
만리(萬里)의 드넓은 땅에,
당(唐)의 위풍(威風) 드날렸다.
변방 오랑캐 말 안 통하는 부족들도,
모두 귀순하여 복종했다.
종소리 박자의 연주 속에 개선하니,[49)]
그 모습 그럴 듯이 멋졌다.
만방에 위엄을 떨치니,
납세하지 않는 자 없었다.[50)]

이상은 「포얼(苞檗)」 28구이다.

이궤(李軌)가 하우(河右) 지역을 차지하였으므로 군대를 보냈으나 평정하지 못했다. 그러나 내부에 변란이 일어나 그를 잡아 투항하였다.[51)] 이것이 일곱째 노래 「하우평(河右平)」의 내용이다.

하우(河右)는 드넓은데,
완고한 자가 우두머리 되었다.
황제의 군대 천둥 번개 같으니,
곤륜산(崑崙山)도 무너뜨린다.[52)]

---

48) 투항한 소선(蕭銑)을 장안으로 압송한 일을 가리킨다.
49) 효공(孝恭)이 소선(蕭銑)을 투항시켜 개선하자, 황제는 기뻐하여 그를 형주(荊州) 대총관(大總管)에 임명하고, 또 그가 소선을 격파하는 모습을 그려 바치게 하였다.
50) 원문의 '공(鞏)'은 '공(供)'과 통하여 납세를 의미한다. 혹자는 '공(恭)'의 의미로 풀이한다.
51) 이궤(李軌)는 자가 처칙(處則)으로 하서(河西) 5군(郡)을 모두 차지하고 하서대양왕(河西大涼王)이라 자칭하였다. 무덕(武德) 원년(618)에 고조가 양주총관(涼州總管)에 임명하고 양왕(涼王)에 봉했으나 이궤는 관작을 거절하고 불복하였다. 고조가 노하여 토벌을 논의하던 중, 이궤의 부하장수 안흥귀(安興貴)와 안수인(安修仁)이 이궤를 잡아 바쳤다. 그리하여 하서(河西)는 모두 평정되었다.

상관이 귀먹고 부하가 총명하니,
오만함을 돌릴 수 없었다.[53]
원수를 도와 덕(德)있는 이에게 반항하면,
그 자에겐 오직 재난뿐이다.
이에 무너뜨리고 뒤흔들어,
원수를 포박하여 황제에게 귀순하였다.[54]
모든 집이 그 은혜를 입었는데,
한 남자는 주살(誅殺)되었다.
커다란 은택을 베푸시니,
황제의 성은이다.
위엄으로 겁주시고 덕으로 감싸시니,
그로써 공업이 완성되었다.
도리에 맞춰 순종시키시니,
만물이 모두 본성을 보전했다.

이상은 「하우평(河右平)」 18구이다.

돌궐(突厥)은 강대하여 옛날 어느 변방족도 그만하지 못하였다. 군사를 보내 그들을 대파하여 그 나라를 항복시키고, 그 일을 종묘에 고하였다.[55] 이것이 여덟째 노래 「철산쇄(鐵山碎)」의 내용이다.

---

52) 곤륜산(崑崙山)은 이궤(李軌)의 근거지인 양주(涼州)에 있다.
53) 이궤(李軌)는 부하 안흥귀(安興貴)의 투항하라는 권유를 거절하였다.
54) 안흥귀(安興貴)와 안수인(安修仁)은 이궤(李軌)가 투항의 권유를 따르지 않자 그를 잡을 계략을 세웠다. 이궤가 패전하여 성안에 돌아오자 성안의 노소(老少)가 모두 나와 안수인에게 왔고, 결국 안수인은 이궤를 잡아 바쳤다.
55) 돌궐(突厥)은 옛 흉노(匈奴) 북부 부족이다. 금산(金山) 지역에 거주하면서 철제 도구를 잘 만들어 사용하였다. 거주지 금산이 투구 모양을 하였는데 돌궐은 투구의 속칭이었으므로 그들을 그렇게 불렀다고 한다. 돌궐은 수(隋) 말년에 시필극한(始畢可汗)이 즉위한 이래 당 고조를 도운 일을 계기로 하여 세력을 불리고, 이어 돌리극한(突利可汗)·힐

철산(鐵山)이 격파되고,56)

대 사막이 평정되었다.

두 오랑캐는 강하여,57)

장막의 거처를 연이었다.58)

북해(北海)를 등지고,

한 쪽 모퉁이를 차지했다.

해마다 변방을 침범하고,

때로는 도읍까지 접근했다.59)

천자께선 원수(元帥)에게 명하시어,

그 웅대한 계획을 펼치셨다.

정양(定襄)을 격파하고,

큰 수령을 투항시켰다.60)

거주지 끝까지 가서,

여오(余吾) 지역까지 개척했다.61)

온갖 변방부족이 간이 터지고,

변방의 백성들은 소생했다.

리극한(頡利可汗) 등이 세력을 확대하며 주변 부족을 복속시켰으며, 이에 부분적인 한족 군벌도 신하의 입장이 되어 그를 섬겼다. 그들이 중원까지 욕심을 내자 태종(太宗)은 정관(貞觀) 3년(629)에 각 요지에 여섯 총관(總管)을 파견하고 이정(李靖)에게 십여 만의 군사로 토벌하도록 하였다. 이듬해 돌리극한이 먼저 투항했고, 이정은 이어 야습하여 정양(定襄)을 격파하고, 힐리극한이 겁을 내 철산(鐵山)에 숨은 틈을 타 그 나라를 멸하였다. 힐리극한은 도망하다 생포되었고, 정양(定襄)·항안(恒安) 지역이 수복되어 국경이 음산(陰山)에서 북으로 대 사막까지 확대되었다.

56) 철산(鐵山)은 지금의 내몽고 음산(陰山) 북방이다. 장지교(蔣之翹)는 단순히 그 견고함을 비유한 것으로 구체적 지명은 아니라고 풀이한다.

57) 힐리극한(頡利可汗)과 그 아들 돌리극한(突利可汗)을 가리킨다.

58) 장막을 쳐서 만든 천막집을 궁려(穹廬)라고 한다.

59) 힐리극한이 세습한 이래 중국을 넘겨다보며 여러 차례 국경을 침범하여 점령하며 당 조정의 군대를 격파했다. 무덕(武德) 9년에는 힐리극한이 직접 십여 만의 기병을 이끌고 무공(武功) 지역을 약탈하였으므로 장안에서도 이를 경계하였다.

60) 정양을 격파하자 힐리극한과 가까웠던 강소밀(康蘇密)이 투항했다.

61) 여오(余吾)는 지금의 수원(綏遠) 오나특(烏喇特) 경내이다.

군대의 위세는 타는 듯 빛나,

먼 곳까지 밝혔다.[62]

이로움과 은택이 만대까지 이어지니,

그 공은 더없이 크다.

관료 신하들이 손을 잡고 절하니,

황제가 이루신 대계(大計)이다.

이상은 「철산쇄(鐵山碎)」 22구이다.

유무주(劉武周)가 배적(裴寂)을 패퇴시키고 진(晉)의 땅을 모두 차지하자,
태종께서 그를 멸하셨다.[63] 이것이 아홉째 노래 「정본방(靖本邦)」의 내용
이다.[64]

나라 일으킨 곳이 저 진(晉)의 땅인데,

수시로 안정되지 못하였다.

뿌리가 흔들리면,

가지와 잎이 병든다.

임명된 신하가 임무 감당 못하고,

신성하신 분에게 수고를 끼쳤다.[65]

부월(斧鉞) 든 군대 일으키시니,

---

62) 귀구(鬼區)는 원방(遠方)을 의미한다.
63) 무덕(武德) 2년(619)에 유무주(劉武周)가 병주(幷州)를 침범하였다. 고조는 이중문(李仲文)
    을 시켜 토벌하게 하였으나 전멸했다. 다시 배적(裴寂)이 나섰으나 역시 패퇴하였다. 유
    무주는 태원(太原)을 근거지로 삼고 송금강(宋金剛)을 보내 진주(晉州)를 공략하여 함락시
    켰다. 이에 이듬해에 태조는 이세민을 시켜 송금강(宋金剛)을 물리치고 이어 유무주(劉武
    周)를 호주(浩州)에서 격파하였다. 그들 둘은 돌궐로 도망쳤고, 병주는 수복되었다.
64) 당(唐)을 세우며 처음 기병한 곳은 진(晉)의 땅이었으므로 그곳을 '본방(本邦)'이라 하
    였다.
65) 배적이 패하여 이세민이 손수 적을 토벌하게 된 것을 가리킨다.

자르듯이 바로 안정되었다.
큰 덕으로 우리를 다스리시니,
화목하고 또 공경한다.
뭇 완고한 무리들 이미 평정되고,
온갖 정사 모두 바르다.
황제의 대계(大計)는 위대하니,
백성들의 경사이다.

이상은 「정본방(靖本邦)」 14구이다.

이정(李靖)이 토곡혼(吐谷渾)을 서해(西海) 가에서 멸하였다.[66] 이것이 열째 노래 「토곡혼(吐谷渾)」의 내용이다.

토곡혼(吐谷渾)이 강성하여,
서해(西海)를 등지고 뽐냈다.[67]
해마다 우리 땅을 침범해 어지럽히고는,
물러가 험하고 먼 곳에 숨어버렸다.
황제께선 신성한 군대에게 명하시어,
가서 정벌해 황실을 안정시키라 하셨다.
훨훨 타는 듯한 깃발들에는,
곰과 호랑이와 용과 뱀이 섞여 있다.
황제의 군사 천만 명이나 되는데,
재갈 물고 침묵하니 소리도 없다.

---

66) 토곡혼(吐谷渾)은 청해호(青海湖) 서안(西岸) 일대의 부족으로, 정관(貞觀) 9년(635)에 변방을 침범하였다. 태종은 이정(李靖)을 서해도대총관(西海道大總管)에 임명하여 정벌하였고, 토곡혼의 복윤(伏允)은 근심 끝에 자결하였다.
67) 서해(西海)는 지금의 청해호(青海湖) 서안 일대이다. 수(隋) 때에 서해군(西海郡)을 설치했다.

칼 묶고 막힌 산 넘어서,
날개 펴고 사막을 내달았다.
일거에 냄새나는 것들을 베니,
시체들이 마(麻)처럼 쌓였다.
악초를 제거하듯 뿌리를 베어냈으니,
하물며 그 싹을 감히 남겼겠는가.
넘실넘실 서해의 물과 같이,
위엄 있는 명령 하늘 끝까지 이르렀다.
포로를 묶어 왕도(王都)에 오니,
음식과 음악이 더없이 대단했다.
높은 곳에 올라 귀환하는 군대 바라보니,
들판 끝까지 봄꽃이 핀 듯했다.
전쟁하러 떠났던 이 모두 돌아오고,
친척들은 기뻐하며 그들을 막아섰다.
개선의 소식 종묘(淸廟)에 바치니,
만국(萬國)에 악한 생각 사라졌다.

이상은 「토곡혼(吐谷渾)」 26구이다.

이정(李靖)이 고창(高昌) 지역을 멸하였다.[68] 이것이 열한 번째 노래 「고창(高昌)」의 내용이다.

국씨(麴氏)가 서북방의 우두머리 되어,

---

68) 고창(高昌)은 장안 서쪽 4,300리 되는 곳에 위치하며 지금의 신강(新疆) 지역이다. 정관(貞觀) 13년(639)에 태종은 후군집(侯君集)을 교하도대총관(交河道大總管)으로 삼아 공격하고, 이듬해에 도읍 고창(高昌)을 압박하여 국문태(麴文泰)의 왕위를 이은 아들 지성(智盛)을 투항시키고 그곳에 서주(西州)를 설치하였다.

조정과 결별하고 바깥 서돌궐(西突厥)을 섬겼다.
지역이 멀고 험한 것을 믿고서,
제멋대로 우리를 생각하지 않았다.
빛나는 황제의 군대는,
곰과 교룡 같은 군사로 편성됐다.
용 그림 깃발은 바다의 파도를 뒤집고,
전령(傳令)의 기병은 땅 끝까지 내달렸다.
맹분(孟賁)·하육(夏育)이 어린아이 패듯이,[69]
깡그리 소탕하여 남기지 않았다.
사막 끝 하늘가까지 평정하니,
흘러가는 누런 구름만 보였다.
신하 이정(李靖)이 긴 갓끈 잡고 원정을 자청하더니,
지략과 용기로 적장을 묶어 꿇렸다.
문황(文皇)께서 남면(南面)하여 앉으시니,
변방 부족 수많은 무리들이 복속하였다.
모두가 천자의 신성함 칭송하니,
예전에도 그렇지는 못하였다.
천극한(天可汗)의 칭호 헌상하니,[70]
만세소리 우리의 수도를 뒤덮었다.
변방의 군사 서로 해치지 않으니,
각기 본성과 몸을 보전하였다.

이상은 「고창(高昌)」 22구이다.

---

69) 분(賁)·육(育)으로 맹분(孟賁)·하육(夏育)을 줄여서 부른다. 두 사람은 모두 위(衛)나라 사람으로 용기가 있고 힘센 것으로 이름났다.
70) 태종 정관 4년(630)에 돌궐을 멸하자, 사방 족장들이 대궐에 와서 황제에게 천극한(天可汗)이 되어줄 것을 청하였고, 황제는 서북방 족장들에게 그렇게 부르도록 허락했다.

동만(東蠻)을 복속시킨 후에, 뭇 신하들이 『주서(周書)』 「왕회(王會)」처럼 그들의 모습을 그릴 것을 청하였다.[71] 이것이 열두 번째 노래 「동만(東蠻)」의 내용이다.

　　동만(東蠻)에 사씨(謝氏)가 있었는데,
　　관과 띠를 바다 속의 것으로 만들었다.
　　스스로 자신이 다른 세상 사람이라며,
　　비록 성인이라도 알 수 없다고 했다.
　　왕의 병졸 나는 듯이 달리는데,
　　붕새가 훨훨 용들을 놀라게 하는 듯했다.
　　와르르 소란스레 하늘에서 떨어지니,
　　실로 신통한 무공이었다.
　　오랑캐의 군신(君臣)과 백성 잡아,
　　연이어 동쪽에서 왔다.
　　복종하지 않으리라 생각하는 자 없으니,
　　당 왕조의 공업(功業)은 산처럼 높다.
　　백관(百官)이 조아려 절하며,
　　모두가 모습을 그리자고 원하였다.
　　『주서(周書)』 「왕회(王會)」와도 같이,
　　영원히 무궁하게 전하자고 하였다.
　　투박하여 모든 것이 특이하고,
　　중얼중얼 말은 안 통했다.
　　동서로 남북으로 전국을 순무(巡撫)하여,

---

71) 동만(東蠻)은 검주(黔州) 서방 수백 리 되는 곳에 위치한다. 정관 3년(629)에 그 추장 사원심(謝元深)이 조알(朝謁)하였다. 이때 그의 복장이 매우 특이하였으므로 안사고(顔師古)가 그 모습을 그려 왕회도(王會圖)로 남길 것을 청하여 시행하였다. 사원심(謝元深)은 동만에 설치된 응주(應州)의 자사(刺史)에 임명되었다. 『주서(周書)』 「왕회(王會)」는 주(周) 무왕(武王) 때 먼 곳에서 온 조공 사절을 회견한 일 등에 관한 기록이다.

넓은 천하에 황제의 위풍(威風)을 알린다.
징소리 북소리 사이에 시를 노래하여,
우리의 위대한 전공을 찬송한다.

이상은 「동만(東蠻)」 22구이다.

罪臣宗元言: 臣幸以罪居永州, 受食府廩, 竊活性命, 得視息, 無治事,
時恐懼, 小閒, 又盜取古書文句, 聊以自娛.

伏惟漢、魏以來, 代有鐃歌鼓吹詞, 唯唐獨無有. 臣爲郞時, 以太常聯
禮部, 嘗聞鼓吹署有戎樂, 詞獨不列. 今又考漢曲十二篇, 魏曲十四篇, 晉
曲十六篇, 漢歌詞不明紀功德, 魏、晉歌, 功德具. 今臣竊取魏、晉義, 用
漢篇數, 爲唐鐃歌鼓吹曲十二篇, 紀高祖、太宗功能之神奇, 因以知取天
下之勤勞, 命將用師之艱難. 每有戎事, 治兵振旅, 幸歌臣詞以爲容, 且得
大戒, 宜敬而不害.

臣淪棄卽死, 言與不言, 其罪等耳. 猶冀能言, 有益國事, 不敢效怨懟默
已. 謹冒死上.

隋亂旣極, 唐師起晉陽, 平姦豪, 爲生人義主, 以仁興武. 爲晉陽武第
一.

晉陽武, 奮義威. 煬之淪, 德焉歸? 氓畢屠, 綏者誰? 皇烈烈, 專天機. 號以
仁, 揚其旗. 日之昇, 九土晞. 訴田圻, 流洪輝. 有其二, 翼餘隋. 斮梟鷲, 連
熊螭. 枯以肉, 勍者羸. 后土蕩, 玄穹彌. 合之育, 莽然施. 惟德輔, 慶無期.
右晉陽武二十六句

唐旣受命, 李密自敗來歸, 以開黎陽, 斥東土. 爲獸之窮第二.
獸之窮, 奔大麓. 天厚黃德, 狙獷服. 甲之囊弓, 弨矢箙. 皇旅靖, 敵途
蹙. 自亡其徒, 匪予戮. 屈贙猛, 虔悚悚. 麋以尺組, 噉以秩. 黎之陽, 土茫

茫. 富兵戎, 盈倉箱. 乏者德, 莫能亨. 驅豺兕, 授我疆.

右獸之窮二十二句

太宗師討王充, 建德助逆. 師奮擊武牢下, 擒之, 遂降充. 爲戰武牢第三.

戰武牢, 動河、朔. 逆之助, 圖掎角. 怒轂轞, 抗喬嶽. 翹萌芽, 傲霜雹. 王謀內定, 申掌握. 鋪施芟夷, 二主縛. 憚華戎, 廓封略. 命之蕾, 畢以斮. 歸有德, 唯先覺.

右戰武牢十八句

薛舉據涇以死, 子仁杲尤勇以暴, 師平之. 爲涇水黃第四.

涇水黃, 隴野茫. 負太白, 騰天狼. 有鳥鷙立, 羽翼張. 鉤喙決前, 距趫傍. 怒飛飢嘯, 翾不可當. 老雄死, 子復良. 巢岐飲渭, 肆翶翔. 頓地紘, 提天綱. 列缺掉幟, 招搖耀鋩. 鬼神來助, 夢嘉祥. 腦塗原野, 魄飛揚. 星辰復, 恢一方.

右涇水黃二十四句

輔氏憑江、淮, 竟東海, 命將平之. 爲奔鯨沛第五.

奔鯨沛, 盪海垠. 吐霓翳日, 腥浮雲. 帝怒下顧, 哀墊昏. 授以神柄, 推元臣. 手授天矛, 截脩鱗. 披攘蒙霿, 開海門. 地平水靜, 浮天根. 羲和顯耀, 乘清氛. 赫炎溥暢, 融大鈞.

右奔鯨沛十八句

梁之餘, 保荊、衡、巴、巫, 窮南越, 良將取之不以師. 爲苞櫱第六.

苞櫱黱矣, 惟根之蟠. 彌巴蔽荊, 負南極以安. 曰我舊梁氏, 緝綏艱難. 江漢之阻, 都邑固以完. 聖人作, 神武用. 有臣勇智, 奮不以衆. 投迹死地, 謀猷縱. 化敵爲家, 慮則中. 浩浩海裔, 不威而同. 係纍降王, 定厥功. 澶漫萬里, 宣唐風. 蠻夷九譯, 咸來從. 凱還金奏, 象形容. 震赫萬國, 罔不襲.

　右苞蘗二十八句

李軌保河右, 師臨之不克, 變, 或執以降. 爲河右平第七.

　河右澶漫, 頑爲之魁. 王師如雷震, 崑崙以頹. 上聾下聰, 驚不可迴. 助讎抗有德, 惟人之災. 乃潰乃奮, 執縛歸厥命. 萬室蒙其仁, 一夫則病. 濡以鴻澤, 皇之聖. 威畏德懷, 功以定. 順之于理, 物咸遂厥性.

　右河右平十八句

突厥之大, 古夷狄莫強焉. 師大破之, 降其國, 告于廟. 爲鐵山碎第八.

　鐵山碎, 大漠舒. 二虜勁, 連穹廬. 背北海, 專坤隅. 歲來侵邊, 或傳于都. 天子命元帥, 奮其雄圖. 破定襄, 降魁渠. 窮竟窟宅, 斥余吾. 百蠻破膽, 邊氓蘇; 威武煇耀, 明鬼區. 利澤彌萬祀, 功不可踰. 官臣拜手, 惟帝之謨.

　右鐵山碎二十二句

劉武周敗裴寂, 咸有晉地, 太宗滅之. 爲靖本邦第九.

　本邦伊晉, 惟時不靖. 根柢之搖, 枝葉攸病. 守臣不任, 勛于神聖. 惟鉞之興, 翦焉則定. 洪惟我理, 式和以敬. 羣頑旣夷, 庶績咸正. 皇謨載大, 惟人之慶.

　右靖本邦十四句

李靖滅吐谷渾西海上. 爲吐谷渾第十.

　吐谷渾盛強, 背西海以夸. 歲侵擾我疆, 退匿險且迂. 帝謂神武師, 往征靖皇家. 烈烈旆其旗, 熊虎雜龍蛇. 王旅千萬人, 銜枚默無譁. 束刀踰山徼, 張翼縱漠沙. 一舉刈羶腥, 尸骸積如麻. 除惡務本根, 況敢遺萌芽. 洋洋西海水, 威命窮天涯. 係虜來王都, 犒樂窮休嘉. 登高望還師, 竟野如春華. 行者靡不歸, 親戚謹要遮. 凱還獻清廟, 萬國思無邪.

右吐谷渾二十六句

李靖滅高昌. 爲高昌第十一.
麴氏雄西北, 別絕臣外區. 旣恃遠且險, 縱傲不我虞. 烈烈王者師, 熊螭
以爲徒. 龍旂翻海浪, 馴騎馳坤隅. 賁、育搏嬰兒, 一掃不復餘. 平沙際天
極, 但見黃雲驅. 臣靖執長纓, 智勇伏囚拘. 文皇南面坐, 夷狄千羣趨. 咸稱
天子神, 往古不得俱. 獻號天可汗, 以覆我國都. 兵戍不交害, 各保性與軀.
　　右高昌二十二句

旣克東蠻, 羣臣請圖蠻夷狀如周書王會. 爲東蠻第十二.
東蠻有謝氏, 冠帶理海中. 自言我異世, 雖聖莫能通. 王卒如飛翰, 鵬騫
駭羣龍. 轟然自天隊, 乃信神武功. 繫虜君臣人, 累累來自東. 無思不服從,
唐業如山崇. 百辟拜稽首, 咸願圖形容. 如周王會書, 永永傳無窮. 睢盱萬
狀乖, 咿嗢九譯重. 廣輪撫四海, 浩浩知皇風. 歌詩鐃鼓間, 以壯我元戎.
　　右東蠻二十二句

정부(貞符 : 진정한 부서) 병서(幷序)⁷²⁾

죄를 지은 신하 종원(宗元)이 황공스럽게 아룁니다. 제가 좌천되어 있
는 곳으로 쫓겨 온 오무릉(吳武陵)이 제게 말했습니다.⁷³⁾ "동중서(董仲舒)
가 답하길 삼대(三代)에는 부서(符瑞)에 의거해 하늘의 명을 받아 즉위하
였다고 하였는데, 그것이 정말 그릇된 것입니까?"⁷⁴⁾ 저는 대답했습니다.
"그릇된 것입니다. 어찌 동중서만 그랬을 뿐이겠습니까? 사마상여(司馬相
如), 유향(劉向), 양웅(揚雄), 반표(班彪), 반표의 아들 반고(班固) 모두가 어리
석은 그 견해를 이어받아,⁷⁵⁾ 옛날의 상서롭다는 사물을 끌어다가 그에
근거하여 천명(天命)을 받았다고 했습니다. 그런 말은 부정한 무당이나
눈먼 사관(史官)의 말과 같아서 후대를 속이고 어지럽힙니다. 성인이 최
고의 지위에 오르는 근본은 지극한 덕을 들어내고 큰 공을 드날림에 있
다는 것을 모르는 말로서, 그 본의를 전혀 모르는 말입니다."

---

72) 본편은 작자가 영주사마(永州司馬)로 있던 원화(元和) 3년(808) 이후에 완성한 글로 장
    편의 서문이 첨부되어 있다. 글의 내용으로 보건대, 영정(永貞) 원년(805)에 예부원외랑
    (禮部員外郎)로 재직하며 초고를 쓰고, 후에 다시 손질하고 거기에 서문을 더한 것이다.
    부(符)는 부서(符瑞), 즉 상서로운 조짐을 의미한다. 서한 때에 동중서(董仲舒)는 특별한
    현상을 끌어다 천자에 대한 하늘의 명이 있음을 증명하며 그 권력을 절대화하고 정당
    화하였다. 그러한 현상, 즉 천자에 대한 하늘이 내려준 상서로운 징조를 부(符)라고 한
    다. 이 글은 특별한 부서(符瑞)에 의한 왕권신수설을 반대하고 천자의 인(仁)함과 민심
    의 획득을 진정한 부서(符瑞)로 삼아 강조하였다. 정(貞)은 정(正)의 의미이다. 『문원영화
    (文苑英華)』에는 「당정부해(唐貞符解)」의 표제로 되어 있다.
73) 오무릉(吳武陵)은 유종원의 친구로 원화 3년(808)에 영주로 좌천되었다.
74) 동중서(董仲舒, 대략 B.C. 179~B.C. 104)는 한 무제(武帝)의 신하로 유학만을 숭상하도
    록 권유한 대표적 유학자이다. 그는 천인감응설(天人感應說)과 음양재이설(陰陽災異說)
    등을 중심으로 통치자에 대한 천명론(天命論)을 주창하였다.
75) 사마상여(司馬相如, 대략 B.C. 179~B.C. 117)는 자가 장경(長卿)으로 서한 때의 사부(辭
    賦) 작가. 유향(劉向, 대략 B.C. 77~B.C. 6)은 자가 자정(子政)으로 서한 때의 문학가. 양웅
    (揚雄, B.C. 53~A.D. 18)은 자가 자운(子雲)으로 서한 때의 문학가. 반표(班彪, 3~54)는 자
    가 피숙(皮叔)으로 동한 때의 사학가. 반고(班固, 32~92)는 자가 맹견(孟堅)으로 동한 때
    의 사학가.

신이 상서랑(尚書郎)으로 있을 때에, 「정부(貞符)」를 지어, 당 황실은 덕을 바르게 갖춰 백성의 뜻에 의해 명을 받았으며 오래도록 두텁게 쌓였으니 무궁토록 누림이 마땅하다고 하였습니다. 그 글은 앞뒤가 맞고 매우 광범위한 것이었는데, 마침 쫓겨나 중도에 멈추게 되어 온전하게 완성할 수 없었습니다. 무릉(武陵)이 머리를 조아리며 저에게 청했습니다. "이것은 중대한 일입니다. 그러니 벌을 받는 중이라고 하여 버려둠으로써 성인의 전장제도가 바로 서지 않게 만들고, 그리하여 사설(邪說)을 막고 정도(正道)를 일으켜 후손 만대에 모범을 보일 수 있게 만들지 않으면 안 됩니다." 이에 저는 격한 마음을 이기지 못해 글로 지어 기술하였습니다. 끝내 이곳 미개지에서 매몰되어 당시에 알려지지 않을 것을 생각하면 그리하지 않을 것이나, 만약 큰 도리를 밝혀 세상에 내놓게 된다면 죽어도 여한이 없기에, 그리하여 스스로 결심하였습니다.

신 종원은 머리를 조아려 절하며 아룁니다.

원시시대에는 몽매하고 무지하여 다툼이 없다가 후대에 이르러 잘못되어 쟁탈하고 노기를 떨쳐 제멋대로 폭력을 자행했다고 말한 이가 그 누구입니까? 이 말은 이치를 모르는 말입니다. 인류 초기에는 어지러이 모여 살고 얼키설키 무리를 지어 살았습니다. 그런데 밖에서 눈과 서리, 바람과 비, 번개와 우박이 사납게 굴자, 이에 둥우리를 얽어 만들고 동굴을 파며, 초목을 끌어다 쓰고 가죽을 벗겨 쓸 줄 알게 되었습니다. 허기와 갈증과 이성의 욕구가 안에서 발동하자, 이에 짐승들을 잡아먹고 과일과 곡식을 씹어 먹으며 짝을 지어 살 줄 알게 되었습니다. 그리하여 마주치면 다투고 남을 만나면 싸웠습니다. 힘이 센 자는 달려들고, 이가 날카로운 자는 물어뜯고, 손톱이 단단한 자는 할퀴고, 다수인 쪽은 상대를 핍박하고, 무기가 좋은 자는 상대를 살해하였습니다. 어지럽게 뒤섞이니 초야가 피로 물들었습니다. 그런 후에 강한 힘을 지닌 자가 나타나 다스렸고, 흔히 험한 곳에 부서를 설치하였습니다. 그로 인해 명령이 생겨나고 군신(君臣)과 군대의 법이 섰습니다. 덕(德)을 이어받은 자는 지위를 이어받고 도를 태만히 한 이는 지위를 빼앗겼습니다. 이에 성인(聖人)이 출현하였으니 그 이름은 황제(黃帝)로서, 그는 전차를 몰아 해당 지역 안을 두루 관통하여 정벌하고, 동일한 기강(紀綱)을 세우고, 제도와 도량형을 일치시켰습니다. 그러나 여전히 대공(大公)의 도는 세울 수 없었습니다.76) 이에 성인이 출현하였으니 그 이름은 요(堯)로서, 그는 주목(州牧)과 사악(四岳)을 설치하여,77) 도와주고 통솔하였습니다. 덕이 있는 이와 공이 있는 이와 능력이 있는 자를 세워 참여시켜 연결하니, 팔과 손가락을 움직이고 몸을 펴고 구부리며 손으로 무엇을 잡듯이, 통솔되지 않는 것이 없었습니다. 요(堯) 임금이 연로하여 성인에게 선양(禪讓)하니 대공(大公)의 도가 수립될 수 있었습니다. 이를 통해 보건대, 처음에는 지극히 어지러웠고 그 후에 점점 바로잡을 수 있었던 것입니다. 덕이 없이는 바로 설 수 없었기에, 공자께서 『서경』에 기록하시어 「요전(堯典)」에서 "능력이 있고 총명하며 준덕(俊德)을 지니셨다"라고 하셨고, 「순전(舜典)」에서, "깊은 지혜를 지니셨고 영명(英明)하셨다"라고 하셨습니다. 「대우모(大禹模)」에선, "문화를 천하에 전파하시고 요임금과 순임금을 받드셨다"라고 하셨으며, 「중훼지고(仲虺之誥)」에선, "탕(湯) 임금은 너그럽고 어질어 천하 백성에게 신임을 받으셨다"라고 하셨으며, 「무성(武成)」에선, "무왕(武王)께선 정도를 행하신 주(周)의 후손이시다"라고 하셨습니다. 『서경』을 헤아려보니, 참으로 바릅니다. 그러한 덕이 실로 천명의 부서(符瑞)로서 영구히 왕조를 안정시킵니다.

후대의 부정하고 사악하며 괴이함을 좋아하는 무리들이 비로소 큰 번개, 큰 무지개, 검은 새, 거인의 발자국, 흰 이리, 흰 물고기와 붉은 새 등을 늘어놓아 부서(符瑞)라고 하였습니다.78) 이들은 모두 거짓되고 황당하

---

76) 대공(大公)은 요(堯)의 순(舜)에게의 양위(讓位)가 대표적인 일로, 자손이 아닌 현능한 이에게 선위(禪位)하는 것을 가리킨다. 선양(禪讓)과 같은 의미이다.

77) 당요(唐堯) 시기에는 천하를 아홉 개의 주(州)로 나누고 주목(州牧)을 두었다. 또 사방의 제후들을 관장하는 네 명의 대신을 두었는데, 이들이 사악(四岳)으로서 사방 제후의 수령이기도 하다.

여 부끄러운 것인데도 아무도 바름에 근본이 있음을 모릅니다. 한(漢)은 큰 도량으로 백성들을 품고 현명하고 능력이 있는 이들을 등용하며, 다친 이들을 씻어주고 추위에 떠는 자를 보호하여 병이 낫고 기뻐하게 할 수 있었으니, 이것이 부서(符瑞)인 것입니다. 그런데도 망령된 신하는 아래로 독사의 이야기를 끌어오고 위로는 하늘의 빛을 끌어다가,[79] 각기 찬미할 일이라고 외치고 그로써 무지한 백성을 속입니다. 또 추우(騶虞)와 신정(神鼎)으로 위협하고 억지를 부리며,[80] 동쪽의 태산과 석려(石閭)의 모형을 만들어서는 전당(殿堂)의 이름을 붙여 제사지내고 이를 봉선(封禪)이라 하였는데,[81] 이들 모두 『서경』에는 기록이 없습니다. 그러나 왕망

---

78) 『제왕세기(帝王世紀)』의 기록에 의하면, 소전(少典)의 아내인 부보(附寶)는 큰 번개가 북두성을 둘러싸고 들판을 환히 비추는 것을 보고 임신하여 24개월 뒤에 수구(壽丘)에서 황제(黃帝)를 낳았다고 한다. 또 순(舜) 임금의 어머니 악등(握登)은 큰 무지개를 보고 순을 낳았다고 한다. 『시경』「상송(商頌)」「현조(玄鳥)」에선, 하늘이 검은 새인 제비에게 명하여 땅에 내려와 상(商)을 낳게했다고 하였다. 또 『사기』「은본기(殷本紀)」에서는 곡(嚳) 임금의 둘째 아내 간적(簡狄)이 제비가 떨어뜨린 알을 삼켜 임신하여 설(契)을 낳았다고 하였다. 『사기』「주본기(周本紀)」에서는 곡(嚳)의 정실부인인 강원(姜原)이 들에 나가 거인의 발자국을 밟아 임신해 직(稷)을 낳았다고 하였다. 『제왕세기』에서는 신이 흰 이리를 끌고 은(殷)나라로 왔다고 하였다. 『사기』「주본기」에서는 무왕(武王)이 주(紂)임금을 정벌하려 강을 건너는 중에 흰 물고기가 배 안으로 뛰어 들어왔으며, 강을 건넌 후에는 불길이 하늘에서 내려와 무왕의 거처에 와서 까마귀로 변했는데 그 색이 붉었다고 하였다.

79) 『사기』「고조본기(高祖本紀)」의 기록에 따르면, 고조가 술이 취해 길을 가던 중에 길을 막고 있던 흰 뱀을 두 토막 내고 몇 리를 가서 잠이 들었는데, 뒤따르던 이가 그 자리에 이르자, 밤에 한 노파가 울며 자신은 백제(白帝)의 자손인데 적제(赤帝)의 자손에게 잘렸다고 한 후 홀연히 사라졌다고 한다. 또 같은 기록에 의하면, 진시황이 동남방향에 천자의 기운이 있다면서 이를 제거하고자 하였으므로 고조는 바위틈에 몸을 숨겼는데, 여후(呂后)는 사람들과 같이 와서 늘 고조를 만날 수 있었다. 고조가 여후에게 그 까닭을 물으니 그가 있는 곳 위에는 구름이 있었기에 그럴 수 있었다고 답하였다고 한다.

80) 추우(騶虞)는 『시경』소남(召南)의 한 시편의 이름인데, 지극한 덕을 지닌 이와 감응하여 출현한다는 검은 무늬의 흰 호랑이라고 한다. 또 『한서』「무제기」에 의하면 원수(元狩) 원년에 흰 기린을 포획했다고 하였는데, 이것을 가리킨다고도 한다. 신정(神鼎)은 신령스런 세발솥으로, 『한서』「무제기」의 기록에 따르면, 물가에서 이 보정(寶鼎)을 얻어 원정(元鼎)으로 연호를 바꾸었고, 또 원정 4년에도 또다시 보정을 얻었다고 한다.

81) 석려(石閭)는 태산 아래 남쪽에 있는, 신선이 드나드는 문이 있다는 곳이다. 『한서』「무제기」에 따르면, 태초(太初) 3년에 바다까지의 동순(東巡)에서 돌아와 흙을 쌓아 태산 모형을 만들어 하늘에 제사지내고 석려를 지정하여 산천의 신에게 제사지냈다고

(王莽)과 공손술(公孫述)은 그를 흉내내어,[82] 끝내는 반역하였습니다. 그 후에 현명한 황제 광무제(光武帝)께서 천하를 안정시키시고 옛 전장제도를 다시 이어받으셨으나 여전히 「적복부(赤伏符)」를 받들어,[83] 그 덕을 손상시켰습니다. 위(魏)·진(晋) 이래로 혼란하고 복잡하여 그 부서(符瑞)는 부정(不貞)하였으며, 그 때문에 나라는 안정되지 못하였으나 오랫동안 이를 극복하지 못한 채 어지러이 논의할 수 없었습니다. 난리를 거치며 수(隋)에 이르러서는 사해(四海)를 둘러 정(鼎)을 구하고 구주(九州)를 건너뛰어 향로를 구하여, 거세게 불을 질러대고 화염으로 작렬시키니, 백성들은 깊은 물과 타는 불길 속에서 외쳐대며 발을 굴렀습니다. 그러나 아무도 이를 막아 구원하지 못하였습니다.

그러자 위대한 성인께서 나타나시어,[84] 은택의 단비를 크게 내리시어 물길을 터 깨끗이 씻어내고 관개하여 기름지게 하셨으며, 맑은 안개를 피우시고 산들바람을 일으키셨습니다. 이에 백성들은 소생하여 쉬면서 다함께 살아가고 성장하며 평안함을 유지하였습니다. 거세되고 참수되거나 찢겨지고 도려내지는 형벌과 피 흘리고 뼈마디 끊기는 화는 발생하지 않았습니다. 그리하여 백성들은 평안하고 기쁘며 육체를 보존하여 어려움 없는 길에 도달할 수 있었습니다. 불태워지고 약탈당하며 이리저리

하였다. 봉(封)은 땅을 쌓아 하늘에 드리는 제사이고, 선(禪)은 땅을 고르게 하여 깨끗이 쓸고 산천(山川)의 신에게 드리는 제사이다.

82) 왕망(王莽)은 한(漢)을 이어 부명(符命)을 조작했고, 공손술(公孫述) 역시 흉내를 내어 참문(讖文)을 조작하여 천자를 자처하였다. 원시(元始) 5년에 우물을 파다가 흰 바위를 얻었는데, 그 위에 붉은 글씨로 왕망을 황제로 명한다는 글씨가 적혀있었다고 한다. 왕망은 즉위 후에 부명(符命) 42편을 지어 자신이 한을 이어 천하를 통치한다고 천하에 반포하였다. 공손술은 자신의 거처에서 용이 나온 일과 밤에 빛이 난 일을 부서(符瑞)로 여겨 자신의 손에 '공손제(公孫帝)'라 쓰고 스스로 천자의 자리에 올랐다. 다만 본문의 '망술승효(莽述承效)'는 『문원영화』에는 '망술성효(莽述成效)'로 되어 있는데, 혹자는 이 구절의 술(述)자가 공손술을 지칭하는 것이 아니고 '조술(祖述)하다'의 의미라고 풀이한다. 또 '망(莽)'에 대하여도 인명이 아닌 '술(述)'을 꾸미는 부사로 풀이하기도 한다. 따라서 '왕망이(혹은 멋대로) 부서의 설이 효험이 있다고 기술하다'로 풀이할 수도 있다.

83) 「적복부(赤伏符)」는 유수(劉秀)가 무도한 이를 잡고 황제가 되리라는 내용의 글이다.

84) 고조(高祖) 이연(李淵)과 태종(太宗) 이세민(李世民)을 가리킨다.

쫓기는 재난이 발생하지 않았습니다. 그리하여 백성들은 가족끼리 모여 노래하고 춤추며 즐겼으며, 그로 인해 그 큰 덕을 공경했습니다. 맨발로 뛰며 소매 걷고 환호하여 의로운 군대를 재물 들고 영접하니, 환호성이 온 나라에 진동하며 백성들이 휘하에 모였습니다. 큰 도적과 세력으로 명을 어기고 덕을 거스르는 자들을 의로움과 위엄으로 주살하니, 그들은 모두 소탕되어 학대 속에 죽는 백성이 사라졌습니다. 그리하여 백성들은 경사를 맞아 수(隋)를 떠나 당(唐)에 귀의하여 제자리걸음으로 노래하며 두루두루 화목할 수 있었습니다. 황제께선 위엄과 엄숙함으로 오직 백성들만을 위하셨습니다. 조세법을 정하시되 천하 백성들을 우선하셨으니 그것이 나라를 풍요롭게 하는 길이었습니다. 지방에는 의창(義倉)을 설치하고 세금 걷는 일을 삼갔으니, 흉년을 당하여도 백성에겐 풍년과 같았습니다. 형법은 간단히 줄이고 잔인하게 굴지 않고서도 징벌하였으니, 그것이 위엄을 지키는 일이었습니다. 죄가 작으면 몸을 해치지 않고, 죄가 커도 처자는 살려두니, 백성들이 기꺼이 존경하였고, 그리하여 태평함에 이르렀습니다. 그들이 바라는 바는 아뢰지 않아도 달성되고, 싫어하는 바는 기구하지 않아도 멈춰졌습니다. 사방의 오랑캐가 복종하니 전란이 일지 않았으며 재화를 다하지 않았습니다. 후손에 의해 봉행(奉行)되고, 황제의 규범이 되어 이어졌습니다. 열 분의 성인이 그 다스림을 관철하시며,[85] 그 효성과 어짊과 공평함과 관대함을 오로지 조상에게서 본받으셨습니다. 은택은 점점 더 깊어지고 어짊은 더욱 높아갔습니다. 그리하여 백성들이 당(唐)을 받드는 것이 영원무궁하였습니다. 그런 까닭에 명은 받는 것은 하늘에게서가 아니고 백성에게서입니다. 위대한 부서(符瑞)는 상서로운 사물에 있지 않고 어짊에 있습니다. 백성에게 어짊은 하늘로부터 받는 상서로움이 아닙니다. 하늘로부터의 상서로움이 아니니, 이것이 진정한 부서(符瑞)입니다! 어짊을 상실하고도 오래 보전한 이는

---

85) 고조(高祖), 태종(太宗), 고종(高宗), 중종(中宗), 예종(睿宗), 현종(玄宗), 숙종(肅宗), 대종(代宗), 덕종(德宗), 순종(順宗)을 가리킨다.

없으며, 상서로운 사물에 의존하여 오래 산 이도 없습니다. 상(商)의 왕은 뽕과 곡식이 공생한 일을 경계로 삼아 번창하였고,[86] 꿩이 운 일을 경계로 삼아 위대해졌으며,[87] 송(宋)의 왕은 법성(法星)이 출현하였어도 장수하였습니다.[88] 그러나 정(鄭)은 용이 출현하였어도 쇠약해졌고,[89] 노(魯)는 기린(麒麟)을 잡고도 약해졌으며,[90] 흰 꿩은 한(漢)을 망하게 했고,[91] 누런 서우(犀牛)는 왕망을 죽게 만들었습니다.[92] 그러니 그것들이 어찌 부서(符瑞)가 될 수 있겠습니까? 당(唐)의 대대로 이어지는 덕은 밝고 또 밝으며 깊고 커서 백성을 보호함이 이처럼 끝이 없으니, 마땅히 교제(郊祭)와 묘제(廟祭)에 제수를 올리고 아(雅)의 시로 꾸며 공경하는 마음으로 위대한 덕에 고해야 할 것입니다.

황제께서는 "옳다!"고 하시고, 상서로운 일에 대한 상소를 금지하시고 진정한 부서(符瑞)의 속뜻을 탐구하셨습니다. 덕을 더 쌓을 것을 생각하시고 더욱 어질어지실 것을 구하시며 나라 다스림에 임하셨고 백성들의

---

86) 『사기』「은본기(殷本紀)」에 대략 다음과 같은 기록이 보인다. 황제 태원(太戊)이 즉위한 후, 박(亳)지방에 뽕나무와 곡식이 아침에 함께 자라나 저녁에 한 아름이 되었다. 황제가 이를 겁내 재상 이척(伊陟)에게 물었다. 이척은, 요사스러움은 덕을 이기지 못하므로 정치에 부족함이 있다면 덕을 닦아 시행하면 된다고 하였고, 황제는 그의 말을 따랐다. 그러자 뽕나무는 고사하였다.

87) 『사기』「은본기(殷本紀)」에 다음과 같은 기록이 보인다. 황제 무정(武丁) 때에 꿩이 날아들어 정(鼎)의 귀에 앉아 울어댔다. 황제가 두려워하자 조기(祖己)가 두려워하지 말고 정사에 힘쓸 것을 권하였고, 황제가 그 말을 따르니 천하가 모두 기뻐하고 나라가 크게 부흥하였다.

88) 송(宋)의 경공(景公)은 대신과 백성을 아끼고 위하는 마음을 지님으로써 사람을 현혹시킨다는 흉조(凶兆)인 법성(法星)의 출현에도 불구하고 64년 동안 재위하였다.

89) 『좌전』의 기록에 따르면, 노(魯) 소공(召公) 19년에 정(鄭)에 홍수가 나고 용이 시문(時門)의 유연(洧淵)에서 싸웠다고 한다. 그런데 다음 해에 자산(子産)이 죽고 정나라는 쇠약의 길로 들어섰다.

90) 애공(哀公) 14년 봄에 기린을 잡았으나 당시에 실정으로 세력이 매우 약화되었다.

91) 『한서』「평제기(平帝紀)」에 따르면, 원시(元始) 원년에 흰 꿩을 헌상받았다. 그런데 8년 후에 왕망(王莽)에게 망했다.

92) 『한서』「평제기」에 따르면, 원시(元始) 2년에 황지국(黃支國)에서 서우(犀牛)를 헌상받았다. 서우는 물소와 비슷한데 머리는 돼지 같고 네 발은 코끼리 같으며 검은색이다. 이마에 뿔이 하나 달렸으며, 코 위에 작은 뿔이 또 하나 있다.

일을 공경하셨습니다.

　그 시는 다음과 같습니다.

아아, 훌륭하고 높으신 덕이여,

백성들이 찬미한다.

그 부서(符瑞) 바르니,

넓은 온 세상이 돕는다.

인덕(仁德)으로 백성을 보호하시니,

수(隋)의 칼날이 모두를 죽이진 못하였다.

은택은 부뚜막의 불처럼 타오르니,

끓는 물과 화염이 되어 더러움 씻어낸다.

흉악한 무리를 소탕하여,

몰아내고 또 평정하니,

아름답고 위대한 풍모,

훈훈하고 또 포근하다.

부자(父子)는 화목하여,

함께 평안함 속에 즐거워한다.

세금 가벼워 곡식 쌓이고,

찧어 놓은 쌀도 풍부하다.

형벌 가볍고 공정하니,

내 몸 다칠 일 없다.

우리에게 자손 물려주시니,

백대에 걸쳐 평안하다.

열 분의 성인 태평시대를 이으시니,

어진 황후의 아드님이시다.

아드님은 효도를 생각하시고,

스스로 환난을 다스리신다.

받들고 공경하니,
신께서 모두다 살펴주신다.
아(雅)를 지어 선양하니,
하늘이 내리는 복 이으신다.
하늘은 실로 신령하시니,
어진 지를 살피신다.
신께선 어디에 기대실까?
어진 이에게 의탁하리라.
북으로는 복연(濮沿)에 이르고,
남으로는 축률(祝栗)에 이르며,[93]
동서로 펼쳐진 모든 영토 안이,
오직 한마음으로 통일되었다.
당(唐) 왕조의 토대가,
하늘보다 더 오래가길 축원하고,
황실의 장구함이,
땅과 같이 무궁하길 축원한다.
어찌 단지 축원만 하겠는가,
진정 마음으로 믿는다.
신명이 백성과 하나 되어,
인도하고 깨우치시니,
억만년이 지나도록,
흔들리지도 위태롭지도 않으리라.
우리의 자손 대대로 이어가며,
영원토록 변함없이 보필하리라.

---

93) 『이아(爾雅)』에 따르면, 동·서·남·북 방향으로 차례로 태원(泰遠)·빈국(邠國)·복
연(濮鉛)·축률(祝栗)에 이른다며 이 네 곳을 사극(四極)이라 하였다. 『당서(唐書)』 등을
참고할 때, 이곳의 복연(濮沿)은 복연(濮鉛)의 착오로 보인다.

어짊이 더해가고 높아지시니,
어찌하여 사모하지 않으리?
하늘에게 고하여,
다함께 이르니, "아아,
역대 황제의 신령에게 물으시어,
그 부서(符瑞)를 바꾸지 마소서."

負罪臣宗元惶恐言：臣所貶州流人吳武陵爲臣言："董仲舒對三代受命之符, 誠然非耶?" 臣曰："非也. 何獨仲舒爾. 自司馬相如、劉向、揚雄、班彪、彪子固, 皆沿襲嗤嗤, 推古瑞物以配受命. 其言類淫巫瞽史, 誑亂後代, 不足以知聖人立極之本, 顯至德, 揚大功, 甚失厥趣."

臣爲尙書郎時, 嘗著貞符, 言唐家正德受命於生人之意, 累積厚久, 宜享年無極之義, 本末閎闊. 會貶逐中輟, 不克備究. 武陵卽叩頭邀臣："此大事, 不宜以辱故休缺, 使聖王之典不立, 無以抑詭類, 拔正道, 表覈萬代." 臣不勝奮激, 卽具爲書. 念終泯沒蠻夷, 不聞于時, 猶不爲也; 苟一明大道, 施于人世, 死無所憾, 用是自決.

臣宗元稽首拜手以聞. 曰：

孰稱古初朴樸蒙空侗而無爭, 厥流以訛, 越乃奮敓鬪怒振動, 專肆爲淫威? 曰：是不知道. 惟人之初, 總總而生, 林林而羣. 雪霜風雨雷雹暴其外, 於是乃知架巢空穴, 挽草木, 取皮革; 饑渴牝牡之欲驅其內, 於是乃知噬禽獸, 咀果穀, 合偶而居. 交焉而爭, 睽焉而鬪. 力大者搏, 齒利者齧, 爪剛者決, 羣衆者軋, 兵良者殺. 披披藉藉, 草野塗血. 然後强有力者出而治之, 往往爲曹於險阻, 用號令起, 而君臣什伍之法立. 德紹者嗣, 道怠者奪. 於是有聖人焉曰黃帝, 遊其兵車, 交貫乎其內, 一統類, 齊制量, 然猶大公之道不克建. 於是有聖人焉曰堯, 置州牧四岳, 持而綱之, 立有德有功有能者, 參而維之, 運臂率指, 屈伸把握, 莫不統率. 堯年老, 擧聖人而禪焉, 大公乃克建. 由是觀之, 厥初罔匪極亂, 而後稍可爲也. 非德不樹,故仲尼敍書: 於堯曰 "克明峻德"; 於舜曰 "濬哲文明"; 於禹曰 "文命祇承于帝"; 於湯曰 "克寬克仁, 彰信兆民"; 於武王曰 "有道曾孫." 稽揆典誓, 貞哉! 惟茲德實受命之符, 以奠永祀.

後之妖淫嚚昏好怪之徒, 乃始陳大電、大虹、玄鳥、巨跡、白狼、白魚、流火之鳥以爲符. 斯皆詭譎闊誕, 其可羞也, 而莫知本于厥貞. 漢用大度, 克懷于有氓, 登賢庸能, 濯痍煦寒, 以瘳以熙, 茲其爲符也. 而其妄臣乃下取虺蛇, 上引天光, 推類號休, 用夸誣于無知氓. 增以騶虞神鼎, 脅驅縱臾, 俾東之大山石閭, 作大號, 謂之封禪, 皆尙書所無有. 莽述承效, 卒奮驚逆. 其後有賢帝曰光武, 克綏天下, 復承舊物, 猶崇赤伏, 以玷厥德. 魏、晉而下, 尨亂鉤裂, 厥符不貞, 邦用不靖, 亦罔克久, 駁乎無以議爲也. 積大亂至于隋氏, 環四海以爲鼎, 跨九垠以爲鑪, 爨以毒燎, 煽以虐熖, 其人沸湧灼爛, 號呼騰蹈, 莫有救止.

於是大聖乃起, 丕降霖雨, 濸滌盪沃, 蒸爲淸氛, 疎爲泠風. 人乃滲然休然, 相睎以生, 相持以成, 相彌以寧. 琢斲屠剔, 膏流節離之禍不作, 而人乃克完乎舒愉, 尸其肌膚, 以達於夷塗. 焚拆抵掎, 奔走轉死之害不起, 而人乃克鳩類集族, 歌舞悅懌, 用祗于元德. 徒奮袒呼, 犒迎義旅, 謹動六合, 至于麾下. 大盜豪據, 阻命遏德, 義威殄戮, 咸隊厥緒, 無劉于虐. 人乃並受休嘉, 去隋氏, 克歸于唐, 躑躅謳歌, 灝灝和寧. 帝庸威栗, 惟人之爲. 敬奠厥賦, 積藏于下, 是謂豐國. 鄉爲義廩, 歙發讒飭, 歲丁大侵, 人以有年. 簡于厥刑, 不殘而懲, 是謂嚴威. 小屬而支, 大生而孚, 愷悌祇敬, 用底于治. 凡其所欲, 不謁而獲; 凡其所惡, 不祈而息. 四夷稽服, 不作兵革, 不竭貨力. 丕揚于後嗣, 用垂於帝式. 十聖濟厥治, 孝仁平寬, 惟祖之則. 澤久而逾深, 仁增而益高. 人之戴唐, 永永無窮. 是故受命不于天, 于其人; 休符不于祥, 于其仁. 惟人之仁, 匪祥于天; 匪祥于天, 茲惟貞符哉! 未有喪仁而久者也, 未有恃祥而壽者也. 商之王以桑穀昌, 以雉雊大, 宋之君以法星壽; 鄭以龍衰, 魯以麟弱, 白雉亡漢, 黃犀死莽, 惡在其爲符也? 不勝唐德之代, 光紹明濬, 深鴻尨大, 保人斯無疆. 宜薦于郊廟, 文之雅詩,祇告于德之休.

帝曰: "諶哉!" 乃黜休祥之奏, 究貞符之奧, 思德之所未大, 求仁之所未備, 以極于邦治, 以敬于人事. 其詩曰:

於穆敬德, 黎人皇之. 惟貞厥符, 浩浩將之. 仁函于膚, 刃莫畢屠. 澤燠于爕, 沸炎以瀉. 殄厥凶德, 乃驅乃夷, 懿其休風, 是煦是吹. 父子熙熙, 相寧以嬉. 賦徹而藏, 厚我糇粻. 刑輕以清, 我肌靡傷. 貽我子孫, 百代是康. 十聖嗣于治, 仁后之子. 子思孝父, 易患于已. 拱之戴之, 神具爾宜. 載揚于雅, 承天之嘏. 天之誠神, 宜鑒于仁. 神之曷依? 宜仁之歸. 濮鉛于北, 祝栗於南. 幅員西東, 祇一乃心. 祝唐之紀, 後天罔墜. 祝皇之壽, 與地咸久. 曷徒祝之, 心誠篤之. 神協人同, 道以告之. 俾彌億萬年, 不震不危, 我代之延, 永永毗之. 仁增以崇, 曷不爾思? 有號于天, 僉曰嗚呼! 咨爾皇靈, 無替厥符.

시민시(視民詩 : 백성을 살피는 시)[94]

하느님께서 민정(民情)을 살피시길,
어둡고 밝은 곳을 가리지 않으신다.

---

94) 이 시는 당대의 현명한 재상으로 대표되는 방현령(房玄齡)과 두여회(杜如晦)를 찬미한 시로서, 『시경』 대아(大雅)의 「숭고(嵩高)」·「증민(烝民)」 등의 시를 모방하여 지은 것이다. 장사교(章士釗)는 『유문지요(柳文指要)』에서, 본문 속의 방(房)과 두(杜)를 인물로 보지 않고, 방(房)은 방비한다는 방(防)의 의미로, 두(杜)는 두절(杜絶)한다는 의미로 해석하였다. 즉 태평시대를 위해서는 미미하게 조금씩 문제가 발생할 때에 이에 방비하고 두절하는 정책을 실행해야 한다는 의미로 시의 주지를 풀이하였다. 그러나 이는 현명한 재상의 대표로 위의 두 인물을 지칭하던 당대 이래의 기풍과 구체적 실례 등을 근거로 한 반론에 의해 반박되었다(『유종원시전석(柳宗元詩箋釋)』, 44면 참조).

간혹 가슴속에 숨겨진 고통까지도,
벌써 보고 들으신 것처럼 아신다.
위세를 발동하지도 않으시며,
무력으로 저지하지도 않으신다.
위세도 무력도 쓰지 않으시며,
오직 백성들을 최우선으로 삼으신다.
하느님은 백성들을 잘 이해하시니,
밝은 덕의 임금을 내리시고,
현명한 보좌역을 낳으신다.
현명한 보좌역은 누구인가?
방현령(房玄齡)과 두여회(杜如晦)이다.
오로지 방형령과 두여회만이,
실로 백성들이 따를 길이로다.
올바른 천자를 정하시어,
만국(萬國)의 통일을 여시었고,
만국이 나뉜 후에는,
몹쓸 백성조차 용서하셨다.
선비에겐 벼슬을 시키시고,
농부에겐 음식물을 수확하게 하시며,
공인(工人)에겐 사용할 기물을 주시며,
상인에겐 재화를 유통시키게 하신다.
쓸모가 있는 것은 퍼뜨리시고,
쓸모가 없는 것은 금지하신다.
선비들은 실로 너그럽고 여유로우며,
농부들은 실로 묵묵히 힘쓰고,
공인들은 실로 부지런히 일하며,
상인들은 실로 화락(和樂)한다.

좌우가 오직 하나가 되고,
들고 나는 행동은 동일하며,
예의를 지키어 끌어당기고,
순종하며 학습한다.
그 기풍 두루 퍼지니,
만물이 풍요롭다.
만물이 풍요로운 것은,
천자께서 제자리 지키셔서이고,
두 분께서 오래도록 계셔서이다.
천자께서 명철하셔서이고,
두 분께서 보좌하셔서이다.
백관(百官)이 바로 서서이고,
두 분이 영(令)을 바로 세우셔서이다.
군신(群臣)들이 직무수행 잘하여서이고,
두 분께서 바르게 녹(祿)을 내려서이다.
두 분께서 나서셨을 때에는,
감히 어그러질 걱정 없이,
즐거움 공유하지 못할까 걱정했다.
두 분께서 물러나셨을 때에는,
감히 태만하여 멈추지 않고,
게으름이 사라졌다.
이미 큰 덕에 복종하였으니,
사방의 부족들이 준칙으로 따른다.
사방의 부족들이 준칙으로 따르니,
영원히 사모하여 변심하지 않으리라.

帝視民情, 匪幽匪明. 憯或在腹, 已如色聲. 亦無動威, 亦無止力. 弗動弗止, 惟民之極. 帝懷民視, 乃降明德, 乃生明翼. 明翼者何? 乃房乃杜.
惟房與杜, 實爲民路. 乃定天子, 乃開萬國. 萬國旣分, 乃釋蠢民. 乃學與
仕, 乃播與食, 乃器與用, 乃貨與通. 有作有遷, 無遷無作. 士實蕩蕩, 農實
董董, 工實蒙蒙, 賈實融融. 左右惟一, 出入惟同. 攝儀以引, 以遵以肆. 其
風旣流, 品物載休, 品物載休, 惟天子守, 乃二公之久; 惟天子明, 乃二公
之成; 惟百辟正, 乃二公之令; 惟百辟穀, 乃二公之祿. 二公行矣, 弗敢憂
縱, 是獲憂共; 二公居矣, 弗敢泰止, 是獲泰已. 旣柔一德, 四夷是則. 四夷
是則, 永懷不忒.

제2권 고부(古賦)

패위부(佩韋賦 : 가죽끈을 패용하며) 병서(幷序)¹⁾

내가 고서를 읽다가, 바른 길을 가고 절의의 도리를 지킨 사람들에 대한 내용을 접할 때면 장하다는 생각이 들었고, 무언가 격동되는 바가 있

---

1) 본편은 전국시대 위(魏)나라의 서문표(西門豹)가 가죽끈을 노리개처럼 차고 다녔다는 이야기를 빌어 유종원 자신 역시 경계로 삼으려는 심경을 묘사한 부(賦)이다. 『한비자(韓非子)』 내용에 따르면, 서문표는 성격이 급했기 때문에 가죽끈을 노리개처럼 차고 다님으로써 급한 성격을 누그러뜨렸고, 동안우(董安于)는 성격이 느렸기 때문에 활시위를 차고 다님으로써 느린 성격을 다잡았다고 한다. 위(韋)는 가죽끈으로, 느슨함을 비유한다. 복장의 일부로서의 '패(佩)'는 원래 미관을 위한 것이 아니라 어떤 이미지의 상징으로, 자신을 경계하기 위한 것이었다. 예를 들면, 옥(玉)은 덕을 상징하고, 결(玦)은 결단력을 상징하고, 휴(觿)는 분란의 해결을 상징한다. 가까이 두고 자주 보면서 자기에게 부족한 부분을 고치려 한다는 뜻을 담고 있다. 여온(呂溫)에게 보낸 편지 내용에서 유종원은 정원 연간 말기쯤에 중용에 관심이 깊어졌다고 했는데, 중용을 배우고 싶다는 말이 많이 나오는 것으로 보아, 이 부는 정원 20년 이후에 쓴 것이 아닌가 추측된다.

었다. 너무 지나침으로써 중용의 도리를 지키지 못할까 항상 염려했던 터라, 서문표(西門豹)가 가죽끈을 차고 다니면서 자신의 행실이 급하지 않도록 경계했던 것을 거울로 삼았다. 이에 이 부(賦)를 짓는다. 내용은 다음과 같다.

이 땅에 나 태어날 때,
하늘의 순수한 자질 타고났다.
해와 달이 번갈아 뜨고 지면서,
애초의 순수함 점차 사라지고 신의 뜻 어겼다.
태초의 소박한 본질을 조각하여 화려한 겉모습,
결국 삼류로 떨어져 참됨을 잃었다.
옛적 그립지만 어찌할지 머뭇머뭇,
화(禍)와 복(福)의 상생은 끝이 없어 머리 속이 멍하다.[2]
세상은 이미 나의 화합의 자질을 빼앗아갔건만,
그나마 다행히 불변의 법도를 주었다.
성인이 걸었던 불변의 바른 길을 따르건만,
아무리 애써도 고양되지 않았다.
그래도 있는 힘 다하여 찾고 펼치려는 것은,
전장(典章)에서 올바른 준칙을 얻고 싶어서다.
시대를 미워하며 절의를 떨치건만,
의지가 꺾이는 자신의 모습이 가련할 뿐이다.
숭산(嵩山) 올라 눈 드리워,[3]
중원의 강토를 굽어본다.
만리 가로질러 바다에 이르기까지,

---

2) 『노자』의 "화(禍)에는 복이 깃들어 있고, 복에는 화가 엎드려 있다[禍兮福所倚, 福兮禍所伏]"에서 따온 말이다.
3) 숭산(嵩山)은 오악(五嶽) 중 중악(中嶽)이다.

퇴락한 바람이 거세게 사방에서 일어난다.

두렵고 놀랍고 걱정스러워 머뭇머뭇,

허세와 사기로 서로 속이는 것이 밉다.

현명한 왕에게 충정 바치고자,

먼 궤적 따르며 가르치고 이끌려고 한다.

나만 이렇게 혼자의 길을 지키자니,

억세고 고집스러워 부드럽지 않을까봐 염려된다.4)

선철(先哲)의 깊은 뜻을 찾고,

선현의 큰 미덕을 따르리라.

깊이 가라앉되 강하고 굳세야 한다 하니,5)

직언하는 자의 훌륭한 꾀이다.

굳세게 행하다 넘어진 선인들이여,

옛날 사람들이 진정 원수로 여겼다.

천지는 드넓어 여기저기 같지 않고,

추위와 더위가 번갈아 왕래한다.

중용의 길을 지켜 천명대로 살려 하니,

어진 성인의 참으로 훌륭한 계책이다.

사사(士師) 지낸 우리 조상 곧은 길을 갔건만,

나라의 정벌에 관한 질문 받고 근심에 쌓였다.6)

공자는 제(齊)에서 사형을 행하고 노(魯)에서 소정묘를 주살하였으니,7)

---

4) 『시경』의 "억세고 고집스러운 무왕[執競武王]"이란 구에서 나온 말이다.
5) 『서경(書經)』 「홍범(洪範)」에 "깊이 가라앉되 강하고 굳세다[沈潛剛克]"라는 말이 있다.
6) 사사(士師)란 유하혜(柳下惠)를 말한다. 『논어』에 "유하혜가 사사가 되어, 세 번 쫓겨났다. 혹자가 '당신은 그래도 떠나지 않겠소?'라고 하자, '곧은 도로 사람을 모시면, 어딜 간들 세 번 쫓겨나지 않겠소?'라고 했다"는 내용이 나온다. 『동중서전(董仲舒傳)』에 "노(魯)나라 왕이 유하혜에게 '내가 제(齊)나라를 공격하려고 하는데, 어떻게 생각하시오?'라고 묻자, 유하혜는 '안됩니다' 대답하고, 귀가하여 근심의 기색이 가득하여 '내게 어진 사람에 대한 건 묻지 않고 나라를 공격하는 것을 물으시다니, 어찌 내게 이런 말이 들리게 되었나'라고 했다"는 내용이 나온다.

본래 부드럽고 어질건만 극단을 행했다.

인상여(藺相如)는 매서운 얼굴로 진(秦)나라 왕을 꾸짖었으되,

귀국해서는 마치 신하나 종처럼 염파(廉頗)에게 낮추었다.[8]

유길(游吉)은 관대하고 너그럽게 유화 정책을 폈으나,

추포(萑蒲)의 도적에게는 사납게 대처해서 사라지게 했다.[9]

조귀(曹劌)는 패후(霸侯) 앞에서 칼을 뽑아들고 호통치고,

물러나서는 조심스럽게 두려운 듯 예의를 다했다.[10]

---

7) 『곡량전(穀梁傳)』 정공(定公) 10년, 공이 제후(齊侯)와 협곡(頰谷)에서 회동하기로 하여, 공자가 보좌로 나섰다. 제나라에서 우시(優施)더러 노군(魯君)의 막하에서 춤을 추게 하자, 공자는 "왕을 우습게 본 것은 마땅히 사형에 처해야 할 죄이다"라고 하고, 담당관더러 법을 시행하게 하여, 머리와 발이 각각 다른 문으로 나갔다. 『공자가어(孔子家語)』에 따르면, 공자는 노나라 사구(司寇)가 된지 7일 만에 정치를 어지럽히는 대부 소정묘(少正卯)를 주살했다.

8) 진(秦)과 조(趙)가 서하(西河) 밖 민지(澠池)에서 회동했다. 진나라 왕이 조나라 왕더러 비파를 연주하라고 청했다. 조왕은 비파를 연주했다. 인상여(藺相如)가 진왕더러 질장구를 연주하라고 청했는데, 진왕이 안 하려고 하자, 인상여는 "지금 저와 다섯 걸음 이내 거리에 있으니, 저의 목에서 뿜어나오는 피로 대왕을 적실 수 있습니다(지금 대왕과 가장 가까이 있는 사람은 저로서, 제가 대왕을 죽이고 함께 죽기로 마음먹으면 못할 것도 없습니다)"라고 했다. 좌우에서 인상여를 죽이려고 하여, 인상여가 눈을 부릅뜨고 호통치자, 모두 찔끔하여 물러섰다. 진왕은 질장구를 연주했다. 조왕이 귀국하여, 인상여를 상경(上卿)으로 삼았다. 염파(廉頗)가 "인상여는 세치 혀로 나보다 높은 자리에 올랐으니, 만나면 내가 반드시 욕보이겠다"라고 했다. 인상여가 듣고 말했다. "내가 생각해보자니, 강한 진나라가 감히 조를 쳐들어오지 못하는 것은 오직 (나와 염파) 두 사람이 있기 때문이다. 지금 두 맹호가 싸우면, 공존할 수 없는 형세이다. 내가 이렇게 염파를 피하는 것은 국가의 위급을 먼저 생각하고 개인적 은원을 뒤로 하기 때문이다."

9) 길(吉)은 정(鄭)나라 자태숙(子太叔) 유길(游吉)이다. 『좌전』 소공(昭公) 20년, 자태숙이 정치를 하는데, 폭정을 하지 않고 관대하고 너그러운 쪽을 채택했다. 정나라에 도적이 많아서, 추부(萑苻)의 연못에서 노략질을 했다. 태숙은 후회하여 보병을 모집하여 공격했다. 추부의 도적이 이로 인해 점차 사라졌다.

10) 조귀(曹劌)는 조말(曹沫)이다. 『좌전』·『곡량전』에서는 조귀(曹劌)라고 했다. 제(齊) 환공(桓公)이 노(魯)나라와 가(柯)에서 회맹하게 되었다. 조귀가 비수를 들고 환공을 위협하여, 좌우에서 감히 꼼짝할 수 없었다. 조귀가 말했다. "대국이 노나라를 침공한 것은 너무 심한 일로, 이제 노나라가 무너지면 다음엔 제나라 국경에 위험이 닥칠 것입니다. 잘 생각해 보십시오." 이에 환공은 침공했던 노나라 땅을 돌려주기로 약속했다. 조귀는 비수를 버리고 단을 내려가 신하의 자리로 돌아갔는데, 안색에 변함이 없었고, 말하는 것이 예전이나 다름없었다.

관대함과 사나움이 서로 적절히 어울렸으니,

누가 이 왕성한 덕망을 노래하지 않으리오?

명철보신의 도를 다하니,

『시』「대아」의 도움으로 전례를 따른다.11)

양처보(陽處父)는 억세고 고집스럽게 처신하여,

경솔하게 장수를 바꿔서 죄책을 당했다.12)

항우(項羽)는 강퍅하고 독단으로 처리하여,

머리와 사지가 잘리는 지경에 이르도록 깨닫지 못했다.13)

주운(朱雲)은 아득바득 오로지 강하게 간쟁하여,

결국 애초 의도했던 뜻을 이루지 못했다.14)

진함(陳咸)은 졸다가 병풍에 부딪히며 부친의 가르침을 거역하여,

결국 타지에서 성을 쌓다 죽어 무덤 속에 들어갔다.15)

---

11) 『시』「대아」에 "현명하고 지혜롭게, 그 자신을 보호한다[旣明且哲, 以保其身]"라는 구절이 있다.

12) 『좌전』문공(文公) 6년, 진(晉)이 이(夷)에서 사냥을 하면서, 호사고(狐射姑)더러 중군을 통솔하게 하고, 조둔(趙盾)더러 보좌하게 했다. 양처보가 온(溫)에서 와, 동(董)에서 사냥하는 걸로 바꾸고, 중군을 바꿨다. 호사고는 양처보가 자기 휘하를 바꾼 것을 원망하여, 9월에 속국거(續鞫居)를 시켜 양처보를 죽이게 했다.

13) 항우(項羽)는 해하(垓下)에서 패하여, 스스로 목을 베어 죽었다. 왕예(王翳)가 그의 머리를 차지하고, 나머지 기병이 서로 해치면서 항우의 몸을 차지하려고 하여, 서로 죽인 것이 수십 명이었다. 최후에 낭중 양희(楊喜) 등 다섯 명이 각자 사지와 몸통을 하나씩 차지했다.

14) 한(漢) 성제(成帝) 때, 주운(朱雲)이 조정에서 말하기를, 검을 하사하여 시켜만 준다면 간신 장우(張禹)를 처단하겠다고 했다. 황제가 노하여 "낮은 신하가 밑에 있으면서 높은 신하를 비난하고, 조정에서 사부를 욕보이다니, 도저히 살려둘 수 없는 죄이다"라고 했다. 어사가 주운을 끌어내리자, 주운은 대전의 난간을 붙잡고 올라가 부러뜨리며 외쳤다. "신은 용봉(龍逢)·비간(比干)을 만나 지하에서 노닐면 됩니다만, 조정이 앞으로 어떻게 될지 걱정이옵니다." 좌장군 신경기(辛慶忌)가 죽음으로 간언하여, 황제의 마음이 좀 풀렸다. 이로부터 결국 더 이상 벼슬하지 않았다.

15) 한(漢)나라 때, 진함(陳咸)의 부친 만년(萬年)이 병들어, 진함을 불러 침상 밑에서 가르치고 훈계를 했다. 한밤중까지 계속 이어져, 진함이 졸다가 머리가 병풍에 부딪치자, 부친 만년이 노했다. 진함이 "무슨 말씀인지 알겠어요 어쨌든 요지는 저에게 아첨하는 것을 가르치시겠다 이거지요"라고 말을 하여, 결국 만년은 더 이상 가르치려 하지 않았다. 만년이 죽고, 원제(元帝)가 어사중승으로 발탁했다. 나중에 석현(石顯)에 대한

설아(洩冶)는 어리석은 왕에게 간언하여,

이름이 무너지고 주벌을 당했다.16)

이들은 거리낌없이 곧은 길을 가서,

변고와 환난을 만났다.

아홉 굽이 험한 길을 가면서 곧게 달리기만 하면,

수레채 부러지고 길을 잃는 건 당연하다.

큰 길을 가면서 돌아서 간다면,

또한 목적지에 도달하지도 못한다.

호광(胡廣)은 오로지 유화(柔和)의 길만 고집하여,

포학한 양기(梁冀)에 굴복하여 절의가 무너졌다.17)

자가(子家)는 겸손하고 온순한데,

자공(子公)의 협박을 받고 명철을 잃었다.18)

의(義)는 인(仁)을 본받고 포학을 증오했으면서도,

결국 무너지고 갈라졌다.19)

애기를 했다가, 성을 쌓는 죄수로 쫓겨났다.

16) 『좌전』선공(宣公) 9년, 진(陳) 영공(靈公)과 공녕(孔寧)·의행보(儀行父)가 하희(夏姬)와 통정하여, 모두 그 속옷을 입고 조정에서 희희낙낙했다. 설아(洩冶)가 이것을 간언했다가 도리어 죽임을 당했다.

17) 양기(梁冀)가 질제(質帝)를 독살하자, 이고(李固)·호광(胡廣)·조계(趙戒)·두교(杜喬)는 모두 청하왕(淸河王) 산(蒜)을 후사로 세워야 한다고 했다. 이에 앞서, 여오후(蠡吾侯) 지(志)가 양기의 여동생과 혼인했으므로 양기는 여오후를 세우고 싶어했다. 중론이 분분하자 다음 날 양기가 공경들을 소집했는데, 분위기가 흉흉하고 논쟁이 격렬했다. 호광·조계는 모두 두려워 "그저 대장군의 영을 따르겠다"고 했는데, 이고와 두교는 원래 의견을 고집했다. 양기는 격노하였고, 결국 여오후를 세우니, 이가 환제(桓帝)이다. 결국 이고·두교를 해치게 되었다. 이고는 죽음을 앞두고 호광·조계에게 편지를 써 "양씨가 미혹에 빠진 것은 그대들이 굴종했기 때문이오 주군의 두터운 녹을 받아먹고, 쓰러져도 부축하지 않고, 대사를 망쳤으니, 나중에 진정한 사관이 나오면 어찌 이를 역사에 기록하지 않고 그냥 넘어가겠소?"라고 했다. 호광·조계는 편지를 읽고 부끄럽고 슬퍼, 모두 탄식하고 눈물을 흘렸다.

18) 『좌전』선공(宣公) 4년, 자공(子公)이 자가(子家)와 정(鄭) 영공(靈公)을 시해할 것을 모의했다. 자가가 "모시던 노인도 차마 죽이지 못하는 법인데, 하물며 주군을 어떻게?"라고 했다. 도리어 자가를 참언하려 했다. 자가는 두려워 자공의 의견을 따라서, 여름에 영공을 시해했다.

이사(李斯)는 유약한 성격에 사악한 조고(趙高)를 따랐으니,

상채(上蔡)의 생활을 그리워한들 무슨 소용인가!20)

서언왕(徐偃王)은 유순하여 정의를 지키다가,

도리어 나라를 버리고 포로가 되었다.21)

상홍(桑弘)은 온화하여 무력을 버려서,

종족이 망하고 나라를 뺏겼다.22)

전설제(專設諸)는 부드러운 성격으로 자처하여,

크나큰 살륙을 당해도 깨닫지 못했다.23)

그러므로 말하노라.

순전히 부드럽고 순전히 유약하면,

반드시 깎이고 반드시 뺏긴다.

순전히 강하고 순전히 굳세면,

반드시 잃고 반드시 망한다.

---

19) 의(義)는 송의(宋義)라고도 하고, 적의(翟義)라고도 한다. 여기서는 적의의 경우를 소개한다. 적의는 동군태수(東郡太守)로, 왕망(王莽)이 섭정하는 것을 미워하여, 동평왕(東平王)의 아들 유신(劉信)을 천자로 세우고 자기는 대사마라 하고, 군대를 일으켜 토벌에 나섰다. 왕망이 군대를 보내 공격하게 하여, 적의는 이길 수 없어 군대를 버리고 도망했다. 결국 붙잡혀서, 시신이 찢겨져 버려지고 삼족이 멸하는 극형을 당했다.

20) 이사(李斯)가 조고(趙高)의 참언으로 함양에서 요참(腰斬)의 형벌을 받고자 옥을 나서는데, 둘째 아들에게 말했다. "나는 너와 함께 황구를 끌고 상채(上蔡) 동문을 나서서 토끼나 쫓으며 살고 싶지만, 그게 가능하겠느냐?"

21) 장화(張華)의 『박물지(博物志)』에 나온다. 서언왕(徐偃王)이 나라를 다스려, 인(仁)과 의(義)로 소문이 자자했고, 제후들이 복종했다. 주왕(周王)이 초(楚)를 시켜 정벌하게 했다. 서언왕은 마음이 어질어, 차마 백성이 전쟁에 참여하게 하지 못해, 초나라에 패하여, 팽성(彭城) 무원(武原) 동산 아래로 달아났다.

22) 확실한 전고를 확인할 수 없다.

23) 『사기』에 나온다. 오(吳)의 공자광(公子光)이 굴 속에 군사를 매복시키고, 술을 준비하여 왕료(王僚)를 초청했다. 술이 얼큰하여, 공자광이 발이 아픈 척하고 굴 속으로 들어가, 전설제더러 생선구이 뱃속에 비수를 감추어 내가라고 했다. 왕 앞에 가서, 전설제는 생선을 갈라 비수로 왕료를 찔러, 왕료는 즉사하고, 좌우에서 전설제 역시 죽였다. 공자광은 결국 매복시킨 군사를 내보내 왕료 일행을 공격하고, 스스로 왕이 되었다.

속에 정의를 갖추고, 몸에 조화를 지니고,
조화로 정의를 선양하고, 강함을 부드러움과 통하게 해야 한다.
이를 지켜 변하지 않으면,
아무리 변해도 무궁무진하다.
강함과 부드러움을 교대로 취하여 적절한 처세를 얻으면,
이에 좋은 종말 맞이하리.
그래서 이 가죽끈을 패용하여,
옛사람과 같이 하려 한다.

난(亂)은 다음과 같다.[24]
단단하고 부드러운 가죽끈,
몸에 차고 다닌다.
바름에 뿌리를 두고 조화를 만들어,
그 가운데 중용을 취하리.
지혜로운 자는 강함과 부드러움을 교대로 취하여,
즐겁게 일생을 마친다.
과오가 적기를 바라며,
옛 풍습을 따르련다.

柳子讀古書, 睹直道守節者卽壯之, 蓋有激也. 恒懼過而失中庸之義,
慕西門氏佩韋以戒, 故作是賦. 其辭曰:

邈予生此下都兮, 塊天質之殼醇. 日月迭而化升兮, 寢遁初而枉神.
雕大素而生華兮, 汩末流以喪眞. 睎往躅而周章兮, 懵倚伏其無垠.
世旣奪予之大和兮, 眷授予以經常. 循聖人之通途兮, 鬱縱臾而不揚.

---

24) '난(亂)'은 사부(辭賦) 등을 종결할 때 상용하는 형식으로, 작자의 촌평 또는 총결인
셈이다.

猶悉力而究陳兮, 獲貞則于典章. 嫉時以奮節兮, 憫己以抑志.
登嵩丘而垂目兮, 瞰中區之疆理. 橫萬里而極海兮, 頹風浩其四起.
恂驚怛而躑躅兮, 惡浮詐之相詭. 思貢忠于明后兮, 振教導乎遐軌.
紛吾守此狂狷兮, 懼執競而不柔. 探先哲之奧謨兮, 攀往烈之洪休.
曰沈潛而剛克兮, 固讜人之嘉猷. 嗟行行而躓踣兮, 信往古之所仇.
彼穹壤之廓殊兮, 寒與暑而交修. 執中而俟命兮, 固仁聖之善謀.

吾祖士師之直道兮, 亦愀然於伐國. 尼父戮齊而誅卯兮, 本柔仁以作極.
藺疏顏以誚秦兮, 入降廉猶臣僕. 吉優繇而布和兮, 殘崔蒲以屛匿.
藺拔刃于霸侯兮, 退踿躬而畏服. 寬與猛其相濟兮, 孰不頌茲之盛德.
克明哲而保躬兮, 恢大雅之所勗.

陽宅身以執剛兮, 率易帥而蒙辜. 羿愎心以愎志兮, 首身離而不懲.
雲岳岳而專強兮, 果黜志而乖圖. 咸觸屛以拒訓兮, 肆殄越而就陵.
冶訐諫于昏朝兮, 名崩弛而陷誅. 苟縱直而不羈兮, 乃變罹而禍仍.
歷九折而直奔兮, 固摧轅而失途. 遵大路而曲轍兮, 又求達而不能.
廣守柔以允塞兮, 抵暴梁而壞節. 家擭謙而溫美兮, 脅子公而喪哲.
義師仁而惡很兮, 遂潰騰而滅裂. 斯委懦以從邪兮, 悼上蔡其何補.
徐偃柔以屛義兮, 焌邦離而身虜. 桑弘和而却武兮, 渙宗覆而國擧.
設任柔而自處兮, 蒙大戮而不悟. 故曰 : 純柔純弱兮, 必削必薄; 純剛
純強兮, 必喪必亡.
韜義于中, 服和于躬; 和以義宣, 剛以柔通.
守而不遷兮, 變而無窮. 交得其宜兮, 乃獲其終. 姑佩茲韋兮, 考古齊同.

亂曰 :
韋之申申, 佩于躬兮. 本正生和, 探厥中兮.
哲人交修, 樂有終兮. 庶寡其過, 追古風兮.

병부(甁賦 : 호리병)[25]

옛날 지혜로운 사람 있어,

가죽부대의 성질을 잘 배웠다.[26]

가죽부대는 많이 담을 수 있어,

크고 작은 술잔·술동이가 따라다닌다.

선량한 사람들 달콤하게 유혹하여,

기뻐하며 의지하고 따르게 한다.

입을 열어 뱃속 술 쏟아내,

한잔 두잔 어울린다.

쓰지 않고 달콤한 맛,

어둠이 와도 알지 못한다.

비틀비틀 통제가 안되어,

반드시 추태를 부리게 되고야 만다.

흑백이 뒤바뀌어 보이고,

미추가 혼동되어 보인다.

술은 비록 자기 본분을 다한다지만,

사람은 이로써 위험에 빠진다.

군대가 패하고 나라가 망해도,

---

25) 본편은 모양이 자유자재로 변하고 어디에서나 잘 어울리며 술을 많이 담을 수 있는 가죽부대와 변함없이 일정한 모양에 일정 분량의 물만 담을 수 있는 호리병의 덕을 대비시켜 인간의 성격 및 처세를 비유한 것이다. 옛날에 양웅(揚雄)이 「주잠(酒箴)」을 지어, 치이(鴟夷 : 술을 담는 데 쓰는 (말)가죽 부대와 물을 담는 데 쓰는 호리병(甁)을 대비시켜 노래했는데, 유종원의 이 「병부」는 양웅의 「주잠」을 보충한 것이라는 평이 전한다.

26) 『사기』「월세가(越世家)」에 나온다. 범려(范蠡)가 자기 호를 치이자피(鴟夷子皮)라고 했다. 오왕(吳王)이 자서(子胥)를 죽여서 치이(鴟夷 : 가죽부대)에 담았는데, 범려는 이제 자기가 죄가 있다고 여겨 호로 삼은 것이다. 가죽부대에는 주로 술을 담았는데, 담을 때는 많이 들어가고, 안 쓸 때는 접어 가지고 다닐 수 있어 편리했다.

푹 빠져서 돌아가지 않게 한다.
누가 이 죄의 주모자인가?
가죽부대가 저지른 것이다.

차라리 호리병이 되어,
우물가에 머물겠다.
깊이 들어가 깨끗한 물을 길어,
담박함을 본받겠다.
오미(五味)에 조화를 가져다줘,
기갈만 없애주는 게 아니다.
달콤하지 않고 상하지도 않아,
오래도록 질리지 않는다.
그 청백을 거울로 삼을 만하니,
끝내 잘 보이려 아첨하지 않는다.
잇점과 혜택이 넓고 크니,
누가 없이 지낼 수 있을까?
두레박줄 끊어지고 몸 깨져도,
어찌 원망하고 한탄하리!
공 이루고 일 마치고,
진흙으로 돌아간다.
뿌리로 돌아가고 시초로 귀환하니,
걱정도 사념도 없다.
하필 굽은 길 돌아가,
일시의 요행을 바라리오?
그대 나를 어리석다 하지 마라,
나는 이와 같이 지혜롭다.

昔有智人, 善學鴟夷. 鴟夷蒙鴻, 纍縶相追. 詔誘吉士, 喜悅依隨.
開喙倒腹, 斟酌更持. 味不苦口, 昏至莫知. 頹然縱傲, 與亂爲期.
視白成黑, 顚倒妍媸. 己雖自售, 人或以危. 敗衆亡國, 流連不歸.
誰主斯罪? 鴟夷之爲.

不如爲瓶, 居井之眉. 鉤深挹潔, 淡泊是師. 和齊五味, 寧除渴飢.
不甘不壞, 久而莫遺. 淸白可鑒, 終不媚私. 利澤廣大, 孰能去之?
綆絶身破, 何足怨咨! 功成事遂, 復于土泥. 歸根反初, 無慮無思.
何必巧曲, 徼覬一時. 子無我愚, 我智如斯.

우부(牛賦 : 소)[27]

너는 소를 아는가?

소라는 이 동물,
큼직한 덩치에 머리도 크다.
귀 늘어뜨리고 뿔 세우고,
털은 드문드문 가죽은 두껍다.
음메 하고 울면,
가득 퍼지는 중저음 목청.
따가운 햇살을 맞받으며,
날마다 100무(畝) 밭을 간다.

---

27) 본편은 온힘을 다하여 죽도록 일하고 종말마저 편하지 않은 소와 적당히 일하고 편하
게 지내는 노새를 대비시켜 노래했다. 앞의 「병부(甁賦)」와 더불어 본편 「우부(牛賦)」 역
시 기탁을 담은 흔적이 뚜렷하여, 영주에 폄적된 이후 발분하여 쓴 것임이 분명하다.

오고 가며 곧게 밭을 갈아,
벼도 심고 수수도 심는다.
자기가 뿌리고 자기가 거두어,
수레에 싣고 간다.
실어다 관가의 곳간에 부리고,
자기 입에는 한 톨도 안 들어간다.
가난한 자 부유하게 해주고 배고픈 자 배부르게 해주고,
자기는 공을 차지하지 않는다.
진흙에 빠지고 흙덩이 박차며,
항상 초야에서 산다.
사람에게 부끄럽지 않아,
혜택이 천하에 가득하다.
사람들은 그 가죽도 뿔도 쓰고,
어깨뼈도 꼬리뼈도 남기지 않는다.
꿰매는 끈으로 쓰기도 하고,
제기를 채우는 제물로 쓰기도 한다.
이로써 보자면,
만물 중 이보다 공이 큰 게 없다.

그런데 소의 신세를 보면,
수척한 노새가 노둔한 말 꽁무니를 따라다니는 것만도 못하다.
노새는 자기 뜻 굽히고 권세를 따라서,
장소를 가리지 않는다.
밭도 갈지 않고 수레도 끌지 않고,
콩잎과 콩을 마음대로 먹는다.
큰 길을 뛰어다니며,
날렵하게 마음대로 드나든다.

기쁘면 콧바람을 불어대고,
화나면 발길질을 한다.
길에 나서 길게 울면,
듣는 사람들 놀라 길을 비킨다.
권세가의 집을 잘 알아서,
종신토록 두려워하지 않는다.

소는 비록 공 있지만,
자기에게 무슨 이익이 있는가?
운명엔 좋은 것 나쁜 것 있으나,
능력대로가 아닌 듯하다.
처신을 신중히 하여 원망하고 한탄하지 않으면,
많은 복을 받으리라.

若知牛乎?

牛之爲物, 魁形巨首. 垂耳抱角, 毛革疏厚. 牟然而鳴, 黃鍾滿胵.
抵觸隆曦, 日耕百畝. 往來修直, 植乃禾黍. 自種自斂, 服箱以走.
輸入官倉, 己不適口. 富窮飽飢, 功用不有. 陷泥蹙塊, 常在草野.
人不慚愧, 利滿天下. 皮角見用, 肩尻莫保. 或穿緘滕, 或實俎豆.
由是觀之, 物無踰者.

不如羸驢, 服逐駑馬. 曲意隨勢, 不擇處所. 不耕不駕, 藿菽自與.
騰踏康莊, 出入輕擧. 喜則齊鼻, 怒則奮躑. 當道長鳴, 聞者驚辟.
善識門戶, 終身不惕.

牛雖有功, 於己何益? 命有好醜, 非若能力. 愼勿怨尤, 以受多福.

해수부(解祟賦 : 구설수의 화마에서 벗어나) 병서(幷序)[28]

　나는 폄적된 후,[29] 구설수에 휘말리는 화에서 벗어나지 못할까 애태워, 고심 끝에 『태현(太玄)』으로 괘를 뽑아보니, '간(干)의 팔(八)'이 나왔다. 찬사(贊辭)에는 "붉은 혀가 성을 불태우고, 병에서 물을 토해내다"라고 했고, 해설에는 "사람이 화에서 벗어나다"라고 했다. 너무 기쁜 나머지 이 부(賦)를 쓴다.

　활활 훨훨 뜨거운 불꽃,
　어쩜 사람 이빨에서도 일까?
　하늘 끝 날아올라도 피할 수 없어,
　사방 끝 내달려도 더욱 거세진다.
　꺼멓게 타버린 구천(九泉) 말라버린 사해(四海),
　이글이글 그 기세 막을 길 없어라.
　풍뢰(風雷)는 탁약(橐籥) 풀무처럼 휘익휘익,[30]
　회록(回祿)은 노하여 활활 불 뿜는다.[31]
　불타는 천지는 거대한 가마솥,
　타오르는 은하수는 붉은 노을이라.
　등림(鄧林) · 대춘(大椿) 태워도 모자라,[32]

---

28) 본편은 세인들의 온갖 구설수를 화마에 비유하여 자신이 겪는 괴로움을 호소한 것이다. 제목에서의 '수(祟)'는 화(禍)를 뜻한다. 그 용례는 『좌전』 소공(昭公) 원년, 진(晉) 평공(平公)이 병에 걸려 점을 쳤던 얘기에서 나온다. 귀신이 농간을 부려 닥친 화를 말한다.
29) 유종원은 영정(永貞) 원년(805) 예부원외랑(禮部員外郞)이 되었다가, 왕숙문(王叔文)과 어울렸다는 이유로 소주자사(邵州刺史)로 폄적되었다. 11월에 영주사마(永州司馬)로 추가 폄적되었다.
30) 풍뢰(風雷)는 바람의 신이다. 풍뢰(風藾)로도 쓴다. 『노자』에서 "하늘과 땅 사이는 탁약(橐籥 : 풀무)과 같다"고 했다.
31) 회록(回祿)은 불의 신이다.

부상(扶桑)·낙당(落棠) 쓰러져 여기저기 데굴데굴 뒹군다.
입술에 기름치자 불길 더 활활,
혀에 불꽃 요동하자 더욱 펄펄 타오른다.
물 뿌려 끄려 해도 병이 없어,
후려쳐 끄려 해도 빗자루가 없다.
금도 옥도 녹아버려,
먼지·모래 거들떠보지도 않았건만 한데 섞인다.
자기 신세 처량하고 만물은 타올라,
불길 크르렁 크르렁 더욱 끓어오른다.
깡그리 타버려 잿더미로 사라질까,
두려움에 용하다는 태현의 괘 찾아본다.
모든 바른 것에 호소하고,
모든 그른 것에 읍소한다.

이에 얻은 태현의 괘 내게 알려준다. "네 안의 조급함과 밖의 휨을 없애, '맑음[淸]'을 방으로 삼고 '고요함[靜]'을 집으로 삼을지어다. 그럴 수만 있다면, 처음에는 화마가 가까웠어도, 이젠 멀어질 것이다. 너를 식히는 것이 다가오고, 너를 태우는 것이 멀어지리. 천연(天淵)을 열어 젖혀 요원의 불길에 쏟아붓는 격일지니, 어떤 드센 혀에서 토한 불길인들 흩어지지 않겠느냐. 지금까지 너는 자기의 생각을 '맑게[淸]' 할 줄은 모르고 남의 구설수를 미워하고, '고요함[靜]'이 가장 좋은 줄 모르고 '움직임[動]'이 좋다 하여, 그저 허둥지둥 이리저리 광분하여, 후욱 허억 한숨만 토하고 있으니, 요원하지 않겠는가!"

이에 훤히 깨닫는 바 있어, 냉풍으로 열을 씻고 맑은 물로 때를 벗긴

---

32) 『열자(列子)』에서, 과보(夸父)가 해를 쫓다 쓰러져 죽자, 그의 지팡이가 등림(鄧林)이 되었는데, 그 넓이가 수천리였다고 한다. 『장자(莊子)』에서, 아득한 옛날에 대춘(大椿)이라는 나무가 있었는데, 8천 년을 봄 한 철로 삼고, 8천 년을 가을 한 철로 삼았다고 한다.

다. 인(仁)이란 신을 신고 거짓과 허풍을 없앤다. '태청(太淸)'이란 모자 쓰고 '지도(至道)'라는 보물 노리개를 찬다. '충허(沖虛)' 깔아 자리 삼고 '염박(恬泊)' 매어 수레 삼는다.[33] 훨훨 만물에서 유람하리, 바람 몰아 불 놓아 재난 입히며 잇속 챙기는 저들이 무얼 어찌 하랴!

柳子既謫, 猶懼不勝其口, 筮以玄, 遇干之八. 其贊曰 : "赤舌燒城, 吐水于甁." 其測曰 : "君子解祟也." 喜而爲之賦.

胡赫炎薰燼之烈火兮, 而生夫人之齒牙. 上殫飛而莫遁, 旁窮走而逾加. 九泉焦枯而四海滲涸兮, 紛揮霍而要遮. 風雷唬唬以爲橐籥兮, 回祿煽怒而喊呀. 炖堪輿爲甑鬵兮, 爇雲漢而成霞. 鄧林大椿不足以充於燎兮, 倒扶桑落棠膠輵而相叉. 膏搖脣而增熾兮, 焰掉舌而彌葩. 沃無甁兮, 撲無筭. 金流玉鑠兮, 曾不自比於塵沙. 獨凄己而燠物, 愈騰沸而骹齁.

吾懼夫灼爛灰滅之爲禍, 往搜乎太玄之奧. 訟衆正, 訴羣邪. 曰 : 去爾中躁與外撓, 姑務淸爲室而靜爲家. 苟能是, 則始也汝邇, 今也汝遐. 凉汝者進, 烈汝者賒. 譬之猶豁天淵而覆原燎, 夫何長喙之紛拏. 今汝不知淸己之慮, 而惡人之譁 ; 不知靜之爲勝, 而動焉是嘉. 徒遑遑乎狂奔而西偈, 盛氣而長嗟. 不亦遼乎!

於是釋然自得, 以泠風灌熱, 以淸源滌瑕. 履仁之實, 去盜之夸. 冠太淸之玄冕, 佩至道之瑤華. 鋪沖虛以爲席, 駕恬泊以爲車. 瀏乎以遊於萬物者, 始彼狙雌焚施, 而以祟爲利者, 夫何爲耶!

---

33) 충허(沖虛)·염박(恬泊) 등은 '청정무욕의 상태', '태초의 진기(眞氣)' 등을 일컫는 도가 용어이다.

징구부(懲咎賦 : 잘못을 후회하면서)³⁴⁾

잘못을 후회하면서 처음 뜻을 찾아보니,
무엇인들 내 마음이 추구한 것 아니었나?
낮고 지저분한 곳에 처해 있으면서 세상 염려하니,
진정 이전 뜻이 허물이 되었다.
예전에 난 공부하며 옛날을 살폈었는데,
지금과 옛날이 생각이 다른 것이 괴이하다.
살펴볼 만한 건 총명함뿐이라,
준마의 걸음 따라 멀리 다녔었다.
깨끗하고 성실하고 신의있고 강직하여,
어진 벗들이 모여들었다.
날마다 끊임없이 얽이어서,
요·순을 사표로 삼기를 원했다.
위는 어둑어둑 혼란하고,
아래는 난잡하고 그릇되어 사심을 품었다.
곁으로 늘어서 서로 어울리며,
대중(大中)의 바른 도를 찾는다.
도는 상(象)이 있지만,
그 형체는 없다.
변화를 따라서 시의를 틈타며,
나의 뜻과 어울리길 바랐다.

---

34) 본편은 영주로 폄적된 이후 쓴 것으로, 편명만으로 보자면, 자신의 잘못을 후회하고 반성하는 노래이다. 『신당서(新唐書)』 유종원 전기에서, '유종원은 폄적 이후 부름을 받지 못해 내심 고민하고 슬퍼하며 지난날 잘못을 후회하여 부를 지어 스스로를 경계했다'고 하면서 이 부(賦)를 소개했다. 하지만 전체적으로 지난날 자신이 취했던 노선이 잘못이었음을 반성하는지 여부에 대해서 논란의 여지가 있다.

미치지 못하면 위태롭고,
지나치면 바름을 잃는다.
성실하게 중도(中道)를 지켜야,
시대와 함께 행할 수 있다.
많고 많은 세상 만물,
모두 이로 인해 평안을 찾는다.
강함과 부드러움과 이완과 긴장이,
적절히 평상의 이치에 맞는다.
유능한 자를 등용하고 사악한 자를 억눌러서,
흑백과 청탁이 분명하다.
크고 바른 길을 가면,
어떤 것도 나를 얽어맬 수 없다.
큰 뜻을 받들어 안에 심어,
내 마음 기쁘게도 수확이 있다.
서적을 통해서 거듭 증거 얻어,
미혹에 빠지지 않고 훤히 깨달았다.
어리석은 자는 스스로 쓰임에 과감하여,
정성이 한결같지 않을까 두려워할 뿐이다.
주도면밀 고려하여 도모하지 않고,
오직 이 도(道)만을 따랐다.
참언과 질투가 일어나도 경계하지 않고,
여전히 단단히 자기 길을 고집했다.
우리 무리 운명이 순탄치 않은 것이 애처로워,
임용의 대우를 맞는가 했더니 끝내 핍박을 당했다.
형세 위험하고 험악하여 속임수 많은데,
하늘과 땅 너무 사이 벌어졌다.
물러나 자기를 보호하고 싶었어도,

예전 희망 시기를 놓칠까 슬펐었다.
재능을 가지고 충정 바치려고 해도,
사람들 말리며 화를 낸다.
나아갈지 물러날지 나는 돌아갈 길 없어,
솥의 국물 감미롭게 만들고 싶을 뿐이었다.
다행히도 황제께서 밝게 살피시어,
군(郡)을 다스리는 인끈 매고 남쪽으로 가게 했다.
죄 크건만 은총이 두터워,
거듭 폄적되는 화를 입는 것도 당연하다.
하늘의 토벌을 받을까 겉으로 두려워하고,
또한 속으로는 귀신의 책망에 부들부들 떤다.
허겁지겁 밤에 깨고 낮에 놀라,
마치 사슴이 잘 놀래 편히 쉬질 못하는 것과 같다.
끝없이 드넓은 동정호(洞庭湖)를 지나,
너울너울 상수(湘水) 거슬러 오른다.
큰 바람 불어와 파도 쳐올려서,
배가 방향 잃고 우왕좌왕.
햇빛 가려 하늘 어둑어둑,
먹구름 뭉게뭉게 하늘로 모여든다.
저녁 무렵 주룩주룩 내리는 비,
꺄악꺄악 슬프게 우는 원숭이 소리.
새들 모여들어 끼룩끼룩 울어대는 소리,
물가에서 산까지 가득 들린다.
흔들흔들 멀리 표류하다 어디에 머물까,
이리 가서 내 형체와 혼은 어디에 깃들까?
산봉우리 한데 묶여 구불구불,
모든 물길 넘실넘실 한데 모아.

한 자를 나가면 열 자를 물러서,
휘돌아든 물살 호수를 이룬다.
겨울 끝날 무렵에 이르러 거쳐 생겨,
모든 일이 끊임없이 감겨든다.
내 인생의 큰 고난이 슬퍼,
「개풍(凱風)」의 슬픈 시를 읊어본다.35)
하늘에 닿을 큰 죄로 인해 가혹한 일 생겨,36)
죽지 않고 살아서 무엇 하리오!
다시 두 해 추위와 더위를 보내고,
아직 꾸역꾸역 살아 있다.
깊은 못에 가라앉아 목숨 떨구려니,
어찌 죄 가리고 화 막을 수 있으리오!
이 몸 사라지면 후손 없고,
이전에 세운 뜻 아직 이루지 못했다.
나아갈 길 갑자기 끊기고,
물러나 감추려 해도 또한 뜻대로 안된다.
외로운 죄수로 세상 마감하여,
오래도록 구속되어 질곡뿐인 인생이라.
예전에 내 뜻을 성실히 수양했건만,
지금 어찌 이 화를 만났나?
어찌 먹을 것 탐하고 이름 훔치려 했던가,
세상에 섞여들지 말아야 했다.
자기를 드러내 뜻을 이루고자 하여,
대중의 방해를 안 받을 수 없다.
말 가리지 않고 그대로 내뱉어,

---

35) 『시』 「개풍(凱風)」은 효자를 찬미한 시이다.
36) 원화 원년(806), 모친 노씨(盧氏)가 영주에서 사망한 것을 말하는 듯하다.

모든 화가 닥치게 한 것도 당연하다.

긴 끌채 조절하면서 꺾임없이 전진하여,

아홉 굽이 험한 길을 간다.

노가 놀랄 만큼 큰 강을 가로지르며,

하늘까지 튀어오르는 파도를 거슬러 오른다.

다행히도 나의 죽음 이미 늦추어져,

몸체 온전하게 오랫동안 지내왔다.

진정 내 삶에 후회가 있다 하나,

선열 따르려다 이루지 못해서는 아니리라.

만이(蠻夷)의 땅에서 죽으면 정말 죽을 곳을 제대로 찾은 것이라,

현양(顯揚)되고 총애를 받는다 한들 더 이상 무엇이 있을까?

대중(大中)과 어울려 짝하고자 하니,

이렇게 천명을 이해하면 뭐라 할까!

懲咎愆以本始兮, 孰非余心之所求? 處卑汚以閔世兮, 固前志之爲尤. 始余學而觀古兮, 怪今昔之異謀. 惟聰明爲可考兮, 追駿步而遯遊. 潔誠之旣信直兮, 仁友藹而萃之. 日施陳以繫縻兮, 邀堯、舜與之爲師. 上睢盱而混茫兮, 下駁詭而懷私. 旁羅列以交貫兮, 求大中之所宜. 曰道有象兮, 而無其形. 推變乘時兮, 與志相迎. 不及則殆兮, 過則失貞. 謹守而中兮, 與時偕行. 萬類芸芸兮, 率由以寧. 剛柔弛張兮, 出入綸經. 登能抑枉兮, 白黑濁淸. 蹈乎大方兮, 物莫能嬰.

奉訏謨以植內兮, 欣余志之有獲. 再徵信乎策書兮, 謂炯然而不惑. 愚者果於自用兮, 惟懼夫誠之不一. 不顧慮以周圖兮, 專茲道以爲服. 讒妒構而不戒兮, 猶斷斷於所執. 哀吾黨之不淑兮, 遭任遇之卒迫. 勢危疑而多詐兮, 逢天地之否隔. 欲圖退而保己兮, 悼乖期乎曩昔. 欲操術以致忠兮, 衆呀然而互嚇. 進與退吾無歸兮, 甘脂潤乎鼎鑊. 幸皇鑑之明宥兮, 纍郡印而南適. 惟罪大而寵厚兮, 宜夫重仍乎禍謫. 旣明懼乎天討兮, 又幽慄乎鬼責. 惶惶乎夜寐而畫駭兮, 類麔麚之不息.

凌洞庭之洋洋兮, 泝湘流之沄沄. 飄風擊以揚波兮, 舟摧抑而迴遭. 日
霾曀以昧幽兮, 黝雲涌而上屯. 暮屑窣以淫雨兮, 聽啾啾之哀猨. 衆鳥萃
而啾號兮, 沸洲渚以連山. 漂搖逐其詎止兮, 逝莫屬余之形魂. 攢巒奔以
紆委兮, 束洶涌之崩湍. 畔尺進而尋退兮, 盪洄汨乎淪漣. 際窮冬而止居
兮, 羈縈棼以縈纏.

哀吾生之孔艱兮, 循凱風之悲詩. 罪通天而降酷兮, 不殭死而生爲! 逾
再歲之寒暑兮, 猶貿貿而自持. 將沉淵而殞命兮, 詎蔽罪以塞禍! 惟滅身
而無後兮, 顧前志猶未可. 進路呀以割絶兮, 退伏匿又不果. 爲孤囚以終
世兮, 長拘攣而轗軻. 曩余志之修褰兮, 今何爲此戾也? 夫豈貪食而盜名
兮, 不混同於世也. 將顯身以直遂兮, 衆之所宜蔽也. 不擇言以危肆兮, 固
羣禍之際也. 御長轅之無橈兮, 行九折之嵳嵳. 却驚棹以橫江兮, 泝凌天
之騰波. 幸余死之已緩兮, 完形軀之旣多. 苟余齒之有懲兮, 踣前烈而不
頗. 死蠻夷固吾所兮, 雖顯寵其焉加? 配大中以爲偶兮, 諒天命之謂何!

민생부(閔生賦 : 가련한 내 인생)[37]

험난한 내 인생 가련하다,

뜻은 못 이루고 어느덧 이렇게 허물 뒤집어 썼다.[38]

기운 가라앉아 어둑어둑 꽉 막히고,

---

37) 본편 역시 자신의 운명이 가여움을 노래한 것이다. "흘러가는 상수(湘水) 하염없이 바
라보며[肆余目於湘流兮]"라는 내용으로 보아, 영주에 있을 때 지은 것으로 보인다. 또 "맹
가는 마흔에 비로소 마음에 흔들림이 없었다[孟軻四十乃始持心兮]"고 한 것으로 보아, 마
흔 이전에 지은 것으로 보인다. 대략 원화 5~6년(810~811)쯤으로 추정할 수 있다.

38) 「이소(離騷)」에선 "분분히 허물을 만나고 비방을 당했다[紛逢尤以離謗]"고 했다.

눈물 하염없이 늘 줄줄 흐른다.
고혈 고갈되어 비쩍 마른 채로,
백(魄)이 이 몸 떠나 멀리 흩어져 다닌다.
말을 해도 믿지 않고 하소연할 곳이 없어,
황망히 뛰어다녀도 무슨 소용 있으리오?
그저 입 다물고 뜻을 접어두고,
말없이 조용히 생이 다하기를 기다린다.
세상에 참여해 잘못을 내치려 했으나,
산산이 흩어져 자빠지고 떨어졌다.
준마는 버림당해 욕 당하고,
노둔한 말들이 나다닌다.
교룡이 진흙탕에 넘어지면,
두꺼비 거북이도 두려워서 피한다.
세상이 받아들이기 힘든 크고 높은 행실,
몸집 또한 거대하여 숨을 곳이 없다.
비늘 껍질 말라 육지에 버려져,
꾸루룩 올빼미 무리지어 사납게 물어뜯는다.
마음 가라앉고 억눌려서 펼치지 못하고,
형체 낮추고 꺾이어 슬프기만 하다.

흘러가는 상수(湘水) 하염없이 바라보며,
아련한 구의산(九疑山) 바라본다.[39]
파도 일렁이며 넘쳐 흘러 돌아오지 않고,
창오산(蒼梧山)에는 짙은 구름 날아든다.
순(舜) 임금 중화(重華)는 남행하다 들판에서 죽었다니,

---

39) 상수(湘水)는 영릉(零陵)에서 나와, 북으로 장강(長江)으로 들어간다.

세상 사람들 진위를 알 길 없다.[40]
굴원(屈原)은 비통에 빠져서,
아름다운 말 남기고 연못에 뛰어들었다.
예로부터 이런 극도의 분노가 있었으니,
하물며 내 생의 간난이야.
지나간 일들을 늘어놓고 자기를 살피고,
북두성을 향해 이야기 털어놓는다.
높은 봉우리 올라 발돋움하며,
머나먼 고향쪽을 바라본다.
산과 물이 겹겹이 가로막히고,
길에도 자욱히 먼지 휘날린다.
빈 집 기울어도 수리를 못하여,
언덕의 무성한 초목이 덮어버렸다.
곤궁에 처하고 연로하여 추방당해,
이매(魑魅) 말고 내가 누구와 짝하리?

공자는 불혹의 나이에,
만고의 가르침 남겼다.
맹가는 마흔에 비로소 마음에 흔들림 없었고,
그래도 북궁유(北宮黝)·맹분(孟賁)의 용기를 희망했다.[41]
나는 바탕 우둔하고 나이 아직 모자라서,
화 만나고 위험에 빠지는 것도 당연하다.
선을 행할 것을 알아 잘못 고치려니,
지금 사람들 어찌 두려우리오!

---

40) 『사기』에 따르면, 순(舜)이 남방을 순시하다가 창오(蒼梧)의 들에서 세상을 떠났다. 장
  강 남쪽 구의산(九嶷山)에 장례를 지내니, 여기가 영릉(零陵)이다.
41) 『맹자』「공손추(公孫丑) 상」에 나온다.

아! 우왕(禹王)은 그토록 열심히 천하의 물길을 두루 다니며 업적 남겼다더니,

여기 이 상수는 다스려본 적이 없다.

은(殷)·주(周)의 강토는 그렇게 컸어도,

남쪽으로 형산(衡山)까지 이르진 못했다.

나는 초(楚)·월(越)이 만나는 끝점에 와 있어,

중원과 아득히 멀어져버렸다.

땅에는 곳곳에 늪지 습지 널려 있고,

열기 끓어올라 항상 어지럽다.

물오리·황새가 마당에서 놀고,

집 앞에서 갈대가 자란다.

독사가 나뭇가지에 숨어 있고,

깊은 연못에서 물여우가 사람을 노린다.

고개를 들어도 위험하고 아래를 보아도 두려워 떨려서,

밤이나 낮이나 손발을 제대로 놀리지 못한다.

내 생을 지키지 못해서,

대대로 이어진 순수한 덕에 누를 끼칠까 걱정이다.

누가 작디 작은 이 몸 감히 아끼리오,

삼가 옛 선인의 뒤를 이으리라.

밝은 신은 나를 속이지 않으리,

이 격렬한 하소연을 들어주기 바라노라.

이후엔 더 이상 해를 끼치지 말기를,

지난 잘못 덮기만 하려는 것 아니라.

閔吾生之險阨兮, 紛喪志以逢尤. 氣沉鬱以杳眇兮, 涕浪浪而常流.
膏液竭而枯居兮, 魄離散而遠遊. 言不信而莫余白兮, 雖遑遑欲焉求?
合喙而隱志兮, 幽默以待盡. 爲與世而斥謬兮, 固離披以顚隕.

騏驥之棄辱兮, 駑駘以爲驂. 玄虯蹵泥兮, 畏避靁電.
行不容之崢嶸兮, 質魁壘而無所隱. 鱗介橋以橫陸兮, 鷗嘯羣而厲吻.
心沉抑以不舒兮, 形低摧而自慭.

肆余目於湘流兮, 望九疑之垠垠. 波淫溢以不返兮, 蒼梧鬱其蜚雲.
重華幽而野死兮, 世莫得其僞眞. 屈子之悁微兮, 抗危辭以赴淵.
古固有此極憒兮, 矧吾生之薆艱. 列往則以考己兮, 指斗極以自陳.
登高岊而企踵兮, 瞻故邦之殷轔. 山水浩以蔽虧兮, 路蓊勃以揚氛.
空廬頽而不理兮, 翳丘木之榛榛. 塊窮老以淪放兮, 匪魍魅吾誰鄰?

仲尼之不惑兮, 有垂訓之謨言. 孟軻四十乃始持心兮, 猶希勇乎黔、賁.
顧余質愚而齒減兮, 宜觸禍以阽身. 知徙善而革非兮, 又何懼乎今之人!

噫! 禹績之勤備兮, 曾莫理夫玆川. 殷、周之廓大兮, 南不盡夫衡山.
余囚楚、越之交極兮, 邈離絶乎中原. 壤汙潦以墳洳兮, 蒸沸熱而恒昏.
戲鼃黽乎中庭兮, 蒹葭生於堂筵. 雄虺蓄形於木杪兮, 短狐伺景於深淵.
仰矜危而俯慄兮, 弭日夜之拳攣. 慮吾生之莫保兮, 忝代德之元醇.
孰眇軀之敢愛兮, 竊有繼乎古先. 明神之不欺余兮, 庶激烈而有聞.
冀後害之無辱兮, 匪徒蓋乎曩愆.

몽귀부(夢歸賦 : 꿈 속 귀향)[42]

내쫓겨 이역에 묶여 있어,
내 신세는 꿈에서나 귀향한다.
정기 한데 모아 응축하여,
회상하며 옛 고향길 따라간다.
저녁에 땅끝 이역에서 잠들면,
마음 찐덕찐덕 고향 못 떠난다.
마음 먹은 대로 선선히 풀리는 형체,
숨은 희미하고도 은미해진다.
훌쩍 치솟아 떠올라,
어느덧 넓디 넓은 망망한 하늘에 오른다.
둥근 것 모난 것 뒤섞여 형체 드러내지 않고,
온통 뭉게뭉게 순백색뿐이라.
위로는 망망한 하늘 별도 없고,
아래로는 물이고 뭍이고 보이지 않는다.
무언가 나의 갈 길 이끄는 듯,
마부 머뭇머뭇 수레 머리 돌린다.
곧게 드리우는 뜬구름,
나를 서북쪽으로 건네다준다.
쉬익쉬익 가벼이 귓가 스치는 바람,
쉬지 않고 배를 타고 빨리 간다.
넘실넘실 큰 물을 헤치듯,
무지개 늘어서 노 젓는 양 기웃기웃.

---

42) 본편은 영주에 있을 때, 고향을 그리워하며 지은 것이다.

마주 오는 바람에 부딪혀 출렁출렁,
언뜻 갈 길 끊겨 길을 잃는다.
꿈 속 영혼 막막하여 흔들흔들,
나아가려 하나 갈 수 없어 지척지척.
저 멀리 중천에 떠오르는 태양,
어둑했던 흙비 구름 흩어져 풀린다.
악(岳)·독(瀆)으로 위치 잡아보니,
흑·백 뚜렷하게 들쭉날쭉하다.
문득 위아래로 솟았다 꺼졌다 하여,
잠시 억제하여 갈 길 늦춘다.
고향 쪽 향하여 하강하니,
고향 마을 곧은 길목 내려다보인다.
황폐해진 들판 논밭,
가시덤불 치렁치렁하다.
꺾이고 부러진 컸던 나무,
담장·초가 수선 못해 기울었다.[43]
산은 우뚝 솟아 있고,
물은 콸콸 굽이친다.
무언가 잃은 듯 혼은 황망하고,
줄줄 수렛대에 눈물 떨어진다.
황혼 무렵인 듯 어둑어둑,
여기저기 가려 하려 하나 갈 길 없다.
기쁜 듯 하다가 머뭇머뭇,
가득한 시름에 가슴 막힌다.
땡땡 둥둥 새벽을 알리자,

---

43) 유종원은 허맹용(許孟容)에게 보낸 편지에서도 자기가 떠난 이후 쇠락해졌을 고향집
에 대한 간절한 걱정을 얘기한 바 있다.

어둠은 사라지고 꿈에서 깨었다.

다시 몸에 휘감기는 그물,

누가 몸의 질곡은 대단치 않다고 했던가?

더 이상 정성(精誠) 모을 수 없어,

더 이상 귀향 길 밟지 못한다.

위대한 중니(仲尼)의 성덕(聖德),

구이(九夷) 땅도 살 만하다 하셨거늘.44)

너무 큰 도(道) 받아들여지지 않아,

이리저리 광야에서 떠돌았지.

세상 피해 변방으로 가던 노담(老聃),

머나먼 외지 향해 발걸음 내디뎠다.45)

세속과 달랐던 장주(莊周),

대붕(大鵬) 타고 멀리 가려 했지.46)

참으로 멀리 갔었던 그들,

어찌 고향 그리워했으리?

수구(首丘)하는 인(仁)의 무리,

군자가 명예롭게 여겼었다.47)

짐승 슬피 우는 것도,

---

44) 『논어』의 내용에 따르면, 공자는 구이(九夷)의 땅에서 살고 싶다는 얘기를 한 적이
있다. 혹자가 "너무 누추하지 않을까요?"라고 하자 공자는 "군자가 머무는 곳이면, 어
디인들 누추하다 하겠나?"라고 말했다고 한다.

45) 『사기』에 따르면, 노담(老聃)은 주(周)나라가 쇠한 것을 보고, 멀리 떠나게 되었다. 관문
에 이르자, 관문을 지키던 윤희(尹喜)가 "선생께서 은둔하려 하시는데, 억지로나마 저를
위해 책을 저술해줄 수 있을까요?"라고 하여, 5천여 마디가 담긴 『노자』를 남기고 떠났다.

46) 장자(莊子)는 몽(蒙) 사람이다. 『장자』「소요유(逍遙遊)」의 내용이다.

47) 『예기(禮記)』에서, 여우는 죽을 때 머리를 고향 언덕 쪽으로 향하니, 이것은 인(仁)이
라고 했다.

고향 떠난 그리움 아쉬움 때문이리라.[48]
집착하는 이 내 마음 못 버려,
이 몸 갈라져도 마음 돌리지 못한다.
재삼 이어지는 귀향의 꿈,
여명·황혼마다 이렇게 알린다.

罷擯斥以窘束兮, 余惟夢之爲歸. 精氣注以凝沍兮, 循舊鄕而顧懷. 夕
余寐於荒陬兮, 心慊慊而莫違. 質舒解以自恣兮, 息惝罔而愈微. 欻騰踊
而上浮兮, 俄滉瀁之無依. 圓方混而不形兮, 顥醇白之霏霏. 上茫茫而無
星辰兮, 下不見夫水陸. 若有鉥余以往路兮, 馭儗儗以回復. 浮雲縱以直
度兮, 云濟余乎西北. 風繼繼以經耳兮, 類行舟迅而不息. 洞然于以瀰漫
兮, 虹蜺羅列而傾側. 橫衝飈以盪擊兮, 忽中斷而迷惑. 靈幽漠以潚汨兮,
進怊悵而不得. 白日邀其中出兮, 陰霾披離以泮釋. 施岳瀆以定位兮, 互
參差之白黑. 忽崩騫上下兮, 聊按行而自抑. 指故都以委墜兮, 瞰鄕閭之
脩直. 原田蕪穢兮, 峥嶸榛棘. 喬木摧解兮, 垣廬不飾. 山峒峒以巖立兮,
水汩汩以漂激. 魂恍惘若有亡兮, 涕汪浪以隕軾. 類嚏黃之黔漠兮, 欲周
流而無所極. 紛若喜而伫儗兮, 心回互以壅塞. 鍾鼓喤以戒旦兮, 陶去幽
而開寤. 嘗罔蒙其復體兮, 孰云桎梏之不固? 精誠之不可再兮, 余無蹈夫
歸路.

　偉仲尼之聖德兮, 謂九夷之可居. 惟道大而無所入兮, 猶流游乎曠野.
老聃遁而適戎兮, 指淳茫以縱步. 蒙莊之恑怪兮, 寓大鵬之遠去. 苟遠適
之若茲兮, 胡爲故國之爲慕?

　首丘之仁類兮, 斯君子之所譽. 鳥獸之鳴號兮, 有動心而曲顧. 膠余衷
之莫能捨兮, 雖判析而不悟. 列茲夢以三復兮, 極明昏而告愬.

---

48) 『예기』에서, 조수(鳥獸)는 그 짝을 잃으면 달마다 철마다 고향쪽을 지나면서 선회하
　　며 슬피 울고 떠난다고 했다.

수산부(囚山賦 : 산에 갇혀)⁴⁹⁾

초 · 월의 교외에 온갖 산이 둘러싸여,
기세는 파도가 들끓는 듯하다.
어지러이 마주보고 돌아들며 위와 아래로 가로막고 있어,
마치 두터운 담장이 둘러 쳐진 듯하다.
삶을 다투어 각축하며 수레에 올라 사방으로 나서니,
그 아래는 갈라지고 찢어져 해자를 이룬다.
아래로 내려가 순탄한 길 나오는 듯하여 기뻐하다,
1무(畝)도 안 지나 평평하던 길이 또 높이 솟아오른다.
구름 모여 비가 내려 후토를 적시니,
뭉클뭉클 비릿한 냄새 피어오른다.
양기가 퍼지지 못해 막히고 멀어져,
음기들이 한데 모여 무리가 되었다.
한켠에 간신히 밭갈고 씨뿌려 근근히 식량 해결하니,
이곳 주민 노고 더해지는 것이 애처롭다.
수풀 여기저기 가시덤불로 변하고,
범의 포효가 감옥 지키는 개 짖는 소리를 대신한다.
어찌하여 물마른 우물 속에서 하늘 쳐다보는 신세가 되었는가,
구덩이가 험난하니 어찌 도망가리오?
죄를 지었기로서니 이 어두운 곳에 갇히니,
비록 성인이라도 병자처럼 신음하리라.
무소도 아니면서 나는 우리에 갇히고,

---

49) 본편은 중원 평원 지역과는 달리 크고 작은 산에 둘러싸인 영주에서의 유배생활이
    마치 수형생활과 같음을 노래했다. 유종원은 영정 원년(805)에 영주로 폄적되었고, 원
    화 9년(814)에 이 부를 지었다.

돼지도 아니면서 나는 감옥에 갇혔다.
10년이 다 되도록 나를 돌아보는 이 없더니,
게다가 쑥대로 나를 가두었다.
성인이 날로 세상을 다스리시고,
현인이 날로 등용되건만,
누가 이 산더러 나를 가두게 했는가?
아득하기만 하도다!

楚越之郊環萬山兮, 勢騰踊夫波濤. 紛對迴合仰伏以離迾兮, 若重墉之相襃.

爭生角逐上軼旁出兮, 其下圻裂而爲壕. 欣下頹以就順兮, 曾不畝平而又高.

沓雲雨而漬厚土兮, 蒸鬱勃其腥臊. 陽不舒以擁隔兮, 羣陰沍而爲曹.

側耕危穫苟以食兮, 哀斯民之增勞. 攢林麓以爲叢棘兮, 虎豹咆嘷代狴牢之吠嘷.

胡井智以管視兮, 窮坎險其焉逃. 顧幽昧之罪加兮, 雖聖猶病夫嗷嗷.

匪兕吾爲柙兮, 匪豕吾爲牢. 積十年莫吾省者兮, 增蔽吾以蓬蒿.

聖日以理兮, 賢日以進. 誰使吾山之囚吾兮滔滔?

유고황질부(愈膏肓疾賦 : 고황의 병 치료)[50]

진(晉) 경공(景公)이 고황(膏肓)에 병이 침투한 꿈을 꾸었다. 아무래도 긴가민가하여, 진완(秦緩)을 불러 진찰해보게 하여, 진찰을 마친 진완이 당 아래 부복했다. 경공이 말했다. "지금 나는 몸이 쇠약하지도 않았고 근력도 적잖소 그런데 불치병에 걸렸다고 하는 까닭이 무엇이오?" 진완은 온갖 궁리를 짜내, 대답했다. "상급 의원은 아직 싹이 트지 않은 병의 조짐을 치료하고, 중급 의원은 조짐이 나타난 병을 공격하는 법입니다. (상급 의원은) 보기만 해도 죽을지 살지 판단할 수 있어, 치료할 것인지 포기할 것인지 마음 속으로 이미 결정하여, 이는 마치 변화(卞和)가 돌덩이 속에 든 구슬을 바치고 백락(伯樂)이 수태한 말의 관상을 보는 것과 같습니다. 제가 병을 보는 것은 마치 물에 진흙을 푸는 것과 같고, 병이 저를 만나는 것은 마치 쇠가 용광로에 녹는 것과 같습니다. 비록 9규(九竅)가 아직 막히지 않았어도, 사지는 아직 편안합니다. 피부·살결·내장의 기능은 겉으로 강해보여도, 안으로 약해지는 법입니다. 정기가 안에서 손상을 입으면, 정신이 흩어지고 맥박이 미약해집니다. 열기로 열기를 치료하여 열기가 더해지고, 한기로 한기를 치료하여 한기가 더해집니다. 침·뜸도 이르지 못하여, 정말 죽을 단서가 되지요 옛날 상전(桑田)의 무의(巫醫)가 진(晉)의 왕은 햇보리를 먹기 전에 죽을 것이라고 예언하자 거짓말이라고 여겼습니다만, 진의 왕은 과연 새로 수확한 보리를 먹지 못하였습니다."[51]

---

50) 본편은 『좌전』 성공(成公) 10년의 내용을 패러디한 사부이다. 진(晉) 경공(景公)이 병에 걸려, 진(秦)에서 의원을 불렀다. 진백(秦伯)은 의원 완(緩)더러 가보게 했다. 도착하지 않았는데, 경공 꿈에 질병이 두 아이로 등장하여 말했다. "지금 오는 의원은 훌륭한 의원인데, 우리를 다치게 할까봐 걱정이다." 그 중 하나가 말했다. "황(肓)의 위 고(膏)의 밑에 붙어있으면, 우리를 어쩔 수 없을 걸!" 의원이 도착하여 "이 병은 고칠 수 없다"고 말했다.

공이 말했다. "나는 하늘이 부여한 목숨이란 더위와 추위의 변화처럼 바꿀 수 없음을 진작 알고 있어, 수명이 짧다고 슬퍼할 것도 없고, 수명이 길다고 기뻐할 것도 없다. 쯧쯧, 이 못된 의원아! 그저 의술에만 정통한 주제에, 어찌 그리 하는 말이 가관이냐?" 의원은 발끈 안색이 변하여, 소매를 떨치며 일어났다. "당신은 이제 저를 탓하지 마시길, 제가 분명히 말해두겠소. 저의 재주는 물에 돌을 던지는 것과 같고, 시위에서 화살을 튕겨내는 것과 같소. 살 것이라고 진단하면 살고, 죽을 것이라고 진단하면 죽소. 고황에 든 병은 고치지 못하고, 쇠망하는 나라는 다스리지 못하오. 커다란 냇물 둑이 터지려고 하면, 흙 한 줌으로 막을 수 있는 것이 아니요, 커다란 빌딩이 무너지려 하면, 나무 한 자루로 막을 수 있는 것이 아니오. 이 말에 큰 이치가 담겨 있으니, 당신은 이제 어느 말이 맞는지 잘 살펴보시오!"

이때 한 충신이 이들의 말을 듣고 분함과 원망에 잠도 잊고 식음도 폐하다, 가슴을 치고 발을 구르며 탄식했다. "망망하기만 한 생사의 이치, 천지처럼 끝도 없이 아득하여, 잘 보양하면 장수를 누릴 것이요, 손상을 입으면 기가 흩어져 죽을 것이다. 생명을 잘 보전하면 태배학발(鮐背鶴髮)에서도 아이로 되고, 보필을 잘 하면 하(夏)・은(殷)의 걸(桀), 주(紂)도 주(周), 한(漢)의 성군(聖君)처럼 되게 할 수 있다. 약을 쓰지 않으면 어떻게 병이 낫겠으며, 무력을 쓰지 않으면 어떻게 난을 평정하겠는가? 망하는 나라는 현철(賢哲)한 인물이 지탱하여 바로잡아주는 것에 달려 있다. 충의(忠義)의 마음을 어찌 고황에 든 병에 옭아 매이겠나? 나는 나라를 망치는 완고한 폐단을 다스려 고황에 병이 든 환난을 치유할 수 있길 바라는데, 당신의 생각은 어떻소?"

---

51) 『좌전』 성공(成公) 10년에 나온다. 진후(晉侯)가 꿈에 대려(大厲)에 걸려, 깨어나 상전(桑田)의 무당을 불러 물어보니, 무당의 말이 꿈과 똑같았다. 공이 "어떻겠소?" 물으니, "새로 수확한 보리를 먹지 못할 것입니다"라고 했다. 6월에 진후는 보리가 먹고 싶어, 농부더러 보리를 바치게 했다. 상전의 무당을 불러 이를 보여주고 죽였다. 보리를 먹으려는데, 속이 좋지 않아 변소에 갔다가, 빠져서 죽었다.

의원이 말했다. "팔방의 밖, 육합(六合) 안의 사람으로부터 곤충에 이르기까지, 정신이 안정되면 살고, 정신을 잃으면 생명이 끝나지요 이는 또한 도가 문란해지면 사녕(邪佞)에서 환난이 생기고 몸이 피로하면 화풍(火風)에서 병이 생기는 것과 같습니다. 고황에 든 병과 나라의 전복은 약이나 침으로 치료할 수 있는 것이 아니지요"

이로 인해 말했다. "내가 이제 화를 복으로 전환시키고 굽은 것을 곧은 것으로 고치고자 하오 어찌 천명과 연관이 있소? 우리 사람의 힘에 달렸소. 충효로 방패 삼고 신의로 강토 삼으리라. 저 억조 창생을 구하고 사직을 편안히 하려 하오 송(宋) 경공(景公)은 말 한 마디로 형혹(熒惑)이 심수(心宿)에서 물러나게 했고,52) 노(魯) 양공(陽公)은 창 한 번 휘둘러 희화(羲和)가 해를 실은 수레의 여정을 3합(舍) 물러나게 했소53) 상곡(桑穀)이 조정 뜨락에서 자라도 (덕망을 쌓으면) 저절로 소멸되고, 들꿩이 솥에서 울어도 (통치를 잘 하면) 저절로 그치오54) 실로 천지는 친애함이 없다오 어찌 고황에 든 병이라고 치료하지 못한단 말이오?" 의원은 결국 할 말을 잃은 듯 입은 더듬더듬 마음은 취하여, 부들부들 허둥지둥 어쩔 줄 모르다, 침석(針石)을 내던져 버리고 앞으로 기어가 말했다. "나는 나라를 다스리는 것이 하늘에 달려 있다고 했는데, 당신은 나라를 다스리는 것이 현인에 달려 있다고 하고, 나는 생명이란 연장할 수 없다고 했는데, 당신은 생명이란 연장할 수 있다고 하오 (쇠망하는) 나라는 다스리려 할 필요 없고 (고황에 든) 병은 고치려 할 필요 없음을 어찌 알겠소 무도한 군주를 보좌하여 성군(聖君)이 되게 하고 단명할 목숨을 보전하여 장수하게 하려 하니, 정직한 사람은 모두 이런 것인가? 앞으로 애써 보기 바라오!"

---

52) 「정부(貞符)」 주석 참조

53) 노 양공이 한(韓)과 한창 전투를 벌이는 와중에 해가 지려고 하여 창을 휘두르자 지던 해가 3사(舍) 만큼 뒷걸음쳤다는 전설이 『회남자(淮南子)』에 전한다.

54) 「정부(貞符)」 주석 참조

景公夢疾膏肓, 尙謂虛假, 命秦緩以候問, 遂俯伏於堂下. 公曰: "吾今形體不衰, 筋力未寡, 子言其有疾者, 何也?" 秦緩乃窮神極思, 曰: "夫上醫療未萌之兆, 中醫攻有兆之者. 目定死生, 心存取捨, 亦猶卜和獻含璞之璧, 伯樂相有孕之馬. 然臣之遇疾, 如泥之處埏, 疾之遇臣, 如金之在冶. 雖九竅未擁, 四支且安. 膚腠營胃, 外强中乾. 精氣內傷, 神沮脉殫. 以熱益熱, 以寒益寒. 針灸不達, 誠死之端. 巫新麥以爲讖, 果不得其所餐."

公曰: "固知天賦性命, 如彼暄寒, 短不足悲, 脩不足歡. 哂彼醫兮, 徒精厥術, 如何爲之可觀?" 醫乃勃然變色, 攘袂而起: "子無讓我, 我謂於子: 我之技也, 如石投水, 如弦激矢. 視生則生, 視死則死. 膏肓之疾不救, 衰亡之國不理. 巨川將潰, 非捧土之能塞, 大廈將崩, 非一木之能止. 斯言足以諭大, 子今察乎孰是!"

爰有忠臣, 聞之憤怨, 忘廢寢食, 擗摽感歎: "生死浩浩, 天地漫漫, 綏之則壽, 撓之則散. 善養命者, 鮐背鶴髮成童兒; 善輔弼者, 殷辛、夏桀爲周、漢. 非藥曷以愈疾? 非兵胡以定亂? 喪亡之國, 在賢哲之所扶匡; 而忠義之心, 豈膏肓之所羈絆? 余能理亡國之刜弊, 愈膏肓之患難, 君謂之何以?"

醫曰: "夫八紘之外, 六合之中, 始自生靈, 及乎昆蟲, 神安則存, 神喪則終. 亦猶道之紊也, 患出於邪佞; 身之僨也. 疾生於火風. 彼膏肓之與顚覆, 匪藥石而能攻者哉!"

因此而言曰: "余今變禍爲福, 易曲成直. 寧關天命, 在我人力. 以忠孝爲干櫓, 以信義爲封殖. 拯厥兆庶, 綏乎社稷. 一言而熒惑退舍, 一揮而羲和匪昃. 桑穀生庭而自滅, 野雉雛鼎而自息. 誠天地之無親, 曷膏肓之能極?" 醫者遂口噤心醉, 踢斂茫然, 投棄針石, 匍匐而前: "吾謂治國在天, 子謂治國在賢; 吾謂命不可續, 子謂命將可延. 詎知國不足理, 疾不足痊. 佐荒淫爲聖主, 保夭壽爲長年. 皆正直之是與, 庶將來之勉旃!"

제3권 논(論)

봉건론(封建論 : 봉건제에 대해 논함)[1]

천지(天地)에 과연 원시상태가 없었는가? 나는 알 수가 없다. 인류에게 과연 원시상태가 있었는가? 나는 알 수가 없다. 그렇다면 어느 주장이 사실에 가까운가? 나는 말한다. 원시상태가 있었다는 주장이 사실에 가깝다고. 무엇으로 그것을 설명할 수 있는가? 봉건제로부터 설명할 수 있다. 저 봉건제는 옛 성왕(聖王)인 요(堯)임금, 순(舜)임금, 우(禹)임금, 탕(湯)임금, 문왕(文王), 무왕(武王)을 거치면서 아무도 없애지 못한 것이다. 없애고 싶지 않아서

---

[1] 본편은 당 태종(太宗) 이래 조정의 대신들 간에 봉건제(封建制)와 군현제(郡縣制)에 관한 논란이 계속되던 중, 작자가 군현제 시행의 불가피성을 논한 글이다. 한편으로 그 역사 분석에 대해 논란이 있기는 하나, 역대로 상당히 높이 평가되는 글로서, 유종원의 대표적인 정치 관련 의론문이다. 영주(永州) 시기에 지은 것이다.

가 아니고, 형세가 허락하지 않았기 때문이다. 그러한 형세가 형성된 때가 아마도 인류의 원시상태일 것이다. 원시상태가 아니라면 봉건제를 시행할 수 없었다. 봉건제는 성인의 의지에 의한 것이 아니다.

　인류가 원시상태로 만물과 같이 생겨났을 때에는 초목이 빽빽하게 자라고 야생동물이 무리를 지어 살았다. 그런데 인류는 덤벼들지도 물어뜯지도 못하고 또 털이나 깃도 없어, 먹을 것을 얻을 수도 자신을 방어할 수도 없었다. 순경(荀卿)이 말한 "필히 사물을 빌려 이용해야하는 존재"이었다. 사물을 이용하는 자는 반드시 다투게 되었고, 다툼이 그치지 아니하면 필시 옳고 그름을 판단할 줄 아는 이를 찾아가 그의 명령을 따랐다. 지혜롭고 사리에 밝은 사람에게는 승복하는 자가 많았는데, 그들에게 옳은 일을 일러주어도 잘못을 고치지 않으면 반드시 고통을 줌으로써 두려워하게 하였다. 그로 인해 통치자와 형법과 정령(政令)이 생겨났다. 그리하여 가까운 곳의 사람들이 모여 집단을 이루었다. 집단으로 나뉜 후에 다툼의 규모는 커졌으며, 다툼의 규모가 커짐에 따라 군대와 덕(德)이 필요했다. 또 더욱 큰 군대와 덕을 지닌 이에게는 여러 집단의 우두머리들이 모여들어 그 명령을 따르고, 그로써 소속 구성원을 안정시켰다. 그리하여 여러 제후(諸侯)들이 생겨났다. 그리고 더욱 큰 투쟁이 발생되었다. 그리고 덕이 더 큰 이에게 여러 제후들이 가서 명령을 따르고, 그로써 자신의 영역을 안정시켰다. 그리하여 방백(方伯)·연수(連帥) 등이 출현했다.[2] 그리고 투쟁은 다시 더 규모가 커졌다. 다시 또 더 큰 덕을 지닌 이가 있으면 방백과 연수들이 그에게 가 명령을 따르고, 그로써 자신의 백성들을 안정시켰다. 그런 연후에 천하는 하나의 통치자 아래에 모이게 되었다. 그런 까닭에 이서(里胥)가 출현하고 나서 현대부(縣大夫)가 출현하고,[3] 현대부가 출현하고 나서 제후(諸侯)가 출현하고, 제후가 출현하고 나서 방백·연수가 출현하고, 방백·연수가 출현하고 나서 천자(天子)가 출

---

2) 방백(方伯)은 한 지방 제후들의 수령(首領), 연수(連帥)는 열 나라[國] 제후들의 수령.
3) 이서(里胥)는 가장 기초 단위의 하급관리, 현대부(縣大夫)는 현령(縣令).

현하게 되었다. 천자로부터 이서(里胥)에 이르도록, 백성들에게 덕을 베푼 이에게는 그가 죽은 후에 그 후손을 찾아 받들었다. 그러므로 봉건제는 성인의 의지에 따른 것이 아니다. 형세에 의한 것이다.

무릇 요(堯)임금·순(舜)임금·우(禹)임금·탕(湯)임금의 사적은 먼 옛날의 일이고, 주(周)나라 때에 이르러서야 매우 상세하다. 주(周)나라는 천하를 차지하자 박을 자르듯 땅을 나누어서는 다섯 등급의 작위를 설치하여 많은 제후들에게 분봉(分封)하였다.4) 그리하여 발이 닿는 곳에는 별이 퍼져있듯이 천하 사방에 제후들이 퍼져있고, 구르는 바퀴의 바퀴살이 살통에 집중되듯 왕실에 복종하였다. 모여와서는 조알(朝謁)하고 회동하며, 나뉘어서는 각기 땅을 지키는 신하로서 성을 방어하였다. 그러나 이왕(夷王)에 이르러 예절은 깨지고 존엄은 손상되어 천자가 대청 아래 내려와서 제후를 맞이하는 경우도 발생했다.5) 선왕(宣王) 때에 이르러 비록 중흥과 복고의 덕에 의존하여 남북으로 정벌하는 위세를 떨쳤으나, 끝내 노(魯)나라의 후사(後嗣)를 확정시킬 수 없었다.6) 그렇게 쇠락하여 유왕(幽王)·여왕(厲王)에 이르렀고, 왕실은 동천(東遷)하여 스스로 제후의 열에 들고 말았다. 그 후에 정(鼎)의 무게를 묻는 자도 있었으며,7) 왕의 어깨를 쏘아 맞춘 자도 있었고,8) 범백(凡伯)을 납치한 자와 장홍(萇弘)을 죽인 자

---

4) 공(公)·후(侯)·백(伯)·자(子)·남(男)의 다섯 등급의 제후.『맹자』에 따르면, 공과 후의 나라는 백 리(里), 백의 나라는 칠십 리, 자와 남의 나라는 오십 리이다.

5) 이왕(夷王)은 주(周)의 제9대 천자로, 숙부인 효왕(孝王)이 죽자 제후들이 주의 천자로 옹립하였다.『예기(禮記)』「교특생(郊特牲)」에 의하면, 그는 제후가 조현(朝見)할 때에 친히 당(堂) 아래로 내려와 맞이하여 왕실의 예절과 존엄을 손상하였다고 한다.

6) 선왕(宣王)은 주(周)의 11대 천자로서, 재위 기간에 남과 북으로 많은 정벌전쟁을 통해 여러 부족을 복속시키며 주 왕실의 중흥을 꾀하였다. 재위 제11년(B.C. 817)에 노(魯)의 무공(武公)이 후계자의 책봉을 위해 알현하자 그의 작은 아들로 결정했다. 그러나 무공이 죽은 후에 노(魯)의 대부들이 불복하여 큰아들의 아들을 옹립하였고, 선왕은 다시 정벌하여 무공의 다른 작은 아들을 즉위시켰다. 이때부터 제후가 천자에게 불복하기 시작하였다.

7) 주 정왕(定王) 6년(B.C. 606), 초(楚) 장왕(莊王)은 변방부족을 정벌하는 중에, 정왕이 파견한 격려 사절의 대신에게, 주의 종묘에 있는 정(鼎)의 무게를 물으며 야심을 내비쳤다. 정(鼎)은 우(禹)임금이 주조했다는 구정(九鼎)으로서, 왕권의 정통성을 상징한다.

도 있었으니,9) 천하는 어지러워지고 천자를 천자로 모시려는 마음은 사라졌다. 내 생각에 주나라 왕실은 권위를 잃은 지 오래고, 단지 제후 위에 헛된 이름만 가지고 있었을 뿐이다. 이것이 제후가 너무 강성하여 조정이 그 하부인 그들을 통제하지 못한 잘못 때문이 아니겠는가? 마침내 열 두 개의 나라로 나뉘었다가 또 일곱 나라로 합병되었으니,10) 권위는 대부들이 세운 나라에 나누어지고 왕실은 후에 봉해진 진(秦)에게 망하였다. 그러니 주(周)나라 패망의 단초는 여기 봉건제에 있었던 것이다.

진(秦)이 천하를 통일하여 제후들의 도성(都城)을 분할해 군현(郡縣)을 설치하였으며, 제후를 폐하고 지방 관리를 임명하였다. 천하의 험한 곳을 차지하고 전국에서 지대가 높은 함양(咸陽)에 수도를 정해,11) 전국을 통제하고 형세를 장악하였다. 이것이 진(秦)이 제대로 시행한 방법이었다. 그러나 몇 년이 지나지 않아 천하가 크게 어지러워졌는데, 거기에는 원인이 있었다. 빈번히 수많은 백성을 노역에 동원하고 엄한 형벌을 남용하며 그 재화(財貨)를 소진했기 때문이다. 가래를 메고 변경으로 내몰리는 무리들은 서로 눈짓하여 연합해서는 큰소리로 외쳐대며 집단을 이루었다. 당시에는 반역하는 백성은 있어도 반역하는 관리는 없었는데, 백성들은 아래에서 원망하고 관리들은 상부를 두려워했으므로, 천하 곳곳에서 합세하여 군수와 현령을 살해하며 다같이 일어났다. 잘못은 백성들의 원망을 산 것에 있지, 군읍(郡邑)의 제도가 잘못된 것은 아니었다.

한(漢)이 천하를 통일하고는 진(秦)의 잘못을 바로잡으려 주(周)의 제도를

---

8) 주 환왕(桓王) 13년(B.C. 707), 환왕이 정(鄭)을 토벌하자 정의 장공(莊公)은 그를 격퇴하고 또 그 어깨에 활을 쏘아 맞혔다.
9) 주 환왕(桓王) 4년(B.C. 716), 노(魯)에 사신으로 갔던 주의 대신인 범백(凡伯)이 귀환 중에 초구(楚丘 : 지금의 산동성 소재)에서 납치되었다. 또 경왕(敬王) 28년(B.C. 492), 진(晋)의 대신 조앙(趙鞅)은 경왕에게 압박을 가하여 자신의 정적을 지지하는 주(周) 왕실의 대부 장홍(萇弘)을 살해하도록 하였다.
10) 춘추(春秋)시대의 열 두 제후국, 그리고 전국(戰國)시대의 일곱 제후국인 칠웅(七雄)이 할거한 일을 가리킨다.
11) 원문의 "상유(上游)"는 강의 상류처럼 높은 지대인 함양(咸陽)을 가리킨다.

답습하여 전국을 나누어 황실의 자제와 공신(功臣)을 왕에 봉하였다. 몇 년이 지나지 않아, 조정은 반란 평정의 명에 따라 고통 받는 자들을 구하느라 겨를이 없었다. 평성(平城)에서 포위되어 곤경을 당하고,12) 화살에 맞아 병사하는 등,13) 부진한 상황을 삼대(三代)가 지나도록 만회하지 못하였다. 후에 중신들이 정책을 바쳐,14) 제후들의 세력을 분산 약화시켜 그들이 자기 지역만을 지키도록 하였다. 그러나 한나라가 봉건제를 시작할 때 군현이 반을 차지하였는데, 당시에 반역하는 제후국은 있었어도 반역하는 군현은 없었다. 진(秦)의 제도가 옳았음은 이로써 증명된다. 한(漢)을 이은 황제들은 비록 백대(百代)가 지나도 그런 사실을 알 수 있을 것이다.

당(唐) 왕조가 일어나 주현(州縣)을 설치하고 그 책임자를 임명하였는데, 이는 마땅한 것이었다. 그러나 여전히 포악하고 교활한 자들이 수시로 일어나 지방을 해쳤는데, 그 잘못은 주현(州縣)을 설치한 것에 있지 않고 군(軍)에 있다.15) 당시에 반역하는 장수는 있었어도 반역하는 주현(州縣)은 없었다. 주현의 설치는 실로 바꾸어서는 안 된다.

혹자는 말한다. "봉건제에 따라 봉해진 이는 필시 그 땅을 자기의 땅으로 여겨 그 백성을 자식으로 대하며 그 풍속에 맞춰 정치를 행하므로 교화를 시행하기가 쉽지만, 군현제에 따라 임명된 이는 억지 심정으로 진급만을 생각할 뿐이니 어떻게 잘 다스릴 수 있겠는가?" 나는 또 그 말을 부정한다. 주(周)의 사적은 분명히 문제점을 보여준다. 제후들은 몹시도 교만하고 재물을 탐내며 전쟁을 좋아했으니, 대체로 어지러운 제후국은 많고 안정된 제후국은 드물었다. 방백(方伯)과 연수(連帥)들은 그 혼란

---

12) 한 고조 7년(B.C. 200), 고조 유방(劉邦)은 흉노에 투항한 한신(韓信)을 정벌하다가 평성(平城) 즉 지금의 산서성 대동(大同) 동쪽에서 흉노에게 7일간 포위되었다.

13) 한 고조 12년(B.C. 195), 고조는 회남왕(淮南王) 영포(英布)를 토벌하다가 화살에 맞아 부상하고 오래지않아 병사하였다.

14) 가의(賈誼)는 무제(武帝) 때에, 조조(晁錯)와 주부언(主父偃)은 경제(景帝) 때에 제후의 세력 약화 정책을 건의하였다.

15) 막대한 군사력을 가지고 지방의 대권을 차지하여 많은 문제를 야기한 절도사(節度使) 제도를 가리킨다.

한 정치를 변화시킬 수 없었으며, 천자는 그 제후를 교체할 수 없었다. 그 땅을 자기 땅처럼 여기고 백성을 자식처럼 대하는 이는 백 사람 중에 하나도 없었다. 잘못은 제도에 있지 시정(施政)에 있지 아니하였다. 주(周) 때가 그러했다. 진(秦)의 사적도 분명히 문제점을 보여준다. 백성 통치의 제도를 지니고 그것을 군현에 시행하지 않았다. 백성을 다스리는 신하를 지니고 그들을 군현의 책임자로 부리지 않았다. 군현에서는 그 제도를 바로 시행할 수 없었고 책임자는 그 바른 통치를 시행하지 못하였으니 잔혹한 형벌과 고통스러운 노역(勞役)을 가하여 만인들이 눈을 흘기도록 하였다. 잘못은 시정(施政)에 있지 제도에 있지 않았다. 진(秦) 때가 그러하였다. 한(漢) 왕조가 일어나 천자의 정치는 군(郡)에서 시행되고 제후국에서는 시행되지 않았다. 군현의 관리를 통제하였지 제후들은 통제하지 못했다. 제후들이 모반하여도 바꿀 수 없었으며, 백성이 고통을 당하여도 덜어줄 수 없었다. 대역무도(大逆無道)한 일이 있고서야 급습하여 체포해 쫓아내고, 군대를 이끌고 가 평정할 뿐이었다. 그들의 대규모 반역이 드러나지 않은 상태에서는, 비록 불법으로 이득을 취하고 재물을 약탈하며 세력을 믿고 위세를 부리며 백성에게 각박하게 굴어도, 어쩔 수가 없었다. 그러나 군현에서는 잘 통치되고 안정되었다. 무슨 근거로 그렇게 말하는가? 한 왕실은 전숙(田叔)을 통해 맹서(孟舒)의 훌륭함을 알았으며,16) 풍당(馮唐)을 통해 위상(魏尙)을 재임용했고,17) 황패(黃霸)의 명철한 판단력을 들어 알았으며,18) 급암(汲黯)의 간결하고 조용한 통치능력을 알았다.19) 이들은 임명해도 되고 복직시켜도 되었으며, 누워서 지내도 한

---

16) 『사기』 「전숙열전(田叔列傳)」에 의하면, 문제(文帝)가 한중(漢中)의 군수인 전숙에게 인재 추천을 의뢰하자 전숙은 흉노와의 싸움에 패해 파면되었던 운중군(雲中郡)의 전임 군수 맹서(孟舒)를 추천했고, 문제는 그를 재기용하였다.

17) 『사기』 「장석지풍당열전(張釋之馮唐列傳)」에 의하면, 문제 때에 운중(雲中)군의 군수였던 위상(魏尙)이 살해한 적군의 수를 실제보다 더하여 보고한 죄로 파면되었으나, 풍당(馮唐)이 문제 앞에서 그를 변론하여 복직되었다.

18) 『사기』 「황패열전(黃霸列傳)」에 의하면, 선제(宣帝) 때에 황패는 영천(潁川)의 태수로서 훌륭한 정적을 쌓았으며 후에 경조윤(京兆尹)을 거쳐 재상이 되었다.

지방을 수습하라고 맡길 수 있었다. 죄를 지으면 쫓아낼 수 있고, 능력이 있으면 상을 내릴 수 있었다. 아침에 임명했어도 무도하면 저녁에 쫓아내고, 저녁에 임명했어도 불법을 행하면 아침에 쫓아낼 수 있었다. 가령 한 왕실이 모든 성과 지방을 제후에게 주었다면, 설사 그들이 백성을 어지럽혀도 조정은 근심하는 수밖에 없었다. 맹서(孟舒)·위상(魏尙)의 통치 방법을 펼칠 수가 없으며, 황패(黃霸)·급암(汲黯)의 교화 방법을 시행할 수 없었다. 분명하게 꾸짖고 인도하면 엎드려 받아들였다가 물러나서 곧바로 위반했다. 정령을 내려 봉지를 삭감하면, 연합의 모략 체결이 같은 부류 전체에게 두루 발생했으니, 그들은 서로서로 바라보며 성난 눈빛으로 불쑥불쑥 반란을 일으켰다. 다행히 반란을 일으키지 않는다고 해도 조정은 그들 봉지(封地)의 반을 삭감할 뿐이었다. 봉지가 반으로 줄면 백성들은 더욱 곤경에 처했다. 그러니 어찌 모두 폐지하여 백성을 온전하게 하느니만 했겠는가? 한(漢) 때가 그러하였다. 전국에 모두 군현을 설치하고 군수와 현령을 두는 제도를 바꿀 수 없음이 분명하다. 군벌을 잘 통제하고 지방 장관을 신중히 선임한다면 태평하게 다스려질 것이다.

혹자는 또 말한다. "하(夏)·상(商)·주(周)·한(漢)은 봉건제로 오래 이어졌지만 진(秦)은 군현제로 단명하였다"라고. 그 말은 더욱 이치를 모르는 말이다. 위(魏)는 한(漢)의 뒤를 이으면서 봉건제를 채택했다. 진(晉)은 위(魏)의 뒤를 이으며 그 제도를 고치지 않았다. 그런데도 두 성씨의 왕조는 바로 교체되었으며 국운이 오래가지 못하였다. 지금 잘못을 바로잡아 바꾼 지 이백년이 지났으며 국가 대업은 더욱 공고하다. 이것이 제후와 무슨 관계가 있겠는가?

혹자는 또 말한다. "은(殷)·주(周) 때의 군주는 성왕(聖王)이다. 그런데 그들이 그 제도를 바꾸지 않았으니 그 문제를 다시 논의하지 않음이 진정

---

19) 『사기』 「급암열전(汲黯列傳)」에 의하면, 무제(武帝) 때에 급암은 동해(東海) 태수로서 황노(黃老)사상을 따라 청정(淸淨)함을 좋아하여, 거처 밖을 나오지 않고도 그곳을 잘 다스렸다.

마땅하다"라고 그것은 아주 틀렸다. 은(殷)·주(周) 때에 바꾸지 않은 것은 부득이해서였다. 제후로서 은(殷)에 귀순한 자가 삼 천 명이나 되었고 그들에 의존하여 하(夏)를 몰아냈으니, 탕(湯)임금은 제후제도를 폐지할 수 없었다. 또 주(周)에 귀순한 자가 팔백 명이나 되었고 그들에 의존하여 은(殷)에게 승리하였으니, 무왕(武王)은 그 제도를 바꿀 수가 없었다. 옛 제도를 이어받아 안정을 구하고 옛 방법을 답습하여 습속에 적응하였으니, 그것은 탕왕과 무왕이 부득이하여 그리한 것이다. 부득이한 방법은 위대한 공도(公道)가 아니다. 자신을 위해 그들의 힘을 사적으로 사용한 것이며, 그들의 방어력을 사적으로 사용하여 자손을 보호한 것이다. 진(秦)이 그 제도를 바꾼 것은, 그 제도 자체가 위대한 공도(公道)이었기 때문이다. 그러나 그 동기는 사적(私的)인 것이었다. 자기 한 사람의 권위를 위한 사심에서였으며, 모든 신하들이 자신에게 복종하도록 하려는 사심에서였다. 그러나 천하를 위한 공도(公道)의 발단은 진(秦)에서 시작된 것이다.

천하의 상도(常道)에 의하면, 안정된 통치 그것이 민심을 얻게 한다. 현명한 이를 윗자리에 앉히고 어리석은 이를 아랫자리에 둔 이후에 통치가 안정된다. 지금 봉건제는 대대로 세습하여 통치하는 방식이다. 세습하여 대대로 통치할 때, 윗사람이 과연 현명할 것인가? 아랫사람이 과연 어리석을 것인가? 그러니 세습제로는 백성들이 태평할지 혼란스러울지 알 수가 없다. 혹 국가에 이로운 일을 하여 백성의 생각을 통일시키려고 해도, 역시 세습하는 대부(大夫)들이 존재하여 봉록을 세습하며 전국을 다 차지할 것이다. 그렇다면 성현(聖賢)이 출현한다 하여도 천하에 공업을 세울 수 없다. 봉건제가 그렇게 만드는 것이다. 설마 성인이 세운 제도가 그렇게 되도록 하는 것이겠는가? 그러므로 나는 말한다. "봉건제는 성인의 본의가 아니다. 당시의 형세에 따른 것이다."

天地果無初乎? 吾不得而知之也. 生人果有初乎? 吾不得而知之也. 然則孰爲近? 曰 : 有初爲近. 孰明之? 由封建而明之也. 彼封建者, 更古聖王堯、舜、禹、湯、文、武而莫能去之. 蓋非不欲去之也, 勢不可也. 勢之來, 則其生人之初乎? 不初, 無以有封建. 封建, 非聖人之意也.

彼其初與萬物皆生, 草木榛榛, 鹿豕狉狉, 人不能搏噬, 而且無毛羽, 莫克自奉自衛, 荀卿有言 "必將假物以爲用"者也. 夫假物者必爭, 爭而不已, 必就其能斷曲直者而聽命焉. 其智而明者, 所伏必衆; 告之以直而不改, 必痛之而後畏; 由是君長刑政生焉. 故近者聚而爲羣. 羣之分, 其爭必大, 大而後有兵有德. 又有大者, 衆羣之長又就而聽命焉, 以安其屬, 於是有諸侯之列. 則其爭又有大者焉. 德又大者, 諸侯之列又就而聽命焉, 以安其封, 於是有方伯、連帥之類. 則其爭又有大者焉. 德又大者, 方伯、連帥之類, 又就而聽命焉, 以安其人, 然後天下會於一. 是故有里胥而後有縣大夫, 有縣大夫而後有諸侯, 有諸侯而後有方伯、連帥, 有方伯、連帥而後有天子. 自天子至於里胥, 其德在人者, 死必求其嗣而奉之. 故封建非聖人意也, 勢也.

夫堯、舜、禹、湯之事遠矣, 及有周而甚詳. 周有天下, 列土田而瓜分之, 設五等, 邦羣后, 布履星羅, 四周于天下, 輪運而輻集. 合爲朝覲會同, 離爲守臣扞城. 然而降于夷王, 害禮傷尊, 下堂而迎覲者. 曆于宣王, 挾中興復古之德, 雄南征北伐之威, 卒不能定魯侯之嗣. 陵夷迄於幽、厲, 王室東徙, 而自列爲諸侯矣. 厥後, 問鼎之輕重者有之, 射王中肩者有之, 伐凡伯、誅萇弘者有之, 天下乖盭, 無君君之心. 余以爲周之喪久矣, 徒建空名於公侯之上耳! 得非諸侯之盛强, 末大不掉之咎歟? 遂判爲十二, 合爲七國, 威分于陪臣之邦, 國殄於後封之秦. 則周之敗端, 其在乎此矣.

秦有天下, 裂都會而爲之郡邑, 廢侯衛而爲之守宰, 據天下之雄圖, 都六合之上游, 攝制四海, 運於掌握之內, 此其所以爲得也. 不數載而天下大壞, 有由矣. 亟役萬人, 暴其威刑, 竭其貨賄. 負鋤梃謫戍之徒, 圜視而合從, 大呼而成羣. 時則有叛人而無叛吏, 人怨於下而吏畏於上, 天下相合, 殺守劫令而並起. 咎在人怨, 非郡邑之制失也.

漢有天下, 矯秦之枉, 徇周之制, 剖海內而立宗子, 封功臣. 數年之間,奔命扶傷之不暇. 困平城, 病流矢, 陵遲不救者三代. 後乃謀臣獻畫, 而離削自守矣. 然而封建之始, 郡邑居半, 時則有叛國而無叛郡. 秦制之得, 亦以明矣. 繼漢而帝者, 雖百代可知也.

唐興, 制州邑, 立守宰, 此其所以爲宜也. 然猶桀猾時起, 虐害方域者, 失不在於州而在於兵, 時則有叛將而無叛州. 州縣之設, 固不可革也.

或者曰 : "封建者, 必私其土, 子其人, 適其俗, 修其理, 施化易也. 守宰者, 苟其心, 思遷其秩而已, 何能理乎?" 余又非之. 周之事跡, 斷可見矣. 列侯驕盈, 黷貨事戎. 大凡亂國多, 理國寡. 侯伯不得變其政, 天子不得變其君. 私土子人者, 百不有一. 失在於制, 不在於政, 周事然也. 秦之事跡, 亦斷可見矣. 有理人之制, 而不委郡邑, 是矣; 有理人之臣, 而不使守宰, 是矣. 郡邑不得正其制, 守宰不得行其理, 酷刑苦役, 而萬人側目. 失在於政, 不在於制. 秦事然也. 漢興, 天子之政行於郡, 不行於國; 制其守宰, 不制其侯王. 侯王雖亂, 不可變也; 國人雖病, 不可除也. 及夫大逆不道, 然後掩捕而遷之, 勒兵而夷之耳. 大逆未彰, 姦利浚財, 怙勢作威, 大刻於民者, 無如之何. 及夫郡邑, 可謂理且安矣. 何以言之? 且漢知孟舒於田叔, 得魏尙於馮唐, 聞黃霸之明審, 覩汲黯之簡靖, 拜之可也, 復其位可也, 臥而委之以輯一方可也. 有罪得以黜, 有能得以賞. 朝拜而不道, 夕斥之矣; 夕受而不法, 朝斥之矣. 設使漢室盡城邑而侯王之, 縱令其亂人, 戚之而已. 孟舒、魏尙之術, 莫得而施; 黃霸、汲黯之化, 莫得而行. 明譙而導之, 拜受而退已違矣. 下令而削之, 締交合從之謀, 周於同列, 則相顧裂眦, 勃然而起. 幸而不起, 則削其半. 削其半, 民猶瘁矣, 曷若擧而移之以全其人乎? 漢事然也. 今國家盡制郡邑, 連置守宰, 其不可變也固矣. 善制兵, 謹擇守, 則理平矣.

或者又曰 : "夏、商、周、漢封建而延, 秦郡邑而促." 尤非所謂知理者也. 魏之承漢也, 封爵猶建. 晉之承魏也, 因循不革. 而二姓陵替, 不聞延祚. 今矯而變之, 垂二百祀, 大業彌固, 何繫於諸侯哉?

或者又以爲 : "殷、周, 聖王也, 而不革其制, 固不當復議也." 是大不然.

夫殷、周之不革者, 是不得已也. 蓋以諸侯歸殷者三千焉, 資以黜夏, 湯
不得而廢; 歸周者八百焉, 資以勝殷, 武王不得而易. 徇之以爲安, 仍之以
爲俗, 湯、武之所不得已也. 夫不得已, 非公之大者也, 私其力於已也, 私
其衛於子孫也, 秦之所以革之者, 其爲制, 公之大者也; 其情, 私也, 私其
一已之威也, 私其盡臣畜於我也. 然而公天下之端自秦始.

　夫天下之道, 理安, 斯得人者也. 使賢者居上, 不肖者居下, 而後可以理
安. 今夫封建者, 繼世而理. 繼世而理者, 上果賢乎? 下果不肖乎? 則生人
之理亂未可知也. 將欲利其社稷, 以一其人之視聽, 則又有世大夫世食祿
邑, 以盡其封略. 聖賢生于其時, 亦無以立於天下, 封建者爲之也. 豈聖人
之制使至於是乎? 吾固曰 : "非聖人之意也, 勢也."

사유론(四維論 : 사유에 대해 논함)[20]

『관자(管子)』에서 예(禮)·의(義)·염(廉)·치(恥)를 사유(四維)로 삼았는데,
나는 그것이 관자(管子)의 말이 아닐 것이라고 의심한다.[21]
　그 책에서 말한 염(廉)은 "악(惡)을 숨기지 않는 것"이라고 했는데, 세인
들이 염(廉)을 정의할 때는 구차하게 얻지 않는 것이라고 한다. 이른바 치
(恥)는 "정직하지 않음[枉]을 따르지 않는 것"이라고 했는데, 세인들이 치
(恥)를 정의할 때는 그른 일 하는 것을 부끄러워하는 것이라고 한다. 그렇

---

20) 본편은 『관자(管子)』 「목민(牧民)」에 보이는 예(禮)·의(義)·염(廉)·치(恥)를 네 가지
　　기본 덕목으로 삼은 사유론(四維論)에 대해 논박한 글이다. 유(維)는 기본이 되는 덕목
　　을 의미한다. 영주(永州) 시기에 지은 것이다.
21) 『관자(管子)』는 관자(管子) 즉 관중(管仲)의 이름을 빌려 전국시기에 제(齊)나라 직하(稷
　　下)의 학자들이 지은 것이다. 유향(劉向)은 86편을 교정하였다고 하였으나 지금은 76편
　　만 남아 있다.

다면 이 두 가지는 과연 의(義)에 속하는가 속하지 않는가? 내 생각에는, 이유(二維)가 있을 뿐이지 사유(四維)가 되지는 못한다. 악을 숨기지 않는 자가 어찌 악을 숨기는 것을 불의(不義)라며 떨쳐버리지 않겠는가? 구차하게 얻지 않는 자가 어찌 구차하게 얻는 것을 불의(不義)라며 금하지 않겠는가? 정직하지 않음을 따르지 않는 것과 그른 일 하는 것을 부끄러워하는 것 모두가 마찬가지이다. 그렇다면 염(廉)과 치(恥)는 의(義)의 작은 항목이다. 의(義)와 나란히 하나의 유(維)가 될 수는 없다. 성인(聖人)이 천하에 공을 세우는 방법을 인의(仁義)라고 한다. 인(仁)은 은덕을 핵심으로 하며, 의(義)는 단호함을 핵심으로 한다. 은덕을 베푸는 자는 친밀함을 유지하며, 단호한 자는 마땅함을 유지한다. 그로써 통치의 도리는 다 갖춰진다. 그 길을 가면 도(道)가 되고, 그것을 얻으면 덕(德)이 된다. 그것을 이행하면 예(禮)가 되고, 그것을 진정으로 따르면 신(信)이 된다. 이들 모두는 인의를 행하는 방식에 따라 생겨나 이름만을 달리하는 것이다. 지금 관자(管子)가 사유(四維)라고 하는 것은 아마도 성인이 세우신 가르침이 아닐 것이다.

또 이르기를, "하나의 유(維)가 끊기면 기울어지고, 두 개의 유(維)가 끊기면 위태로우며, 세 개의 유(維)가 끊기면 뒤집히고, 네 개의 유(維)가 끊기면 멸망한다"고 하였다. 그런데 만약 의(義)가 사라지면 염(廉)과 치(恥)가 과연 존재할까? 염(廉)과 치(恥)가 존재하는데도 의(義)가 과연 사라질까? 사람들이 악을 숨기고, 구차하게 얻으며, 정직하지 않은 것을 따르고, 그른 일을 하면서도 부끄러움이 없다면, 의(義)가 과연 존재하겠는가?

만약 관자(管子)가 보통사람이었다면 이 말을 했을 것이다. 그러나 관자가 통치의 이치에 대해 조금이라도 아는 존재였다면, 사유(四維)에 대한 것은 관자가 한 말이 아니다.

管子以禮義廉恥爲四維, 吾疑非管子之言也.

彼所謂廉者, 曰 "不蔽惡"也; 世人之命廉者, 曰不苟得也. 所謂恥者, 曰 "不從枉"也; 世人之命恥者, 曰羞爲非也. 然則二者果義歟, 非歟? 吾見其有二維, 未見其所以爲四也. 夫不蔽惡者, 豈不以蔽惡爲不義而去之乎? 夫不苟得者, 豈不以苟得爲不義而不爲乎? 雖不從枉與羞爲非皆然. 然則廉與恥, 義之小節也, 不得與義抗而爲維. 聖人之所以立天下, 曰仁義. 仁主恩, 義主斷. 恩者親之, 斷者宜之, 而理道畢矣. 蹈之斯爲道, 得之斯爲德, 履之斯爲禮, 誠之斯爲信, 皆由其所之而異名. 今管氏所以爲維者, 殆非聖人之所立乎?

又曰 : "一維絶則傾, 二維絶則危, 三維絶則覆, 四維絶則滅." 若義之絶, 則廉與恥其果存乎? 廉與恥存, 則義果絶乎? 人旣蔽惡矣, 苟得而, 從枉矣, 爲非而無羞矣, 則義果存乎?

使管子庸人也, 則爲此言; 管子而少知理道, 則四維者非管子之言也.

천작론(天爵論 : 천작에 대해 논함)[22]

유자(柳子)는 말한다. 인의(仁義)와 충신(忠信)을 선대(先代)의 학자들은 천작(天爵)이라 불렀는데, 그 의미를 완전하게 풀이하지는 못하였다. 하늘이 인류를 귀하게 여겨 강건(剛健)함과 순수(純粹)함을 육체에 부여하여 우뚝하게 영험한 존재로 만드셨으니, 가장 뛰어난 이는 성신(聖神)이고, 그 다음은 현능(賢能)한 이로서, 이른바 귀한 존재이다. 강건한 기운이 사람에게 모이면 의지(意志)가 되는데, 그것을 얻은 자는 운영하여 확대할 수 있고, 오래도록 쉬지 않을 수 있으며, 힘써 선행할 수 있고, 부지런히

---

22) 본편은 『맹자』에 보이는 천작(天爵)과 인작(人爵)에 관한 논급을 보완하여 설명한 글이다. 맹자는 인의충신(仁義忠信)과 태만하지 않고 선(善)을 좋아하는 것을 천작(天爵), 즉 하늘이 내린 작위라 하고, 공경대부(公卿大夫)의 작위를 인작(人爵)이라 하였다. 또 고인은 천작을 수양하여 인작이 뒤따라 얻어졌는데, 당시의 사람은 천작을 수양하여 인작을 얻은 후에는 그 천작을 버린다고 하였다.

호학(好學)할 수 있다. 바로 의지가 하나의 단초인 것이다. 순수한 기운이 사람에게 모이면 총명함이 되는데, 그것을 얻은 자는 환히 통달하여 앞서 깨달을 수 있고, 비춰보듯 남김없이 바라볼 수 있고, 못 본 척하면서도 남달리 볼 수 있으며, 깊숙이 속으로의 견식을 지닐 수 있다. 바로 총명함이 또 하나의 단초인 것이다. 총명함은 하늘의 쓸모이며 항구함은 하늘의 도리이다. 이 양자를 사용할 때 인류사회의 요체가 모두 그 속에 있게 된다. 그러므로 천작(天爵)을 제대로 말한다면, 그것은 도덕이나 충신(忠信)에 있지 않다. 총명함과 의지일 뿐이다.

인간에게 있어서의 도덕은 하늘에 있어서의 음양과 같다. 인의와 충신은 춘하추동과 같다. 총명함의 쓸모를 사용하고 항구한 도리를 운용하는 것이 사계절을 이루고 음양을 운행시키는 길이다. 남김없이 알 수 있는 총명함을 선양하고 그침이 없는 의지를 드러내는 것이 그 네 가지 미덕을 갖추고 도덕을 풍부하게 하는 길이다. 그러므로 호학하여 권태로워하지 않으면서도 그 도리를 이해하지 못하고 그 의지를 어지럽히는 사람은 총명함이 부족한 것일 뿐이다. 남김없이 사물을 비춰보면서도 본성이 흔들리고 지킬 바를 잃는 사람은 의지가 부족한 것일 뿐이다. 총명함으로 보고 의지로서 취하며, 도덕의 근본을 부려 사용하고 오륜(五倫)의 본질을 펼쳐, 천지에 확충시켜 퍼뜨리고 백대(百代)에 전파하여 떨치는 것이 성현이 행하는 일이다.

그러하니 성현이 어리석은 이와 다른 점은 오직 이것뿐이다. 만약 중니(仲尼)의 의지와 총명함을 그에게서 빼앗는다면 그는 보통사람이 된다. 그리고 그것을 보통 사람에게 준다면 그가 바로 중니(仲尼)가 된다. 총명함의 원대함과 의지의 항구함, 그 정도에 있어 어찌 하늘이 내리실 때 그 등급을 두지 않았겠는가? 그러므로 성인도 "재빠르게 그것을 구한다"고 하였는데, 바로 총명함을 두고 한 말이다. "행하여 싫증내지 않는다"라고 하였는데, 바로 의지를 두고 한 말이다.[23] 도덕과 오륜은 인간에게 존재하는 것이고, 총명하고 항구적일 수 있는 능력은 하늘에서 받는 것이다. 아아! 후대의 학자여, 힘이 미치는 한도 안에서 온 힘을 다하라.

혹자는 묻는다. "그대가 말하는 하늘이 주었다고 하는 그것이 창고를 열어 주는 것과 같다면, 그 양을 헤아려 주는 것이요?" 대답은 "아니요" 이다. 각자의 기(氣)에 합치되는 것이다. 장주(莊周)가 하늘을 자연(自然)이 라고 하였는데, 나는 그의 설을 따른다.

柳子曰: 仁義忠信, 先儒名以爲天爵, 未之盡也. 夫天之貴斯人也, 則 付剛健、純粹於其躬, 倬爲至靈, 大者聖神, 其次賢能, 所謂貴也. 剛健之 氣, 鍾於人也爲志, 得之者, 運行而可大, 悠久而不息, 拳拳於得善, 孜孜 於嗜學, 則志者其一端耳. 純粹之氣, 注於人也爲明; 得之者, 爽達而先 覺, 鑒照而無隱, 眈眈於獨見, 淵淵於默識, 則明者又其一端耳. 明離爲天 之用, 恒久爲天之道, 擧斯二者, 人倫之要盡是焉. 故善言天爵者, 不必在 道德忠信, 明與志而已矣.

道德之於人, 猶陰陽之於天也; 仁義忠信, 猶春秋冬夏也. 擧明離之用, 運恒久之道, 所以成四時而行陰陽也. 宣無隱之明, 著不息之志, 所以備 四美而富道德也. 故人有好學不倦而迷其道撓其志者, 明之不至耳; 有照 物無遺而蕩其性脫其守者, 志之不至耳. 明以鑒之, 志以取之, 役用其道 德之本, 舒布其五常之質, 充之而彌六合, 播之而奮百代, 聖賢之事也.

然則聖賢之異愚也, 職此而已. 使仲尼之志之明可得而奪, 則庸夫矣; 授之於庸夫, 則仲尼矣. 若乃明之遠邁, 志之恒久, 庸非天爵之有級哉? 故 聖人曰 "敏以求之", 明之謂也; "爲之不厭", 志之謂也. 道德與五常, 存乎 人者也; 克明而有恒, 受於天者也. 嗚呼! 後之學者, 盡力於斯所及焉.

或曰: "子所謂天付之者, 若開府庫焉, 量而與之耶?" 曰: 否. 其各合乎 氣者也. 莊周言天曰自然, 吾取之.

---

23) 앞의 두 인용문은 모두 공자가 자신에 대해 설명한 부분이다. 『논어』의 "我非生而知 之者, 好古敏以求之者"와 "抑爲之不厭, 誨人不倦"에서 "敏以求之"와 "爲之不厭"만을 취하였다.

수도론(守道論 : 도를 지키는 것에 대해 논함)24)

혹자가 묻는다. "도를 지키는 것은 관직을 지키는 것만 못하다고 하는데, 어떻습니까?" 대답한다. 그것은 성인의 말씀이 아니다. 전하는 자가 잘못 전한 것이다. 관직이란 도가 담긴 그릇이다. 이들을 나누어 말하는 것은 잘못이다. 관직을 지키느라 도를 잃거나, 도를 지키느라 관직을 잃는 일은 없다. 그것은 정녕 성인의 말씀이 아니고 전한 자가 잘못 전한 것이다.

무릇 피관(皮冠)은 우인(虞人)을 초빙할 때 사용하는 물건이다.25) 물건은 도(道)의 기준이다. 그 물건을 지키고 그 기준을 따른 연후에 도가 거기에 존재한다. 만약 그것을 버린다면 이는 도를 잃는 것이다. 무릇 성인이 기강으로 삼아 명명하는 것은 도가 아닌 것이 없다. 관직이라고 명명하였을 때, 그 관직은 자신의 도를 실천하는 직책일 뿐이다. 그러므로 군신(君臣)·관청·의상(衣裳)·수레·표지와 장식 등의 구분을 두고, 조회(朝會) 참석, 조회시의 자리, 거동하는 방식, 반열의 등급을 두는데,26) 거기에 도가 존재하는 것이다. 또 전명(典命)·서제(書制)·부새(符璽)·주복문(奏復文·삼오(參伍)·은보(殷輔)·배대(陪臺)의 직책으로 표시하며,27) 그에 따라 도가

---

24) 본편은 『좌전』에 보이는 공자의 "수도불여수관(守道不如守官)"이란 구절을 발단으로 한 논의이다. 『좌전』에 의하면, 소공(昭公) 20년에 소공이 우인(虞人)에게 활을 주며 초치하였는데 우인이 우인의 초빙은 피관(皮冠)으로 하는 것이 법도라며 사(士)를 초빙하는 활로 초빙하는 것은 그르다며 응하지 않았다. 이에 대해 공자는 앞의 "도를 지키는 것이 관직을 지키는 것만 못하였다"라고 평하였다. 유종원은 이 공자의 말에 대해 의문을 제기한 것이다. 그러나 『맹자』 「만장(萬章)」에 의하면, 맹자는 공자의 그 말에 대해 "부르는 방법이 잘못되었다고 응하지 않은 것의 의미를 취한 것이다"라고 하여 풀이하였다. 즉 유종원이 후인이 잘못 전한 것이라며 의문을 제기한 그 구절은 공자의 말임이 분명하다. 대체로 유종원의 의도는 공자의 그 말을 억지로 끌어다가 도에 어긋나게 관직을 지키는 당시 인물에 대해 비판하려는 것으로 볼 수 있다. 시자유(施子愉)의 『유종원연보』에서는 본편이 「非國語」와 그 창작의도가 같다며, 원화(元和) 4년에 영주(永州)에서 지은 글로 판정하였다.

25) 우인(虞人)은 산림과 소택(沼澤) 및 사냥을 관리하는 관직이다.

26) 조회할 때에 신하들은 정해진 자리를 표시한 표저(表著)에 자리한다.

실행된다. 또 작록(爵祿)·경상(慶賞)의 이점으로 권면하며, 먼 곳으로의 방축·곤장과 채찍·수갑·참수 등의 잔혹한 벌로 징계한다. 그러므로 천자로부터 서민에 이르기까지 모두가 그 직분을 지키며 도를 잃는 이가 없는 것이 조화의 지극한 경지이다. 사물을 잘못 택하고 기준을 버린다면 그에 따라 도가 상실된다. 작은 것을 얕볼 때 큰 것도 역시 따라서 상실된다. 옛날에는 어떤 직책을 맡으면 그 직책을 위해 목숨을 바쳤다. 그러니 얕보아 그르칠 수 있겠는가?『예기』에, "도가 맞으면 복종하고 안 맞으면 떠난다"고 하였다.[28] 맹자는 "관직을 가진 자가 그 직무를 행할 수 없으면 떠난다"라고 하였다.[29] 그렇다면 도를 잃은 채 관직을 차지하고 있는 것을 옛사람들은 인정하지 않은 것이다. 그래서 윗자리에 있다고 잘난 척하지도 않고 아랫자리에 있다고 굴종하지도 않는다. 화살을 만든다고 어질지 않은 것은 아니며, 갑옷을 만든다고 어진 것은 아니다. 그 직무에 따라 그 한 부분을 관장하여 서로 함께 완전함을 이루는 것이다. 직위를 따라 대처하며 각자의 직분에 안주하면 도가 천하에 이루어지는 것이다.

또한 관직은 도를 실행하는 자리이다. 그런데도 도를 지키는 것이 관직을 지키는 것만 못하다고 말한다면, 이는 그 근본을 잃은 것이다. 관직을 지키느라 도를 잃거나 도를 지키느라 관직을 잃는 일은 없다. 앞의 그 말은 성인의 말씀이 아니다. 전하는 자가 잘못 전한 것이 틀림없다.

或問曰 : "守道不如守官, 何如?" 對曰 : 是非聖人之言, 傳之者誤也. 官也者, 道之器也, 離之非也. 未有守官而失道, 守道而失官之事者也. 是固非聖人之言, 乃傳之者誤也.

夫皮冠者, 是虞人之物也. 物者, 道之準也. 守其物, 由其準, 而後其道

---

27) 전명(典命)은 전주(典州)와 고명(誥命), 부새(符璽)는 부인(符印)과 옥새(玉璽), 삼오(參伍)는 3인의 경(卿)과 5인의 대부(大夫), 은보(殷輔)는 뭇 선비와 하급관리, 배대(陪臺)는 일반 직책의 신하를 가리킨다.

28) 『예기』「내칙(內則)」에 보인다.

29) 『맹자』「공손추(公孫丑) 하」에 보인다.

存焉. 苟舍之, 是失道也. 凡聖人之所以爲經紀, 爲名物, 無非道者. 命之曰官, 官是以行吾道云爾. 是故立之君臣、官府、衣裳、輿馬、章綬之數, 會朝、表著、周旋、行列之等, 是道之所存也. 則又示之典命、書制、符璽、奏復之文, 參伍、殷輔、陪臺之役, 是道之所由也. 則又勸之以爵祿、慶賞之美, 懲之以黜遠、鞭扑、桎梏、斬殺之慘, 是道之所行也. 故自天子至于庶人, 咸守其經分, 而無有失道者, 和之至也. 失其物, 去其準, 道從而喪矣. 易其小者, 而大者亦從而喪矣. 古者居其位思死其官, 可易而失之哉? 禮記曰: "道合則服從, 不可則去." 孟子曰 : "有官守者, 不得其職則去." 然則失其道而居其官者, 古之人不與也. 是故在上不爲抗, 在下不爲損, 矢人者不爲不仁, 函人者不爲仁, 率其職, 司其局, 交相致以全其工也. 易位而處, 各安其分, 而道達於天下矣.

且夫官所以行道也, 而曰守道不如守官, 蓋亦喪其本矣. 未有守官而失道, 守道而失官者也. 是非聖人之言, 傳之者誤也, 果矣.

시령론(時令論 : 시령에 대해 논함) 상(上)[30]

『여씨춘추(呂氏春秋)』의 열두 기(紀)와 관련하여, 한대(漢代)의 학자들은 그것으로 『월령(月令)』을 만들어서는 『예기』에 섞어 넣고 큰 법으로 삼았다. 그들은 열두 달 일흔 두 절기로 나누어, 날짜와 기후에 따라 추위와

---

30) 본편은 『여씨춘추』의 「월령(月令)」에 대해 논한 글이다. 진(秦)나라 때 여불위(呂不韋)가 편찬한 『여씨춘추』는 춘하추동의 각 계절을 다시 맹(孟)·중(仲)·계(季)의 셋으로 나눠 열두 기(紀)를 설정하였는데, 매 기의 첫 편이 「월령(月令)」으로서 해당 월에 관련된 사항들이 기술되어 있다. 그리고 이 「월령」은 예기에 편입되어 있다. 유종원은 그 안의 미신적인 요소를 반박하고 또 성인의 저작이 아님을 밝히고 있다. 본편 제목의 시령(時令)은 구체적으로는 「월령」을 가리키며, 같은 제목의 하편 한 편이 더 있다.

더위의 순서를 잡고 사물을 적당하게 분류하여 그에 따라 대비하고서, 이를 성인이 지으신 것이라 한다. 그러나 성인의 도는 온통 기이한 것을 가져다가 신령한 것으로 삼지는 않으며 하늘을 끌어다가 고상하다고 하지도 않는다. 백성에게 이롭게 하고 유사시에 대비할 뿐이다. 『월령(月令)』을 보면, 억지로 다섯 가지 일에 맞추고 오행(五行)에 맞춰 정령(政令)으로 시행하려는 것이니,[31] 이는 성인의 도에서 심하게 벗어난 것이 아니겠는가?

정령(政令)에는 때를 기다려 해야 할 일이 있고 때와 상관없이 해야 할 일이 있다. 그러므로 초봄에는 논밭의 경계를 정비하고 밭두둑과 물길을 바로 잡으며, 땅의 상태를 살피고 대중을 모으지 않도록 한다. 늦봄에는 제방을 정비하고 도랑을 정돈하며, 사냥을 금지하고 누에치기 도구를 준비하며, 소와 말을 교배시키고 온갖 기술자는 때를 거스르지 않게 한다. 초여름에는 토목공사를 시작하지 않고 대중을 동원하지 않으며, 농사를 권장하고 백성들을 격려하도록 한다. 한여름에는 양마(養馬)의 명령을 반포하고 온갖 약재를 모으게 한다. 늦여름에는 물 관리를 하고 잡초를 죽이며, 밭에 비료를 주어 토질을 관리하며, 토목공사나 군사적인 일을 일으키지 않도록 한다. 초가을에는 목재와 땔감을 거두어들이고, 한가을에는 백성들에게 보리를 파종하도록 권하도록 한다. 늦가을에는 갖가지 기술자들을 쉬게 하며 백성들이 집안에 들어가 옷가지를 마련하게 한다. 오곡(五穀)을 수량을 합계하며 받아들인 목초를 모아 가축을 기르며, 백성들의 수확을 재촉하고 채소 비축에 힘쓰게 하며 땔나무를 베고 목탄을 마련하도록 한다. 초겨울에는 성곽을 쌓고 빈 구덩이를 파며 둥근 창고를 지어 잘 보관토록 하며, 농부들을 위로하고 쉬게 하며 수택(水澤)의 세금을 걷도록 한다. 한겨울에는 벌목하며 화살을 만들도록 한다. 늦겨울에는 무예를 가르치고 활쏘기와 말타기를 익히게 한다. 오곡의 씨앗을 마련하고 농사를 계획하며 농구를 마련하게 한다. 제후들을 회합시키고

---

31) 다섯 가지 일은 인(仁)·의(義)·예(禮)·지(智)·신(信)을 가리킨다. 오행(五行)은 음양오행설의 오행을 가리킨다.

각 지방의 경중을 정하는 법을 제정하며 공물의 양을 규정하도록 한다. 이러한 일은 실로 때를 맞추어 행할 일로서 이른바 백성들에게 때에 따라 부여하는 일이다. 그밖에 교외나 종묘에서의 각종 제사 역시 옛날부터 전하는 제도에 따라 행해야 하며 폐지해서는 안 된다.

만약 옛날의 위정자가, 봄이 아니라고 해서, 덕을 펼치지도 금령을 완화하지도 못하며, 상을 내리지도 은혜를 베풀지도 못하며, 어린아이를 양육하지도 소송을 잘 살피지도 못하며, 빈궁한 이에게 물품을 주지도 현인을 예우하지도 못한다면, 그리고 여름이 아니라고 해서, 빼어난 인재와 덕행이 있는 자와 건장하고 힘센 자를 추천하지도 또 그들에게 작위와 봉록을 부여하지도 못하며, 가벼운 죄를 재판하지도 또 작은 죄를 지은 자를 용서하지도 못하며, 욕심을 절제하지도 또 뭇 관료들을 다독거리지도 못한다면, 또 가을이 아니라고 해서, 선비를 선발하지도 또 병사를 단련시키지도 못하며, 공이 있는 이를 임명하지도 또 포악하고 태만한 이를 벌하지도 못하며, 좋고 나쁜 것을 밝히지도 또 법제를 정비하지도 못하며, 노쇠한 이를 부양하지도 또 갖가지 형벌을 엄정하게 행하지도 못하고, 사형 집행을 타당하게 행하지도 못한다면, 또 겨울이 아니라고 해서, 목숨 바친 일에 대해 상을 주지도 또 고아와 과부를 불쌍히 여기지도 못하며, 아부하는 무리들을 알아채지도 또 관문과 저자의 통행을 편하게 해주지도 못하며, 상인들을 오게 하지도 또 가정과 마을의 실정을 살피지도 못하며, 귀족과 인척 및 풍습을 바로잡지도 못하며, 안일한 관리를 파직하지도 또 쓸모없는 기물을 버리지도 못한다면, 그렇게 된다면, 정치의 결함은 많아질 것이다. 그와 같은 것들은 실로 때를 가리지 않고 행해야 할 것들이다. 하늘의 도와 땅의 이치와 인류의 기강(紀綱)을 바꾸고 어지럽히는 일이, 초봄이 아니라고 해서 일어나도 된다는 말인가? 지나치게 교묘한 물건을 만들어 임금의 마음을 흔드는 일을, 늦봄이 아니라고 해서 행해도 된다는 것인가? 그런 일들은 안으로는 임금의 마음에 받아들여지지 말아야 하고 밖으로는 백성들에게 시행되지 말아야 할 것이라는 사실은 글로 쓰지 않아도 될 것이다.

또 혹자는 말한다. "시령(時令)을 위반하면, 회오리바람, 폭우, 서리와 눈, 홍수, 가뭄, 짙은 흐림, 나쁜 안개, 혹한과 혹서가 발생하며, 전염병, 중풍과 천식, 코막힘과 기침, 학질, 옴과 종기 등의 질병이 발생하며, 나방과 메뚜기떼, 곡물류와 과류(瓜類)와 과일들의 미숙, 쑥과 잡초의 무성함 등등의 기이한 재난들이 발생하며, 여자의 불임·사산(死産), 수재와 화재, 도적떼의 침입과 약탈, 전란(戰亂)의 빈발, 도로의 불통, 변방의 혼란, 토지의 분열, 사방 변방족의 침입, 떠돌이 유랑 등의 변고가 발생한다"고. 그러나 그런 것은 단지 눈먼 사관의 말에 불과하며 성인에게서 나온 말이 아니다. 그러하니 하후(夏后)와 주공(周公)의 전적은 일서(逸書)인 것이다.[32]

呂氏春秋十二紀, 漢儒論以爲月令, 措諸禮以爲大法焉. 其言十有二月七十有二候, 迎日步氣, 以追寒暑之序, 類其物宜而逆爲之備, 聖人之作也. 然而聖人之道, 不窮異以爲神, 不引天以爲高, 利於人, 備於事, 如斯而已矣. 觀月令之說, 苟以合五事, 配五行, 而施其政令, 離聖人之道, 不亦遠乎?

凡政令之作, 有俟時而行之者, 有不俟時而行之者. 是故孟春修封疆, 端徑術, 相土宜, 無聚大衆. 季春利隄防, 達溝瀆, 止田獵, 備蠶器, 合牛馬, 百工無悖於時. 孟夏無起土功, 無發大衆, 勸農勉人. 仲夏班馬政, 聚百藥. 季夏行水殺草, 糞田疇, 美土疆, 土功、兵事不作. 孟秋納材葦. 仲秋勸人種麥. 季秋休百工, 人皆入室, 具衣裘; 擧五穀之要, 合秩芻, 養犧牲; 趣人收斂務蓄菜, 伐薪爲炭. 孟冬築城郭, 穿竇窖, 修囷倉, 謹蓋藏, 勞農以休息之, 收水澤之賦. 仲冬伐木, 取竹箭. 季冬講武, 習射御; 出五穀種, 計耦耕, 具田器; 合諸侯, 制百縣輕重之法, 貢職之數. 斯固俟時而行

32) 『하소정(夏小正)』과 『주시훈(周時訓)』을 가리킨다.

之, 所謂敬授人時者也. 其餘郊廟百祀, 亦古之遺典, 不可以廢.

　　誠使古之爲政者, 非春無以布德和令, 行慶施惠, 養幼少, 省囹圄, 賜貧窮, 禮賢者; 非夏無以贊傑俊, 遂賢良, 舉長大, 行爵出祿, 斷薄刑, 決小罪, 節嗜慾, 靜百官; 非秋無以選士勵兵, 任有功, 誅暴慢, 明好惡, 修法制, 養衰老, 申嚴百刑, 斬殺必當; 非冬無以賞死事, 恤孤寡, 舉阿黨, 易關市, 來商旅, 審門閭, 正貴戚近習, 罷官之無事者, 去器之無用者. 則其闕政亦以繁矣, 斯固不待時而行之者也. 變天之道, 絶地之理, 亂人之紀, 舍孟春則可以有事乎? 作淫巧以蕩上心, 舍季春則可以爲之者乎? 夫如是, 內不可以納於君心, 外不可以施於人事, 勿書之可也.

　　又曰 : "反時令, 則有飄風、暴雨、霜雪、水潦、大旱、沉陰、氛霧、寒暖之氣, 大疫、風欬、鼽嚏、瘧寒、疥癘之疾, 螟蝗、五穀瓜瓠果實不成、蓬蒿、藜莠並興之異, 女災、胎夭傷、水火之訛, 寇戎來入相掠、兵革並起、道路不通、邊境不寧、土地分裂、四鄙入堡、流亡遷徙之變." 若是者, 特瞽史之語, 非出聖人者也. 然則夏后、周公之典逸矣.

시령론(時令論 : 시령에 대해 논함) 하(下)[33]

　　혹자는 말한다. "『월령』은 임금이 법으로 삼도록 만든 것이다. 총명하고 예지(叡智)로운 이를 위한 것이 아니고, 혹시 후대에 누군가 어리석고 교만하여 백성 위에서 멋대로 굴면서 선왕의 제도를 가볍게 여겨 옛 것을 폐지하고 가까운 때의 것을 취하는 이가 나타날까 염려하여, 즉 진(陳)과 수(隋)의 말년과 같아질까 염려하여 만든 것이다. 그래서 인(仁)・의

────────────
33) 본편은 앞의 「시령론(時令論) 상」의 후속편으로, 주로 『월령』 속에 기록된 미신적 요소를 비판하며 그것이 성인의 가르침과 어긋남을 주장한 글이다.

(義)·예(禮)·지(智)·신(信)에 맞는 일을 취하여 시령(時令)에 부가함으로써 때가 되면 명령을 발동할 수 있도록 한 것이다. 때를 지정하지 않으면 장차 인습과 방탕에 빠져 모두 의미가 사라지고 말뿐이기 때문이다. 그래서 또 오행(五行)의 상극(相剋)·상승(相乘)·상생(相生)·요재(妖災) 등의 설을 언급하여 그 마음을 흔들어 떨게 만들었다. 이는 옛날에 어리석고 어지러운 자에 방비하는 방법이었다. 지금 그대가 그것을 들춰내어 이전 사람들이 신비롭게 여겼던 것을 훤히 드러내 보인다면 후인들이 또 무엇을 두려워하겠는가?"라고

나는 대답한다. 성인의 가르침은 중정(中正)의 도(道)를 세워 후대에 보이는 것이다. 인(仁)·의(義)·예(禮)·지(智)·신(信)이라고 하는 것을 오상(五常)이라고 하는데, 늘 행할 수 있는 것이라는 말이다. 어리석고 어지러운 자에 방비하는 방법은 그를 위해 부지런히 책에 흥망성쇠의 이치를 기록하여 그것을 영원히 지키어 버리지 말도록 하는 것이다. 괴이한 일로 위협하여 때맞춰 선을 행하게 한다는 말은 못 들었다. 그러는 것은 그의 태만함과 오만함을 조장하여 바른 도리를 잊도록 만드는 길이다. 괴이한 일을 말하여 위협하는 것은 그의 어리석고 사악함과 미혹됨을 부채질하여 푸닥거리·주문(呪文)·기괴한 일을 행하여 백성들을 매우 혼란스럽게 만드는 짓이다. 또 그대는 책이 많은 것과 사람들의 말이 많은 것 중에 어느 쪽이 더 두려운 일이라고 여기는가? 곧은 말 잘하는 사람으로 하여금 인의와 득실을 분명하게 면전에서 나열하게 하여도 여전히 깨닫지 못하는데, 어찌 『월령』을 볼 틈이 있겠는가? 그래서 성인은 경전을 지어 그 바른 도리를 보존하여 후세의 군신(君臣)에게 남기면서 그 중정(中正)의 도는 꼭 말하고 부정한 것을 없앴다. 떠들어대도 돌아보지 않는 자라면 비록 성인이 다시 태어난다고 해도 그를 어찌할 수 없으니 또 책이 무슨 소용이 있겠는가?

진(陳)과 수(隋)의 말년에는 포악하고 그릇되며 부정하고 방종한 일을 모두 행하였다. 두 시대의 사서(史書)에서 찾아보려한들 어찌 『월령』에

기록된 일을 찾을 수 있겠는가? 그러나 강직한 신하가 다투어 선왕의 도를 말한다면 천 가운데 하나는 이루어진다. 그러니 『월령』이 진대나 수대에 무익했음이 분명하다. 대중(大中)의 도를 세우고 의혹스러운 것을 버리는 것, 바로 그 일을 버려두고 성인의 도를 말한다면 나는 그 말을 믿지 못한다. 그대의 주장으로 나를 탓할 수 있는 상황이 된다면, 비록 만대가 지난다고해도 나는 유감이 없을 뿐이다.

或者曰:"月令之作, 所以爲君人者法也. 蓋非爲聰明睿智者爲之, 將慮後代有昏昧傲誕而肆于人上, 忽先王之典, 擧而廢之, 近而取之, 若陳、隋之季是也. 故取仁義禮智信之事, 附於時令, 俾時至而有以發之也. 不爲之時, 將因循放蕩, 而皆無其意焉爾. 於是又爲之言五行之反戾、相盪、相摩、妖災之說, 以震動于厥心, 古之所以防昏亂之術也. 今子發而揚之, 使前人之奧秘布露顯明, 則後之人而又何憚耶?"

曰:聖人之爲教, 立中道以示于後. 曰仁、曰義、曰禮、曰智、曰信, 謂之五常, 言可以常行者也. 防昏亂之術, 爲之勤勤然書於方冊, 興亡治亂之致, 永守是而不去也. 未聞其威之以怪, 而使之時而爲善, 所以滋其怠傲而忘理也. 語怪而威之, 所以熾其昏邪淫惑, 而爲禱禳、厭勝、鬼怪之事, 以大亂于人也. 且吾子以爲畏冊書之多, 孰與畏人之言? 使諤諤者言仁義利害, 焯乎列于其前而猶不悟, 奚暇顧月令哉? 是故聖人爲大經, 以存其直道, 將以遺後世之君臣, 必言其中正, 而去其奇衺. 其有嚚然而不顧者, 雖聖人復生, 無如之何, 又何冊書之有?

若陳、隋之季, 暴戾淫放, 則無不爲矣. 求之二史, 豈復有行月令之事者乎? 然而其臣有勁悍者, 爭而與之言先王之道, 猶十百而一遂焉. 然則月令之無益於陳、隋亦固矣. 立大中, 去大惑, 捨是而曰聖人之道, 吾未信也. 用吾子之說罪我者, 雖窮萬世, 吾無憾焉爾.

단형론(斷刑論 : 형벌의 판단에 대해 논함) 상(上)34)

원문 전하지 않음.

단형론(斷刑論 : 형벌의 판단에 대해 논함) 하(下)35)

　내가 전에 「단형론」을 쓰자 혹자가 「석형(釋刑)」으로 내게 이러저러하
게 답하였다. 그래서 나는 부득이 그를 위해 한 마디 적는다.
　무릇 성인이 상벌을 행하는 것은 다른 목적에서가 아니고 징계하고
권면(勸勉)하기 위해서이다. 상은 급히 행해야 권면이 되고 벌은 급히 행
해야 징계가 된다. 상은 반드시 봄과 여름에 행하고 벌은 가을과 겨울에
행해야 한다면서 그것이 지극한 도리라고 한다면, 그것은 틀렸다. 만약
가을과 겨울에 선행한 이에게 반드시 봄과 여름이 되기를 기다려 상을
준다면 그 선행을 한 자는 나태해질 것이다. 봄과 여름에 악행을 저지른
이에게 반드시 가을과 겨울이 되기를 기다려 벌을 준다면 그 악행을 저
지른 이는 나태해질 것이다. 선행한 이가 나태해지고 악행을 저지른 이
가 나태해지게 한다면, 이는 천하 사람들을 몰아 죄를 짓게 만드는 것이
다. 천하 사람들을 몰아 죄를 짓게 만들고서 또 그들을 느슨히 풀어주어

---

34) 본문이 망실되어 전하지 않음.
35) 본편은 본문이 망실된 상편의 후속편으로, 상과 벌의 시행 시점에 대한 글이다. 장
　사교(章士釗)는 「천설(天說)」의 단단한 기둥이 되는 글이라며 본문 중의 "사람 마음 속
　에서 탐구하여 내 도를 완전하게 한다"는 부분이 작자의 경륜에서 나온 핵심적인 주
　장이라고 호평하였다. 또 금(金)대의 왕약허(王若虛)도 극찬하였다. 다만 소식(蘇軾)은 매
　우 부정적으로 평가하였다.

그 나태함을 조장하는 것이 바로 형법을 폐지하지 못하는 이유가 된다. 선행한 이로 하여금 반드시 그 달 그때를 넘기지 않고 상을 받게 한다면, 사람들은 용감해지고 격려될 것이다. 악행을 저지른 이로 하여금 반드시 그 달 그때를 넘기지 않고 벌을 받도록 한다면, 사람들은 두려워하고 경계로 삼을 것이다. 선행한 자가 날마다 격려되고 악행을 저지른 자가 날마다 경계하게 된다면, 이는 천하의 사람들을 몰아 선을 따르고 죄를 멀리하게 만드는 것이다. 천하의 사람들을 몰아 선을 따르고 죄를 멀리하게 하는 것, 이것이 형법이 폐지되고 교화가 완성되는 길이다.

　혹자는 하늘에 대해 부지런히 말하며 사람에 대해서는 말하지 않는데, 그는 도를 몰이해한 자이다. 어찌하여 사람의 마음속에서 탐구하여 우리의 도를 완전하게 하지 않는가? 우리의 도가 완전해지면 사람들이 교화된다. 이로부터 하늘은 우리 일에 참견할 수 없으며 관여할 틈이 없음을 알 수 있다. 과연 하늘의 때에 순종할 수 있고 음양의 조화를 이룰 수 있다면 우리 도의 완성을 실현할 수 있다. 우리 도의 완성을 실현할 수 없다면, 그것은 이른바 하늘이 아니고 이른바 음양의 조화가 아니다. 그것은 존재하지 않는 것일 따름이다. 그런데 또 어찌 우리의 도를 굽혀 그 때라는 것에 억지로 순종하여 하늘에 아첨하겠는가? 나는 진정 때에 순종하여 하늘의 뜻에 맞추는 것은, 사람에 순종하고 도에 순종하여 하늘의 뜻에 맞추는 것만 못하다고 안다. 왜인가? 가령 죽을죄를 지은 자가, 봄부터 죄를 부정할 말이 없는데도 형을 집행하지 못하여, 칼과 수갑과 족쇄를 차고 쇠사슬에 묶여 감옥에 갇혀서 몇 개월씩 한더위를 지나고, 가려워도 긁지 못하고 저려도 움직이지 못하며 아파도 비비지 못하며, 굶주려도 때맞추어 먹지 못하고 목말라도 때맞추어 마시지 못하며, 눈도 감지 못하고 사지도 펴지 못하여, 그 원망 소리가 마을에까지 들린다면, 그렇게 하여 음양의 조화를 다치지 않고 하늘의 때를 어기지 않아야 한다면, 이는 필시 옳지 않다. 그 죄인이 마땅히 얻을 결과는 죽음뿐이다. 그런데도 또 그리하는 것은 무엇 때문인가?

혹자는 말하길, "눈과 서리는 하늘의 원칙[經]이며 천둥 번개는 하늘의 변통[權]이다. 특별한 죄인을 때와 상관없이 죽일 수 있는 것이 인간 세계의 변통이고,36) 일반적인 사형수는 필히 때에 맞춰 죽이는 것이 인간 세계의 원칙이다"라고 한다. 그 말은 옳지 않다. 천둥 번개와 눈과 서리는 단지 한 기운일 따름으로, 사물에 대해 의도가 없는 존재이다. 성인이 사물에 대해 의도가 있는 존재이다. 봄과 여름에 천둥 번개가 발생하여 때로는 떨쳐 큰 바위를 깨고 거목을 찢는데, 나무와 바위에게 어찌 특별한 죄가 있겠는가? 가을과 겨울에 서리와 눈이 내려 모든 초목이 죽는데, 초목에게 어찌 특별한 죄가 있겠는가? 하늘이 어찌 물체에 대해 징벌하겠는가? 하늘은 징벌하지 않으니 그를 흉내내는 것은 미혹된 일이다.

어진 자는 원칙을 알고 지혜로운 자는 변통을 안다고 한다면, 이는 또 원칙과 변통의 이치를 제대로 안 것이 아니다. 왜인가? 원칙[經]이라는 것은 변하지 않는 것[常]이다. 변통[權]이라는 것은 원칙을 실현하는 것[達經]이다. 모두 어질고 지혜로운 자의 일이다. 그것을 나누는 것은 미혹을 조장하는 것이다. 원칙에 변통을 잃으면 교조적(敎條的)이 되고 변통만 있고 원칙에서 벗어나면 무원칙하게 된다. 이 두 가지는 억지로 이름 붙인 것이다. 마땅함[當]이라는 말, 이 말이면 완전하다. 마땅함이란 대중(大中)의 도이다. 이것이 둘로 나누어 부른다면 대중(大中)의 본체[器]와 적용[用]이 된다.37) 원칙만을 알고 변통을 모른다면 그는 원칙을 모르는 자이다. 변통만 알고 원칙을 모른다면 그는 변통을 모르는 자이다. 한 쪽에 치우치고는 그것이 지혜롭다고 한다면 그는 지혜롭지 못한 자이다. 한 쪽에 치우치고도 어질다고 한다면 그는 어질지 못한 자이다. 원칙을 아는 자는 괴이한 사물로 자신의 도를 해치지 않으며, 변통을 아는 자는 일반적인 지식으로 자신의 생각을 흔들지 않는다. 하나로 통일시켜 의심하지

---

36) 특별한 죄란 모반 같은 중죄를 가리킨다.
37) 원칙과 변통이 대중(大中)의 본체와 적용이라는 것이다. 원문의 당(當)과 대중(大中)은 모두 작자의 도(道)를 대신하는 말이라고 할 수 있다.

않는 자가 도를 확신하는 자일 뿐이다.

또한 옛날에 하늘에 대해 이야기한 목적은 어리석은 백성을 우롱하려는 것뿐이었다. 총명하며 예지(叡智)로운 이를 위한 말이 아니다. 혹자는 그것을 이해하지 못하니, 생각이 몹시도 모자란다.

余旣爲斷刑論, 或者以釋刑復於余, 其辭云云. 余不得已而爲之一言焉.
夫聖人之爲賞罰者非他, 所以懲勸者也. 賞務速而後有勸, 罰務速而後有懲. 必曰賞以春夏而刑以秋冬, 而謂之至理者, 僞也. 使秋冬爲善者, 必俟春夏而後賞, 則爲善者必怠; 春夏爲不善者, 必俟秋冬而後罰, 則爲不善者必懈. 爲善者怠, 爲不善者懈, 是歐天下之人而入於罪也. 驅天下之人入於罪, 又緩而慢之, 以滋其懈怠, 此刑之所以不措也. 必使爲善者不越月踰時而得其賞, 則人勇而有勸焉; 爲不善者不越月踰時而得其罰, 則人懼而有懲焉. 爲善者日以有勸, 爲不善者日以有懲, 是驅天下之人而從善遠罪也. 驅天下之人而從善遠罪, 是刑之所以措而化之所以成也.
或者務言天而不言人, 是惑於道者也. 胡不謀之人心, 以熟吾道? 吾道之盡, 而人化矣. 是知蒼蒼者焉能與吾事, 而暇知之哉? 果以爲天時之可得順, 大和之可得致, 則全吾道而得之矣. 全吾道而不得者, 非所謂天也, 非所謂大和也, 是亦必無而已矣. 又何必枉吾之道, 曲順其時, 以詔是物哉? 吾固知順時之得天, 不如順人順道之得天也. 何也? 使犯死者自春而窮其辭, 欲死不可得. 貫三木, 加連鎖, 而致之獄. 更大暑者數月, 癢不得搔, 痺不得搖, 痛不得摩, 饑不得時而食, 渴不得時而飮, 目不得瞑, 支不得舒, 怨號之聲, 聞於里人, 如是而大和之不傷, 天時之不逆, 是亦必無而已矣. 彼其所宜得者, 死而已也, 又若是焉何哉?
或者乃以爲 : "雪霜者, 天之經也; 雷霆者, 天之權也. 非常之罪, 不時可以殺, 人之權也; 當刑者必順時而殺, 人之經也." 是又不然. 夫雷霆雪霜者, 特一氣耳. 非有心於物者也; 聖人有心於物者也. 春夏之有雷霆也, 或發而震, 破巨石, 裂大木, 木石豈爲非常之罪也哉? 秋冬之有霜雪也, 擧草木而殘之, 草木豈有非常之罪也哉? 彼豈有懲於物也哉? 彼無所懲, 則效之者惑也.

果以爲仁仁必知經, 智必知權, 是又未盡於經權之道也. 何也? 經也者, 常也; 權也者, 達經者也. 皆仁智之事也. 離之, 滋惑矣. 經非權則泥, 權非經則悖. 是二者, 强名也. 曰當, 斯盡之矣. 當也者, 大中之道也. 離而爲名者, 大中之器用也. 知經而不知權, 不知經者也; 知權而不知經, 不知權者也. 偏知而謂之智, 不智者也; 偏守而謂之仁, 不仁者也. 知經者, 不以異物害吾道; 知權者, 不以常人怫吾慮. 合之於一而不疑者, 信于道而已者也.

且古之所以言天者, 蓋以愚蚩蚩者耳, 非爲聰明睿智者設也. 或者之未達, 不思之甚也.

변침벌론(辯侵伐論 : 침공과 정벌의 차이에 대해 논함)[38]

『춘추』에 다음과 같은 기록이 있다. "무릇 군대 동원에 종과 북을 사용하는 경우를 정벌[伐]이라고 하고, 그것들을 사용하지 않는 경우를 침공[侵]이라고 한다."[39] 『주례(周禮)』 「대사마(大司馬)」의 정벌의 법에 따르면 다음과 같다. "현인을 해치고 백성을 해치면 정벌[伐]한다. 험하고 견고함을 믿고 불복종하면 침공[侵]한다."

---

38) 본편은 작자가 집현전정자(集賢殿正字)이던 27세 때의 글이다. 덕종(德宗) 정원(貞元) 15
년(799), 회서(淮西) 절도사 오소성(吳少誠)이 반역하여 당주(唐州)를 습격하자 조정은 그의
관작을 박탈하고 여러 도(道)에 명해 그의 토벌을 위해 징병하도록 하였다. 이때에 쓴
글이다. 한편 오소성이 죽은 후에 그 뒤를 이은 오원제(吳元濟)는 이후 18년에 걸쳐 반항
하여 큰 혼란을 야기하다가, 원화(元和) 12년(817)에 비로소 완전히 토벌되었다.
39) 『좌전』 장공(莊公) 29년의 기록이다.

그렇다면 이른바 정벌[伐]이라는 것은 천하에 그 악행을 성토하는 것이다. 천하에 악행을 성토할 때에는 반드시 천하의 마음이 그들을 싫어할 이유가 있어야 한다. 그런 연후에야 실행할 수 있다. 옛날에 지방 관리로서 백성의 재산을 축내고 그들의 생명을 위태롭게 하며 또 현인을 해치는 자가 있으면, 반드시 내부에서 백성에게 버려지고, 외부에서 제후들에게 버려지니, 그런 연후에 정벌하며, 발동하면 반드시 성공한다. 그러나 여전히 덕으로 통보한 후에 거병하며, 자신의 역량을 헤아려 제후를 모으며, 세 가지가 넉넉한 후에 그 백성을 동원한다. 그 첫째는 대의명분[義]이 넉넉해야 한다. 둘째는 인력(人力)이 넉넉해야 한다. 셋째는 재화와 식량이 넉넉해야 한다. 이 세 가지가 다 갖춰지면 또 그 예식을 행하고 명분을 바로 잡고 문장을 짓는다. 그 폐해의 지역이 작으면 각종 명령이 그 마을의 범위를 넘어서지 않고, 비록 지역이 크다고 하여도 폭거 지역을 벗어나지 않는다. 천지를 거스르고 전국에 미치는 잘못이 아니라면 천하의 군대를 동원하지 않는다. 그리하여 출병은 때를 넘기지 않고 성공한다. 이것은 백성을 위한 일이고, 그러므로 공적인 행위이다. 공적인 행위이므로 종과 북을 울린다.

이른바 침공[侵]이라는 것은 단지 험하고 견고함을 믿고 불복종하여 왕명을 막는 행위이기 때문에 행하는 것이다. 내부에선 그를 보호하고 밖으로는 제후들에게 공격받지 않으며, 그 잘못과 악행이 천하에 미치기에는 부족하며, 문장으로 경고하고 덕으로 회유해도 변하지 않을 때, 그런 다음에 군대로 문책하는 것이다. 이는 명령의 체계를 세우는 일이지 백성을 위한 일이 아니므로 사적인 행위이다. 사적인 행위이므로 종과 북을 울리지 않는다. 이것이 성인의 기록에 담긴 본의이다.

주(周)의 도가 파괴되고 전차의 흔적이 천하에 교차하나 침공과 정벌의 본의에 대해 아는 이가 드물다. 그리하여 무도(無道)한 자가 무도(無道)한 자를 바로잡으려는 경우도 있고, 무도한 자가 도를 지닌 이를 바로잡으려는 경우도 있으며, 또 덕을 닦지 않고 위세를 부리는 경우도 있다.

그래서 세상은 날로 혼란스러워졌다. 한 번 변해 전국시대가 되었으며 백성들의 생산력은 소모되었다. 그런 까닭에 힘이 있어도 재화가 없으면 군자는 대중을 동원하지 않는다. 힘이 있고 재화가 있어도 대의명분이 없으면 군자는 군대를 동원하지 않는다. 이 세 가지가 모아지고 공(公)과 사(私)의 견해를 이해한 후라면 가능하다. 아아! 후대에 거병하는 자로 침공과 정벌의 본의를 알 수 있다면 훌륭한 자이다.

春秋之說曰: "凡師有鐘鼓曰伐, 無曰侵." 周禮大司馬九伐之法曰: "賊賢害人則伐之, 負固不服則侵之."

然則所謂伐之者, 聲其惡於天下也. 聲其惡於天下, 必有以厭于天下之心, 夫然後得行焉. 古之守臣有朘人之財, 危人之生而又害賢人者, 內必棄於其人, 外必棄於諸侯, 從而後加伐焉, 動必克矣. 然猶校德而後擧, 量力而後會, 備三有餘而以用其人: 一曰義有餘, 二曰人力有餘, 三曰貨食有餘. 是三者大備, 則又立其禮, 正其名, 修其辭. 其害物也小, 者誥誓徵令不過其隣; 雖大, 不出所暴; 非有逆天地橫四海者, 不以動天下之師. 故師不踰時而功成焉. 斯爲人之擧也, 故公之. 公之, 而鐘鼓作焉.

夫所謂侵之者, 獨以其負固不服而壅王命也. 內以保其人, 外不犯於諸侯, 其過惡不足暴於天下, 致文告, 脩文德, 而又不變, 然後以師問焉. 是爲制命之擧, 非爲人之擧也, 故私之. 私之, 故鐘鼓不作. 斯聖人之所志也.

周道旣壞, 兵車之軌交於天下, 而罕知侵伐之端焉. 是故以無道而正無道者有之, 以無道而正有道者有之, 不增德而以遂威者又有之, 故世日亂. 一變而至於戰國, 而生人耗矣. 是以有其力無其財, 君子不以動衆; 有其力有其財無其義, 君子不以帥師. 合是三者而明其公私之說, 而後可焉. 嗚呼! 後之用師者, 有能觀乎侵伐之端, 則善矣.

육역론(六逆論 : 여섯 가지 거스름에 대해 논함)[40]

『좌전(左傳)』에서 위(衛)의 주우(州吁)의 일을 기록하면서 여섯 가지 거스름[逆]에 대해 말하였다.[41] 즉 비천한 자가 고귀한 자를 막고, 연소자가 연장자를 앞서며, 관계가 먼 자가 근친을 물리치고, 새로운 자가 오래된 자를 물리치며, 하위직이 상위직을 압박하고, 불의가 의로움을 파괴하는 것, 이 여섯 가지가 혼란의 근원이라고 하였다. 나는 말한다. 연소자가 연장자를 앞서며, 하위직이 상위직을 압박하며, 불의가 의로움을 파괴하는 것, 이 세 가지는 분명히 혼란의 근원이라고 그런데 이른바 비천한 자가 고귀한 자를 막고, 관계가 먼 자가 근친을 물리치고, 새로운 자가 오래된 자를 물리치는 것, 이들은 훌륭한 통치의 근본이라고 해도 될 터인데, 어찌하여 혼란의 근원이라고 말하는가?

이른바 비천한 자가 고귀한 자를 막는다는 것은, 후계자 선택의 원칙과 관련된 것으로, 자식은 어머니의 신분에 의해 고귀함이 결정되며 후계자가 되어야한다는 말이다. 그런데 만약 고귀하지만 어리석은 이와 비천하지만 성현(聖賢)다운 이가 있을 때, 후자가 전자를 막는다면, 그것은 통치의 기본 원칙으로서 중요하다. 그런데도 이를 버리고 앞서의 그 말을 따를 것인가?[42] 그래서는 안 될 것이 분명하다. 이른바 관계가 먼 자가 근친을 물리친다는 것과, 새로운 자가 오래된 자를 물리친다는 것은, 임용의 원칙과 관련된 말이다. 만약 관계가 가깝고 오래된 자는 어리석고, 관계가 멀고

---

40) 본편은 『좌전』에 기록된 혼란의 근원인 여섯 가지 거스름, 즉 육역(六逆)에 대해 반박한 것이다. 여섯 가지 가운데 세 가지를 들어 오히려 통치의 근본이라고 긍정하였다. 영주 시기에 쓴 글이다.

41) 『좌전』 은공(隱公) 3년의 기록에 따르면 대략 다음과 같다. 위(衛) 장공(莊公)의 애첩 소생인 공자(公子) 주우(州吁)는 총애를 받으며 병사(兵事)를 좋아하였다. 장공도 그를 말리지 않았다. 그러자 대부인 석작(石碏)은 장공이 적자를 물리치고 주우를 후계자로 세울까 걱정하여 이른바 '육역(六逆)'의 설로 간언하였다.

42) 석작(石碏)이 여섯 가지 상황을 혼란의 근본이라며 반대한 주장을 가리킨다.

새로운 자는 성현다울 때, 후자가 전자를 물리친다면, 그것은 통치의 기본 원칙으로서 중요하다. 그런데도 또 이를 버리고 앞서의 그 말을 따르겠는 가? 반드시 그 말을 따라 천하를 어지럽게 만들고서 그것이 옛 가르침을 따르는 것이라고 한다면 되겠는가? 이 또한 안 될 일이다.

아아! 이 세 가지는 임금을 선택하고 신하를 임용하는 원칙으로, 천하 통치의 큰 근본이다. 책을 쓰는 자가 그 말을 고집하여 정론으로 기록하여 후대에 남긴다면, 상급의 지자(智者)는 이에 미혹되지 않을 것이다. 그러나 보통 사람 이하라면 그 말을 절대적인 표준으로 삼아 지킴으로써 망하고 혼란에 빠지게 될 경우가 분명 없지 않을 것이다. 진(晉) 여공(厲 公)의 사후에 도공(悼公)이 계승하자 진나라는 잘 다스려졌다.43) 송(宋) 양 공(襄公)이 왕위를 계승하고 자어(子魚)가 물러나 신하가 되자 송은 혼란 에 처했다.44) 그러니 고귀함이란 높일 것이 못된다.45) 진(秦)은 장록(張祿) 을 등용하고 양후(穰侯)를 쫓아내고는 안정되었다.46) 위(魏)는 위성자(魏成 子)와 적황(翟璜)을 재상에 임명하고 오기(吳起)를 소홀히 하고는 위태로워 졌다.47) 그러니 근친은 더불어 같이 할만하지 못하다. 부견(苻堅)은 왕맹

---

43) 『사기』「진세가(晉世家)」의 기록에 의하면 대략 다음과 같다. 진(晉)의 대부인 난서(欒 書)와 중항언(中行偃)이 여공(厲公)을 죽이고, 주(周)로부터 진(晉) 양공(襄公)의 증손을 모 셔와 즉위시키니, 그가 도공(悼公)이다. 그는 자신이 여공과 먼 관계로서 진(晉)의 제사 를 받들게 되었음을 생각하며 불복하는 신하 7인을 죽이고 인재를 등용하여 좋은 정 치로 진을 안정시켰다.

44) 『사기』「송세가(宋世家)」의 기록에 의하면 대략 다음과 같다. 양공(襄公)이 적자의 신 분으로 송(宋)의 왕위를 계승하면서 서자 출신의 형인 자어(子魚)에게 양보한 적이 있었 다. 자어는 출신을 이유로 물러나 신하로서 양공을 모셨다. 그 후 송이 정(鄭)을 공격하 자 초(楚)가 송을 공격하여 정을 구하려고 하였다. 이때 자어가 초와의 싸움을 반대했 으나 양공은 이를 거부하고 싸우다 대패하여 홍(泓) 지역에서 죽었다.

45) 고귀함이란 어머니의 신분에 따라 결정되는 적자의 신분을 가리킨다.

46) 장록(張祿)은 범저(范雎)를, 양후(穰侯)는 위염(魏冉)을 가리킨다. 『사기』「범저채택열전 (范雎蔡澤列傳)」의 기록에 의하면 대략 다음과 같다. 범저가 위(魏)로부터 진(秦)에 들어 와 소공(昭公)에게 중용되자, 위염을 파면하였고 진나라는 날로 강성하였다. 위염은 소 공의 어머니 선태후(宣太后)의 이복동생이자 삼대에 걸친 원로대신이었다.

47) 『사기』「열자오기열전(列子吳起列傳)」 등의 기록에 의하면 대략 다음과 같다. 위(魏)의 문후(文侯)는 동생 위성자(魏成子)와 귀족 적황(翟璜)을 재상에 임명하였다. 당시에 오기

(王猛)을 등용하고 번세(樊世)를 죽여서 흥성했다.48) 호해(胡亥)는 조고(趙高)를 신임하고 이사(李斯)를 족멸(族滅)해서 멸망하였다.49) 그러니 오래되었다는 것은 의존할 것이 못된다. 신뢰하는 이가 어떠한가를 보면 될 따름이다. 그렇다면 앞서의 그 말은 폐기해야 할 것이다.

아아! 옛날에 통치에 대해 말한 사람 가운데 그에 대해 충분히 설명할 수 있었던 사람은 드물다. 한 가지 주장을 하고 한 마디 견해를 말할 때, 흔들흔들 불안정하여, 옳다고 해도 되고 그르다고 해도 되는 등 애매할 뿐이다. 이로써 후대를 가르친다면 무엇을 취하고 무엇을 버릴지 아무도 모른다. 명철한 이가 단연코 그 시비를 확정하면, 답답하고 눈먼 유생들이 떼 지어 떠들어대며, 미쳤다고 하고 괴상하다고 한다. 그러니 세상에 지자(智者)가 많기를 바란들 그것이 가능하겠는가? 무릇 보통사람 중에도 교화가 미칠만한 사람이 적지 않다. 그런데도 성인의 도리를 아는 자는 적다. 그것은 실로 그렇게 책을 쓴 자의 죄이다.

春秋左氏言衛州吁之事, 因載六逆之說曰 : 賤妨貴、少陵長、遠間親、新間舊、小加大、淫破義, 六者, 亂之本也. 余謂 "少陵長、小加大、淫破義", 是三者, 固誠爲亂矣. 然其所謂 "賤妨貴、遠間親、新間舊", 雖爲理之本可也, 何必曰亂?

夫所謂 "賤妨貴"者, 蓋斥言擇嗣之道, 子以母貴者也. 若貴而愚, 賤而聖且賢, 以是而妨之, 其爲理本大矣, 而可捨之以從斯言乎? 此其不可固

<hr>

(吳起)는 위나라에 많은 공을 세웠으나 무후(武侯)가 즉위하여 전문(田文)을 재상에 임명하자 위를 떠나 초(楚)로 가 재상이 되었다. 그 후에 위는 약화되었다.

48) 『진서(晉書)』「전진재기(前秦載記)」의 기록에 의하면 대략 다음과 같다. 부견(符堅)은 왕맹(王猛)을 등용하고, 그에 반대하는 귀족이며 구신이었던 번세를 죽였다. 왕맹은 특별히 초빙된 인물이다. 부견은 구신인 번세와 왕맹에게 자신의 앞에서 논쟁하도록 했는데, 번세가 왕맹을 치려고 하자, 부견이 노하여 번세를 죽였다.

49) 『사기』「진시황본기」에 의하면 대략 다음과 같다. 조고(趙高)는 진시황의 장자인 부소(扶蘇)를 자살하게 하고 작은 아들 호해(胡亥)를 즉위시키고는 이사(李斯)를 모함하여 삼족을 멸하고 스스로 승상이 되었다. 진은 이후에 멸망하였다.

也. 夫所謂 "遠間親、新間舊"者, 蓋言任用之道也. 使親而舊者愚, 遠而新者聖且賢, 以是而間之, 其爲理本亦大矣, 又可捨之以從斯言乎? 必從斯言而亂天下, 謂之師古訓可乎? 此又不可者也.

嗚呼! 是三者, 擇君置臣之道, 天下理亂之大本也. 爲書者, 執斯言, 著一定之論, 以遺後代, 上智之人固不惑于是矣; 自中人而降, 守是爲大據, 而以致敗亂者, 固不乏焉. 晉厲死而悼公立, 乃理; 宋襄嗣而子魚退, 乃亂; 貴不足尙也. 秦用張祿而黜穰侯, 乃安; 魏相成璜而踈吳起, 乃危; 親不足與也. 苻氏進王猛而殺樊世, 乃興; 胡亥任趙高而族李斯, 乃滅; 舊不足恃也. 顧所信何如耳! 然則斯言殆可以廢矣.

噫! 古之言理者, 罕能盡其說. 建一言, 立一辭, 則虺虺而不安, 謂之是可也, 謂之非亦可也, 混然而已. 敎於後世, 莫知其所以去就. 明者慨然將定其是非, 則拘儒瞀生相與羣而咻之, 以爲狂爲怪, 而欲世之多有知者可乎? 夫中人可以及化者, 天下爲不少矣, 然而罕有知聖人之道, 則固爲書者之罪也.

제4권 의변(議辯)

진문공문수원의(晉文公問守原議: 진 문공이 원 지방 책임자 선정에
　　대해 문의한 일을 논함)[1]

　진(晉)의 문공(文公)이 천자로부터 원(原) 지방을 하사 받고 그곳 책임자
의 선임을 고심하다가, 환관인 발제(敎鞮)에게 물어 조최(趙衰)에게 맡겼
다.[2] 내 생각에, 원(原) 지방 관할은 중대한 정사로서, 천자의 뜻을 이어

---

1) 본편은 진(晉) 문공(文公)이 원(原) 지방의 행정장관 인선을 환관에게 물은 것에 대해
　그 잘못을 지적한 글이다. 문공은 춘추오패의 하나로 이름은 중이(重耳)이고 헌공(獻公)
　의 아들이다. 헌공이 여희(驪姬)를 총애하여 태자 신생(申生)을 살해하자 중이는 도망쳐
　19년간 외지를 떠돌다가 진(秦) 목공(穆公)의 도움으로 진(晉)에 돌아와 호언(狐偃)·조최
　(趙衰)·선진(先軫) 등의 현인을 등용하여 주(周) 양왕(襄王)을 섬기며 송(宋)을 구하고 초
　(楚)를 격파함으로써 맹주가 되었다. 그 후 백여 년 동안 진은 패자의 위치를 유지하였
　다. 원(原)은 지금의 하남성 제원현(濟源縣) 서북 지방이다. 본편에서 작자는 환관의 정
　치참여의 폐단이 문공에게서 시작되었음을 지적하고 있다.

패업을 이루며 제후에게 명령을 전하는 일이다. 가까운 환관과 상의함으로써 왕명을 욕되게 해서는 안 된다. 또한 진(晉)의 주군으로서 대임을 맡을 이를 선택하면서, 조회에서 공개적으로 의논하지 않고 내궁에서 사사로이 의논하였으며, 널리 경상(卿相)의 고관들과 의논하지 아니하고 단지 환관과 의논하였다. 비록 조최가 현명하여 그곳을 책임지기에 충분하여 국정을 망치지 않았다고 하여도, 현인을 해치는 실정(失政)의 단초가 여기에서 생겨났다. 더욱이 당시에 의논할 신하가 없지 않지 않았던가? 호언(狐偃)이 참모이고 선진(先軫)이 중군(中軍)의 책임자였는데, 진(晉)의 군주로서 그들을 멀리하여 자문하지 않고 도외시하여 의견을 구하지도 아니한 채, 끝내 하잘것없는 환관에게 물어 정하였으니, 이를 본받을 수 있겠는가? 또한 진(晉)의 군주는 제(齊) 환공(桓公)의 패업을 이어 천자를 보좌하려 하였으니 큰 뜻을 지녔었다. 그런데 제 환공은 관중(管仲)을 임명하여 흥하였다가 수조(竪刁)를 등용하여 망친 터이니, 원(原) 땅을 얻어 영토를 확장한 때는 마침 시정(施政)의 시작으로서 제후에게 시범을 보일 기회였다. 그런데도 그 흥했던 길을 거스르고 망쳤던 길을 따랐다. 선비를 등용하면 크게 되고 힘을 사용하면 강해지며 의로움을 따르면 천자가 책봉하는데, 실로 그리하기를 겁냈으니 어찌 마음으로부터의 복종을 얻을 수 있었겠는가! 그 후로 경감(景監)이 위앙(衛鞅)을 재상으로 추천할 수 있게 되었고,[3] 홍공(弘恭)과 석현(石顯)이 소망지(蕭望之)를 살해할 수 있게 되었는데,[4] 이렇게 잘못되게 한 이는 진 문공이다.

---

2) 조최(趙衰)는 자가 자여(子餘)로, 문공을 따라 19년 동안 외지를 떠돌아 다녔으며, 문공의 귀국에 큰 공을 세웠다. 진의 대부가 되어서는 문공이 패자가 되도록 보좌하였으며, 성자(成子)의 시호를 받았다. 후손도 대대로 진의 경(卿)이 되었다. 발제(敎鞮)는, 조최가 물병과 음식을 가지고 문공을 따라 길을 갈 때에 배를 주리면서도 그것을 먹지 않았다며 조최를 문공에게 천거하였다.

3) 경감(景監)은 진(秦) 효공(孝公)에게 총애를 받던 환관으로, 위(衛)의 서자 출신 공자였던 위앙(衛鞅)을 효공에게 천거하였다. 위앙은 처음에는 등용되지 않았으나 결국 효공을 설득하여 재상이 되었다.

4) 홍공(弘恭)과 석현(石顯)은 선제(宣帝) 때부터 국가대사에 간여한 환관으로, 원제(元帝)

아아! 현명한 신하를 얻어 큰 땅을 지키게 하였으니, 그 자문에 응해 천거한 내용에는 잘못이 없으나, 그 자문의 대상이 잘못되었다. 그런데도 당시를 욕되게 하고 이처럼 후대를 그르치게 하였다. 하물며 자문의 대상과 그 결과가 모두 잘못되었다면 어떻게 만회할 수 있었겠는가? 그 때문에 나는 진(晉)의 군주 문공의 죄를 드러내 『춘추』에 기록된 허(許)의 세자 지(止)와 조돈(趙盾)의 죄에 덧붙인다.5)

晉文公旣受原於王, 難其守. 問寺人敎鞮, 以畀趙衰. 余謂守原, 政之大者也, 所以承天子, 樹霸功, 致命諸侯, 不宜謀及媟近, 以忝王命. 而晉君擇大任, 不公議於朝, 而私議於宮, 不博謀於卿相, 而獨謀於寺人. 雖或衰之賢足以守, 國之政不爲敗, 而賊賢失政之端, 由是滋矣. 況當其時不乏言議之臣乎? 狐偃爲謀臣, 先軫將中軍, 晉君疏而不咨, 外而不求, 乃卒定於內竪, 其可以爲法乎? 且晉君將襲齊桓之業, 以翼天子, 乃大志也. 然而齊桓任管仲以興, 進竪刁以敗. 則獲原啓彊, 適其始政, 所以觀示諸侯也, 而乃背其所以興, 跡其所以敗. 然而能霸諸侯者, 以土則大, 以力則强, 以義則天子之冊也. 誠畏之矣, 烏能得其心服哉! 其後景監得以相衛鞅, 弘、石得以殺望之, 誤之者晉文公也.

嗚呼! 得賢臣以守大邑, 則問非失擧也, 蓋失問也, 然猶羞當時陷後代若此, 況於問與擧又兩失者, 其何以救之哉? 余故著晉君之罪, 以附春秋許世子止、趙盾之義.

가 즉위한 후에 역시 그들에게 정사를 맡기려하였다. 이에 소망지(蕭望之)가 그 환관 임용의 부당함을 간하자, 그들은 소망지에 대해 참언하여 그가 자살하게 만들었다.
5) 허(許)의 세자 지(止)와 조돈(趙盾) 모두 '시기군(弑其君)', 즉 주군 시해의 비판을 받는 인물이다. 병이 난 허의 도공(悼公)은 지(止)의 약을 먹고 죽었고 지는 진(晉)으로 도망쳤다. 진(晉)의 대신인 조돈(趙盾) 즉 조선자(趙宣子)는 조천(趙穿)이 도원(桃園)에서 진(晉) 영공(靈公)을 공격했을 때 산에서 나오지도 않은 채 방치하였다.

박복수의(駁復讐議 : 복수에 관한 건의에 대해 반박함)[6]

신이 삼가 알기로, 측천무후(則天武后) 때에 동주(同州) 하규(下邽) 사람 서원경(徐元慶)이라는 자가 있었는데, 부친 서상(徐爽)이 현의 관리인 조사온(趙師韞)에게 살해되자 끝내 친히 부친의 원수를 찌르고는 스스로를 묶어 자수하였습니다.[7] 당시에 간관이었던 진자앙(陳子昂)은 그를 사형에 처하고 그의 마을 입구에 정문(旌門)을 세워 표창할 것을 건의하였고, 또 그 일을 법령에 두어 영원히 국법의 표준으로 삼기를 청했습니다. 신은 삼가 그 일만은 잘못된 것이라 여깁니다.

신이 알기로, 예법의 큰 근본은 난을 방지하는 것입니다. 예를 들어, 포악하게 굴지 말라며, 무릇 아들 된 자가 부친의 원수를 죽이면 용서가 없다고 하는 것이 그것입니다. 형법의 큰 근본 역시 난을 방지하는 것입니다. 예를 들어, 포악하게 굴지 말라며, 관리된 자가 부당하게 살인했을 때는 용서가 없다고 하는 것이 그것입니다. 예법과 형법은 그 근본은 같은데 그 적용은 다르니, 정문을 세워 표창하는 일과 처형하는 일은 병행할 수 없습니다. 표창할만한 이를 처형한다면, 이는 남용으로서, 형법을 더럽힘이 심하다고 하겠습니다. 처형할만한 자를 표창한다면, 이는 월권으로서, 예법을 파괴함이 심하다고 하겠습니다. 만약 이를 천하에 내보이고 후대에 전한다면, 의로움을 추구하려는 이가 향할 바를 모를 것이

---

6) 본편은 진자앙(陳子昂, 659~700)의 복수에 관한 건의문인 「복수의장(復讐議狀)」을 반박한 글이다. 당 측천무후 때에 서원경(徐元慶)이란 자가 아버지를 죽인 관리를 죽이고 자수하였다. 이 일에 대해 좌습유(左拾遺)였던 진자앙은 부친을 죽인 자를 죽인 서원경을 처형하는 동시에 정문(旌門)을 세워 표창할 것을 건의하여 채택되었다. 본편은 복수의 정의를 규명하고 형법과 예법의 통일을 주장함으로써, 처형과 표창을 겸한 당시 판례의 부당함을 반박한 글이다. 작자가 예부원외랑(禮部員外郎)일 때에 쓴 글이다.
7) 원경은 이름을 바꾸고 역(驛)에서 노동하면서 오래 기다린 끝에 어사(御史)가 되어 와 머물던 사온을 찌르고 스스로를 묶어 관가에 자수하였다. 원문의 '현리(縣吏)'는 '현위(縣尉)'로 된 판본도 있다. 당시 사온은 현위(縣尉)였다.

며, 해를 피하려는 이가 설 곳을 모를 것입니다. 이를 전범(典範)으로 삼아서야 되겠습니까?

대저 성인의 제도는 이치를 따져 상벌을 정하고, 실정에 근본하여 포폄(褒貶)을 바로 하여, 예법과 형법을 하나로 일치시킬 뿐입니다. 만약 사건의 진위를 물어 심리하고 곡직(曲直)을 살펴 바로잡으며, 당초의 원인을 따지고 그 결과를 구한다면, 형법과 예법의 적용이 판연히 달라집니다. 왜입니까? 만약 원경의 부친이 죄를 범하지 않았고, 사온이 그를 죽인 것이 단지 사적인 원한 때문에 관리로서의 기세로 무고한 이를 함부로 죽인 것이고, 주(州)의 책임자가 죄상을 묻지 않고 형관(刑官)이 심문하지 않았다면, 그리고 상하의 관리가 몽매하며 호소와 외침을 들어주지 않았다면, 그래서 원경이 원수와 같은 하늘 아래 사는 것을 큰 수치로 여겨 창을 베고 복수를 생각하는 것이 예법에 합당하다고 여기고서, 여러 궁리 끝에 원수의 가슴을 찌르고는 굳건히 결심하여 죽음도 탓하지 않았다면, 이는 예법을 지키고 의로움을 행한 것입니다. 담당관은 마땅히 부끄러워하는 기색을 보여야 할 것이며 사죄하기에도 바빠야 할 터이니, 어찌 그를 처형한단 말입니까? 혹 원경의 부친이 죄가 있고, 사온이 그를 처형한 것이 법에 위배되지 않은 것이었다면, 이는 관리에게 죽은 것이 아니라 법에 의해 죽은 것입니다. 법이 복수할 대상이 되는 것입니까? 천자의 법에 복수하고 그 법을 받드는 관리를 살해했다면, 이는 멋대로 굴며 군주에게 덤벼든 것입니다. 잡아 처형하는 것이 국법을 바로잡는 길이니, 어찌 그를 표창하겠습니까?

또 진자앙(陳子昻)의 논의에서, "사람에겐 아들이 있고 아들에겐 부모가 있으니, 부모를 위해 상호 복수한다면 그 어지러움을 누가 구해내겠습니까?"라고 하였습니다. 그런데 이는 예법을 몹시 오해한 것입니다. 예법에서 복수라고 한 것은 억울하고 침통한데도 고할 곳이 없는 경우를 이르는 것입니다. 죄를 짓고 법을 어겨 처형된 경우를 말하는 것이 아닙니다. 그런데도 "남이 죽이니 나도 그를 죽인다"며 곡직을 따지지 않는다면 이는 힘없이 약한 이에게 사납게 위협하는 것일 뿐입니다. 어찌 성현의 경전에 심히 위배되지 않는다고 하겠습니까! 『주례(周禮)』에, "조인(調人)은 만인의 복수를 관장한다",[8] "무릇 살인하였으나 의로운 경우에는 복수하지 못하게 하고, 만약 복수하면 그를 처형한다", "보복 살인하는 경우에는 국민이 함께 그를 원수로 여긴다"고 하였습니다. 그러니 또 어찌 부모를 위해 서로서로 살인할 수 있겠습니까? 『춘추(春秋)』「공양전(公羊傳)」에, "부친이 처형되지 않았어야 한 경우에는 아들이 복수할 수 있다. 부친이 정당하게 처형된 경우에 아들이 복수한다면, 이는 서로 서로 죽이는 것이다. 복수는 그 당사자만을 죽이지 그 자식에게는 행하지 않는다"라고 했습니다.[9] 지금 만약 이에 따라 두 경우의 살인을 판단한다면 원경의 복수는 예법에 합당합니다. 또한 복수를 잊지 않은 것은 효도입니다. 목숨을 아끼지 않은 것은 의로움입니다. 원경은 예법을 넘어서지 않고 효도를 실천하고 의롭게 죽으려 할 수 있었으니, 필시 이치에 통달하고 도를 깨달은 인물입니다. 무릇 이치에 통달하고 도를 깨달은 이가 어찌 국법을 적으로 삼아 복수하겠습니까! 논자는 거꾸로 그를 처형할 자로 여기어 형법을 더럽히고 예법을 파괴하였으니, 이를 전범으로 삼을 수 없음이 분명합니다.

청하옵건대, 저의 논의를 반포하고 법령에 덧붙여, 이런 송사를 판결하는 이가 예전의 논의에 따라 처리하지 않도록 해주십시오 삼가 올립니다.

臣伏見天后時, 有同州下邽人徐元慶者, 父爽爲縣吏趙師韞所殺, 卒能手刃父讎, 束身歸罪. 當時諫臣陳子昂建議誅之而旌其閭, 且請編之於令, 永爲國典. 臣竊獨過之.

臣聞禮之大本, 蓋以防亂, 也若曰無爲賊, 虐凡爲子者殺無赦; 刑之大

8) 조인(調人)은 송사(訟事)를 관장하는 관직명이다.
9) 정공(定公) 4년 『공양전』의 "복수부제해(復讎不除害)" 아래의 주(注)에서, 당사자에게만 복수할 뿐이고 자식에게까지 겸하여 복수하지 못한다고 풀이하였다.

本, 亦以防亂也, 若曰無爲賊虐, 凡爲理者殺無赦. 其本則合, 其用則異, 旌與誅不得而並焉也. 誅其可旌, 玆謂濫, 黷刑甚矣; 旌其可誅, 玆謂僭, 壞禮甚矣. 果以是示于天下, 傳于後代, 趨義者不知所以向, 違害者不知所以立, 以是爲典可乎?

　蓋聖人之制, 窮理以定賞罰, 本情以正褒貶, 統於一而已矣. 嚮使刺讞其誠僞, 考正其曲直, 原始而求其端, 則刑禮之用, 判然離矣. 何者? 若元慶之父, 不陷於公罪, 師韞之誅, 獨以其私怨, 奮其吏氣, 虐于非辜, 州牧不知罪, 刑官不知問, 上下蒙冒, 籲號不聞; 而元慶能以戴天爲大恥, 枕戈爲得禮, 處心積慮, 以衝讎人之胸, 介然自克, 卽死無憾, 是守禮而行義也. 執事宜有慙色, 將謝之不暇, 而又何誅焉? 其或元慶之父, 不免於罪, 師韞之誅, 不愆於法, 是非死於吏也, 是死於法也. 法其可讎乎? 讎天子之法, 而戕奉法之吏, 是悖驁而凌上也. 執而誅之, 所以正邦典, 而又何旌焉?

　且其議曰: "人必有子, 子必有親, 親親相讎, 其亂誰救?" 是惑於禮也甚矣. 禮之所謂讎者, 蓋以冤抑沉痛, 而號無告; 非謂抵罪觸法, 陷于大戮. 而曰 "彼殺之, 我乃殺之", 不議曲直, 暴寡脅弱而已. 其非經背聖, 不已甚哉! 周禮: "調人掌司萬人之讎. 凡殺人而義者, 令勿讎, 讎之則死." "有反殺者, 邦國交讎之." 又安得親親相讎也? 春秋公羊傳曰: "父不受誅, 子復讎可也. 父受誅, 子復讎, 此推刃之道. 復讎不除害." 今若取此以斷兩下相殺, 則合於禮矣. 且夫不忘讎, 孝也; 不愛死, 義也. 元慶能不越於禮, 服孝死義, 是必達理而聞道者也. 夫達理聞道之人, 豈其以王法爲敵讎者哉? 議者反以爲戮, 黷刑壞禮, 其不可以爲典, 明矣.

　請下臣議, 附于令, 有斷斯獄者, 不宜以前議從事. 謹議.

동엽봉제변(桐葉封弟辯 : 오동잎으로 아우를 봉한 일에 대해 논함)[10]

옛날에 역사를 편찬하던 누군가의 말에 따르면 다음과 같다. 성왕(成王)이 어리고 여린 아우에게 오동잎을 주며 장난으로 "이것으로 너를 봉하노라"고 하였는데, 주공(周公)이 들어와 축하하였다.[11] 왕이, "장난이었소"라고 하자, 주공은 "천자는 장난해서는 안 됩니다"라고 하였고, 그리하여 어리고 여린 아우를 당(唐) 지방의 제후로 봉하였다.[12]

나는 그렇지 않으리라고 생각한다. 왕의 아우를 당연히 봉해야 했던가? 그랬다면 주공은 마땅히 때에 맞춰 왕에게 진언해야지 장난할 때를 기다려 축하함으로써 성사시켜서는 안 되었다. 봉하지 말았어야 했던가? 그랬다면 주공이 적절하지 않았던 장난을 현실화시켜 땅과 백성을 어리고 나약한 주군에게 준 것이니 어찌 그를 성인이랄 수 있겠는가? 또 주공은 왕의 말은 구차해서는 안 된다고 여겼을 뿐이었으니, 어찌 꼭 말대로 실현시켰겠는가? 만약 불행히도 왕이 오동잎으로 비빈(妃嬪)이나 환관과 장난하였다고 하여도 그 일을 성사시키겠는가? 무릇 왕의 덕은 어떻게 행하는가에 달렸다. 만약 타당하지 않다면 비록 열 번을 바꾸어도 잘못이 되지 않는다. 핵심은 타당성에 있으니, 타당하다면 바꾸게 해서는 안 된다. 하물며 장난인 경우에야 어찌해야 되겠는가! 장난이었는데도 필히 실행시켰다면, 이는 주공이 왕에게 잘못을 저지르게 한 것이 된다.

내 생각에, 주공은 성왕을 보좌하면서 마땅히 도리에 따라 너그럽고

---

10) 본편은 성왕(成王)이 장난으로 오동잎으로 동생 숙우(叔虞)에게 주며 당(唐)의 제후로 봉하였을 때, 주공(周公)이 그 일을 성사시켰다는 기록을 부정한 글이다. 작자가 부정하려는 것은 『여씨춘추(呂氏春秋)』 「중언(重言)」과 유향(劉向)의 『설원(說苑)』 「군도(君道)」의 기록이다. 글의 실질적인 중심 내용은 왕과 대신의 도리에 대한 것이다.

11) 성왕(成王)은 주(周) 무왕(武王)의 아들로서 성은 희(姬)이고 이름은 송(誦)이며, 13세에 즉위하였다. 주공(周公)은 이름이 단(旦)이며 무왕의 동생으로서, 조카인 어린 성왕을 보좌하여 국가의 기틀을 크게 안정시켰다.

12) 당(唐)은 옛 국명(國名)으로 지금의 산서성(山西省) 익성현(翼城縣) 서쪽에 있었다.

부드럽게 대중(大中)의 도에 이르게 하였지, 결코 그 실수에 맞추어 말을 만들어내지 않았을 것이다. 또 속박하고 몰아세워서 소나 말처럼 부리지는 말아야 한다. 급하게 굴면 일을 그르친다. 부자지간이라도 그렇게 제약할 수 없으니, 하물며 군신간의 경우에야? 그리하는 것은 단지 잔꾀나 부리는 소인배의 일로서, 주공이 마땅히 사용할 방법이 아니다. 따라서 믿을 수 없다.

어떤 기록에 따르면, 당숙(唐叔)을 봉한 일은 사일(史佚)이 성사시켰다고 한다.[13]

古之傳者有言, 成王以桐葉與小弱弟, 戲曰 : "以封汝." 周公入賀. 王曰 : "戲也." 周公曰 : "天子不可戲." 乃封小弱弟於唐.

吾意不然. 王之弟當封耶? 周公宜以時言於王, 不待其戲而賀以成之也; 不當封耶? 周公乃成其不中之戲, 以地以人與小弱者爲之主, 其得爲聖乎? 且周公以王之言, 不可苟焉而已, 必從而成之耶? 設有不幸, 王以桐葉戲婦寺, 亦將擧而從之乎? 凡王者之德, 在行之何若. 設未得其當, 雖十易之不爲病; 要於其當, 不可使易也, 而況以其戲乎? 若戲而必行之, 是周公敎王遂過也.

吾意周公輔成王, 宜以道, 從容優樂, 要歸之大中而已, 必不逢其失而爲之辭. 又不當束縛之, 馳驟之, 使若牛馬然, 急則敗矣. 且家人父子尙不能以此自克, 況號爲君臣者耶? 是直小丈夫缺缺者之事, 非周公所宜用, 故不可信.

或曰 : 封唐叔, 史佚成之.

---

13) 당숙(唐叔)은 숙우(叔虞)를 당(唐)의 제후로 봉하였기에 그리 지칭한 것이다. 작자가 인용한 이 부분은 『사기』 「진세가(晉世家)」의 기록이다. 사일(史佚)은 주(周)의 사관(史官)으로 이름은 윤일(尹佚)이다.

변열자(辯列子: 『열자』에 대해 논함)[14]

유향(劉向)은 예로부터 두루 많은 서적에 통달하였다고 불려진다. 그러나 그는 『열자』를 기록하면서 유독 정(鄭) 목공(穆公) 때의 인물이라고 하였다. 목공은 공자보다 근 백년 이전의 사람인데, 『열자』에서는 정(鄭)을 말하면서 늘 자산(子産)・등석(鄧析)을 언급하고 있으니,[15] 유향이 어떻게 그들에 대해 말했는지를 알 수 없다.

『사기』에 따르면, 정(鄭) 수공(繻公) 25년, 초(楚) 도왕(悼王) 4년에 정을 포위하니 정에서는 그 재상 사자양(駟子陽)을 죽였다고 하였다. 그런데 사자양은 바로 열자와 동시대 인물이다. 이해는 주(周) 안왕(安王) 4년, 진(秦) 혜공(惠公), 한(韓) 열후(烈侯) 조(趙) 무후(武侯) 2년, 위(魏) 문후(文侯) 27년, 연(燕) 이공(釐公) 5년, 제(齊) 강공(康公) 7년, 송(宋) 도공(悼公) 6년, 노(魯) 목공(穆公) 10년이다. 그러니 유향이 노 목공 때를 잘못 말해 정(鄭)의 목공 때라 한 것이 아닌지 모르겠다.

그 후에 장담(張湛)도 『열자』에 목공(穆公)의 후대 이야기를 언급한 것이 이상하다고만 알았지 역시 어느 때인지는 몰랐다.[16] 그런데 그 책 역시 첨가하고 고친 것이 많아 본래의 것이 아니다. 중요한 점은 장자(莊子)가 이 책에 의존하였다는 것으로, 하극(夏棘)・저공(狙公)・기성자(紀渻子)・계함(季咸) 등에 대한 언급은 모두 『열자』에게서 나온 것이며,[17] 그와 같은 예를 모두 다 들 수가 없다. 비록 공자의 도와 관련되어 있지는 않지만,

---

14) 본편은 열자(列子)의 시대에 대한 유향(劉向)의 기록에 대한 진위를 고증하고, 동시에 『열자』의 사상과 문장에 대해 간략하게 평가한 글이다. 열자는 이름이 열어구(列禦寇)이다. 『열자』는 『한서』「예문지(藝文志)」에 8편이라고 하였으며, 유향(劉向)・유흠(劉歆) 부자가 정리한 것으로 후에 산실되었다. 지금의 『열자』는 진(晉)대에 쓴 것으로 여겨진다.
15) 자산(子産)과 등석(鄧析)은 대체로 공자와 동시기의 인물이다.
16) 장담(張湛)은 자가 처도(處度)인 동진(東晉)사람으로, 『열자』에 주(注)를 가하였다.
17) 하극(夏棘)・저공(狙公)・기성자(紀渻子)・계함(季咸) 등은 모두 『장자』에도 등장한다.

그래도 허정(虛靜)하고 담박(淡泊)하며 확 트인 마음으로 난세에 살면서 이익을 멀리하여 화가 몸에 미치지 않게 하고 그 마음은 궁박하지 않다. 그러니 『역경(易經)』의 "세상을 피하여 근심이 없다"는 경지가 이와 가깝지 않겠는가? 그 때문에 나는 그 내용을 긍정한다.

그 문사(文辭)는 『장자(莊子)』와 유사하나 그보다 더 질후(質厚)하며 꾸밈이 적다. 그러니 글을 좋아하는 이가 버릴 수 있겠는가! 「양주(楊朱)」・「역명(力命)」은 양주(楊朱)의 책이 아닐까 의심된다.[18] 위모(魏牟)・공천(孔穿)은 모두 열자 이후의 인물이므로 믿을 수 없다.[19] 그러나 그 글을 보면 옛날에 이단의 학술사상이 많았음을 알만하다. 단지 독자가 신중하게 받아들이면 될 뿐이다.

劉向古稱博極羣書, 然其錄列子, 獨曰鄭穆公時人. 穆公在孔子前幾百歲, 列子書言鄭國, 皆云子產・鄧析, 不知向何以言之如此?

史記: 鄭繻公二十五年, 楚悼王四年, 圍鄭, 鄭殺其相駟子陽. 子陽正與列子同時. 是歲, 周安王三年, 秦惠公・韓烈侯・趙武侯二年, 魏文侯二十七年, 燕釐公五年, 齊康公七年, 宋悼公六年, 魯穆公十年. 不知向言魯穆公時遂誤爲鄭耶? 不然, 何乖錯至如是?

其後張湛徒知怪列子書言穆公後事, 亦不能推知其時. 然其書亦多增竄, 非其實. 要之, 莊周爲放依其辭, 其稱夏棘・狙公・紀渻子・季咸等, 皆出列子, 不可盡紀. 雖不槩於孔子道, 然其虛泊寥闊, 居亂世, 遠於利, 禍不得逮乎身, 而其心不窮. 易之 "遁世無悶"者, 其近是歟? 余故取焉.

其文辭類莊子, 而尤質厚, 少僞作, 好文者可廢耶? 其楊朱・力命, 疑其楊子書. 其言魏牟・孔穿皆出列子後, 不可信. 然觀其辭, 亦足通知古之多異術也, 讀焉者愼取之而已矣.

---

18) 「양주(楊朱)」・「역명(力命)」은 『열자』의 편명이다.
19) 위모(魏牟)는 문후(文侯)의 아들이고, 공천(孔穿)은 공자의 후손으로서 공손용(公孫龍)의 제자이다.

변문자(辯文子 : 『문자』에 대해 논함)[20]

『문자(文子)』 12편은 노자(老子)의 제자의 책이라고 전해진다. 그 글에는 때로 취할 만한 것이 있는데 주지는 모두 노자의 사상을 근본으로 하였다. 그러나 그 책을 살펴보면 대체로 잡되다. 체계와 조리가 있는 부분은 적고 다른 책을 표절하여 더해 놓은 부분이 많다. 맹자(孟子)와 관자(管子) 등 몇 사람의 책을 표절한 곳이 보이는데, 우뚝하니 다른 부분과는 어울리지 않는다. 그 생각과 문사(文辭)도 들쭉날쭉 어긋나 맞지 않는다. 남이 보태 놓은 것이 아닌지 알 수 없다. 아니면 다수가 이것저것을 모아 만든 책인가? 그러나 종종 남다른 점이 있음을 보면 또 적잖이 애석하게 생각되며, 그런 수고에 가여운 생각도 든다. 이제 오류와 잡스러운 것을 제거하고 거의 바른 듯한 것을 취하고, 또 그 뜻을 풀어 밝혀 집안에 보관한다.

文子書十二篇, 其傳曰老子弟子. 其辭時有若可取, 其指意皆本老子. 然考其書, 蓋駁書也. 其渾而類者少, 竊取他書以合之者多. 凡孟、管輩數家, 皆見剽竊, 嶢然而出其類. 其意緖文辭, 叉牙相抵而不合. 不知人之增益之歟? 或者衆爲聚斂以成其書歟? 然觀其往往有可立者, 又頗惜之, 憫其爲之也勞. 今刊去謬惡亂雜者, 取其是似者, 又頗爲發其意, 藏於家.

---

20) 본편은 『문자(文子)』의 내용과 저작자의 문제에 대한 논의이다. 『문자』는 『한서』「예문지」의 기록에 의하면 9편이다. 그 주(注)에 따르면 문자(文子)는 노자의 제자로서 공자와 동시대 인물이다. 『사기』「범려전(范蠡傳)」에 의하면, 문자는 성이 신(辛)이고 이름은 연(硏)으로 문자(文子)는 그의 자이다. 또 범려(范蠡)의 스승으로 계연(計然)의 호도 있으며, 그 책은 12편이다. 오늘날의 『문자』는 12권으로, 내용은 대체로 노자의 사상을 중심으로 삼고 명가·법가·유가·묵가를 종합하였으며, 『회남자(淮南子)』와 그 문구가 같은 것이 다수이다. 따라서 당송(唐宋) 이래 그 진위가 논란되고 있다.

논어변(論語辯 : 『논어』에 대해 논함) 2편(二篇)[21]

상편(上篇)

혹자는 묻는다. "유학자들이 『논어』는 공자의 제자가 기록한 것이라고 하는데 맞습니까?" 대답은 "그렇지 않다"이다. 공자의 제자로는 증삼(曾參)이 가장 어렸는데 공자보다 46세가 아래였다. 증자(曾子)는 늙어서 죽었는데, 이 책은 증자의 죽음에 대해 기록하고 있으니 공자의 시기로부터 멀리 떨어져 있다. 증자가 죽을 즈음에 공자의 제자는 대체로 살아있는 이가 없었다. 내 생각은 증자의 제자가 이 책을 기록했다는 것이다. 왜인가? 이 책은 또 제자에 대해 기술할 때는 반드시 자(字)를 사용하였는데, 유독 증자와 유자(有子)만은 그렇지 않다. 이에 근거하면, 제자의 입장에서 그들을 불렀던 것이다.

그렇다면 유자(有子)에게는 왜 자(子)를 사용했는가? 대답은 다음과 같다. "공자가 세상을 떠나자 여러 제자들은 유자가 스승님을 닮았다고 하여 그를 모셔 스승으로 삼았기 때문이다." 그 후에 유자가 여러 제자들의 물음에 대답하지 못하였으므로 야단맞고 그 자리를 피해 물러났다. 그러니 실로 한 때 스승의 호칭을 지녔었다. 지금 기록에는 단지 증자의 최후의 죽음이 있을 뿐이니, 나는 그래서 그 사실을 안다. 대략 악정자춘(樂正子春)과 자사(子思)의 제자들만이 함께 기록에 참여했을 것이다.[22] 혹자는 말한다. "공자의 제자들이 일찍이 그 말씀을 잡되게 기록하였다. 그러나 마지막에 그 책을 완성한 이는 증자의 제자이다."

---

21) 본편은 각기 『논어』의 작자 문제와 마지막 편인 「요왈(堯曰)」의 의미에 대해 논한 글로서, 상·하 두 부분으로 나뉜다. 역시 영주(永州) 시기에 지은 것으로 여겨진다.
22) 악정자춘(樂正子春)과 자사(子思)는 모두 증자의 제자이다.

或問曰:儒者稱論語孔子弟子所記, 信乎? 曰:未然也. 孔子弟子, 曾參最少, 少孔子四十六歲. 曾子老而死. 是書記曾子之死, 則去孔子也遠矣. 曾子之死, 孔子弟子略無存者矣. 吾意曾子弟子之爲之也. 何哉? 且是書載弟子必以字, 獨曾子、有子不然. 由是言之, 弟子之號之也.

然則有子何以稱子? 曰:孔子之歿也, 諸弟子以有子爲似夫子, 立而師之. 其後不能對諸子之問, 乃叱避而退, 則固嘗有師之號矣. 今所記獨曾子最後死, 余是以知之. 蓋樂正子春、子思之徒與爲之爾. 或曰:孔子弟子嘗雜記其言, 然而卒成其書者, 曾氏之徒也.

하편(下篇)

요(堯)임금께서 이르셨다. "아아, 그대 순(舜)이여! 하늘의 명령이 너에게 있으니, 사해(四海)가 다하도록 하늘이 내리신 녹위(祿位)가 영원하리라." 순(舜)임금께서도 역시 그렇게 우(禹)에게 명하셨다. 탕왕(湯王)도 말씀하셨다.[23] "못난 저 이(履)는 감히 검은색 소를 희생으로 올리며 하느님께 분명히 고하오니,[24] 죄가 있다면 용서하지 마옵소서. 천하에 죄가 있다면 그 벌을 제게 내리시고, 저에게 죄가 있다면 하느님의 천하에 벌이 미치지 않게 하소서."[25]

혹자가 이와 관련하여 묻는다. 『논어』는 묻고 대답한 말을 기록했을 뿐입니다. 지금 마지막 편의 첫머리에 분명히 위와 같은 부분이 있으니, 그것은 무엇 때문입니까?

---

23) 내용상, 원문의 '왈(曰)'자의 주어는 '탕(湯)'이어야 마땅한데, 원문에는 빠져 있다.
24) 이(履)는 탕(湯)임금의 이름이다. 하(夏) 왕조는 검은색을 숭상하였는데, 탕(湯)의 즉위 시기에도 여전히 그 색을 바꾸지 않았으므로 여전히 검은색 소인 현모(玄牡)를 희생물로 사용하였다.
25) 이 단락은 『논어』의 마지막 편인 「요왈(堯曰)」의 앞부분을 인용한 것이다. 다른 편이 모두 문답식으로 되어 있는 것과는 다르다.

유선생(柳先生)은 대답한다.[26] 『논어』의 위대함 중에 이보다 더한 것은 없다. 이는 바로 공자께서 항상 읊조리던 말씀일 뿐이다. 저 공자께선 백성들을 포용하신 그릇이셨다. 그러나 위로 요임금과 순임금을 만나지 못하여 선양을 받지 못하셨고, 아래로 탕왕의 세력이 없어서 하늘을 대신하는 통치자가 되지 못하셨다. 백성들에게 그 덕을 베풀 수 없었으며, 그들이 고생스럽게 죽어가며 원망스럽게 외치는 것을 날마다 보고 들었으나, 자신의 덕은 그 의존하여 펼칠 방법이 막혀 없었다. 그래서 항상 그렇게 읊조리고 마셨던 것이다. 이는 성인의 위대한 지향이니, 이에는 문답을 허락하지 않았다. 제자 중에 어떤 이는 알고 어떤 이는 무슨 의미인지 이해하지 못한 채, 같이 전한 것이다. 그러므로 이 책을 만들면서 마지막 편의 첫머리에 엄히 받들어 기록한 것이다.

堯曰: "咨, 爾舜! 天之曆數在爾躬, 四海困窮, 天祿永終." 舜亦以命禹, 曰: "余小子履, 敢用玄牡, 敢昭告于皇天后土, 有罪不敢赦. 萬方有罪, 罪在朕躬. 朕躬有罪, 無以爾萬方."

或問之曰: 論語書記問對之辭爾. 今卒篇之首, 章然有是, 何也?

柳先生曰: 論語之大, 莫大乎是也. 是乃孔子常常諷道之辭云爾. 彼孔子者, 覆生人之器者也. 上言堯、舜之不遭, 而禪不及已; 下言無湯之勢, 而已不得爲天吏. 生人無以澤其德, 日視聞其勞死怨呼, 而已之德涸然無所依而施, 故於常常諷道云爾而止也. 此聖人之大志也, 無容問對於其間. 弟子或知之, 或疑之不能明, 相與傳之. 故於其爲書也, 卒篇之首, 嚴而立之.

---

26) 유선생은 작자 자신을 가리킨다.

변귀곡자(辯鬼谷子 : 『귀곡자』에 대해 논함)27)

원기(元冀)는 고서 읽기를 좋아하였다. 그런데도 『귀곡자(鬼谷子)』를 대단한 현자의 저작으로 대접하여 수천 자의 『귀곡자지요(鬼谷子指要)』를 썼다. 『귀곡자』와 관련하여, 요점은 취할 바가 없다는 것이다. 한(漢)나라 때의 유향(劉向)과 반고(班固)의 도서 목록에는 『귀곡자』가 없다. 『귀곡자』는 그 후에 나왔으며 거칠고 어긋나고 각박하니, 그 망언이 세상을 어지럽힐까 두렵다. 믿기 어려우므로 학자들은 언급하지 말아야 마땅하다. 그런데도 세상에서 종횡가(縱橫家) 학술을 말하는 이들이 그 책을 진귀하게 여긴다. 더욱 심한 점은, 그 뒤에 다시 일곱 가지 술수를 더하였는데,28) 괴이하고 잘못된 정도가 특히 심하여 살펴 교감할 수 없는데다 그 주장이 더욱 기이하고 이치가 좁아서 사람들로 하여금 갑자기 발광하고 자신을 지키지 못하여 함정에 빠지기 쉽게 만든다. 다행하게도 그 책을 진귀하게 여기는 사람은 적다. 그런데 지금 원(元)씨가 다시 『지요(指要)』로 그 책을 꾸며댔다. 아아! 술수를 좋아하는 것이 지나치다고 하겠다.

元冀好讀古書, 然甚賢鬼谷子, 爲其指要幾千言.

鬼谷子要爲無取, 漢時劉向、班固錄書無鬼谷子. 鬼谷子後出, 而險鷔峭薄, 恐其妄言亂世, 難信, 學者宜其不道. 而世之言縱橫者, 時葆其書. 尤者, 晩乃益出七術, 怪謬異甚, 不可考校, 其言益奇, 而道益陝, 使人狙

---

27) 본편은 『귀곡자』에 대한 부정적 견해를 밝힌 글이다. 『사기』 「소진전(蘇秦傳)」에 의하면, 귀곡자는 전국시대에 영천(穎川) 양성(陽城)의 귀곡(鬼谷)에 살았던 인물로 소진과 장의(張儀)가 스승으로 섬겼던 인물이다. 『수서(隋書)』 「경적지(經籍志)」에는 진(晉)의 황보밀(皇甫謐)이 주를 단 『귀곡자』 3권이 있다고 하였다. 지금 전하는 것은 남조의 양(梁)나라 사람 도홍경(陶弘景)이 주를 단 것이다. 본편 역시 영주(永州) 시기에 지은 것으로 여겨진다.

28) 『귀곡자』 하편(下篇)의 「음부칠술(陰符七術)」을 가리킨다.

狂失守, 而易於陷墜. 幸矣, 人之葆之者少. 今元子又文之以指要, 嗚呼, 其爲好術也過矣!

변안자춘추(辯晏子春秋 : 『안자춘추』에 대해 논함)[29]

　사마천(司馬遷)은 『안자춘추』를 읽고 높이 평가하였으나 그 책이 어떻게 쓰인 것인지는 몰랐다. 혹자는 안자(晏子)가 쓰고 남이 덧붙였다고 하며, 혹 자는 안자의 후손이 썼다고 한다. 그러나 모두 틀렸다. 나는 묵자(墨子)의 제자 중의 제(齊)나라 인물이 쓴 것이 아닌가하고 의심한다.
　묵자는 검약(儉約)함을 좋아하였고 안자도 검약함으로 세상에 이름났 다. 따라서 묵자의 제자들이 그 일을 받들어 기록하여 자신들의 학술을 높인 것이다. 또 그 주지는 대부분 상동(尙同)・겸애(兼愛)・비악(非樂)・절 용(節用)・비후장구상(非厚葬久喪) 등인데, 그것들은 모두 묵자에게서 나온 것들이다. 또 공자(孔子)를 부정하고 귀신과 관련된 일을 즐겨 언급하였 는데, 비유(非儒)・명귀(明鬼) 등이 또 묵자에게서 나온 것이다. 대추와 관 련된 물음과 고야자(古冶子)와 관련된 것 등은 더욱 괴이하고 거짓되다.[30]

---

29) 본편은 『안자춘추』의 작자에 대한 견해를 밝힌 글이다. 안자는 안영(晏嬰)으로 제(齊) 나라 대부였다. 그가 쓴 『안자춘추』는 『안자』라고도 하며 『한서』 「예문지」에는 여덟 편이라고 하였다. 그러나 후인의 저작으로 의심되며, 또 지금 전해지는 것도 이미 『한 서』에서 언급한 그 책이 아닌 것으로 의심된다. 본편 역시 작자가 영주에서 쓴 글이다.
30) 『안자춘추』에 대략 다음과 같은 기록이 보인다. 경공(景公)이 안자에게, 동해 가운데 붉은 바닷물 속에 꽃만 피고 열매는 없는 대추나무가 있다는데 그 까닭이 무엇이냐고 물었다. 안자는 진(秦) 무공(繆公)이 용을 타고 세상을 다스리던 중 누런 천으로 찐 대추 를 싸서 동해에 버렸기 때문이라고 답하였다. 또 경공을 섬기던 공손첩(公孫捷)・전개 강(田開疆)・고야자(古冶子) 세 사람은 용감하지만 무례하였다. 안자가 복숭아 두 개를 세 사람에게 주며 공을 따져 먹도록 하였다. 세 사람은 서로 자신의 무공을 자랑하였 는데, 마지막에 고야자가 자신의 공을 말했다. 그러자 두 사람이 그만 못하다고 여겨

또 묵자가 그의 도에 대해 듣고 칭송했다고 자주 언급하였으니, 이것이 아주 뚜렷한 증거이다.

유향(劉向)·유흠(劉歆) 부자(父子)와 반표(班彪)·반고(班固) 부자가 모두 그 책을 유가에 포함하여 기록하였다. 심하다, 그들 몇 사람들의 상세하지 못한 정도가! 제(齊)나라 사람이 아니면 그 일을 다 갖추어 놓지 못하였을 것이고, 묵자의 제자가 아니면 그렇게 언급하지 않았을 것이다. 후대에 제자(諸子)의 책을 기록하는 이는 이 책을 마땅히 묵가(墨家)에 열거시켜야한다. 안자가 묵자를 신봉해서가 아니라, 이 책을 쓴 이가 묵자의 도를 신봉하였기 때문이다.

司馬遷讀晏子春秋, 高之, 而莫知其所以爲書. 或曰晏子爲之, 而人接焉; 或曰晏子之後爲之, 皆非也. 吾疑其墨子之徒有齊人者爲之.

墨好儉, 晏子以儉名於世, 故墨子之徒尊著其事, 以增高爲已術者. 且其旨多尙同、兼愛、非樂、節用、非厚葬久喪者, 是皆出墨子. 又非孔子, 好言鬼事, 非儒、明鬼, 又出墨子. 其言問棗及古冶子等, 尤怪誕; 又往往言墨子聞其道而稱之, 此甚顯白者.

自劉向、歆、班彪、固父子, 皆錄之儒家中. 甚矣, 數子之不詳也! 蓋非齊人不能具其事, 非墨子之徒, 則其言不若是. 後之錄諸子書者, 宜列之墨家. 非晏子爲墨也, 爲是書者, 墨之道也.

복숭아를 양보하고, 또 죽지 않는다면 용기가 없는 것이라며 목을 매 죽었다. 고야자도 혼자 사는 것은 인(仁)하지 못한 일이라며 역시 목을 매 죽었다.

변경창자(辯亢倉子:『경창자』에 대해 논함)31)

　태사공(太史公)이 「장주열전(莊周列傳)」을 쓰면서 그 책에 대해 언급하여, 「외루(畏累)」와 「경상자(亢桑子)」 두 편은 모두 공언(空言)으로 실제에 없는 사실이라고 하였다. 오늘날에 『경상자(亢桑子)』가 있는데, 그 첫 편이 『장자』에서 나온 것이며 거기에 일상의 말을 덧붙여 놓았다. 장주(莊周)가 말한 것조차도 실제에 없는 사실인데 또 그 말을 끌어다가 덧붙여 놓은 것이니 더욱 심한 공언(空言)이다. 유향과 반고의 기록에도 『경창자(亢倉子)』가 없다. 그런데도 오늘날 그 학술을 믿는 이가 비로소 그 책을 전하고 주를 써서는 세상에 가르치니, 이 역시 미혹된 일이 아니겠는가!

　太史公爲莊周列傳, 稱其爲書, 畏累、亢桑子, 皆空言無事實. 今世有亢桑子書, 其首篇出莊子, 而益以庸言. 蓋周所云者尙不能有事實, 又況取其語而益之者, 其爲空言尤也. 劉向、班固錄書無亢倉子, 而今之爲術者, 乃始爲之傳注, 以敎於世, 不亦惑乎!

---

31) 본편은 『경창자(亢倉子)』의 허구성을 밝힌 글이다. 『신당서』 「예문지」에 『경창자(亢倉子)』 2권이 기록되어 있다. 그 주에 의하면, 천보(天寶) 원년에 『경창자(亢倉子)』를 『통령진경(洞靈眞經)』으로 부르도록 하였는데 책을 구하지 못하던 중, 양양(襄陽)의 처사(處士) 왕사원(王士元)이 제자서에서 모아 만들었다고 한다. 『사기』와 『열자』에는 '경창자(亢倉子)'가 등장하고 『장자』에는 경상자(庚桑子)가 등장하는데, 같은 인물이다. 경상(庚桑) 혹은 경창(亢倉)은 복성이고 이름은 초(楚)로서, 초(楚)나라 사람이다. 『사기』의 주에 '亢'은 음이 '庚'이라고 하였다. 따라서 본고에서는 '경창자'로 읽는다. 또 유종원의 글 안에서도 '경상자(亢桑子)'와 '경창자(亢倉子)'로 통일되어 있지 않다.

변할관자(辯鵬冠子 : 『할관자』에 대해 논함)[32]

내가 가의(賈誼)의 「복부(鵬賦)」를 읽고 그 문장을 훌륭하게 생각하였는데,[33] 학자들이 그 모두가 『할관자(鵬冠子)』에서 나왔다고 한다. 내가 장안에 오고 가면서 그 『할관자(鵬冠子)』를 구했으나 보지 못하였다. 그러다가 장사(長沙)에 이르러서야 비로소 구했다. 읽어보니 모두 비천한 말들로서, 오직 가의가 인용한 것만 아름다울 뿐, 그밖에는 괜찮은 것이 없었다. 내가 생각하기에는, 일 만들기 좋아하는 사람이 그 책을 조작하면서 거꾸로 「복부」를 가져다가 아름답게 꾸며놓은 것이다. 가의가 그 책에서 취한 것이 아님이 확실하다.

태사공(太史公)은 「백이열전(伯夷列傳)」에서, 가의의 "탐욕자는 재물에 죽고, 열사(烈士)는 명예에 죽으며, 잘난 체하는 자는 권세에 죽는다"는 말을 칭찬하면서 『할관자(鵬冠子)』는 언급하지 않았다. 사마천(司馬遷)은 수많은 책을 두루 읽은 것으로 이름났으니, 가령 당시에 그 책이 있었다면 설마 그것을 못 보았겠는가? 가령 정말로 『할관자(鵬冠子)』가 있었다면 필시 「복부(鵬賦)」를 가져다가 인용하지는 않았을 것이다. 무슨 근거로 그런 줄 아는가? 대답은 '비슷하지가 않기 때문이다'이다.

余讀賈誼鵬賦, 嘉其辭, 而學者以爲盡出鵬冠子. 余往來京師, 求鵬冠子, 無所見; 至長沙, 始得其書. 讀之, 盡鄙淺言也, 唯誼所引用爲美, 餘無

---

[32] 본편은 『할관자』의 진위에 대해 논한 글이다. 할관자(鵬冠子)는 초나라의 은자(隱者)로서 할(鵬)새의 깃으로 장식한 모자를 쓰고 다녔다고 하여 그렇게 불렸다. 『한서』「예문지」에 도가로 분류되어 기록이 전하며, 『수서』「경적지」에도 그에 대한 기록이 보인다. 지금 전해지는 것은 3권 19편으로, 후인이 고치고 덧붙인 것이 매우 많다. 할(鵬)은 꿩과에 속하는 산새이다.

[33] 가의(賈誼)는 서한 때의 낙양(洛陽) 사람으로, 문제(文帝) 때 문재(文才)로 이름나 21세에 태중대부(太中大夫)를 지냈다. 개혁정치를 주장하다 비방을 받아 장사(長沙)로 쫓겨났다가 요절하였다. 「복부(鵬賦)」는 그가 장사에서 복조(鵬鳥)와의 문답형식으로 자신의 불우함에 대한 분하고 억울한 감정을 펼친 작품 「복조부(鵬鳥賦)」를 가리킨다.

可者. 吾意好事者僞爲其書, 反用鵩賦以文飾之, 非誼有所取之, 決也.

太史公伯夷列傳稱賈子曰 : "貪夫殉財, 烈士殉名, 夸者死權." 不稱鶡冠子. 遷號爲博極羣書, 假令當時有其書, 遷豈不見耶? 假令眞有鶡冠子書, 亦必不取鵩賦以充入之者. 何以知其然耶? 曰 : 不類.

제5권 비(碑)

기자비(箕子碑)[1]

　대인(大人)의 도(道) 세 가지가 있다. 첫째 '바른 일을 위해 어려움을 무릅
쓰는 것[正蒙難]'이요, 둘째 '성인(聖人)에게 법도를 전해주는 것[法授聖]'이
요, 셋째 '교화가 백성에게 미치는 것[化及民]'이다. 은(殷)나라 때 기자(箕子)
라는 어진 사람이 실로 이 도를 갖추어 세상에 보여주었다. 그러므로 공자
는 육경의 뜻을 저술할 때 그에 대해 특히 간절한 애정을 품었다.[2]
　주왕(紂王)[3] 때는 도가 무너지고 혼란해져, 하늘의 위엄을 동원해도 경

---

1) 본편은 은(殷)나라 말기의 현인 중 하나인 기자(箕子)를 기리는 비문이다. 기자의 이름
　은 서여(胥餘), 은나라 마지막 왕 주왕(紂王)의 숙부이다. 주왕 때 투옥되어 노예로 지내다
　가, 은나라가 망하자 조선(朝鮮)으로 달아났는데, 조선에 책봉되었다는 설화가 전한다.
2) 공자는 "은(殷)에 세 어진 사람이 있었으니, 미자(微子)는 떠났고, 기자(箕子)는 노예가
　되었고, 비간(比干)은 간언하다 죽었다"라고 했다.

계가 되지 않았고 성인의 말도 소용이 없었다. 죽음을 두려워하지 않고 목숨 바쳐 간언하면, 참으로 어질다 할 수는 있지만, 우리의 사직에 보탬 되는 것이 없었기 때문에 하지 않았고,4) 다른 곳에 몸을 맡겨 제사를 존속시키면, 참으로 어질다 할 수는 있지만, 우리 나라를 떠나는 것이므로 차마 하지 않았다.5) 이 두 도를 모두 갖춰 행한 사람이 있었다. 이리하여 그는 명철함을 보존하여 세파와 더불어 부침했고, 모략과 법도를 숨겨두어 옥에 갇히고 노예가 되는 치욕을 당했다. 세상이 아무리 어두워도 나쁜 마음을 품지 않았고, 자신의 희망이 무너져도 끊임없이 정진했다. 그러므로 『역(易)』에서 '기자의 밝음이 감추어졌다'고 했으니, 바른 일을 위하여 어려움을 무릅쓴 것이다. 천명이 바뀌어 주(周)나라가 집권하고 백성이 바르게 되자, 홍범(洪範)을 세상에 내어 성인의 스승이 되었다. 주나라는 이로써 인륜을 정리하고 위대한 법전을 세울 수 있었다. 그러므로 『서(書)』에서 '기자가 돌아와 홍범을 지었다'고 했으니, 성인에게 법도를 전해준 것이다. 조선(朝鮮)에 책봉되어서,6) 도를 근본으로 세속을 가르쳐, 선악을 가리지 않고 오직 덕으로 감싸고, 원근을 가리지 않고 오직 사람을 가르쳐, 은의 제사가 끊이지 않고 이어지게 하고 이족(夷族)이 중국이 되게 하였으니, 교화가 백성에 미친 것이다. 이 큰 도가 모두 그에게 모여서, 천지가 변하고 우리는 그 바른 정기를 얻었으니, 대인이로구나!

어허! 주나라의 시대도 아직 이르지 않고 은나라의 제사도 아직 끊기지 않았는데, 비간은 이미 죽고 미자는 이미 떠나간 상황에, 만약 주왕이 악행을 다 하지 못하고 스스로 죽어, 무경(武庚)이 난리를 염려하여 나라의

---

3) 주왕(紂王)은 은나라의 마지막 왕으로, 하(夏)나라의 마지막 왕 걸왕(桀王)과 더불어 폭군의 대명사이다.
4) 비간의 경우를 말한다.
5) 미자의 경우를 말한다.
6) 『서경』의 기록에 의하면, "옥에 갇힌 기자를 무왕(武王)이 석방했다. 기자는 주나라에 구출된 것은 도저히 참을 수 없는 치욕이라 여겨 조선(朝鮮)으로 달아났다. 이 소식을 들은 무왕이 조선에 책봉해주었다"라고 했다.

존속을 꾀하는데, 나라에 사람이 없다면 누구와 함께 치적을 일으키겠는 가? 실로 사람의 일이라 혹시 그런 경우도 있는 것이다. 그러한즉 선생이 겉으로 드러내지 않고 참고 견딘 것은 이것을 염두에 두었던 것이로다! 당 나라 모년에 급군(汲郡)에 사당을 짓고, 해마다 때맞춰 제사 올리기로 했다. 선생이 홀로 『역』에서 거론되는 것을 기려, 이 찬송을 올리는 바이다.

바른 일을 위해 고난을 무릅쓰고,
성인에게 법도를 전해주었다.
이로써 종사(宗祀)가 번창했고,
이족(夷族)이 소생했다.
위대한 대인은,
드러나도 은거해도 그 덕에 변함이 없었다.
성인의 인을 갖추어,
치세든 난세든 도가 합당했다.
명철함을 몸에 지녀,
노예가 되는 것도 비루하다 여기지 않았다.
겸양과 예의를 지켜,
멋대로 왕을 칭하지 않았다.
높은 데 있어도 위태롭지 않고,
낮은 데 있어도 범접할 수 없다.
죽음을 택하지도 않고 떠남을 택하지도 않고,
고국을 마음에 품었다.
굽힘과 폄을 시의적절히 하면서,
결국 세상의 모범이 되었다.
『역』에 실려,
문왕(文王)과 동류가 되었다.
당대에 들어와 선생의 사당을 짓고,

융숭히 제사를 올리라고 선포했다.
옛날에는 선생을 찬송하는 말이 드물었지만,
앞으로는 영원히 이어지리라.

凡大人之道有三: 一曰正蒙難, 二曰法授聖, 三曰化及民. 殷有仁人曰
箕子, 實具玆道, 以立于世. 故孔子述六經之旨, 尤慇懃焉.

當紂之時, 大道悖亂, 天威之動不能戒, 聖人之言無所用. 進死以倂命,
誠仁矣, 無益吾祀故不爲; 委身以存祀, 誠仁矣, 與去吾國故不忍. 具是二
道, 有行之者矣. 是用保其明哲, 與之俯仰, 晦是謩範, 辱於囚奴, 昏而無
邪, 隤而不息. 故在易曰 "箕子之明夷", 正蒙難也. 及天命旣改, 生人以
正. 乃出大法, 用爲聖師, 周人得以序彝倫而立大典. 故在書曰 "以箕子
歸, 作洪範", 法授聖也. 及封朝鮮, 推道訓俗, 惟德無陋, 惟人無遠, 用廣
殷祀, 俾夷爲華, 化及民也. 率是大道, 藂于厥躬, 天地變化, 我得其正, 其
大人歟?

於虖! 當其周時未至, 殷祀未殄, 比干已死, 微子已去, 向使紂惡未稔而
自斃, 武庚念亂以圖存, 國無其人, 誰與興理? 是固人事之或然者也. 然則
先生隱忍而爲此, 其有志於斯乎! 唐某年作廟汲郡, 歲時致祀. 嘉先生獨
列於易象, 作是頌云:

蒙難以正, 授聖以謩. 宗祀用繁, 夷民其蘇.
憲憲大人, 顯晦不渝. 聖人之仁, 道合隆汚.
明哲在躬, 不陋爲奴. 沖讓居禮, 不盈稱孤.
高而無危, 卑不可踰. 非死非去, 有懷故都.
時詘而伸, 卒爲世模. 易象是列, 文王爲徒.
大明宣昭, 崇祀式孚. 古闕頌辭, 繼在後儒.

도주문선왕묘비(道州文宣王廟碑: 도주 문선왕 묘비)[7]

모년 모월 모일,[8] 유학자 하동(河東) 출신 설백고(薛伯高)가 상서형부랑중(尙書刑部郎中)에서 도주자사(道州刺史)로 배치되었다.[9] 다음 해 2월 정해(丁亥)일, 설공은 희생과 예물을 마련하여 선성(先聖) 문선왕(文宣王)의 사당에 제사를 올렸다. 아직 3경이 다 지나지 않은 시각, 공이 현면(玄冕)을 쓰고 들어가 뜨락의 위패 앞에 나아가니, 매우 엄숙하고 정중했다. 공자에게 제사를 올리는 것은 경사(京師) 태학(太學)에서 시작하여 나중에 전국의 주(州) · 읍(邑) 방방곡곡 아무리 멀고 편벽된 곳이라도 모두 이렇게 때에 맞추어 제사를 올리고 정성을 보였다. 마당에 횃불을 훤하게 밝히고 대자리를 깔고, 온갖 제기를 죽 늘어놓고 깃발을 세우고, 정성껏 차례대로 늘어놓은 배치가 천하에 두루 이어졌다. 아하! 공자의 도는 크고도 드높게 드러나, 2제 3왕조차 크기를 견줄 수 없다. 그런데 그 사당터가 작고 비루하고, 서까래와 대들보가 부서지고 훼손되어, 외래 종교 불교가 웅장하고 거대하게 사찰을 꾸미는 것에도 미치지 못했다. 조금만 비가 와도 물이 고이고 들어차, 해마다 더욱 더 쓸리고 허물어졌다. 공은 눈쌀을 찌푸릴 만큼 마음이 편하지 못하여, 제사를 올려도 아무 영험도 받지 못하는 듯했다.

제사를 마치고 밖으로 나와 언덕에 올라 사방을 둘러보던 중 알맞은 장소를 발견했다. 지덕이 풍성하고 탁 트이고 지형이 단정하고 평탄하고 물이 에둘러 흐르는 형세여서, 제후의 반궁(頖宮) 터로 알맞았다.[10] 이 날

---

7) 본편은 도주에 세운 문선왕(文宣王) 사당의 비문이다. 문선왕은 공자(孔子)를 말한다. 당 현종(玄宗) 개원(開元) 27년(739)에 공자를 문선왕에 책봉했다. 유학(儒學)의 보급을 위해 전국 각지에 공자 사당을 건립하고 추모하는 것이 이후 대대적으로 퍼지게 된다.

8) 바로 다음 내용에 따르면, '원화 9년(814)'이다.

9) 설백고(薛伯高)의 이름은 경회(景晦)이다.

10) 『예기(禮記)』「왕제(王制)」에 따르면, "천자의 학교를 벽옹(辟雍)이라 하고, 제후의 학

표식을 세우고 위치를 정하여, 예(禮)에 근거하여 적절한 절차를 살피고, 물자를 아껴서 재화를 잘 조달하고 때에 맞추어 노역을 징발하여, 1년 지나 낙성을 보게 되었다. 사당 건물 반듯하게 들어서고, 계단과 복도가 널찍하고, 강습의 자리도 갖추어져, 유자의 스승이 머무는 곳이라 할 만했다. 곳간을 만들어 식량을 조달해주고 채마밭 일구어 채소를 기르게 했다. 시세를 잘 살펴, 고갈되지 않고 항상 여유있게 했다. 이로 인해 읍민 중 우수한 사람들이 도에 감복하고 화(和)를 마음 속에 품어, 더더욱 문하로 찾아와, 유자의 의관을 갖추고, 공을 통해 가르침 얻기를 희망했다. 공이 옷깃 가다듬고 강석에 올라가 경전의 뜻을 몸소 풀이하여, 근본과 도통을 크게 깨달았다. 부형은 자제를 경축하고 연장자는 연소자를 격려하여, 교화가 이루어지고 사람들은 다툼이 없었다.

공은 또 말했다. "공자는 문하의 제자 중 안회(顔回)가 거의 성인의 경지에 이르렀다고 칭찬했고, 그 후 진(陳)·채(蔡) 지역을 다닐 때 따르던 제자에게도 또한 각각 분야별로 칭찬을 했었다. 이는 일시에 순간적으로 말한 것이어서, 그의 제자를 모두 말한 건 아니었다. 그 후 그 말의 본뜻을 저버리고 멋대로 다르게 분과와 등급을 설치하여, 열 제자의 좌상을 안치하고 제사를 지내며 철인(哲人)이라고 했는데,[11] 이게 어찌 공자의 뜻이었겠나?" 『월령(月令)』에 따르면 "선성(先聖) 선사(先師)에게 제사를 올리는 것은 나라의 오랜 관례이다"라고 했다. 이에 공자상을 세우고 안회상을 배석시켰다. 제물이 정성스레 마련되고 생(牲)과 종도 준비되어, 9년 8월 정미(丁未)일에 공이 새 사당에서 제를 올렸다. 제를 마치고 물러나 서로 모르는 점들을 묻고 토론하며 모두 어울려 연회를 열어, 모든 주민들이 함께 화목하게 어울리며 제례를 보면서 예로부터의 전통을 익히게 되었다.

이리하여 『춘추』 강의 선생 진릉(晉陵) 사람 장견(蔣堅), 『역』 강의 선생

교를 반궁(頖宮)이라고 했다."

[11] 개원(開元) 8년(720) 칙령을 내려, 안자(顔子) 등 10대 철인의 좌상을 만들어 모두 제사에 배향하게 했다.

승려 응변(凝嘗), 모모 조교, 모모 학생 등이 찾아와 그간의 경과를 비석에 새겨 공자의 도와 설공이 애쓴 것을 밝히고 싶다고 말했다. 공자는 태초의 조화에 정통하고 선각의 도에 밝아, 많은 유자들이 모두 칭송하여 육경에 모두 보존되어 있다. 그의 도를 찬양하려 하면 마치 천지가 크다는 것을 찬양하고 일월이 밝다는 것을 치켜세우는 것 같아, 어리석거나 미혹된 자가 아니면 저지르지 못하는 일이다. 설공만이 공자의 뜻을 탐구하고 나라의 제도를 고찰하여, 불변의 전장(典章)에 빛이 나게 하고 도의 근본을 바르게 고쳐, 이 먼 벽지 땅이 궐리(闕里)처럼 교화의 땅으로 변하게 했다. 주(周)나라 때는 노후(魯侯) 신(申)이 반궁을 지어,[12] 이에 대한 노래가 『시』에 실려 있고, 한(漢)나라 때는 촉(蜀)의 군수 문옹(文翁)이 앞장서 유학을 제창하여, 역사서에서도 이를 칭찬했다. 지금 설공이 옛 전통을 본받은 것의 중대함은 노후의 경우와 같고, 벽지 사람을 교화시킨 고생은 촉에 맞먹는다. 어찌 이 덕망을 기록하여 사관에게 알리고 이 비석에 남기지 않을 수 있으랴!

형(荊)·초(楚)의 남녘 땅,
미개한 이 지역.
인(仁)이 뭔지 아는 주민 드문 이곳으로,
황제가 보낸 훌륭한 관리.
어질고 미더운 설공,
덕으로 가득한 위풍.
붉은 깃발 휘날리고 황금 부절 앞세우고,
도주(道州)로 부임했다.
학자와 유자가 모두 모여,
훌륭한 의견을 제시했다.

---

12) 신(申)은 희공(僖公)의 이름이다.

정해(丁亥)일은 길일,
반궁 사당에서 제사를 올렸다.
마당 휘황하게 밝혀주는 햇불,
그 모습 훤히 비춰준다.
제주 자리로 나아간 설공,
경건하지 않은 사람 없다.
성인에게 제 올리는 의식,
천하 곳곳에 두루 퍼졌다.
복식 착용하는 것과 기물 진설(陳設)하는 것이
모든 주(州)와 읍(邑)이 한결같다.
모두 기쁨의 탄성과 함께,
성인의 공로에 보답하려 한다.
낡은 사당 옮김이 어떨까 알아보아,
길한 곳 찾았다.
탁 트인 그 터는,
넓고 평탄하고,
졸졸 흐르는 물,
그 밖을 에둘러 흐른다.
엄숙하게 사당 짓고,
신위 위패 눈에 띄게 마련했다.
정결한 제기 사용하여,
전통 예법 보러 모여든다.
제 위치에 자리 늘어놓고,
제 자리에 제수를 차린다.
성대하게 재현된 의식,
웅장하게 완성된 건물.
새 사당 완성되어,

제 올려 보고한다.
천고 세월 전해지는 의례 법도,
정성을 다해 익히는 설공.
선량한 주민들,
정성스레 갖춰 입은 예복.
설공 몸소 강론하고,
사람들은 경건하고 묵묵하게 듣는다.
공이 내려와 제주 돌리는 모습,
진퇴가 단정하고 화평하다.
살갗에 부드럽게 몸속에 적절하게,
기가 가득 차지 않는 곳이 없다.
마음에 기쁨이 넘치는 건,
부자 형제 할 것 없이 마찬가지다.
아 우리 성왕이여,
그 도가 끝없다.
세상에 넘치는 칭송의 말,
나날이 갈수록 많아진다.
설공이 이렇게 예를 고증하여,
주민에게 훌륭한 감화를 더해준다.
노(魯)의 기풍 뒤를 이어,
경건하게 노래한다.
설공은 하늘로부터 복을 받아,
오래오래 살 수명 누리리.
설공은 왕으로부터 인정받아,
여기 부임하는 임무를 받았다.
학관에서 스승의 역할 다하여,
이 지방에 평화가 깃들게 했다.

공은 이제 태학에 들어가,
왕도를 바로 세우게 될 몸이다.
유자들이 시를 지어,
반수(頖水)의 전통을 잇고 싶어한다.
그 성망을 세상 널리 알려,
사서에 실도록 태사에게 알리노라.

謹案某年月日, 儒師河東薛公伯高, 由尙書刑部郎中爲道州. 明年二月丁亥, 公用牲幣祭于先聖文宣王之廟. 夜漏未盡三刻, 公玄冕以入, 就位於庭, 惕焉深惟. 夫子之祀, 爰自京師太學, 徧于州邑, 遐闊僻陋, 咸用斯時致奠展誠. 宿燎設懸, 罇俎旂章, 粢穆布列, 周天之下. 嗚呼! 夫子之道閎肆尊顯, 二帝三王其無以侔大也. 然其堂庭庫陋, 椽棟毀墜, 曾不及浮圖外說, 克壯厥居. 水潦仍至, 歲加蕩沃. 公戚然不寧, 若罔獲承.

旣祭而出, 登塘以望, 爰得美地, 豐衍端夷. 水環以流, 有頖宮之制. 是日樹表列位, 由禮考宜, 然後節用以制貨財, 乘時以僦功役, 逾年而克有成. 廟舍峻整, 階序廓大. 講肄之位, 師儒之室. 立廩以周食, 圃畦以毓蔬. 權其子母, 贏且不竭. 由是邑里之秀民, 感道懷和, 更來門下, 咸願服儒衣冠, 由公訓程. 公攝衣登席, 親釋經旨, 丕諭本統. 父慶其子, 長勵其幼, 化用興行, 人無爭訟.

公又曰: 夫子稱門弟子顔回爲庶幾, 其後從於陳蔡, 亦各有號. 言出一時, 非盡其徒也. 于後失厥所謂, 妄異科第, 坐祀十人以爲哲, 豈夫子志哉? 余案月令則曰: 釋奠于先聖先師, 國之故也. 乃立夫子像, 配以顔氏. 籩豆旣嘉, 笙鏞旣成, 九年八月丁未, 公祭于新廟. 退考疑義, 合以燕饗, 萬民翼翼, 觀禮識古.

於是春秋師晉陵蔣堅、易師沙門凝誓、助教某、學生某等來告, 願刻金石, 明夫子之道及公之勤. 惟夫子極于化初, 冥于道先, 羣儒咸稱, 六籍具存. 苟贊其道, 若譽天地之大, 襃日月之明, 非愚則惑, 不可犯也. 惟公探夫子之志, 考有國之制, 光施彝典, 革正道本, 俾是荒服, 移爲闕里. 在周則魯侯申能修頖宮, 詩有其歌; 在漢蜀守文翁能首儒學, 史有其贊. 今公法古之大, 同于魯; 化人之艱, 侔于蜀. 盍銘茲德, 以告于史氏而刊之茲碑. 銘曰:

莉楚之陽, 厥服惟荒. 民鮮由仁, 帝降其良. 振振薛公, 惟德之造.
赤旂金節, 來莅于道. 師儒咸會, 嘉有攸告. 吉日丁亥, 獻于頖宮.
庭燎伊煌, 有煥其容. 公升于位, 心莫不恭. 爰念聖祀, 徧于海邦.
服冕陳器, 州邑攸同. 咸忻以歆, 思報聖功. 卜遷于嘉, 惟吉之逢.
昀昀其原, 旣夷且大, 渙渙其流, 實環于外. 作廟有嚴, 昭祀顯配.
潔茲器用, 觀禮斯會. 布筵伊位, 作廩伊秩. 以豐其儀, 以壯其室.
新宮旣成, 崇報孔明. 千古有經, 公粹厥誠. 邦民之良, 弁服是纓.
公躬講論, 虡默以聽. 公降酬酢, 進退齊平. 柔肌洽體, 莫不充盈.
歸懽于心, 父子兄弟. 欽惟聖王, 厥道無涯. 世有頌辭, 益疢其多.
公斯考禮, 民感休嘉. 從于魯風, 祗以詠歌. 公錫于天, 眉壽來加.
公賚于王, 休命是荷. 師于辟雍, 大邦以和. 侑酳申申, 王道式訛.
諸儒作詩, 思繼頖水. 丕揚厥聲, 以告太史.

유주문선왕신수묘비(柳州文宣王新修廟碑: 유주 문선왕 사당 신축비)[13]

공자의 도는 역대 제왕과 더불어 먼 곳 가까운 곳을 한결같이 교화했다. 그런데 유주(柳州)는 옛날부터 남이(南夷)라고 하여, 그 풍습이 머리를 뒤로

---

13) 본편은 원화 10년(815) 유종원이 유주자사로 부임하여 공자의 사당을 신축하고 세운 비문이다. 공자의 사당은 당나라의 문화가 미치는 지역, 즉 문화적 영토임을 상징했다.

내려 긴 막대처럼 묶고 풀로 옷을 해 입으며, 공격과 칼질을 일삼아 서로 싸우고 포악하여, 요(堯)·순(舜)이 비록 인자했다고 하지만 이들을 순화시킬 수 없었고, 진(秦)·한(漢)의 군대가 비록 용맹했다고 하지만 이들에게 위엄을 세울 수 없었다. 우리 당(唐)이 나라를 세우고 나서야 비로소 법도에 순응하여, 관리를 배치하고 공물을 올려 모두 천자의 식읍처럼 되었으며, 관을 쓰고 띠를 두르고 인문 정책을 받아들여, 공부를 좀 한 사람은 마치 좌우에서 손쉽게 구한 듯 요·순·공자를 말하고, 경서를 손에 들고 이러쿵저러쿵 인의(仁義)를 역설했다. 중원의 학자들이 때로 그들의 수준에 미치지 못하는 것이 부끄러울 정도였다. 그제서야 당나라의 덕이 크고 멀리까지 미치며 공자의 도가 높고 밝음을 알게 되었다.

원화 10년(815) 8월, 유주의 공자 사당 건물이 파손되어 신위가 거의 훼손되었다. 자사 유종원이 부임하던 그때,[14] 임무를 소홀히 하여 교육의 기틀이 무너지게 한 것이 아닌가 크게 두려웠다. 정미(丁未)일에 관례 따라 제수 준비하여 시사 올리는데, 절차대로 진행할 수 없었다. 이에 초헌(初獻)·아헌(亞獻)·종헌(終獻) 삼관(三官)[15]의 수당을 하나로 합치고 물자를 아껴서, 토목 금석 공사 비용에 충당하고, 노역을 징발하고 공사를 진행하여, 새로운 사당을 완성했다. 10월 을축(乙丑)일에 왕궁의 정실이 완성되었다. 이에 신위를 편안히 안치시키고 법정을 바르게 하여, 조심스레 관리들을 모았다. 길한 날을 점쳐 경건히 문선왕 영전에 고한다. 옛날 공자께서 구이(九夷)의 땅에서 살겠다고 하셨던 바, 그때 문하 제자조차 성인의 말에 의혹을 품었거늘, 지금 공자의 세대와 천여 년 사이에 두고 그 가르침이 비로소 행해지고 이 지방까지 이르렀다. 사람들은 비루함을 버리고 유도를 근본으로 삼게 되었다. 부모에 효도하고 나라에 충성하며

---

14) 유종원은 이해 7월 유주자사로 부임했다.
15) 진경운(陳景雲)은 『유집점감(柳集點勘)』에서 "당(唐)의 『예악지(禮樂志)』에 따르면 '국학(國學)에서 제례를 올릴 때는 좨주(祭酒)·사업(司業)·박사(博士)가 3헌(三獻)이 되고, 주학(州學)에서는 자사(刺史)·상좌(上佐)·박사가 3헌이 되고, 현학(縣學)에서는 영(令)·승(丞)·(위(尉) 등의) 주부(主簿)가 3헌이 된다'고 했다."

예의를 말하게 되었구나. 하물며 우뚝하고 찬란하게 이토록 우리와 가까이 하시게 되었다![16]

공자는 신성한 도로 교화를 세워, 지금 내가 감히 안다고 말할 순 없다. 이와 같은 교화에 탄복하지 않을 수 없으며, 이제 그 신령이 편안히 깃들게 하려 한다. 그 가르침을 떠올려보면, 마치 바로 눈 앞에 있는 듯하다. 진정 영혼이 있는데, 어찌 감히 경건하지 않겠는가. 선생이 머무는 곳이면 누추함은 없으리니, 예전 말을 두 번 할 필요는 없으리. 삼가 제물 마련하여 경건하게 제사 올리노니, 영원히 이를 누리시기를. 사당 입구에 희생 매두는 비석 있어, 비석에 이 말을 새긴다.

仲尼之道, 與王化遠邇. 惟柳州古爲南夷, 椎髻卉裳, 攻劫鬪暴, 雖唐虞之仁不能柔, 秦漢之勇不能威. 至于有國, 始循法度, 置吏奉貢, 咸若采衛, 冠帶憲令, 進用文事, 學者道堯舜孔子, 如取諸左右, 執經書, 引仁義, 旋辟唯諾. 中州之士, 時或病焉. 然後知唐之德大以退, 孔氏之道尊以明.

元和十年八月, 州之廟屋壞, 幾毀神位. 刺史柳宗元始至, 大懼不任, 以墜敎基. 丁未奠薦法齊時事, 禮不克施. 乃合初亞終獻三官衣布, 洎于贏財, 取土木金石, 徵工傲功, 完舊益新. 十月乙丑, 王宮正室成. 乃安神棲, 乃正法庭, 祗會群吏. 卜日之吉, 虔告于王靈曰: 昔者夫子嘗欲居九夷, 其時門人猶有惑聖言, 今夫子去代千有餘載, 其敎始行, 至于是邦. 人去其陋, 而本於儒. 孝父忠君, 言及禮義. 又況巍然炳然, 臨而炙之乎!

惟夫子以神道設敎, 我今罔敢知. 欽若茲敎, 以寧其神. 追思告誨, 如在于前. 苟神之在, 曷敢不虔. 居而無陋, 罔貳昔言. 申陳嚴祀, 永永是尊. 麗牲有碑, 刻在廟門.

종남산사당비(終南山祠堂碑 : 종남산 사당 비문) 병서(幷序)[17]

정원(貞元) 12년(796), 여름부터 가을까지 비가 오지 않았다. 농부들은 노심초사, 곡식은 거의 말라죽을 지경이었다. 황제께서 중알자(中謁者)를[18] 시켜 종남산에서 기우제를 올리게 하고, 경조윤(京兆尹) 한부군(韓府君)더러[19] 기우제 거행에 필요한 제반 사항을 준비하고 사당의 상태를 살펴보라고 명했다. 사당의 들보와 건물이 기울어, 개축이 필요하다고 판단되었다. 마침내 성상의 뜻을 경건히 받들어 사당 건물을 개축하라고 주질(盩厔) 읍령 배균(裴均)에게 명했다. 이리하여 토공·목공·석공을 징발하여, 온갖 장비와 도구를 갖추어 사당 밑에 와서 모이도록 했다. 담벽 거푸집으로 쓸 나무를 자르고, 기둥과 주추를 깎고, 기와와 벽돌을 구워, 담과 벽을 쌓고, 옛 규모를 재현하여, 삼연육심(三筵六尋)을 세웠다. 공사가 진행되자, 검은 구름이 석물에 다가와서 사방에 골고루 비를 뿌려 식물에 윤기가 올라, 풍년이 기약될 정도였다. 신령이 감응하여 영험을 베푸시니, 민심은 환희에 차고 화목해졌다. 기쁨이 넘쳐나 손뼉치고 덩실덩실 춤추는 사람이 세상에 널렸다.

이에 읍령을 비롯한 관료들로부터 서리, 노역 일꾼, 황발 노인, 기애지사(耆艾之士), 농부, 판윤(版尹)에 이르기까지 다음과 같이 건의했다. 천하에 늘어선 명산 중 강역을 안정되게 보호하고 유용한 물자가 나오고 구름과 비를 불러올 수 있는 산이라면, 『제법(祭法)』을 살펴보면, 정기적으로 제사를 올리는 것이 마땅하다고 한다. 종남산은 천하의 중심에 자리잡고, 도성의 남쪽에 있으며, 서쪽으로는 포(褒)·사(斜)까지 뻗어, 더 서

---

17) 본편은 기우제를 위해 종남산 산신을 모시는 사당을 개축한 것을 기념한 비문이다. 종남산은 중남산(中南山)이라고도 했다. 천하의 가운데, 도성의 남쪽에 있는 산이란 뜻이다. 수도 남쪽에 자리잡은 산, 즉 남산(南山)의 대명사이다.
18) 한대(漢代)부터, 의전 담당 비서관에 해당되는 환관을 중알자라고 했다.
19) 정원 11년(795) 4월, 병부시랑 한고(韓皐)가 경조윤에 임명되었다.

쪽으로는 농수(隴首)에 이르러 융(戎)에 접해 있고, 동쪽으로는 상안(商顏)까지 뻗어, 더 동쪽으로는 태화(太華)에 이르러 함곡관에 걸쳐 있다. 실로 군건하게 왕실의 병풍이 되어 감싸주기에 충분하다. 물산 또한 풍부하여, 거기서 나오는 기물로는 구(璆)·임(琳)·낭간(琅玕) 등의 옥이 있어, 『하서(夏書)』에도 기재되어 있다. 기(紀)·당(堂)·조(條)·매(枚)가 있어, 『시경』「진풍(秦風)」에서도 노래하고 있다. 지금 또한 그 신령이 우리의 기도를 들어주어, 가뭄으로 타들어간 들판을 비옥하게 바꿔주고, 요기(妖氣)를 화기(和氣)로 바꿔주었다. 그 공이 이처럼 훤히 드러나니, 마땅히 대규모 감사례를 거행하여, 이곳에 편안히 의탁하게 하고, 그 빛나는 공을 세상에 알려야 할 것이다. 우리 황제께서 신을 공경하고 곡물을 중시하지 않았다면, 어떻게 이렇게 대규모 제례를 벌여서 신령을 모실 수 있었겠나? 우리 공이 성실하게 봉사하고 상의 뜻을 받들어 모시지 않았다면, 어떻게 그 명을 받들어 새로운 사당을 지을 수 있었겠나? 인간의 힘으로 할 일을 다 마치자, 때 맞춘 듯 신명이 화답했다. 우리 공전(公田)에 비를 흠뻑 내리시고, 우리 사전(私田)에도 내리셨다. 아무 걱정없이 식량이 풍성하게 수확되어 우리의 용도에 맞게 구비될 것이니, 그 공로가 실로 크기만 하다! 결국 서로서로 동향하여 기뻐서 날뛰고 춤추고, 두 손 모아쥐고 머리 조아리며, 황제의 위력을 칭송하고 신의 덕을 표창하여 영원히 세상에 알려지게 하길 원하였다. 이에 이렇게 비에 새긴다.

황제께서 덕을 내리시어,
통일의 법도를 정하시고,
신도(神道)가 태평과 안녕을 찾았다.
제사의 법전을 완벽 정비하여,
단비와 풍년을 기원하는 제를 올리는데,
모두 엄정한 절차를 따랐다.
종남산을 살펴보니,

사당과 위패가 형편없이 훼손되어,
그 명성에 어울리지 않았다.
이에 조서를 내려,
사당 건물을 크게 확충하고,
정성과 신명을 일깨우는 길을 열게 했다.
신의 내심 감동시켜,
천상의 미덕을 지상에 보내게 하여,
이 좋은 수확을 얻게 했다.
재해를 저지하고 양기를 꾸짖어서,
풍성한 수확으로 변화시켜,
우리 곳간을 가득 채우게 해주었다.
사람들은 그 덕으로 비축량이 풍족하고,
배 두드리며 태평을 노래하며,
즐거운 인생을 보낸다.
우뚝 솟은 신령한 산,
혜택을 주고 재물이 나서,
고도 호경(鎬京)을 굳건히 지킨다.
그 훌륭한 미덕을 지니고,
인간세에 복을 주어,
그 영령 영원히 깃들리.
당당하게 새로 솟은 사당,
장중하고 단정하고,
신위가 빼곡히 청정하게 깃들었다.
후에 전대의 법도를 이어 제사하매,
정결한 마음에 정성스레 예에 따라,
순정(純精)함을 널리 창달한다.
읍의 관리부터 마을 농부까지,

등 휘고 이 빠진 노인까지,
기록하여 표양하길 모두 원하였다.
성덕을 칭송 선양하여,
단단한 돌에 새겨서,
영원토록 성망을 날리길 빈다.

貞元十二年, 夏洎秋不雨. 稑人焦勞, 嘉穀用虞. 皇帝使中謁者禱于終南山, 申命京兆尹韓府君, 祇飾祀事, 考視祠制. 以爲棟宇不稱, 宜有加飾. 遂命盩厔令裴均, 虔承聖謨, 叛制祠宇. 乃徵土工、木工、石工, 備器執用, 來會祠下. 斬板榦, 礱柱礎, 陶瓴甓, 築垣墉, 恢度舊制, 立三筵六尋. 旣興功, 玄雲觸石, 霈澤周被, 植物擢茂, 期于豐登. 神道感而宣靈, 人心歡而致和. 嘉氣充溢, 扶踈布野.

於是邑令僚吏, 至于胥、徒、黃髮、耆艾、野夫、版尹, 僉曰 : 蓋聞名山之列天下也, 其有能奠方域, 産財用, 興雲雨, 考于祭法, 宜在祀典. 惟終南據天之中, 在都之南, 西至於褒、斜, 又西至于隴首, 以臨于戎; 東至于商顔, 又東至于太華, 以距于關. 實能作固, 以屏王室. 其物産之厚, 器用之出, 則璆、琳、琅、玕, 夏書載焉. 紀堂條枚, 秦風詠焉. 今其神又能對于禱祝, 化荒爲穰, 易沴爲和. 厥功章明, 宜受大禮, 俾有憑託, 而宣其烈也. 非我后敬神重穀, 則曷能發大號尊明靈? 非我公勤人奉上, 則曷能對休命作新廟? 人事旣備, 神明時若. 豐我公田, 遂及我私. 粢盛無虞, 儲峙用充, 厥猷茂哉! 遂相與東向蹈舞, 拜手稽首, 願頌帝力, 且宣神德, 永著終古. 辭曰 :

皇帝垂德, 制定統極, 神道泰寧. 祀典修飾, 穰祈禜雩, 皆有準程.
顧惟終南, 祠位庳陋, 不稱顯名. 爰降制詔, 充大厥宇, 啓寤誠明.
昭感神衷, 道宣天休, 獲此利貞. 篤災愆陽, 化爲豐穰, 實我粢盛.
人賴蓄給, 鼓腹而歌, 以樂其生. 巍巍靈山, 興利産財, 作固鎬京.

擁其嘉休, 眷祐于人, 永宅厥靈. 弈弈新廟, 整頓端莊, 神位密淸.
後祀承則, 潔心勤禮, 導暢純精. 邑吏嗇夫, 鮐背齯齒, 願垂表經.
頌宣聖德, 篆刻堅石, 永世飛聲.

태백산사당비(太白山祠堂碑 : 태백산 사당 비문) 병서(幷序)[20]

옹주(雍州)는 서남쪽으로 양주(梁州)와 경계를 이루고,[21] 이 인접 지역
에 있는 산을 태백산이라고 한다. 이 지역은 항상 추워, 얼음과 눈이 쌓
여 이제껏 녹은 적이 없었다. 이 지역 사람들은 신령스럽다 하여, 홍수나
가뭄이 들면 기도하고, 추위와 더위가 어긋나 이상 기후가 나타나면 기
도하고, 전염병이 돌고 재앙이 내리면 기도하여, 언제나 이에 응답하는
듯한 징후가 있다고 했다.

정원 12년 초가을 가뭄이 심하게 들었다. 황제께서 재앙을 만나 슬퍼
하고 염려하여, 이 산에서 기우제를 지내도록 명을 하달했다. 또 마땅히
사당을 수리해야 하리라고 경조윤에게 조칙을 내리셔서,[22] 마침내 전읍
(甸邑)에 명령이 하달되었다. 읍령 배균(裵均)이 이 일에 성실히 임하여, 사
당의 비좁고 누추한 모습을 없애고 규모를 넓혀서, 섬돌과 건물의 넓이
가 처음의 세 배가 되었다. 다음날 큰 비가 내려서 곡식을 촉촉히 적셨
다. 농부들은 환호하고 노래하며, 성덕을 흠모하고 신령을 믿게 되어, 찬

---

20) 본편은 기우제를 위해 태백산 산신을 모시는 사당을 개수한 이후 쓴 비문으로, 서문
만 전하고 본문은 망실되었다. 태백산(太白山)은 현재의 섬서성 서남쪽, 사천성과 경계
를 이루는 험준한 산이다.
21) 옹주·양주 등은 모두『우공(禹貢)』구주(九州) 구획에 근거한 옛 명칭으로, 옹주는 진
(秦) 즉 섬서 지역에 해당한다.
22) 당시 경조윤은 한고(韓皐)였다.

양의 노래를 비석에 새겨 후세에 전하기를 원했다. 이에 다음과 같이 새긴다. (비문 본문 망실)

雍州西南界于梁, 其山曰太白, 其地恒寒, 氷雪之積未嘗已也. 其人以爲
神, 故歲水旱則禱之, 寒暑乖候則禱之, 癘疾祟降則禱之, 咸若有答焉者.
　貞元十二年孟秋, 旱甚. 皇帝遇災悼懼, 分命禱祀, 至于玆山. 又詔京兆
尹, 宜飾祠廟, 遂下令于甸邑. 邑令裴均, 臨事有恪, 革去狹陋, 恢閎棟宇,
階室之廣, 三倍其初. 翌日大雨, 黍稷用豊, 野夫謹謠, 欽聖信神, 願垂頌
聲, 刻在金石. 文曰 : (文亡)

비음문(碑陰文 : 비석 뒷면의 글)[23]

　당시 경조윤 한고가 황제의 조령을 착실히 받들어, 읍의 관리에게 명을
하달했다. 읍령 배균이 황제와 경조윤의 명을 받아, 사당 건물 신축을 독
려하여, 매우 성실하게 일을 처리했다. 신령의 마음에 매우 호감을 얻을
수 있어, 좋은 복을 얻었다. 읍 사람들이 영험스럽게 여겨, 그 일이 드디어
알려졌다. 조서가 내려와 이 일을 훌륭하고 경이롭다 하고, 애쓴 사람들을
융숭하게 위로했다. 이에 이 돌에 새겨서, 서서(西序) 우측 계단 밑에 세워,
배씨의 선정을 비석 뒤에 열거한다. 군의 가르침이 집안에서 행해지고, 덕
이 사람들에게 베풀어졌다. 자애롭고 은혜롭고 부드럽고 박애로운 도가
외롭고 힘없는 사람들에게 젖어들고, 청렴하고 강인하고 굳세고 엄숙한
위엄과 결단의 맹렬한 기상이 강포한 자에게 행해졌다. 송사가 사사로이

---

23) 본편은 「태백산사당비」 비석 뒷면에 기록한 내용으로, 한고와 배균이 모두 사당 축
성에 노고가 있음을 밝혔다.

위에 이르지 않고, 죄를 책하는 것이 아래에 미치지 않았다. 농사를 엄하게 독려하고, 민생에 힘쓰고, 조세를 제일 먼저 납입하되 그 사람들은 더욱 풍족해졌다. 학관을 세우고, 평평하게 길을 닦고, 힘들게 개축을 시켰으되 그 사람들은 갈수록 편안해졌다. 한부군이 매번 칭찬해마지 않고, 그의 통치가 전복(甸服)에서 최고라고 칭송했다. 이제 이에 사당을 짓고 신위를 세워, 신이 기뻐하고 편해졌다. 이는 물론 군의 정성과 공경이 황제의 조령과 잘 맞아떨어진 덕택이니, 이를 기록으로 남기지 않을 수 없다.

時尹韓府君諱皇, 祗奉制詔, 發付邑吏. 令裴府君諱均, 承荷君公之命, 督就祠宇, 莅事謹甚. 克媚神意, 用獲顯睨. 邑人靈之, 其事遂聞. 詔書嘉異, 勞主者甚厚. 乃刻茲石, 立于西序右階之下, 肆列裴氏之政于碑之陰. 惟君教行于家, 德施于人. 撫字惠厚, 柔仁博愛之道, 洽于鰥嫠; 廉毅肅給, 威斷猛制之令, 行於强禦. 獄訟不私于上, 罪責不及于下. 農事課勵, 厚生克勤, 征賦首入, 而其人益瞻; 創立傳館, 平易道路, 改作甚力, 而其人彌逸. 韓府君每用嘉褒, 稱其理爲甸服最. 今茲設廟位神, 神歡而寧. 宜爲君之誠敬, 克合于上, 用啓之也. 不可以不志.

상원이비묘비(湘源二妃廟碑 : 상원의 두 왕비 묘비)[24]

원화 9년(814) 8월 20일, 상원(湘源)의 두 왕비 사당이 화재를 당했다. 사공참군(司功參軍) 현령 대행 팽성(彭城) 출신 유지강(劉知剛)과 주부(主簿) 안

---

24) 본편은 요(堯)의 두 딸이자 순(舜)의 두 왕비인 아황(娥皇)·여영(女英)을 기리는 사당이 화재로 소실된 것을 복구하고 세운 비문이다. 상원(湘源)은 영주(永州)의 한 현으로, 유종원이 영주사마일 때 쓴 것이다.

읍(安邑) 출신 위지무(衛之武)가 영주자사 어사중승 청하(淸河) 출신 최능(崔能)에게 소식을 알렸다. 조심조심 두렵고 떨리는 마음으로 모든 관리와 기술자들을 모아놓고 개원(開元) 시기의 조서를 펼쳐보고, 철따라 올리는 제사를 그르칠까 두려웠다. 잉여 재원이 있는지 찾아보고, 절약을 통하여 물자를 저축했다. 모두 판과 붓을 들고 사당 아래 이르렀다. 측량과 설계가 완비되고, 때에 맞추어 노역을 징발했다. 상류에서 나무를 베고, 물가에서 기와를 구워, 뗏목에 실어 물길로 옮겨, 많은 힘을 안 들이고 공사가 완성되었다. 완성된 모습은 준엄하고, 찬연한 위엄이 돋보였다. 11월 경진(庚辰)일, 제수 준비하고 제문 낭송하고, 사당 문 처마 아래 비석을 세웠다. 부모 자식 관계와 부부 관계는 인륜 중의 큰 것이다. 참으로 대단하게도 두 여신은 두 가지를 모두 훌륭히 해냈다. 자식으로서는 요(堯)가 부친이었고, 부인으로서는 순(舜)이 남편이었다. 그들과 성명(聖明)을 나란히 갖추어 천하의 전수와 통치를 보필했다. 안으로는 수다스럽고 고집스러운 시부모에 순종했고, 위로는 부친의 빛나는 덕망을 이어받았다. 고난을 무릅쓰고 천하를 통치하여, 그 덕이 미치지 않는 곳이 없었다. 순이 창오(蒼梧)의 들에서 사망하자, 두 왕비 또한 그 뒤를 따라, 신령이 돌아가지 못했다. 이곳 물가에서 제사를 올리는 것이 예로부터 변함없는 관례가 되었다. 사악한 기운을 몰아내고, 맑은 두 왕비의 신령을 되살렸다. 감히 조금이라도 태만히 하면 크나큰 형벌을 면치 못하리라. 정성을 다하여 제수 준비하고 공경을 다하여 향 피운다. 강물에 제사를 올리며 경과를 알리고, 이를 비석에 새긴다.

훌륭한 덕망을 성상으로부터 받은 두 왕비는,
순의 처요 요의 딸이다.
규수(嬀水) 물굽이에서 덕을 키우고,
상수(湘水) 물가에서 사망하여 신령이 자리잡았다.
처음엔 제사가 볼품없었지만,

이렇게 장대한 사당을 짓게 되었다.
당대에 들어와 정기적으로 제사를 올리라 명하여,
이 읍에서 제사를 주관하게 되었다.
제물용 희생도 준비하고,
젯밥용 향미도 마련했다.
천년 만년 이를 이어,
보호하고 복을 주길 기약했다.
그러던 중 화마가 덮치는 재앙을 만나,
화풍에 휩쓸려 폐허가 되었다.
이 때문에 두 왕비의 혼이 멀리 옮겨가서,
제대로 제사 모실 기회가 없었다.
읍령과 서리들이,
이를 자사에게 알렸다.
씀씀이를 절약하여 여유분을 적립하여,
이 공사를 추진하게 되었다.
뗏목 엮어 띄워 자재 날라 실어,
강물 따라 운반했다.
터를 닦고 사당 공사 완성하여,
드높은 건물이 우뚝 들어섰다.
청결하고 엄숙한 분위기,
좌우 속관 데리고 와 제사를 올린다.
두 왕비 신령이 즐겁게 돌아와,
예전의 화목을 되찾았다.
신령이 돌아와 편안히 자리잡아,
이곳 주민들도 기쁨이 넘쳤다.
길상의 옥을 바쳐, 많은 복을 주신 것에 보답한다.
남풍이 솔솔 불어오니,

상수 물이 춤을 춘다.
소란스런 소리 하나 없이,
신령이 종과 북 소리를 듣는다.
흥에 겨워 더 많은 복으로 보답하여,
이 고장 사람들에게 내려주신다.
이 노래를 여기 돌에 새겨,
영원히 전해지도록 한다.

元和九年八月二十日, 湘源二妃廟災. 司功掾守令彭城劉知剛, 主簿安
邑衛之武, 告于州刺史御史中丞淸河崔公能. 祗栗厥戒, 會羣吏洎衆工,
發開元詔書, 懼廢守祀. 搜考贏羨, 均節委積. 咸執牘聿, 至于祠下. 稽度
旣備, 傭役惟時. 斬木于上游, 陶埴于水涯, 涉浮酒載, 工逸事遂. 作貌顯
嚴, 粲然而威. 十有一月庚辰, 陳奠薦辭, 立石于廟門之宇下. 唯父子夫
婦, 人道之大. 大哉二神, 咸極其會. 爲子而父堯, 爲婦而夫舜. 齊聖並明,
弼成授受. 內若鬷螯, 上承輝光. 克艱以乂, 德罔不至. 帝旣野死, 神亦不
返. 食于玆川, 古有常典. 毆祓戾孽, 恢宣淑靈. 敢或失職, 以奸大刑. 有翼
其恭, 有苾其馨. 沉牲爰告, 卽石是銘. 銘曰:

淵懿承聖, 舜妻堯女. 德形嬀汭, 神位湘滸. 揆玆有初, 克碩厥宇.
唐命秩祀, 玆邑攸主. 毛牷旣斸, 椒馨爰糈. 胤于萬年, 期保伊祜.
潛火燭孽, 炖于融風. 神用播遷, 時罔克龔. 邑令羣吏, 告于君公.
廉用積餘, 以就爾功. 桴木負埴, 載流于江. 旣夷以成, 崇宇峻墉.
潔嚴淸間, 左右率從. 神樂來歸, 徒御雍雍. 神旣安止, 邦人載喜.
奉其吉玉, 以對嘉祉. 南風滑滑, 湘水如舞. 將子無譁, 神聽鐘鼓.
豐其交報, 邦邑是與. 刻此樂歌, 以極終古.

요아비(饒娥碑 : 요아 비문)25)

　　요아(饒娥)는 요주(饒州) 낙평(樂平) 사람으로, 요가 성이고 아가 이름이며, 대대로 파수(鄱水)에서 고기잡이를 했다. 아는 여염집 규수로, 품행이 단정하고 조용했으며, 비록 보잘것없는 집안에서 자라났지만 밖으로 나돈 적이 없었다. 갈옷을 짜는 등 여성의 할 일을 꼼꼼하고 단정하게 수양하여, 마을 사람들이 모두 탄복했다. 아의 아버지가 술에 취해 고기를 잡다가, 갑자기 바람이 일어나, 미처 배를 조종하지 못해 (뒤집혀서), 결국 익사했다. 아무리 시신을 찾아도 찾을 수 없었다. 아는 아버지가 죽었다는 소식을 듣고 물가로 달려가 사흘 동안 아무것도 먹지 않고 곡을 하여, 귀와 코로 피를 흘리더니, 기진맥진하여 엎어져 죽었다. 다음날 시신이 떠올랐는데, 자라 · 물고기 · 거북이 · 교룡 등이 수만 마리가 죽어 떠올라, 하류로의 물 흐름을 막을 정도였다. 파수 근처 서민들은 슬픔에 젖어 원망하고 울부짖으며, 신기하게 생각했다. 현(縣) · 향(鄕) 사람들이 돈을 모으고 의식을 갖춰, 파수 서쪽 도로가에 아를 장례지냈다. 그래도 추모함에 부족함이 있다고 느껴, 함께 비석을 마련하여 후세에 이 일을 전하고자 한다.

　　타고난 그녀의 덕 비길 데 없고,
　　받은 정기 영험있고 아름다워,
　　어허 효성스런 요아,

---

25) 본편은 어부 아버지가 물에서 목숨을 잃자 사흘 밤낮 통곡하다 세상을 떠났다는 딸 요아의 효행을 기록한 비문이다. 사서에 따르면, 요아(饒娥)의 자는 경진(瓊眞), 요주(饒州) 낙평(樂平) 사람이다. 부친은 적(勣)이다. 나머지는 비문 내용대로이다. 또한 '마을 사람들이 남다르게 여겨, 부친과 요아를 파수(鄱水) 남쪽에 안장하고, 현령 위중광(魏仲光)이 묘에 갈문을 썼다. 건중(建中) 초에 출척사 정숙칙(鄭叔則)이 그 마을에 표창의 표지를 세웠다. 하동 유종원이 비석을 세웠다'고도 했다.

좋은 행실 두루 갖추었다.
단정하고 지조있고,
조용함을 좋아하여 밖으로 나돌지 않았다.
열심히 갈옷 짜고,
부녀의 일 정성을 다하여 수양했다.
집에서 효도를 다했고,
아버지는 대대로 고기잡이를 했다.
절제없이 술을 마셔,
바람과 파도에 죽었다.
엉금엉금 기며 곡을 하고,
하늘을 부르며 울부짖었다.
얼굴이며 눈이며 귀며 코며,
고혈 줄줄 흐르더니,
사흘 만에 고꾸라져,
기진맥진 목숨이 다했다.
아버지 시신은 떠올랐건만,
효성스런 딸의 몸은 이미 싸늘히 식었다.
자라 · 거북에다,
교룡이며 물고기며,
강가까지 가득 넘치도록,
수도 없이 위로 떠올랐다.
이 괴이한 현상을 보아하니,
마침 모두 내 마음과 일치했다.
파수 주민들 슬피 울부짖으며,
혹자는 칭송의 노래를 불렀다.
제(齊)나라의 어느 딸이 부당한 법령을 어겨 죽게 된 아버지 위해 애를 써,
홰나무를 손상시키면 주벌한다는 법령이 폐지되었다.[26]

조(趙)나라의 어느 딸이,

아버지를 살리려고 노를 잡고 노래를 불렀다.[27]

체벌 제도 폐지되자,

한(漢) 사람들이 순우공(淳于公) 딸을 찬미했다.[28]

뜨거운 효성의 조아(曹娥)는,

상우(上虞)에서 물에 빠져 죽었다.[29]

요아의 지극한 덕은,

실로 이들과 나란히 짝할 만하다.

사람들이 말하기를,

---

26) 유향(劉向) 『열녀전』에 나온다. 제나라 상괴연(傷槐衍)의 딸 정(婧) 이야기다. 제나라 경공(景公)이 아끼는 홰나무가 있어, 지키는 사람을 특별히 두게 하고 "홰나무를 건드리면 형벌을 가하고, 홰나무를 다치게 한 자는 사형에 처한다"고 명령을 하달했다. 그런데 연(衍)이 취하여 홰나무에 상처를 입혔다. 경공은 잡아오게 하고, 장차 죄를 물을 참이었다. 정은 두려워서 안자(晏子)의 집을 찾아가 말했다. "소녀가 듣기로, 현명한 주군은 동물 때문에 백성을 다치게 하지 않고, 들판의 잡초 때문에 벼싹이 다치게 하지 않는다고 했습니다. 지금 우리 왕께서 홰나무 때문에 저의 아버지를 죽이려 한다 하여, 이를 들은 이웃 나라에서 왕이 나무를 아끼다 사람을 해치려 한다고 말들을 하는데, 이래서 되겠습니까?" 안자가 다음날 조회에 나가, 경공에게 말했다. 경공은 즉시 홰나무를 다치게 하면 사형에 처한다는 법을 폐지하고, 홰나무를 건드려 갇혔던 죄수들을 내보냈다.

27) 『열녀전』의 내용이다. 조(趙)나라 황하 나루터 사공에게 연(娟)이라는 딸이 있었다. 조간자(趙簡子)가 남쪽으로 초나라를 공격하러 가는 길에 황하에 이르렀는데, 나루터 사공이 취하여 뻗어서 황하를 건널 수 없었다. 조간자가 노하여 죽이려고 했다. 연이 두려워 노를 들고 나서서 말했다. "소녀의 아비는 주군께서 오신다는 말을 듣고, 풍파가 거세게 일어나 물의 신이 요동칠까 염려하여, 9강 3회(淮)의 신에게 제사를 올리는 과정에서 한 잔 두잔 음복을 거절하지 못해 이렇게 취하게 되었습니다. 깨어난 이후에 사형을 집행할 수는 없겠지요!" 조간자가 황하를 건너려는데 노 젓는 인원이 하나 모자라자, 연이 아비 대신 노를 잡고자 하여, 이를 허락했다. 건너던 중 조간자를 위하여 「하격지가(河激之歌)」를 불렀다. 조간자는 그녀가 너무 마음에 들어, 부인으로 삼았다.

28) 『사기』의 기록에 따르면, 한나라 문제(文帝) 13년, 태창령(太倉令) 순우공에게 죄가 있어 형벌로 다스리기로 했다. 그의 딸 제영(緹縈)이 상소를 올리자 천자가 그 뜻을 가련히 여겼다. 5월, 육형(肉刑) 법을 폐지하는 조서가 내려왔다.

29) 「조아비(曹娥碑)」의 내용이다. 조아는 상우 출신 조우(曹盱)의 딸이다. 조우는 가무와 초혼을 잘 했다. 한안(漢安) 2년 5월 굿을 하다 역류에 휩쓸려 물에 빠졌는데, 시신을 찾지 못했다. 당시 조아는 14세였는데, 울부짖으며 조우를 그리워하여, 연못가에서 슬피 울었다. 17일 만에 마침내 강에 뛰어들어 죽었다. 닷새 후에 아비의 시신을 안고 올라왔다.

이를 가르침의 표본으로 삼아야 한다고 했다.
덕망있는 이 여인을 기려,
세세토록 잊지 말아야 한다고 했다.
특출한 효행을, 신도에서는 보상할 길이 없다.
끝없는 슬픔을 풀 길이 없으되,
그 행실은 영원히 남으리.
지역 사람들이 예를 좋아하여,
이 언덕에 비석을 세운다.
길가에 비석을 세우노니,
지나는 사람을 수레에서 내려 예를 표하리라.

饒娥, 饒人, 饒姓娥名, 世漁鄱水. 娥爲室女, 淵懿靖專, 雖小家, 未嘗出游. 治絺葛, 供女事修整, 鄕閭敬式. 娥父醉漁, 風卒起, 不能舟, 遂以溺死. 求屍不得, 娥聞父死, 走哭水上, 三日不食, 耳鼻流血, 氣盡伏死. 明日屍出, 黿魚鼉蛟浮死萬數, 塞川下流, 鄱旁下民悲感怨號, 以爲神奇. 縣人鄕人會錢具儀, 葬娥鄱水西橫道上. 追思不足, 相與作石, 以詒後世. 其辭曰:

生德無類, 氣靈而休, 嗟玆孝娥, 惟行之周. 淵懿含貞, 好靖不游.
纖葛絺紵, 克供以修. 蒸蒸在家, 其父世漁. 飮酒不節, 死于風濤.
匍匐來哭, 號天以呼. 顔目耳鼻, 膏血交流, 三日頓踣, 氣竭形枯.
父屍旣出, 孝質已殂. 龜鼉黿鼉, 有蛟泊魚, 充流溢岸, 旁出仰浮.
見怪形異, 適與我謀. 鄱民哀號, 或以頌歌. 齊女色憂, 傷槐罷誅.
趙姬完父, 操棹爰謳. 肉刑不施, 漢美淳于. 烈烈孝娥, 水死上虞.
娥之至德, 實與爲儔. 恒人有言, 惟敎是圖. 懿玆德女, 家世不儒.
奇行特出, 神道莫酬. 窮哀罔泄, 終古以留. 鄕人好禮, 爰立玆丘.
建銘當道, 過者下車.

당고특진증개부의동삼사양주대도독남부군수양묘비(唐故特進贈開府儀同三司揚州大都督南府君睢陽廟碑 : 개부의동삼사에 추증된 이후 양주대도독에 특별 추가 추증된 남부군 수양 사당비) 병서(幷序)[30]

시급한 위난을 만나 안일을 미루는 것은 의리 중의 으뜸이요,[31] 국가 일을 우선하여 목숨을 돌보지 않는 것은 충정 중의 최고이다. 이권이 맞으면 움직이는 것은 시정 상인들이 추구하는 바요, 은택을 받으면 감격하는 것은 베풀고 보답하는 평상의 도리이다. 수양 사람들이 왕명을 저버리지 않고 반란군의 거센 위풍에 맞선 행적은 천년이 지나도 꼿꼿이 살아 있을 것이요, 만년이 흘러도 빛을 발할 것이다.

그 당시 남공(南公)은 하늘로부터 근력과 용기를 부여받고, 타고난 기지가 넘치고 백발백중의 무예를 지녀,[32] 영웅적 기개가 누구보다 뛰어났다. 재능을 인정받아 추천되는 기회를 만나지 못해 눈썹이 희끗해져서 도위(都尉)로 발탁된 안사(顏駟)처럼 우울했고,[33] 시운이 안 맞아 만인이

---

30) 본편은 안록산 반란 때 충의를 지켰던 남부군(南府君) 남제운을 위한 비문이다. 남제운(南霽雲)은 위주(魏州) 돈평(頓平) 사람이다. 안록산(安祿山) 반란 때 장순(張巡)·허원(許遠)이 수양(睢陽)을 지키던 중, 하란진명(賀蘭進明)에게 군사를 요청하러 남제운을 보냈지만, 뜻대로 이루어지지 않았다. 자세한 사항은 비문에 보인다. 남제운은 성으로 귀환했다. 10월에 성이 함락되어, 장순 등과 함께 해를 당했다. 개부의동삼사에 추증되었다가, 양주대도독에 추가 추증되었다.

31) 『국어(國語)』에 "장문중(臧文仲)이 '현자는 병을 서둘러 치료하고 편의를 뒤로 하고, 관직에 있어 일을 맡으면 어려움을 피하지 않는다'고 했다"는 내용이 나온다.

32) 기마 궁술에 뛰어나 백보 거리에서 적을 발견하여 발사해도 백발백중이었다고 남제운 전기에 전한다.

33) 장형(張衡)의 부(賦) 주에 다음과 같은 『한무고사(漢武故事)』 내용이 소개되어 있다. 무제가 낭서(郎署)에 갔다가 한 늙은 낭관을 만났다. 눈썹과 모발이 온통 하얘 "언제 낭관이 되었기에 이렇게 늙었는가?"라고 묻자 "신은 안사(顏駟)라고 합니다만, 문제(文帝) 때 낭관이 되었습니다. 문제께서는 문(文)을 좋아하셨는데 신은 무(武)를 좋아했고, 경제(景帝)께서는 연로한 사람을 좋아하셨는데 신은 아직 젊었고, 폐하께서는 젊은이를 좋아하시는데 신은 이미 늙어, 이렇게 삼대 동안 때를 만나지 못했습니다"라고 대답했다. 무제가 그 말에 느끼는 바가 있어, 회계(會稽) 도위로 발탁했다.

애석해 했던 원비(猿臂) 장군처럼 좌절을 겪었다.[34]

천보(天寶) 말년, 반란군이 일부 지역을 근거로 날뛰어 황하·화산(華山) 일대를 침략했다. 하늘의 운행 좌표에서 두극(斗極)의 자리가 빠진 거나 다름없었고, 땅에는 교활한 여우굴을 쌓아놓은 것이나 다름없었다. 현명하고 신임하는 신하가 조정에 있어, 유자준(劉子駿)이 계략을 내 보좌했고,[35] 원로 대신이 무력을 동원하여, 왕이보(王夷甫)가 군사를 바치고 존호를 칭할 것을 권했다.[36] 공은 남양(南陽) 출신 장순(張巡)·고양(高陽) 출신 허원(許遠)과 의기투합하여 생각하는 바가 같았다. 군사들을 불러모아 횡행하는 반란군을 물리치기로 맹세했다. 옷을 찢어 깃발을 만들자 천리 밖에서 호응하여 달려오고, 왼쪽 팔뚝 걷어부쳐 구호를 외치자 모두 호응했다. 주려숙(柱厲叔)은 왕이 자기를 알아주지 않았어도 왕의 위난에 달려가 죽었고,[37] 낭심(狼瞫)은 쫓겨났어도 전쟁터로 달려갔다.[38] 모두의 충정이 훤히 세상에 알려지고, 너도나도 힘을 합하였다. 공은 겸손과 사양의 미덕을 지니고, 또한 기동 출격을 전담하여, 마군병마사(馬軍兵馬使)가 되었다. 나아가 싸우면 모든 장교 군졸들이 한결같이 더욱 강해지고, 들어와 지키면 성 구석구석이 한결같이 굳건했다. 처음엔 옹구(雍丘)를 거점으

---

34) 이광(李廣) 장군을 말한다. 이광은 팔이 원숭이처럼 길고 궁술에 뛰어났다고 한다.

35) 유자준은 유흠(劉歆)이다. 유흠은 왕망(王莽)을 보좌하여 국사(國師)의 자리에까지 올랐다.

36) 왕이보는 진(晉)의 왕연(王衍)이다. 왕연은 일찍이 동해왕(東海王) 월(越)과 함께 구희(苟晞)를 토벌했다. 월이 세상을 떠나자 사람들이 왕연을 원수로 추대했지만, 왕연은 사양했다. 그후 군사를 일으켰다가 석륵(石勒)에게 패했다. 석륵이 왕연 등을 사로잡아, 진의 이것저것을 물었는데, 왕연은 이 기회를 이용해 존호를 칭하라고 석륵에게 권했다.

37) 『열자(列子)』에 나온다. 주려숙(柱厲叔)이 거(莒)의 오공(敖公) 밑에서 일했는데, 자기를 알아주지 않는다고 생각하여, 그를 떠나 바닷가에서 살았다. 오공에게 위난이 닥치자, 달려가 오공을 위해 싸우다 죽으며 "이로써 후세의 군주가 자기 신하를 못 알아보는 것을 수치로 여기게 하련다"라는 말을 남겼다.

38) 『좌전』 문공(文公) 2년, 진(晉) 양공(襄公)이 진(秦)의 포로를 포박해오게 하여, 내구(萊駒)더러 창으로 죽이라고 했다. 포로가 소리를 지르는 바람에 내구의 창이 빗나갔다. 낭심이 창을 들어 포로를 죽여서, 결국 보좌가 되었다. 기(箕) 전쟁에서 선진(先軫)이 내쫓아, 낭심은 분노했다. 그래도 나중에 전투에서 휘하 군사를 데리고 진(秦)의 진영으로 돌진하여 싸우다 죽었다.

로 있었는데,39) 요해처가 아니라고 생각하여, 강(江)·회(淮) 일대의 주민
을 보호하고 남북으로 왕래하는 통신로를 지키고자, 용맹하고 의기에 찬
군사들을 끌어모아, 수양에서 지키게 되었다.40) 전후로 반란군을 사로잡
고 참하여, 반란군의 흉악한 기세가 연달아 꺾이었다.41) 한나라 군대가
거의 궤멸했을 때, 소륵(疏勒)을 굳건히 지켜서 더욱 견고해졌고,42) 적의
기병이 비록 강하다지만 우이(盱眙)에서 가로막혀 진퇴양난이었다.43)

반란군은 이에 다른 지역을 포기하면서까지 수양 쪽으로 내달려, 온 병
력을 집중하여 수양성을 포위했다. 반란군은 구공(九攻)보다 더한 온갖 수
단을 동원하여 공격했지만,44) 수양성을 수비하는 사람들은 옛날 진양(晉
陽) 사람들보다 더 굳은 의지로 지켰다.45) 옛날 핍양(偪陽)에서 헝겊을 매

---

39) 지덕(至德) 원년 3월, 진원(眞源) 현령 장순이 기병하여 적을 토벌하고 옹구를 거점으
로 있었다. 단보위(單父尉) 가분(賈賁)이 병사를 통합하여 송주(宋州)를 공격하자, 장통오
(張通晤)는 양읍(襄邑)으로 달아났다가, 돈구령(頓丘令)에게 살해되었다. 가분이 군대를
이끌고 옹구로 들어가자, 장순이 함께 통합하여, 무리 2천이 되었다. 옹구는 변주(汴州)
에 속했다.

40) 12월, 장순이 옹구(雍丘)를 빼앗고 동쪽으로 가 영릉(寧陵)을 지켰다. 다음 해 정월, 반
란군의 장수 윤자기(尹子奇)가 수양을 침략했다. 수양태수 허원이 장순에게 위급을 알
려, 장순이 군사를 이끌고 수양으로 들어갔다. 수양은 송주(宋州)에 속했다.

41) 장순이 수양에 도착하여 허원과 합류했다. 남제운은 영릉 북쪽에서 싸워, 적장 스무
명을 참하고, 만여 명을 죽여, 변수(汴水)에 시신을 던졌다.

42) 한 영평(永平) 17년, 반초(班超)가 소륵국에 있었다. 18년, 황제가 세상을 떠나자, 언기
(焉耆)가 중국에 국상이 난 것을 틈타 도호부를 공격하여 몰수하려 했는데, 구자(龜
玆)·고묵(姑墨)이 여러 차례 소륵을 공격하여, 반초는 고립무원의 처지에 빠져, 관리와
병사가 부족함에도 불구하고 성을 1년 넘짓 지켜냈다.

43) 『남사(南史)』에 따르면, (남북조시대) 송나라 문제(文帝) 원가(元嘉) 28년, 위(魏)나라 왕
이 우이를 공격하여, 보국장군 장질(臧質)이 단단히 지켰다. 위나라 군사가 수만 명을
살상하여, 쌓인 시신의 높이가 성벽과 나란할 정도였음에도, 30일이 지나도록 함락되
지 않아, 위나라 왕이 퇴각했다.

44) 『여씨춘추』에 나온다. 공수반(公輸般)이 높은 운제를 만들어 송(宋)나라를 공격하려
했다. 묵자(墨子)가 이 말을 듣고 형왕(荊王)을 만나 "송을 얻지 못할 것입니다. 시험삼
아 공수반이 가상으로 공격을 해보게 하고 제가 가상으로 방어해보겠습니다"라고 하
여, 공수반은 공격의 계획을 세우고, 묵자는 방어의 계획을 세워서, 공수반이 아홉 번
을 시도해도 묵자는 번번히 막아냈다. 이에 형왕은 송을 공격할 계획을 철회했다.

45) 『사기』「조(趙)세가」에 따르면, 지백(智伯)이 한(韓)·위(魏) 연합군을 인솔하여 조나라
를 공격하자, 조양자(趙襄子)는 진양으로 달아나 방어했다. 연합군은 분수(汾水)의 물을

달아 성에 오르듯 거세게 공격을 해오면,[46] 견성(汧城)에 구멍을 뚫은 것과 같은 기발한 계책을 내 방어했다.[47] 초나라가 정(鄭)나라를 공격하자 대규모 동원에도 불구하고 전의를 상실하고 양을 끌고 나가 항복을 표시했던 정나라 왕의 경우를 수치로 여기고, 식량이 부족하여 자식을 바꿔 먹는 것도 달게 받아들이며, 적군에 병폐를 고해바친 송나라 신하를 추하게 보았다.[48] 주위 다른 지역에선 그저 둘러서 구경만 할 뿐 구하러 오는 이 하나 없어, 국가의 명운이 이대로 끊어져 의지할 곳 없게 되었다. 이미 바닥이 나버린 피폐한 사람들 뿐으로, 끝없이 강해지기만 하는 적과 맞서야만 했다. 공은 이에 급히 말을 몰아 포위를 뚫으며 수만의 무리를 헤쳐 나가, 하란진명에게 가서 구원군을 요청했다. 진명은 악단을 준비시키고 진수성찬을 마련하여 극진히 대접했다. 남공은 "저희는 부모와 자식이 서로 잡아먹을 정도로 곤경에 처해 있는데, 귀하께서는 호화 연회로 저를 욕보이시다니, 도대체 무슨 심보이십니까?"라고 하고, 자기 손가락을 스스로 깨물며 "저는 이걸 먹는 것으로 족합니다!"라고 했다. 결국 통곡을 하면서 돌아와, 고립된 성에서 최후를 맞았다.[49] 신포서(申包胥)는 진나라

끌어와 성에 물을 댈 때, 성은 세 길을 남겨놓고 온통 물에 잠겼다.

46) 『좌전』 양공(襄公) 10년, 진(晉)의 순언(荀偃)·사개(士匃)가 핍양을 공격하겠다고 했다. 성벽에 헝겊을 매달아 오르게 하여, 올라가다 상대방이 끊어 추락하면 또 매달게 하여, 줄기차게 올라갔다.

47) 『사기』에 따르면, 연나라가 제나라를 공격했다. 전단(田單)은 성에서 소 천여 마리를 구했다. 뿔에 무기를 묶어매고, 꼬리에 기름을 먹이고 띠풀을 묶어매, 끝에 불을 붙이고, 성에 수십 군데 구멍을 뚫어서, 밤에 소를 풀어놓았다. 소는 꼬리가 뜨거워, 화가 나서 연나라 군대로 돌진하여, 연나라 군대는 대경실색 패주했다.

48) 『좌전』 선공 15년의 일이다.

49) 장순 등이 수양을 수비하는데, 사상자를 제외하고 600명밖에 남지 않았다. 당시 하남절도사 하란진명이 임회(臨淮)에 있었는데, 군대를 데리고 구조하지 않고 가만히 있었다. 8월, 장순이 남제운더러 기병 서른기를 데리고 포위를 뚫고 나가 임회에 가서 위급을 알리라고 했다. 진명이 음식과 음악을 준비하여 남제운을 대접하자, 남제운은 울면서 말했다. "수양 사람들은 먹지 못한지가 한달이 넘었습니다. 저는 혼자 먹으려고 해도 차마 넘어가지 않습니다." 마침내 손가락 하나를 물어 뜯어 진명에게 보여주며 말했다. "제가 비록 주장이 보낸 뜻을 이루지 못했습니다만, 손가락 하나를 남겨 신표로 보이고 돌아가 보고하고자 합니다." 좌중 사람들이 모두 눈물을 흘렸다(마지막 장

궁정에서 머리가 깨질 만큼 읍소를 해 결국 진나라 애공의 「무의부(無衣賦)」를 이끌어내 구원병을 출동시키게 했었고, 굴원은 그 몸이 초나라 외지로 떨어져 그저 검을 차고 비분의 노래만 부르는 수밖에 없었다. 지덕(至德) 2년(757) 10월, 수양성이 함락되어 해를 당하게 되었다. 부섭(傅燮)의 탄식은 없었고,[50] 주가(周苛)의 비분강개가 있었다.[51] 의리를 알고 실천에 옮겨, 그 초심에 변함이 없었다. 열사들은 (진용(陳容)이) 항의하며 장홍(臧洪)과 같은 날에 죽은 것처럼 비통해했다.[52] 강직한 신하는 분함을 표하며, 채공(蔡恭)이 백여 일 동안 지켰던 것을 안타까워했다.[53]

조정에서 양주대도독으로 추가 특진 추증하고, 일등공신으로 책정하고, 장씨·허씨와 함께 수양에 사당을 건립하여, 해마다 때맞춰 제사를 올리게 하였다. 아직 강보에 싸인 어린 아들에게도 모두 고관의 봉록을 주고 토지와 전답을 하사했다. 매장할 때 포신(鮑信)의 형상을 새기고,[54]

면은 『신당서』·『구당서』 등에 따라 조금씩 차이가 있음).

50) 『후한서』에 따르면, 부섭의 자는 남용(南容)으로, 한양(漢陽) 태수를 지냈다. 반란군이 한양을 포위하여, 부섭을 향리로 돌아가라고 보내려고 했다. 부섭은 "내가 어디로 간단 말이냐? 나는 여기서 죽으리로다!"라고 하며, 결국 휘하 군사를 지휘하여 진격하여, 전투에서 사망했다.

51) 『한서』에 따르면, 고조는 주가더러 형양(滎陽)을 지키도록 했다. 초나라 군대가 형양을 함락하고, 주가를 생포했다. 주가가 항우에게 욕을 하여, 항우가 그를 삶아 죽였다.

52) 장홍은 자가 자원(子源)이다. 원소(袁紹)가 장홍을 붙잡아 죽였다. 장홍과 같은 읍 사람 진용(陳容)이 원소에게 "장군은 천하를 위하여 폭력을 제거한다고 하면서, 충의로운 사람을 죽이는 걸 먼저 하시니, 이 어찌 하늘의 뜻에 부합한다고 하겠습니까?"라고 하고, 또한 "오늘 차라리 장홍과 같은 날에 죽을지언정, 장군과 함께 이 세상을 살지는 못하겠소이다"라고 하여, 결국 그도 살해당했다. 이를 지켜본 사람들은 서로 "어찌하여 하루에 열사 둘을 죽이는가?"라고 말했다.

53) 유번(劉璠)의 『양전(梁典)』에 나온다. 무제 천감(天監) 3년, 위(魏) 군대가 의양(義陽)을 포위하여, 사주(司州) 자사 채도공(蔡道恭)이 방어를 했는데, 서로 백여 일 동안 대치하다가 도공이 병으로 죽었다. 이에 앞서 영주(郢州)자사 조경종(曹景宗)더러 구원병을 보내라고 조서를 내렸지만, 조경종이 군대를 출동시키지 않아, 의양이 끝내 함락되었다. 어사중승 임방(任昉)이 조경종을 탄핵했다. 여기서 강직한 신하는 임방을 말한 것으로 보인다.

54) 『위지(魏志)』에 따르면, 초평(初平) 3년, 포신이 수장(壽張)에서 황건적을 공격하여 있는 힘을 다해 싸우다 전사하고, 가까스로 물리쳤다. 현상금을 걸고 포신의 유해를 찾았지만 찾지 못해, 사람들은 나무를 깎아 포신의 형상으로 만들어 제사하고 곡을 했다.

능묘에는 방덕(龐德)의 모습을 그렸다.[55] 그의 자식을 관리로 받아들여, 구천(勾踐)과 같은 마음 씀씀이를 보여주었고,[56] 우림(羽林)의 예처럼 고아를 보살펴, 효무(孝武)의 뜻을 알리려 했다. 주례(周禮)의 예에 따라 관세를 모으고,[57] 한나라의 의례대로 인끈을 주었다.[58] 왕의 뜻이 빛을 발해, 남공의 유족에 대한 총애와 하사가 이렇게 구비되었다.

어허! 수양의 일은 단지 죽을 수 있다는 것만으로 용감하다 하지 않고 잘 지키는 것만으로 공이 있다 하지 않아, 그래서 기발한 작전을 내서 적을 부끄럽게 하고 용기를 내세워 적군을 노하게 했다. 적으로 하여금 동남쪽에 전력하게 하고, 서북쪽으로 가 대비하여, 오직 한쪽에 전력을 투입하면 견고한 성이라도 필시 함락될 것이요, 물러나 대비하면 천토(天討)를 실행할 수 있다. 그러므로 성이 함락된 그 날이 바로 적을 물리친 날이 된 것이다. 세상 사람들은 단지 강·회 지역을 힘껏 보호한 것만 알 뿐, 그 공은 추악한 적들이 수양을 함락한 그 날에 이미 정해졌다는 것은 몰랐다. 사람들은 아마 곰곰히 생각을 해보지 않았던 듯하다!

공의 이름은 제운, 자는 모모, 범양(范陽) 사람이다. 승사(承嗣)라는 자식이 있는데, 7세에 무주(婺州) 별가가 되고, 비어대(緋魚袋)를 하사받고, 시(施)·부(涪) 두 주의 자사를 역임했다. 충성과 효도를 다하여, 그 무엇도 그의 마음을 변하게 할 수는 없었다. 사당이 오래 되어 낡으면 그의 덕망

---

55) 『위지』에 따르면, 방덕의 자는 영명(令明). 관우와 싸우다가 관우에게 사로잡혔다. 관우가 "어찌하여 항복하지 않나?"라고 하자 방덕이 "차라리 나라의 귀신이 될지언정, 도적의 장수가 되지는 않겠다"라고 욕을 하여, 관우는 그를 처형했다. 우금(于禁) 등 7군이 모두 전멸했다. 손권이 번신을 칭하고, 우금을 귀환시켰다. 위왕은 북쪽으로 업(鄴)을 들게 하여, 고릉(高陵)을 참배했다. 왕이 미리 능 내부에 관우가 싸워서 이기고 방덕은 분노하고 우금은 항복한 모습을 그려놓게 했다. 우금은 이를 보고 수치스러워, 병이 나서 죽었다.

56) 『월어(越語)』에 나온다. 구천은 회계에서 터를 잡고, 삼군에 명령을 하달했다. "전사자 유자녀·과부·부상자·중환자 등은 그 자손을 모두 관리 임용하여 먹고 살 길을 마련해주라."

57) 『주례(周禮)』 「사문직(司門職)」에 따르면, 관세에서 축재한 것들을 적발하여 유공자 자손의 후생복지에 쓰도록 했다.

58) 한대에는 공신이 죽으면 위계의 상징인 인수를 후손에게 발급했다.

이 세상에 드러나지 않게 될까 염려하여, 단단한 비석에 새겨서 그 훌륭한 행적을 글로 기록하는 것이 좋을 듯 싶었다. 공은 신의로써 벗과 사귀고, 굳셈으로써 의지를 굳게 하고, 어짐으로 그 자신을 수고롭게 하고, 용기로써 그 기개를 떨치고, 충정으로 적을 물리치고, 장렬하게 죽어, 안에서 우러난 것은 곧음과 합치되고, 밖에서 실행된 것은 정의를 관통하여, 이는 백대 후에도 그 향기를 발하고 천년 동안 제사를 받을 충분한 이유가 된다. 이를 기록하는 것 또한 마땅하지 않겠는가! 이에 사당을 세우고, 비석에 새긴다. 낙양 성 밑, 고향이 그리워 꿈에 나타나고,59) 기린각(麒麟閣) 안, 그리워 그림을 그리는 사례가 이어지리.60) 다음과 같이 새기노라.

곧음으로 나라를 위하여,
대의로 국가의 위난을 우선으로 지탱했다.
국난에 임하여 자기 몸 편함을 잊고,
위난에 처하여 목숨을 바쳤다.
한양 태수처럼 맡은 일 때문에 죽고,
주가처럼 국가를 위하여 비분강개했다.
열렬한 남공,
충절은 그의 천성이었다.
지리적 잇점을 유지하고,

---

59) 『후한서』에 의하면, 온서(溫序)는 자가 차방(次房)이다. 호강교위(護羌校尉)를 지냈다. 행군을 하다가 양무(襄武)에 이르러, 외효(隗囂) 장수 구우(苟宇)에게 사로잡혔다. 항복시키려고 했지만, 온서는 듣지 않고 검에 엎어져 자결했다. 광무제가 낙양성 근처에 묘지를 조성하여 장사지내도록 명하였다. 그의 장자 수(壽)가 추평후(鄒平侯)의 재상이 되었는데, 꿈에서 온서가 나타나 "오랫동안 객지에 있으니 고향이 그립다"고 말했다. 수는 즉시 관직을 버리고 부친의 유해를 모시고 귀향하는 것을 허락해 달라고 상소했다. 황제가 허락하여, 귀향하여 모셨다.

60) 『한서』에 의하면, 조충국(趙充國)의 공덕이 곽광(霍光) 등과 나란하여, 미앙궁에 화상을 그렸다. 성제(成帝) 때 서강(西羌)이 자주 출몰했다. 황제는 용맹한 장수의 모습을 보여준 신하가 그리워, 조충국을 추모하여, 황문시랑 양웅을 불러 조충국의 화상을 그려 찬송하도록 했다.

병권을 떨쳐 일으켰다.

동쪽에서 오·초를 지키고,

서쪽으로 주(周)·정(鄭)으로 왔다.

탐욕에 가득 찬 역도,

사악한 기운이 더욱 퍼져간다.

구렁이 큰돼지처럼,

안정 못하고 펄쩍거린다.

역도의 눈앞에 우뚝 선 수양성,

요해처를 장악하고 있다.

기세등등했던 반란군은 여기서 차단당해 더 이상 나아가지 못하고,

수비군은 질풍처럼 더욱 강해졌다.

적의 운제와 충거가 밖에서 난무하는데,

성 안에서 세 가지 구멍을 뚫어 철저히 정탐 격퇴시켰다.[61]

말 머리를 묶어와 먹이는 것도 어려워하지 않았고,

유골을 고아 먹게 하며 견디는 것도 서로 하려 했다.

사방에 주둔군이 늘어섰건만,

구원병 달려왔다는 소리는 들리지 않았다.[62]

병사의 식량이 완전히 바닥났어도,

세 계절이 지나도록 굳건히 지켰다.

공은 그 용기를 떨쳐,

홀로 말을 달려 포위를 뚫고 구원병을 요청하러 갔다.

---

61) 상대방이 운제를 만들어, 마치 무지개 걸치듯 몰려와서, 위에 정병 200명을 태우고 성벽 쪽으로 밀어 뛰어오르게 하려고 했다. 장순은 미리 성에 몰래 구멍 셋을 뚫어, 운제가 가까이 다가오면, 한 구멍에서 큰 나무를 내보내, 끝에 쇠갈고리를 장치하여 얽어매서, 물러나지도 못하게 했고, 한 구멍에서 나무를 내보내 떠받쳐서, 앞으로 전진하지도 못하게 했고, 한 구멍에서 큰 나무를 내보내, 쇠바구니에 불을 가득 담아 불을 붙여, 운제의 중간이 부러져, 운제 위의 적병이 모두 타죽었다.

62) 당시 초군(譙郡)에 허숙기(許叔冀)가 있었고, 팽성(彭城)에 상형(尙衡)이 있었고, 임회에 하란진명이 있었는데, 모두 구원하러 오지 않고 눈치만 보았다.

어디에도 그의 요청 받아주지 않아,
맹세로 손가락을 깨물어 끊고 돌아왔다.
힘이 다하여 사로잡혀서도,
여전히 카랑카랑 적군 앞에서 언쟁했다.
홀이나 구슬은 부술 수 있다지만,
공의 굳센 정절은 무너지지 않았다.
도적이 역량을 동쪽에서 모두 소모하여,
그 흉악한 기세가 서쪽으로 뻗어가질 못했다.
고립된 성 하나 빼앗고,
반란군 수괴는 이제 거의 도륙당하기 직전이었다.
벽력같이 반란군을 주벌하는 계기가 나로 인해 속도가 붙기 시작하고,
굳건하던 반란굴 소굴이 나로 인해 뒤엎어지기 시작했다.
장강 · 한수 · 회수 · 호수,
모든 사람들이 탈없이 생계를 영위했다.
그 탁월한 공훈과 충절을,
누가 따를 수 있으랴?
천자께서 심심한 애도를 표하시고,
으뜸의 공로로 찬양을 하셨다.
그의 공을 알리는 깃발을 세우고 표창장을 전달하고,
남은 자식에게 높은 관위를 내려주셨다.
그 지위는 구주의 한 장관처럼 높고,
삼공 급으로 예우하였다.
이 사당을 건축하고,
그 경과를 기록한다.
커다란 희생을 마련하고,
온갖 곡물 풍성하게 차려졌다.
효성 지극한 자식은,

끊임없이 앙망하고 사모한다.

강가에 비석을 세우노니,

영웅의 기풍이 만고에 영원히 빛나라.

急病讓夷義之先, 圖國忘死貞之大. 利合而動, 乃市賈之相求; 恩加而感, 則報施之常道. 睢陽所以不階王命, 橫絶凶威, 超千祀而挺生, 奮百代而特立者也.

時惟南公, 天與拳勇, 神資機智, 藝窮百中, 豪出千人. 不遇興詞, 鬱尨眉之都尉; 數竒見惜, 挫猨臂之將軍.

天寶末, 寇劇憑陵, 隳突河華. 天旋虧斗極之位, 地坼積狐狸之穴. 親賢在庭, 子駿陳謨以佐命; 元老用武, 夷甫委師而勸進. 惟公與南陽張公巡高陽許公遠, 義氣懸合, 訏謨大同. 誓鳩武旅, 以遏橫潰. 裂裳而千里來應, 左袒而一呼皆至. 杜厲不知而死難, 狼瞫見黜而奔師. 忠謀朗然, 萬夫齊力, 公以推讓, 且專奮擊, 爲馬軍兵馬使. 出戰則羣校同强, 入守而百雉齊固. 初據雍丘, 謂非要害; 將保江淮之臣庶, 通南北之奏復, 拔我義類, 扼於睢陽. 前後捕斬要遮, 凶氣連沮. 漢兵已絶, 守疏勒而彌堅; 虜騎雖强, 頓肝胎而不進.

賊徒乃棄疾於我, 悉衆合圍. 技雖窮於九攻, 志益專於三板. 偪陽懸布之勁, 汧城鑿穴之竒. 息意牽羊, 羞鄭師之大臨; 甘心易子, 鄙宋臣之病告. 諸侯環顧而莫救, 國命阻絶而無歸. 以有盡之疲人, 敵無已之强寇. 公乃躍馬潰圍, 馳出萬衆, 抵賀蘭進明乞師. 進明乃張樂侑食, 以好聘待之. 公曰: "弊邑父子相食, 而君辱以宴禮, 獨何心歟?" 乃自嚙其指曰: "噉此足矣!" 遂慟哭而返, 卽死孤城. 首碎秦庭, 終慚無衣之賦; 身離楚野, 徒傷帶劍之辭. 至德二年十月, 城陷遇害. 無傅燮之歎息, 有周苛之慷慨. 聞義能徙, 果其初心. 烈士抗詞, 痛臧洪之同日; 直臣致憤, 惜蔡恭於累旬.

朝廷加贈特進揚州大都督, 定功爲第一等, 與張氏許氏並立廟睢陽, 歲時致祭. 男在襁褓, 皆受顯秩, 賜之土田. 葬刻鮑信之形, 陵圖龐德之狀.

納宦其子, 見勾踐之心; 羽林字孤, 知孝武之志. 擧門關於周典, 徵印綏於漢儀. 王猷以光, 寵錫斯備.

於戲! 睢陽之事, 不唯以能死爲勇, 善守爲功; 所以出奇以恥敵, 立懂以怒寇, 俾其專力於東南, 而去備於西北, 力專則堅城必陷, 備去則天討可行. 是故卽城陷之辰, 爲剋敵之日. 世徒知力保於江淮, 而不知功靖乎醜虜. 論者或未之思歟!

公諱霽雲, 字某, 范陽人. 有子曰承嗣, 七歲爲婺州別駕, 賜緋魚袋, 歷刺施涪二州. 服忠思孝, 無替負荷. 懼祠宇久遠, 德音不形, 願斲堅石, 假辭紀美. 惟公信以許其友, 剛以固其志, 仁以殘其肌, 勇以振其氣, 忠以摧其敵, 烈以死其事, 出乎內者合於貞, 行乎外者貫於義, 是其所以奮百代而超千祀者矣. 其志不亦宜乎? 廟貌斯存, 碑表攸託. 洛陽城下, 思鄉之夢儻來; 麒麟閣中, 卽圖之詞可繼. 銘曰:

貞以圖國, 義惟急病. 臨難忘身, 見危致命. 漢寵死事, 周崇死政.
烈烈南公, 忠出其性. 控扼地利, 奮揚兵柄. 東護吳楚, 西臨周鄭.
婪婪羣凶, 害氣彌盛. 長蛇封豕, 蹕躍不定. 屹彼睢陽, 制其要領.
橫潰不流, 疾風斯勁. 梯衝外舞, 缶穴中偵. 鈐馬匪艱, 析骸猶競.
浩浩烈士, 不聞濟師. 兵食殲焉, 守逾三時. 公奮其勇, 單車載馳.
投軀無告, 嚙指而歸. 力窮就執, 猶抗其辭. 圭璧可碎, 堅貞不虧.
寇力東盡, 兇威西恧. 孤城既拔, 渠魁受戮. 雷霆之誅, 由我而速.
巢穴之固, 由我而覆. 江漢淮湖, 羣生咸育. 倬焉勳烈, 孰與齊躅?
天子震悼, 陟是元功. 旌褒有加, 命秩斯崇. 位尊九牧, 禮視三公.
建茲祠宇, 式是形容. 牲牢伊碩, 黍稷伊豐. 虔虔孝嗣, 望慕無窮.
刊碑河滸, 萬古英風.

제6권 석교비(釋敎碑)

조계제육조사시대감선사비(曹溪第六祖賜諡大鑒禪師碑 : 조계 제6대 조사 대감선사 비문)[1]

부풍공(扶風公) 마총(馬摠)이 절도사로 영남(嶺南)에 있은 지 3년 되던 해,[2] 불가의 제6대 조사(祖師)가 아직 시호를 받지 못한 사실을 주상께 아뢰자, 시호를 대감선사(大鑒禪師)로, 사리탑을 영조지탑(靈照之塔)으로 하라는 조서가 내려왔다. 원화 10년(815) 10월 13일 상서사부(尙書祠部)로 칙

---

1) 본편은 조계종 조사 혜능선사의 비문이다. 육조(六祖) 즉 조계종 제6대 조사란 혜능(慧能) 선사를 말한다. 속가 성은 노(盧)씨이다. 신주(新州) 사람으로, 신주 국은사(國恩寺)에서 세상을 떠났다. 헌종 때 대감(大鑒)이라는 시호를 내리고, 사리탑을 '원화영조(元和靈照)'라고 했다. 유주에 있을 때 쓴 비문이다. 소식은 유종원이 폄적된 이후로 불법을 연구하기 시작하여 고승들의 비문을 남겼는데, 고금에 절묘한 글이라고 평한 적이 있다.
2) 원화 8년(813) 12월, 계관(桂管) 관찰사 마총을 영남절도사에 임명했다. 마총은 부풍 사람이다.

지가 하달되고 절도사 공관으로 전달되었다. 부풍공은 휘하 관리를 보내 주사공연(州司功掾)과 함께 그 사묘에 가서 알리라고 명하였다. 장막·덮개 행렬과 종·북 소리가 산을 가득 메우고 골짜기에 가득 들어찰 정도로 수많은 사람이 모여들어, 마치 귀신의 신령한 소리를 들은 듯 하였다. 그때 불도를 배우던 사람이 1,000여 명이었는데, 마치 선사께서 다시 살아난 듯 기뻐서 펄쩍펄쩍 뛰지 않는 자가 없더니, 마치 선사께서 방금 돌아가신 듯 슬퍼하고 눈물을 흘리며 사모하지 않는 자가 없었다. 이에 말하노라. "만물은 나면서부터 싸우고 빼앗기 좋아하고 서로 해치고 죽여, 그 진실된 근본을 잃고 혼란·파괴·방탕·방종의 길로 나아가, 처음으로 돌아올 수 없었다. 공자께는 그럴듯한 지위가 없으셨으나, 돌아가신 후에 남기신 말로 세상을 지탱했건만, 게다가 양주(楊朱)·묵적(墨翟)·황로(黃老)의 설이 더욱 뒤섞여 그 길이 갈라졌으되, 우리 불가의 설이 뒤이어 나와, 지류를 밀어올려 본류로 돌이켜서, 이른바 '생이정자(生而靜者)'로 합하였다.3) 양(梁) 시대에는 '유위(有爲)'를 좋아하여 조사 달마께서 비판하자 '공술(空術)'이 더욱 유행했다.4) 여섯 차례 의발이 전해져 대감선사에 이르렀다.5) 대감선사는 처음에 홍인선사(弘忍禪師) 밑에서 갖은 고초와 잡일을 잘 견뎌, 한 번 부처의 말씀을 듣자, 말은 드물었건만 탐구에 전념하여, 홍인선사가 이에 감동하여 마침내 의발을 전해주었다.

---

3) 『예기』에 "사람이 태어나면서 고요한 것은 하늘의 부여한 원래의 성이다[人生而靜, 天之性也]"라는 말이 나온다.

4) 후위(後魏) 태화(太和) 10년(486), 본래 천축 왕자였던 달마(達摩)라고 하는 승려가 나라를 지키기 위해 출가하여, 남해로 들어가 선종(禪宗)의 묘법을 터득했다. 석가로부터 묘법이 전해지는데, 이는 그 의발을 표식으로 하며 대를 이어 전해진다고 했다. 달마는 의발을 가지고 바닷길을 통해 중국으로 와서, 양(梁)으로 가 무제(武帝)를 만났다. 무제가 유위(有爲)에 관한 일을 묻자 달마는 좋아하지 않았다. 위(魏)나라로 가, 숭산(嵩山) 소림사(少林寺)에서 은거하던 중 병독에 걸려서 죽었다. 이가 바로 초대 조사이다.

5) 달마는 묘법을 혜가(慧可)에게 전수했으니, 이가 제2대 조사이다. 혜가는 찬(璨)에게 전수했으니, 이가 제3대 조사이다. 찬은 도신(道信)에게 전수했으니, 이가 제4대 조사이다. 동신은 홍인(弘忍)에게 전수했으니, 이가 제5대 조사이다. 홍인은 혜능(慧能)에게 전수했으니, 이가 제6대 조사이다.

남해에 숨으니, 그의 소식을 들어 아는 사람이 없었다. 16년 지나서 그의 도를 실행에 옮길 수 있겠다 생각하여, 이에 조계(曹溪)에서 거하면서 남들의 스승이 되니,6) 모여서 배우며 오고가는 사람들이 수천 명에 달했다. 그의 도는 '무위'를 '유(有)'로 여기고, '공동(空洞)'을 '실(實)'로 여기고, '광대불탕(廣大不蕩)'을 '귀(歸)'로 여겼다. 사람을 가르침에 있어서는 '성선'으로 시작하여 '성선'으로 끝맺어서, 김매고 밭갈듯 하는 것을 빌어오지 않고 '정(靜)'을 근본으로 했다. 중종(中宗)께서 그의 명성을 듣고 신하를 보내 두 번이나 불렀지만 오게 할 수 없어, 이에 그의 말을 취하여 마음을 다스리는 법도로 삼았다. 그의 설이 모두 보존되고, 이제 천하에 퍼지게 되어, 선(禪)을 말하자면 모두 조계를 근본으로 했다. 대감선사가 세상을 떠난 지 106년 동안 광부(廣部)를 다스려서 명성이 알려진 사람이 10명이나 되지만, 그의 시호 문제를 거론할 수 있었던 사람이 없었다. 이제야 천자에게 아뢰어 대감이라는 시호를 얻어서 우리의 도를 전파하는 데 큰 도움이 되었으니, 한 마디 안할 수 있겠는가?"

공이 처음 등용되어 조정에 있을 때는 유학으로 인하여 중용되었다. 건주(虔州) 자사를 지내고, 안남(安南) 도호가 되면서, 바다의 크고 작은 만이(蠻夷)족으로부터 천축 서쪽에 이르기까지 관할 범위가 넓었다. 배를 띄워 찾아와 명을 듣고, 모두 공의 덕을 입었다. 기(旂)·독(纛)·절(節)·극(戟)을 받고 남해로 임하니, 따르는 나라가 숲과 같이 많았다. 살생하지 않고 화를 내지 않되, 사람들은 두려워서 송사가 없어서, 어진 정치를 했다는 영광을 얻을 만 했다. 대감이라는 법명이 내리게 했음을 밝히는 데 공만큼 적절한 인물도 없었다. 그의 문도들이 연로하여, 사묘에 비석을 바꿔 세우고자, 사람을 보내 나더러 비문의 내용을 써달라고 부탁했다. 그래서 다음과 같이 쓴다.

---

6) 고종 함형(咸亨, 670~674) 말기, 혜능은 소주(韶州) 보림사(寶林寺)에서 지냈다. 조계는 소주의 지명이다.

달마조사는 부지런히 쉬지 않고,
부처의 말씀과 마음을 전수했다.
여섯 번 의발이 전해져,
대감선사에게 이르렀다.
부지런히 애를 쓰고 묵묵히 연구에 전념하여,
결국 깊은 조예에 도달했다.
전해진 믿음의 기물인 의발을 품에 안고,
바다 멀리 은거했다.
그의 도가 세상에 베풀어지면서,
조계에서 터를 잡다.
이것저것 합하고 따라가려고 해도,
그의 고명함을 뛰어넘지 못했다.
있는대로 모두 펼쳐 전술하여,
오직 도를 드높였다.
나면서 바탕이 선한 것은,
만물에 모두 갖추어 있다.
욕망이 넘쳐 흘러 저마다 치달으면,
천갈래 만갈래 갈라진다.
제대로 사고하지 않아 더욱 혼란해지고,
제대로 깨닫지 않아 더욱 잘못된다.
조사로 인하여 안을 비춰보아,
모두 때묻기 이전의 본심을 찾았다.
뿌리를 내리지 않으면,
싹이 트지 않는 법이다.
안팎이 한결같이 융합하여,
순수한 정화가 밝게 드러났다.
중종 황제 때,

그의 말이 조정에까지 전파되었다.
대왕의 풍도를 지켜주어,
사람들이 소요(逍遙)하게 했다.
백여섯 세월을 살도록,
시호가 하사되지 않았다.
부풍공이 천자께 아룀으로써,
상서에서 답신하여,
대대적으로 행하게 되었다.
남방 땅에 빛을 발하여,
그 설법이 다시 일어났다.
그의 수많은 문도가,
일제히 애도하고 기뻐했다.
조사의 가르침 끼친 곳과,
부풍공 발걸음 닿은 곳이,
모두 천자에게 감사했다.
천자께서 명을 내리시어,
공의 덕과 훌륭함이 가상하다 하시었다.
바다와 이족에까지 넘치도록,
불법이 퍼지게 되었다.
조사는 인(仁)으로 전수하고,
공은 인(仁)으로 통치했다.
단단한 비석에 새기고자 찾아와 내용을 부탁하여,
영원히 끊이지 않고 전하게 하리라.

扶風公廉問嶺南三年, 以佛氏第六祖未有稱號, 疏聞于上. 詔諡大鑒禪師, 塔曰靈照之塔. 元和十年十月十三日下尙書祠部, 符到都府. 公命部吏泊州司功掾, 告于其祠. 幢蓋鐘鼓, 增山盈谷, 萬人咸會, 若聞鬼神. 其時學者千有餘人, 莫不欣踴奮厲, 如師復生; 則又感悼涕慕, 如師始亡. 因言曰: 自有生物, 則好鬭奪相賊殺, 喪其本實, 誖乖淫流, 莫克返于初. 孔子無大位, 沒以餘言持世, 更楊墨黃老益雜, 其術分裂, 而吾浮圖說後出, 推離還源, 合所謂生而靜者. 梁氏好作有爲, 師達摩譏之, 空術益顯. 六傳至大鑒. 大鑒始以能勞苦服役, 一聽其言, 言希以究, 師用感動, 遂受信具. 遁隱南海上, 人無聞知. 又十六年, 度其可行, 乃居曹溪, 爲人師, 會學去來嘗數千人. 其道以無爲爲有, 以空洞爲實, 以廣大不蕩爲歸. 其敎人, 始以性善, 終以性善, 不假耘鋤, 本其靜矣. 中宗聞名, 使幸臣再徵, 不能致, 取其言以爲心術. 其說具在, 今布天下, 凡言禪皆本曹溪. 大鑒去世百有六年, 凡治廣部而以名聞者以十數, 莫能揭其號. 乃今始告天子, 得大謚, 豐佐吾道, 其可無辭.

公始立朝, 以儒重. 刺虔州, 都護安南, 由海中大蠻夷, 連身毒之西. 浮舶聽命, 咸被公德. 受旂纛節戟, 來涖南海, 屬國如林. 不殺不怒, 人畏無噩, 允克光于有仁. 昭列大鑒, 莫如公宜. 其徒之老, 乃易石于宇下, 使來謁辭. 其辭曰:

達摩乾乾, 傳佛語心. 六承其授, 大鑒是臨.
勞勤專默, 終揖于深. 抱其信器, 行海之陰.
其道爰施, 在溪之曹. 厖合猥附, 不夷其高.
傳告咸陳, 惟道之褒. 生而性善, 在物而具.
荒流奔軼, 乃萬其趣. 匪思愈亂, 匪覺滋誤.
由師內鑒, 咸獲于素. 不植乎根, 不耘乎苗.
中一外融, 有粹孔昭. 在帝中宗, 聘言于朝.
陰翊王度, 俾人逍遙. 越百有六祀, 號謚不紀.
由扶風公告今天子, 尙書旣復, 大行乃誄.
光于南土, 其法再起. 厥徒萬億, 同悼齊喜.
惟師教所被, 洎扶風公所履, 咸戴天子.

天子休命, 嘉公德美. 溢于海夷, 浮圖是視.
師以仁傳, 公以仁理. 謁辭圖堅, 永胤不已.

남악미타화상비(南嶽彌陀和尙碑 : 남악 미타화상 비문)[7]

대종(代宗) 때 법조(法照)라는 승려가 국사(國師)가 되었다. 그의 스승 남악의 대장로가 남다른 덕을 지녔다고 하자, 천자께서 남향하여 예를 표하셨다. 그의 도로 미루어 추측하건대 불러올 수 없을 것 같아서, 그의 거처를 '반주도량(般舟道場)'이라 이름하고 그 지위를 올려주었다.[8]

공은 처음에 산의 서남쪽 바위 아래 기거했는데, 사람들이 먹을 것을 보내주면 먹고, 보내주지 않으면 진흙을 먹고 초목을 씹었으며, 입는 것도 마찬가지였다. 남쪽 끝 바닷가나 북쪽 깊은 고을에서까지 사람들이 그에게 도를 구하러 찾아왔다. 간혹 깊은 골짜기에 파묻혀 파리한 몰골과 때문은 얼굴로 몸소 땔감을 지고 다녀서, 종복이나 심부름꾼인 줄 알고 우습게 보아 넘겼는데, 알고 보니 그가 바로 공이었다. 사람들을 교화할 때는 중도(中道)를 세우고 올바른 잣대를 가르쳐 도에 빨리 이르게 했다. 그러므로 오로지 구도에 전념하는 모습을 보여주고, 거리에 쓰고 계곡에 새겨, 부지런히 대중을 깨우치고 부축해, 밑에서 구원하였다. 일부러 구하지 않아도 도가 구비되고, 말하지 않아도 만물이 이루어졌다. 사람들이 모두 포백을 등에 지고 나무와 바위를 쳐내며 찾아와 그의 바위

---

7) 본편은 대종 때 법조국사의 스승으로 재야 고승이었던 미타화상의 비문이다. 유종원은 정원 18년(801)에 남전위(藍田尉)가 되었고, 미타화상은 7월 19일에 사망했다고 하였으므로, 이 비문은 7월 이후에 쓴 것이다.
8) 「남악반주화상제이비(南嶽般舟和尙第二碑)」(제7권) 참조.

거처에 쌓아주었는데, 거절하지도 않았고 영위하지도 않았다. 불당이 제 모습을 갖춘 이후, 덕종께 보고하면서 이름을 지어서 조서를 내려달라 하니, 이리하여 미타사가 되었다. 보시 중의 남은 것은 굶주리고 병든 자 들에게 나누어주고, 그 공을 뻐기지 않았다.

공은 처음에 성도(成都) 당공(唐公)에게 배우고, 다음으로는 자주(資州) 선공(詵公)에게 배웠고, 선공은 동산(東山) 인공(忍公)으로부터 배웠으니,[9] 모두 도를 터득한 사람들이다. 형주(荊州)에 들어가 옥천(玉泉)에게 계속 배웠다. 진공이 공에게 형산에서 불법을 전수하여 교계의 우두머리가 되게 하여, 그들 따라 교화된 사람이 만 단위에 이르렀다. 예전에 법조화상이 여산(廬山)에서 거주할 때, 선정(禪定)에 들어가 안락국(安樂國)에 가서, 누군가 다 헤진 옷을 입고 부처를 모시고 있는 걸 보았다. 부처가 "이 사람이 형산 승원(承遠)이요"라고 하기에, 나와서 찾아보니 미타화상이 그 모습과 닮았기에 따라서 배우게 되었다. 천하에 가르침을 전한 것은 공의 가르침으로부터 말미암은 것이었다.

공은 56년 동안 승려 생활을 하여, 91세 때, 정원 18년 7월 19일 절에서 세상을 떠났다. 절의 남쪽 산마루에 장사지내고, 절 대문 우측에 비석을 새겨 세웠다. 다음과 같이 묘비명을 새긴다.

미타화상의 한 기(氣)가 쉬지 않고 끝도 없이 돌고 돌아,
위로는 시작도 없고 아래로는 끝도 없다.
분리되었던 것이 합하게 되고 가려졌던 것이 통하고,
시작과 끝이 혹시 달랐을 수도 있지만 지금은 같다.
허무와 혼명(混冥)에 도가 이에 융합되고,

---

9) 제5대 조사 인공(忍公)의 성은 주(周)이고, 황매(黃梅) 사람으로, 제4대 조사 도신(道信)과 함께 동산사(東山寺)에서 묵었기 때문에, 그 불법을 '동산법'이라고 한다. 법조·지선(智詵)은 모두 인공에게 배웠는데, 당공·진공(眞公) 및 형산(衡山) 승원(承遠)에 대해서는 제대로 알려진 것이 없다.

신성함은 자취없이 가르침과 공을 보인다.

공은 대중을 이끌기를 준엄하고 너그럽게 하고,

공은 정성을 세워서 중용의 도를 가르쳤다.

초목으로 만든 옷을 입어 모양을 가리고,

위로 오르고 아래로 내려보며 먹을 것을 구해 주린 배를 채웠다.

그 형체는 무극을 노닐며 위대한 인물과 교왕하고,

천자도 머리 조아리며 순리의 풍도를 배웠다.

사방에서 분주하게 구름처럼 모여 따라,

비로소 측량을 하여 영궁을 짓게 되었다.

처음에는 촉(蜀)에서 시작된 도법 전수가 임홍(臨洪)에 이르러,

자문과 문답이 오가며 진종(眞宗)을 다했다.

제자가 국사공(國師公)에게 가르침을 전하여,

그 교화가 스며들어 만억 세대까지 존숭하게 되었다.

공을 받들어 남쪽 산마루에 형체가 깃들게 하여,

홍원(弘願)이라 하는 어린 자식은 효성과 공경을 다하여,

이 비석을 세우고 자취를 기록한다.

在代宗時, 有僧法照, 爲國師. 乃言其師南岳大長老有異德, 天子南嚮
而禮焉. 度其道不可徵, 乃名其居曰般舟道場, 用尊其位.

公始居山西南巖石之下, 人遺之食則食; 不遺則食土泥, 茹草木. 其取
衣類是. 南極海裔, 北自幽都, 來求厥道. 或値之崖谷, 羸形垢面, 躬負薪
樵, 以爲僕役而媟之, 乃公也. 凡化人, 立中道而敎之權, 俾得以疾至. 故
示專念, 書塗巷, 刻谿谷, 丕勤誘掖, 以援于下. 不求而道備, 不言而物成.
人皆負布帛, 斬木石, 委之巖戶, 不拒不營. 祠宇旣具, 以泊于德宗, 申詔
襃立, 是爲彌陀寺. 施之餘, 則與餓疾者, 不尸其功.

公始學成都唐公, 次資川詵公, 詵公學於東山忍公, 皆有道. 至荊州, 進
學玉泉眞公. 眞公授公以衡山, 俾爲敎魁, 人從而化者以萬計. 初, 法照居

廬山, 由正定趨安樂國, 見蒙惡衣侍佛者. 佛告曰 : "此衡山承遠也." 出而
求之, 省焉, 乃從而學. 傳敎天下, 由公之訓. 公爲僧凡五十六年, 其壽九
十一, 貞元十八年七月十九日終于寺. 葬于寺之南岡, 刻石于寺大門之右.
銘曰 :

一氣迴薄茫無窮, 其上無初下無終.
離而爲合蔽而通, 始末或異今焉同.
虛無混冥道乃融, 聖神無跡示敎功.
公之率衆峻以容, 公之立誠敎其中.
服庇草木蔽穹隆, 仰攀俯取食以充.
形遊無極交大雄, 天子稽首師順風.
四方奔走雲之從, 經始尋尺成靈宮.
始自蜀道至臨洪, 咨謀往復窮眞宗.
弟子傳敎國師公, 化流萬億代所崇.
奉公寓形於南岡, 幼曰弘願惟孝恭, 立之玆石書玄蹤.

악주성안사무성화상비(岳州聖安寺無姓和尙碑 : 악주 성안사 무성화상 비문)10)

모년 모월 모일, 악주(岳州)의 큰스님이 성안사(聖安寺)에서 세상을 떠났
다. 승려가 된 세월이나 나이도 얼마 되지 않았다. 이름은 있으나 성(姓)이

---

10) 본편은 악주 고승 무성화상(無姓和尙)을 위해 쓴 비문이다. 무성화상의 주요 행적과
    법력을 간결하게 정리하여, 앞에서 소개한 소식의 말처럼, 원래 불가의 비문이 많지
    않은 상황에서 돋보이는 승려 비문 중 하나이다. 유종원이 영주사마로 있을 때 썼다.

없어, 사람들은 그의 고향과 가계가 어떻게 되는지 몰랐다. 누군가 이에 대해 물으니, "'성(性)'이 나의 성입니다. 애초에 처음이 없고 후손은 끝남이 없이 석가 조사로부터 이어받아 도의 근본을 이으니, 내게 성이 없습니까? '법검(法劍)'이 나의 이름입니다. 그러나 '실(實)'이 없는데 '명(名)'이 어찌 있겠습니까? 그렇다면 내게 이름이 있는 것입니까? '성해(性海)'가 나의 고향이요, '법계(法界)'가 나의 집입니다. '계율[戒]'을 담으로 삼고 '지혜[慧]'를 문으로 삼아, 지키면 견고하고 거하면 편안합니다. 나의 고향이 있는 것 아니겠습니까? 법도의 문과 도의 품계는 그 수가 끝이 없고 보살과 대사(大士)는 그 무리가 끝이 없습니다. 내가 그들과 어울려 친척이라 해도 나를 이상하게 여기지 않으니, 나의 종족은 크지 않습니까?"라고 말했다. 그의 도에 대해 들을 수 있는 것은 이것뿐이었다. 『법화경』, 『금강반야경』을 읽는데 그 횟수가 천번 만번을 넘어서, 혹자가 인위적인 점이 있는 것 아니냐고 비난하자, "나는 일찍이 아무 것도 하지 않았다"고 했다. 아아! 불도는 멀고 멀어 이단이 다투어 일어났으되, 오직 천태대사(天台大師)만이 바른 설을 얻었다. 화상이 정통을 이어받아 중도를 따라, 모든 가르침을 받는 사람들이 그 계통을 잃지 않았다. 만물이 흐르고 움직여서 혼란으로 나아가되 오직 극락으로 가는 바른 길만을 귀의할 곳으로 삼았다. 화상은 근면하게 추구하고 단정하고 성실하게 지원(至願)을 이루어, 듣고 믿는 모든 것에 도가 흔들리지 않았다. 혹자가 자취가 있는 것 아니냐고 비난하면 "나는 일찍이 길을 간 적이 없다"고 했다.

예전에 방주(房州) 용흥사(龍興寺)에 있다가 이 주(州)로 옮겨와서 능가산(楞伽山) 북쪽 봉우리에 도량을 만들었는데, 50년 동안 문간을 넘어 밖에 나오질 않았다. 화상이 엄중히 섬긴 스승들은 모두 당시 덕 높은 고승이었다. 처음 출가해서 모시고 의지한 분은 탁연(卓然)대사라고 하며, 남양(南陽) 입산(立山)에서 거주했고, 악주에서 장사지냈다. 계율을 받은 분은 도영(道穎)대사라고 하며, 형주(荊州)에서 거주했다. 수제자는 회원(懷遠)대사라고 하며, 장사(長沙) 안국사에서 거주했고, 남악의 계법(戒法)이 되었다. 해마다 찾아와 대사를 모시던 중 임종을 맞이하여, 결국 모월 모일 탁연대사 사리탑 동쪽 몇걸음 위치에 장사지냈다. 다음과 같이 비명을 쓴다.

도는 하나에 뿌리를 두되,
갈라져 다른 문파가 된다.
성(性)을 성(姓)으로 삼아,
그 뿌리에 돌아갔다.
이름이 없는 것을 이름으로 삼아,
이로써 대사의 가르침을 존중했다.
외물의 형태를 빌어 보여주는 것은,
내가 소유하고 남기려는 것이 아니었다.
큰 고향에 거주하지 않고,
큰 친족을 친히 하지 않았다.
안은 넓고 깊고 의연하고,
밖은 허허롭고 어질었다.
성인이 남긴 말,
부지런히 연구했다.
때론 활발하게 때론 조용하게 정진하여,
세월은 뜬구름처럼 흘러갔다.
오래 되어 가르침이 더욱 희미해져,
세상에는 탐구하고 설파하는 자가 드물어졌다.
이에 대지(大智)화상이 있어,
그 참된 문으로 나왔다.
스승되어 보여주어,
사람들을 새롭게 했다.
감정이 움직여 변고가 생기면,
외물은 이로 인해 인멸된다.

극락으로 가는 길을 전해주어,

조화의 근원에 참여했다.

대사는 이로써 깨우고 이끌어,

사람들을 미망에 빠지지 않게 했다.

도가 통용하되 인위적 작위를 하지 않고,

신성이 행하되 자취가 없다.

어두움과 밝음이 함께 한결같고,

생과 사가 함께 적막하다.

후학에게 설법을 내려,

싫증내지 않고 보시했다.

우리 대사 따라 장사지내노니,

진택(眞宅) 잊지 마시기 바란다.

이 비문에 분명하게 써서,

이 단단한 돌에 새기노라.

維某年月日, 岳州大和尙終于聖安寺. 凡爲僧若干年, 年若干. 有名無姓, 世莫知其閭里宗族. 所設施者有問焉, 而以告曰: "性, 吾姓也. 其原無初, 其胄無終, 承于釋師, 以系道本, 吾無姓耶? 法劍云者, 我名也. 實且不有, 名惡乎存? 吾有名耶? 性海, 吾鄉也; 法界, 吾宇也. 戒爲之墉, 慧爲之戶, 以守則固, 以居則安. 吾閭里不具乎? 度門道品, 其數無極; 菩薩大士, 其衆無涯. 吾與之戚而不吾異也, 吾宗族不大乎?" 其道可聞者如此而止. 讀法華經金剛般若經, 數逾千萬, 或譏以有爲, 曰: "吾未嘗作." 嗚呼! 佛道逾遠, 異端競起, 唯天台大師爲得其說. 和尙紹承本統, 以順中道, 凡受敎者不失其宗. 生物流動, 趨向混亂, 惟極樂正路爲得其歸. 和尙勤求端愨, 以成至願, 凡聽信者, 不惑其道. 或譏以有跡, 曰: "吾未嘗行."

始居房州龍興寺中, 徙居是州, 作道場于楞伽北峯, 不越閫者五十祀. 和尙凡所嚴事, 皆世高德. 始出家, 事而依者曰卓然師, 居南陽立山, 葬岳

州. 就受戒者曰道穎師, 居荊州. 弟子之首曰懷遠師, 居長沙安國寺, 爲南
岳戒法. 歲來侍師, 會其終, 遂以某月某日葬于卓然師塔東若干步. 銘曰:

道本於一, 離爲異門. 以性爲姓, 乃歸其根. 無名而名, 師敎是尊.
假以示物, 非吾所存. 大鄉不居, 大族不親. 淵懿內朗, 冲虛外仁.
聖有遺言, 是究是勤. 惟動惟默, 逝如浮雲. 敎久益微, 世罕究陳.
爰有大智, 出其眞門. 師以顯示, 俾民惟新. 情動生變, 物由湮淪.
爰授樂國, 參乎化源. 師以誘導, 俾民不昏. 道用不作, 神行無迹.
晦明俱如, 生死偕寂. 法付後學, 施之無斁. 葬從我師, 無忘眞宅.
薦是昭銘, 刻兹貞石.

비음기(碑陰記 : 비석 뒷면 기록)[11]

무성화상은 이 산에서 살면서 "내가 추구하는 것은 밖에 있지 않으니,
나는 움직이지 않겠다"고 했다. 홍농(弘農) 사람 양염(楊炎)이 도주자사에서
재상으로 발탁되어,[12] 이곳을 지나게 되었다. 경사에서 묵는 것이 마땅하
다 생각하여, 억지로라도 데려가려 하였으나, 응하지 않았다. 양공은 무성
화상을 세상에 알리려 한 것으로, 무성화상은 "내년쯤에 가겠습니다"라고
말했다. 다음 해 양공이 재상 자리에서 물러나 남해에서 폄적생활하게 되
어,[13] 무성화상은 결국 경사에 안 가고 뜻대로 남을 수 있었다. 조군(趙郡)

---

11) 본편은 무성화상의 비문을 세우게 된 경과를 기록한 것이다.
12) 대력 4년(779) 8월, 도주자사 양염을 동평장사(同平章事)에 임명했다.
13) 건중 2년(781) 11월, 양염이 좌복야(左僕射)에서 애주사호참군(崖州司戶參軍)으로 폄적
되었다.

사람 이악(李萼)은 견문 넓고 웅변에 뛰어난 사람이다. 악주를 다스리러 와서, 기세등등 그의 도를 굴복시키고자 하였으나, 그의 말 한 마디 듣자마자 엎드려 제자가 되었다. 하동 사람 배장지(裴藏之)는 온 일족이 그의 가르침을 받았다. 경조윤 홍농 사람 양아무개는 그가 은거하던 곳을 도량으로 만들고,[14] 화주(和州)자사 장유검(張惟儉)과 함께 서쪽 봉우리를 사서 그의 거처를 넓혔다. 사찰 대청 밑에 재화를 쌓아두고 가는 자를 일일이 선별 기록할 수 없으되, 받고서도 역시 아무 말이 없었다. 임종하던 무렵, 그의 대제자 회원에게 명하여 도법을 전수하고, 끝내 그의 성을 말해주지 않았다. 혹자는 성이 주(周)라고 하기도 한다. 신주(信州)자사 이아무개가 전기를 쓰고, 장사 사람 사초(謝楚)가 행장을 쓰고, 박릉(博陵) 사람 최행검(崔行儉)이 『성수(性守)』를 한 편 썼다. 글을 통해 화상의 공덕을 말하는 자를 일일이 다 헤아릴 수 없을 정도이다. 홍농공이 여항(餘杭)에서 행장을 보내오고 회원대사가 장사에서 전기를 갖고 와서,[15] 나더러 비문을 쓰게 했다. 비문을 다 쓰고 나서, 그 뒷면에 이렇게 경과를 기록한다.

無姓和尙旣居是山, 曰 : "凡吾之求, 非在外也, 吾不動矣." 弘農楊公炎 自道州以宰相徵, 過焉. 以爲宜居京師, 强以行, 不可. 將以聞, 曰 : "願間 歲乃往." 明年, 楊去相位, 竄謫南海上, 終如其志. 趙郡李萼, 辯博人也. 爲岳州, 盛氣欲屈其道, 聞一言, 服爲弟子. 河東裴藏之擧族受敎. 京兆尹 弘農楊公某以其隱地爲道場, 奉和州刺史張惟儉, 買西峯, 廣其居. 凡以 貨利委堂下者, 不可選紀, 受之亦無言. 將終, 命其大弟子懷遠, 授以道妙, 終不告其姓. 或曰周人也. 信州刺史李某爲之傳, 長沙謝楚爲行狀, 博陸 崔行儉爲性守一篇. 凡以文辭道和尙功德者, 不可悉數. 弘農公自餘杭命 以行狀來, 懷遠師自長沙以傳來, 使余爲碑. 旣書其辭, 故又假其陰以記.

---

14) 원화 4년(809)에 양빙은 경조윤이 되었다.
15) 양빙은 원화 4년(809) 강서(江西)관찰사가 되었다가, 임하위(臨賀尉)로 폄적되고, 곧 임하위에서 항주장사로 이동되었다.

용안해선사비(龍安海禪師碑 : 용안 해선사 비문)[16]

부처는 중국에서 거의 2만 리 떨어진 먼 곳에서 태어났으며, 그가 죽은 것도 지금으로부터 거의 2천 년 전 일이다. 그러므로 도를 전하는 것이 갈수록 미미해졌으며, 그 중에서도 선(禪)에 대해 하는 말들이 가장 폐단이 심했다. 구속되면 '물(物)'에 얽매이고, 허황되면 '진(眞)'을 벗어나서, '진'을 벗어날수록 허황된 경향은 더욱 기승을 부렸다. 그러므로 오늘날의 어리석고 미혹되고 방종과 자만에 찬 자들이 모두 선(禪)을 왜곡하고 그 가르침을 어지럽히고, 정성과 신의를 저버리고 음행과 방탕을 제멋대로 일삼았다. 이와 다른 자가 장사(長沙) 남쪽에 살았던 용안선사(龍安禪師)이다.

선사는 "가엽(迦葉)으로부터 사자(師子)에 이르기까지 23대 지나면서 종파가 갈라져, 달마가 나왔다. 달마로부터 인(忍)에 이르기까지 5대 지나면서 더욱 갈라져, 북종의 신수(神秀)가 나오고 남종의 혜능(惠能)이 나왔다.[17] 이후 남종과 북종이 서로를 비난하여, 반목하고 거세게 다툼으로

---

16) 본편은 선종이 갈수록 분열과 폐단을 드러내던 상황에서 참다운 선종의 수행을 보여준 용안선사의 비문이다. 비문에서 "제자 호초(浩初) 등이 스승 용안선사의 행장을 기록해 나를 찾아와 비문을 써달라고 부탁했다"고 했는데, 유종원이 쓴 「송승호초서(送僧浩初序)」(제25권)를 보면, 내용이 잘 맞아떨어진다. 제자 호초의 현명함을 보아도, 그의 스승 용안선사를 알아볼 수 있을 것이다. 영주에서 썼다.

17) 신수(神秀)는 성이 이(李)씨로, 변주(汴州) 위씨현(尉氏縣) 사람이다. 수나라 말기에 출가하여 승려가 되었다. 좌선을 업으로 삼는 기주(蘄州) 쌍봉산(雙峯山) 동산사(東山寺) 승려 홍인(弘忍)을 후에 만나, 탄복하여 "이분이 진정한 나의 스승이다"라고 하고, 홍인에게 귀의하여 섬기며, 오로지 나무 하고 물 긷는 잡일을 자기가 담당하면서 그의 도를 추구했다. 고종 함형(咸亨) 5년(674), 홍인이 사망했다. 이에 신수는 형주(荊州)로 가서 당양산(當陽山)에서 지냈다. 측천무후가 그의 명성을 듣고 불러 수도로 갔었다. 신수와 동문승 혜능의 성은 노(盧)씨로, 신주(新州) 사람이다. 홍인이 세상을 떠나자 소주(韶州) 보림사(寶林寺)로 갔다. 신수는 일찍이 측천무후에게 상소하여, 혜능을 수도로 불러오기를 청했다. 신룡(神龍) 원년에 이르러, 중종이 내시 설간(薛簡)을 보내 조서를 조속히 시행하여 가서 혜능을 초청해오도록 했지만, 혜능은 끝내 고개를 넘지 않고 세상을 떠났다. 이에 천하에 그들의 도가 흩어져 전해져, 신수가 북종이 되고, 혜능이 남종이 되었다.

써 결국 그 도가 감춰지게 되었다. 아아, 내가 이를 합하리라! 또한 세상에 전하는 책들을 보면 모두 마명(馬鳴)과 용수(龍樹)의 도이다. 두 대사의 도와 책이 모두 존재한다. 책을 살펴보니 뜻에 맞는지라, 혼란을 일으키지 않을 것이다"라고 했다. 이에 북쪽에서 혜은(惠隱)에게 배우고 남쪽에서 마소(馬素)에게 구하여, 다른 점을 모두 없애고 중도(中道)를 밟아, 어긋나고 멀어질수록 더욱 같아지고, 비게 될수록 더욱 가득 차서, 『안선통명론(安禪通明論)』을 지었다. 하나를 가지고 만가지에 적용하니 일체 '만사[事]'는 '참[眞]'이 아닌 것이 없고, 만가지를 혼합하여 하나로 귀결하니 '참'은 일체 '만사'가 아닌 것이 없다. 미루어 넓힌다 하면서도 미루어 넓힌 적이 없으므로 아무곳도 가는 곳이 없고, 혼합한다 하면서도 혼합한 적이 없으므로 돌아올 곳도 없다. 혼자서 묵묵히 입정의 경지에 몰입하면 열흘까지 이르기도 하니, 이를 시용(施用)이라 한다. 허허실실 세속을 따르고 어울리며 세속과 부침을 다하니, 이를 진상(眞常)이라 한다.

장사에서 거주할 때, 거처를 정한지 열나흘 만에 사람들이 거처에 건물을 세워주었으니, 이것이 보응사(寶應寺)가 되었다. 상수(湘水) 서쪽으로 가자, 사람들이 또 따라가 큰 나무를 져오고 단단한 돌을 갈아 그 거처를 확장하여, 이것이 또 용안사가 되었다. 상서 배주(裴胄), 이손(李巽), 시랑 여위(呂渭), 양빙(楊憑), 어사중승 방계(房啓) 등이 모두 선사의 도를 존경하여, 제자의 예를 올렸다. 향년 81세, 승려 생활 53년 만에, 원화 3년(808) 2월 9일 세상을 떠났다.

그의 제자 현각(玄覺) 및 회직(懷直)·호초(浩初) 등이 그의 스승의 행장을 적어, 나를 찾아와 비문을 써달라고 청했다. 그들의 말에 따르면, 선사는 성이 주(周)요, 이름이 여해(如海)이다. 대대로 학자 집안이었다. 부친은 택교(擇交)로, 동주(同州) 녹사참군(錄事參軍) 출신이다. 숙부는 택종(擇從)으로, 상서예부시랑 출신이다. 선사가 처음에 승려가 되려 할 때, 부친이 완강하게 반대하고 벼슬길에 나가도록 하여, 성도(成都) 주부(主簿)까지 지냈으나, 즐거워하지 않았다. 천보(天寶) 난리를 만나자, 처음 품었던 뜻을 다시 세웠다. 경사 서명사(西明寺)에 있었고, 또한 구루산(岣嶁山)에 있었고, 끝으로 용안사에 있다가 서거하여, 그 터에 장례를 지냈다. 다음과 같이 비문을 쓴다.

불도 수양에선,
선(禪)이 가장 오묘한데,
지역마다 세대마다 달라지니,
누가 그걸 제대로 전할까?
사라지고 어긋나고,
표류하고 흩어져서,
아무도 참됨을 증험하면서 행하려 하지 않고,
오로지 무고하는 말만 듣는다.
헛되어 서로 다투기만 하면서,
남과 북이 서로 비난하니,
누가 이걸 통합할까,
바로 초(楚)에 용안선사가 있었다.
용안선사의 덕은,
오직 깨달음을 준칙으로 하여,
끊기고 갈라진 것을 감싸고 아울러,
바름을 세우고 미혹을 없앴다.
모습 희미하고 형체 고요하나,
그 공은 끝없이 흐르고,
행동하고 말을 하여 유위인 듯 하면서도,
더욱 적막 묵묵하다.
사묘가 존엄하다지만,
내가 거주하는 곳은 장식하지 않고,
이 몸이 귀하건 천하건,

나의 도와는 아무 상관이 없어라.

가는 것은 돌이킬 수 없고

오는 것은 또 누가 막을까?

세상의 온갖 만상,

도는 갈수록 은미해지고,

이걸 펼쳐 밝게 드러내고

이제 떠나 돌아갔다.

불상 기물 이렇게 마련했으나,

참된 불도의 근원은 의지할 곳 잃었어라.

후학들은 누구를 스승으로 모실까?

오호, 이 비를 보아라!

佛之生也, 遠中國僅二萬里; 其沒也, 距今茲僅二千歲. 故傳道益微, 而言禪最病. 拘則泥乎物, 誕則離乎眞, 眞離而誕益勝. 故今之空愚失惑縱傲自我者, 皆誣禪以亂其敎, 冒于罵昏, 放于淫荒. 其異是者, 長沙之南曰龍安師.

師之言曰:"由迦葉至師子, 二十三世而離, 離而爲達摩. 由達摩至忍, 五世而益離, 離而爲秀爲能. 南北相訾, 反戾鬪狠, 其道遂隱. 鳴呼! 吾將合焉. 且世之傳書者, 皆馬鳴龍樹道也. 二師之道, 其書具存. 徵其書, 合於志, 可以不愿." 於是北學於惠隱, 南求於馬素, 咸黜其異, 以蹈乎中, 乖離而愈同, 空洞而益實, 作安禪通明論. 推一而適萬, 則事無非眞; 混萬而歸一, 則眞無非事. 推而未嘗推, 故無適; 混而未嘗混, 故無歸. 塊然趣定, 至于旬時, 是之謂施用; 茫然同俗, 極乎流動, 是之謂眞常.

居長沙, 在定十四日, 人卽其處而成室宇, 遂爲寶應寺. 去于湘之西, 人又從而負大木, 礱密石, 以益其居, 又爲龍安寺焉. 尙書裴公某, 李公某, 侍郎呂公某, 楊公某, 御史中丞房公某, 咸尊師之道, 執弟子禮. 凡年八十一, 爲僧五十三期, 元和三年二月九日而沒.

其弟子玄覺洎懷直、浩初等, 狀其師之行, 謁余爲碑. 曰: 師, 周姓; 如海, 名也. 世爲士, 父曰擇交, 同州錄事參軍. 叔曰擇從, 尙書禮部侍郎. 師始爲釋, 其父奪之志, 使仕, 至成都主簿, 不樂也. 天寶之亂, 復其初心. 嘗居京師西明寺, 又居岣嶁山, 終龍安寺, 葬其原. 銘曰:

浮圖之修, 其奧爲禪, 殊區異世, 誰得其傳?
遁隱乖離, 浮游散遷, 莫徵旁行, 徒聽誣言.
空有互鬪, 南北相殘, 誰其會之, 楚有龍安.
龍安之德, 惟覺是則, 苞幷絶異, 表正失惑.
貌昧形靜, 功流無極, 動言有爲, 彌寂而默.
祠廟之嚴, 我居不飾; 貴賤之來, 我道無得.
逝耶匪追, 至耶誰抑?
惟世之機, 惟道之微, 旣陳而明, 乃去而歸.
象物徒設, 眞源無依, 後學誰師? 嗚呼茲碑!

제7권 비명(碑銘)

남악운봉사화상비(南嶽雲峯寺和尙碑 : 남악 운봉사 화상 비문)[1]

　건원(乾元) 원년(758) 모월 모일,[2] 황제께서 "나는 자애와 어짐과 유쾌함과 즐거움이 백성에게 젖어들게 하고 싶은데, 부처의 도가 이에 적절한 듯하다"라고 말씀하셨다. 이에 오악에서 가장 덕이 높았던 고승을 찾아 천하의 의표로 삼을 수 있도록 하라고 명하였다. 이에 이 산에서 상서(尙書)에게 보고하여, 그중 최고의 고승이 운봉대사(雲峯大師) 법증(法證)으로, 정원 17년(801) 승려 생활 50년 만에 사망했다고 보고했다. 그의 제자는

---

1) 본편은 남악 고승 운봉화상의 비문이다. 남악은 형산(衡山)을 말한다. 뒤에 이어지는 탑명 내용에 따르면, 화상은 정원 17년(801) 9월에 사망하고 10월에 장례를 치렀다. 그 해 가을 유종원이 남전위(藍田尉)로 인사이동될 무렵으로, 이 비문과 탑명이 동시에 작성되었다.

2) 건원은 숙종(肅宗)의 연호이다.

전(詮), 원(遠), 진(振), 손(巽), 소(素) 등 모두 3천여 명이다. 장로들이 모두 찾아와 말했다. "우리 스승께선 법궤와 행실이 준엄하고 탁월했고, 도량이 실로 컸습니다. 계율을 받으러 오는 사람이 있으면, 우리 스승께선 존엄하고 가지런한 모범을 보여서 정의의 부류를 분명하게 열거하여, 사람들은 자기들이 하지 말아야 할 바를 알았습니다. 도를 추구하러 오는 사람이 있으면, 우리 스승께선 높고 넓고 통달한 면모를 보여서 공(空)과 유(有)를 통일하여, 사람들은 자기들이 반드시 도에 이르게 될 것임을 알았습니다. 원로 대신 고령 노인들도 찾아와 머리 조아리며 가르침을 받고, 일고여덟 살 어린이들도 좋아라 기뻐하면서 시립했습니다. 그러므로 우리 스승님의 명을 따라 배운 사람들이 대략 5만 명입니다. 우리 스승님은 겨울에도 따스하게 옷을 입지 않으셨고, 배고파도 배불리 드시지 않았습니다. 해마다 무리를 모아 여러 경서를 읽음으로써 성인의 말이 모두의 입에서 나오게 하여 그 위대함을 보이셨고, 또한 무리를 데리고 나무를 쳐내고 흙을 퍼나르며 불탑묘와 불당을 지음으로써 불법이 더욱 널리 퍼지게 하여 그 효용을 보이셨습니다. 세상을 떠나려 하실 때 문하 제자에게 '나는 처음 배움에 들어설 때부터 세상을 떠나기까지 일찍이 작위를 한 적이 없었다. 그리고 나서야 동(動)은 허(虛)하지 않은 것이 없고, 정(靜)은 위(爲)하지 않은 것이 없고, 태어났다고 해서 일찍이 온 적이 없고, 죽었다고 해서 일찍이 간 적이 없음을 알겠다'라고 하셨습니다. 그 도가 이렇게 완비되신 것입니다. 비석에 새겨서, 스승님의 가르침이 크다는 것을 알리고자 합니다." 다음과 같이 비문을 쓴다.

대사의 가르침은 존엄하고도 빛이 나서, 천하의 고승을 찾으라는 천자의 조서를 받들어, 대사가 대중(大中)의 도를 갖췄다고 보고하여, 후학이 이를 본받게 했다. 대사의 덕은 간명하고 준엄하고 넓고 묵묵하고, 부드럽고 너그러우면서 강직하고, 넘치면서도 쌓여 많아 보이지 않고, 남들과 같은 듯 하면서도 모두 얻는 바가 있어, 이는 도의 준칙이 되었다. 대사의 공은 근면하고 수고로워 평범한 듯 하면서도, 오묘하고 신비스런 것에도 반드시 통하여, 사묘를 세우고자 하니 멀리서 가까이서 모두 따라주었다. 대사의 일족은 괵(虢)에서 곽(郭)으로 되었고,3) 대대로 덕망이 빛나, 불도를 따르게 되었다. 대사의 수명은 78세로, 시종일관 부족한 점 없이, 큰 업적을 남겨 빛낸다. 그의 제자가 구름처럼 많으니, 그 큰 가르침에 호응한 것이요, 그 깊은 불도의 증거이다. 그의 도는 넓고 커서, 마치 냇물이 불어나듯 하고, 마치 구름이 일어나듯 하고, 마치 산이 무너지지 않는 듯하다. 영원히 이를 이어받으라.

乾元元年某月日, 皇帝曰: "予欲俾慈仁怡愉洽于生人, 惟浮圖道允迪." 乃命五嶽求厥元德, 以儀于下. 惟茲嶽上于尙書, 其首曰雲峯大師法證, 凡蒞事五十年, 貞元十七年乃沒. 其徒曰詮, 曰遠, 曰振, 曰巽, 曰素, 凡三千餘人. 其長老咸來言曰: "吾師軌行峻特, 器宇弘大. 有來受律者, 吾師示之以爲尊嚴整齊, 明列義類, 而人知其所不爲; 有來求道者, 吾師示之以爲高廣通達, 一其空有, 而人知其所必至. 元臣碩老, 稽首受敎; 髫童毀齒, 踴躍執役. 故從吾師之命而度者, 凡五萬人. 吾師冬不燠裘, 飢不豐食. 每歲會其類, 讀羣經, 俾聖言畢出, 有以見其大; 又率其作, 伐木輦土, 作佛塔廟泊經典, 俾像法益廣, 有以見其用. 將沒, 告門人曰: '吾自始學至去世, 未嘗有作焉, 然後知其動無不虛, 靜無不爲, 生而未始來, 歿而未始往也.' 其道備矣. 願刻山石, 知敎之所以大." 其詞曰:

師之敎, 尊嚴有耀, 恭天子之詔, 維大中以告, 後學是效. 師之德, 簡峻淵默, 柔惠以直, 渙焉而不積, 同焉而皆得, 茲道惟則. 師之功, 勤勞以庸, 維奧祕必通, 以興祠宮, 遐邇攸從. 師之族, 由虢而郭, 世德有奕, 從佛于

---

3) 주나라 무왕이 문왕의 아우 괵숙(虢叔)을 서괵(西虢)에 책봉했다. 평왕(平王)이 수도를 동으로 옮길 때, 괵숙의 땅을 빼앗아 정(鄭) 무공(武公)에게 주고, 괵숙의 후손 서(序)를 찾아 양곡(陽曲)에 책봉하고, 곽공(郭公)이라고 했다. 이는 괵이란 발음이 전환된 것이다.

釋. 師之壽, 七十有八, 維終始罔缺, 丕冒遺烈. 厥徒蒸蒸, 維大敎是膺, 維
憲言是徵. 溥博恢弘, 如川之增, 如雲之興, 如嶽之不崩. 終古其承之

남악운봉화상탑명(南嶽雲峯和尙塔銘 : 남악 운봉화상 탑명)[4]

운봉화상의 속가 성은 곽(郭)이요, 호는 법증(法證)이다. 불도를 닦은지
57년, 향년 78세, 정원 17년(801) 9월 17일에 세상을 떠나, 10월 27일에 장
례를 지냈다. 그에게 배운 사람이 5만여 명이요, 제자가 3천여 명이다.
안색은 반듯하면서 인자하고, 행실은 준엄하면서 면밀하고, 도는 넓으면
서 허물이 없고, 공은 높으면서 소유하지 않았다. 꿋꿋하게 산의 북쪽 봉
우리에 거하면서, 세상의 의표가 되었다. 세상의 이른바 현인 대신들이
남방에 오는 일이 있으면 모두 깍듯이 대사를 모셨다. 중앙의 조정에 있
는 사람들이 대사가 율법과 의리를 말하는 것을 들으면 두려워 벌벌 떨
지 않는 사람이 없어, 마치 하늘의 명을 듣는 듯했으며, 폄적되어 외지에
있는 사람들이 대사가 도의 요체를 말하는 것을 들으면 숨을 크게 몰아
쉬고 기뻐 뛰지 않는 사람이 없어, 마치 사면을 받은 듯했다. 그러므로
당시 만인의 스승을 추대하자면 오로지 첫머리에 올랐고, 가르침의 으뜸
을 찾으라는 조서가 내려오면 첫 번째 순위로 보고되었다. 산길을 헤치
고 나무를 쳐내며 법당을 높여서, 땅은 그 빼어남을 얻었고, 좋은 옷 마
다하고 먹을 것 물리치며 수많은 경서를 널리 살펴, 불도의 이치가 깊이
를 더했다. 그의 도는 실로 근면하되 그 마음은 추구가 없었다. 대사가
세상을 떠난 뒤로 세상의 가르침 역시 따라 사라졌다.

---

4) 본편은 운봉화상의 탑에 새긴 글로, 앞의 비문과 더불어 정원 17년(801)에 쓴 것이다.

오호! 대사의 장례에, 제자들이 사모하며 부르짖고 장로들이 근심하며 아파하여, 결국 함께 이 탑을 만들었다. 반듯하고 우뚝하게 반석 세우고, 무성하고 빽빽하게 나무를 심으니, 형산에서 이와 비교할 만한 것이 없다. 하지만 아직 그 일을 기록할 수 없었다. 내가 일찍이 대승선사 중손(重巽)과 어울렸는데, 손은 그의 제자로, 누차 내게 말을 하여, 이에 이 탑명을 쓴다.

가슴에 원기를 품고 크나큰 방략을 담아,
위엄 있으면서도 어질고 그윽하면서도 빛이 난다.
행실은 준엄하고 깨끗하고 생김새는 단정하고 장중하고,
혼연일체되는 기를 품고 덕은 끝이 없다.
대율(大律)을 연주하듯 펼쳐내고 자그마한 털끝도 판별해,
수많은 중생을 제도하여 부드러움과 강함이 빛났다.
사묘 우뚝 세워져 불상과 불법이 빛나고,
글로 드러내니 성인의 말 발양된다.
그의 덕을 드높이라는 조서 내려와 남방에 터를 잡아,
드넓은 도 사람들이 일용한다.
후세 사람들은 응당 오래도록 이를 본받아야 하며,
영혼 깃든 탑실 완성하고 봉우리에 기록한다.
현석(玄石)에 비명을 새기니,
제자들은 사모하며 슬픔 끝없어라.

雲峯和尙, 族郭氏, 號法證. 爲竺乾道五十有七年, 年七十有八, 貞元十七年九月十七日終, 十月二十七日葬. 凡度學者五萬人, 弟子者三千人. 色厲而仁, 行峻而周, 道廣而不尤, 功高而不有. 毅然居山之北峯, 以爲儀表. 世之所謂賢人大臣者, 至南方, 咸所嚴事. 由其內者, 聞大師之言律義, 莫不震動悼懼, 如聽誓命; 由其外者, 聞大師之稱道要, 莫不悽欷欣踴, 如獲肆宥. 故時推人師, 則專其首; 詔求敎宗, 則冠其位. 披山伐木, 崇構法宇,則地得其勝; 捐衣去食, 廣閲羣經, 則理得其深. 其道實勤, 而其心無求. 自大師化去, 敎亦隨喪.

嗚呼! 大師之葬, 門人慕號, 長老愁痛, 遂相與以爲茲塔. 礱石峻整, 植木蓊茂, 凡衡山無與爲比者. 然而未有能紀其事. 余旣與大乘師重巽遊, 巽, 其徒也, 亟爲余言, 故爲其銘. 銘曰:

苞元極兮韜大方, 威而仁兮幽以光. 行峻潔兮貌齋莊, 氣混溟兮德洋洋.
演大律兮離毫芒, 度羣有兮耀柔剛. 棟宇立兮像法彰, 文字闡兮聖言揚.
詔褒列兮宅南方, 道之廣兮用其常. 後是式兮宜久長, 闢靈室兮記崇岡.
卽玄石兮垂文章, 學者慕兮哀無疆.

남악반주화상제이비(南嶽般舟和尙第二碑 : 남악 반주 화상 두 번째 비문)[5]

불법(佛法)이 형산에 전해져, 진(津) 대사에 이르러 비로소 율교(律敎) 수행이 시작되었다. 그 종단 도량을 통해 배출된 사람은 바른 불법을 얻게 되었다. 그의 대제자가 일오(日悟) 화상으로, 스승의 도를 모두 터득하고, 게다가 부족한 부분을 보완하여, 불교의 종사가 되었다. 대대로 영릉(零陵)에서 살았으며, 속가 성은 장(蔣)이다. 대사는 마음이 크고 행실이 엄밀했고, 몸은 낮되 도는 드높았다. '정(定)'으로부터 '혜(慧)'가 발휘되려면 반드시 불가의 계율로 집을 삼아야 한다고 여겨, 결국 동림(東林)의 은(恩)

---

5) 본편은 남악 형산 계열 고승 반주화상을 기리는 비문이다. 앞의 「남악미타화상비(南嶽彌陀和尙碑)」(제6권)에서 "대종(代宗) 때 법조(法照)라는 승려가 있어, 그의 스승 남악 대장로가 훌륭한 덕을 지녔다고 하자, 천자가 예를 표하고 그의 거처를 반주도량(般舟道場)이라고 했다"는 내용이 나오는데, 이 비문의 내용과 일치한다.

대사를 스승으로 모셨다. 깊은 뜻을 탐구하여 터득하고, 이에 돌아와 가르침을 전했다. 문자로 쓰여진 걸 보지 않고도 교리를 구분하고 판단함이 깊고 은미한 곳까지 이르렀다. 교단(教壇)에 오르고 불사(佛事)에 임하여, 도를 전한 승려들이 아주 많아, 한 해에 천명에 다다른 경우가 서른여섯 번인데도 그 도가 흔들리지 않았다. 평범을 벗어나 신성에 도달하려면 반드시 삼매(三昧)를 궤도로 삼아야 한다고 여겨, 결국 자소(紫霄)의 원(遠) 대사를 스승으로 모셔 성실히 배웠다. 수양을 통하여 요체와 오의(奥義)를 훤히 알아 부처를 볼 수 있게 되었다. 드넓은 성(性)의 바다로 깊이 들어가 진리의 근원을 훤히 열어젖혔다. 도량에서 오로지 정진하면서, 장궤(長跪) 우요(右遶) 수행을 하면서,[6] 이레 동안 눕지도 않고 기대지도 않은 것이 120여 차례였건만, 그 의지는 조금도 사그라들지 않았다.

예전 개원(開元) 연간에 제도를 결정한 조서가 내려와, 대사는 이 군내 용흥사(龍興寺)에서 거주했다. 숙종(肅宗) 때 제도를 정하기를, 천하의 명산에 덕이 뛰어난 고승 일곱 분을 두기로 하자, 이 남악이 특히 중시되어, 항상 첫머리로 추대되었다. 대사는 이에 높은 고개로 올라가 그곳에 정실을 지었다. 수풀을 헤쳐 열고 바위와 능선을 깎아, 건물은 웅대하게 주랑은 곧바르게 모양이 점점 드러났다. 명을 내린 적이 없는데 사람들이 와서 노력봉사하고, 기원을 하지 않았는데 재화의 시주가 들어왔다. 남방에서 삼매를 염불하는 자는 반드시 여기로부터 시작하여, 반주대(般舟臺)라고 명명했다. 화상은 열세 살 때 출가하여, 9년 만에 구계(具戒)를 받고,[7] 또 10년 만에 교단의 도량에 자리잡고, 또 37년 만에 정원 20년 (804) 정월 17일에 이 정실에서 열반에 들었다.

어허! 불도(佛道)를 수양할 별다른 매개가 없어서, 마음이 실상(實相)이

---

6) 우요(右遶)란 부처를 중심으로 오른쪽으로 돌며 수행하는 것을 말한다. 지금은 '遶'를 '繞'로 써서, '右繞'라고 한다.

7) 구계(具戒)는 구족계(具足戒)의 준말로, 비구와 비구니가 갖추어야 할 계율을 말한다. 비구는 250계, 비구니는 500계라고 한다.

되었고, 기존의 법에서 취하지 않아서, 계율이 대승(大乘)이 되었다. 옷이 다 해지도록 꾸미지 않고, 맛나는 걸 찾지 않고 주먹밥으로 먹었다. 천지 사이에서 수양을 하면서 생명있는 것에서 나온 것은 쓰지 않고 물리치면서도 그 자애를 스스로는 알아차리지 못하고, 중생을 제도하고 인도하여 바르고 참된 것으로 돌아가게 한 자들이 무리를 이루었으면서도 그 가르침을 스스로는 알지 못했다. 모든 행실이 바르고 엄정하고, 심성이 항상 한결같아, 그 적정(寂靜)의 작용의 끝이 어딘지 쉽게 찾을 수 없었다. 경수(景秀)라는 제자가 뒤를 이어 법회를 주재했다. 그 스승의 덕을 널리 전하여 끝없이 퍼지게 하고 싶었다. 그래서 이렇게 내용을 밝혀서 이 비석에 새기게 되었다.

불교가 남쪽에 전해져,
진(津) 대사에 이르러 존중받게 되었다.
위의(威儀)도 엄숙하게,
그 문을 열어젖혔다.
우리 스승께서 이를 이어,
도의 근원을 넓히고 풍성하게 했다.
제도한 중생이 갈수록 많아져,
군중의 어둠을 크게 밝혀주었다.
이에 이 정사(精舍)를 지어,
세세하고 치밀하게 불법을 논했다.
팔만 가지 말을 총결하여,
한 마디로 드러냈다.
이 소식을 듣고 중생은 즐거워,
멀리서 가까이서 달려왔다.
마치 이미 뽑혔던 나무가,
다시 뿌리를 내린 듯 했다.

이에 반주(般舟)를 법으로 삼아,
오묘한 불법이 이에 보존되었다.
수많은 철리를 묵묵히 이해하여,
조화의 근원을 보는 듯 하였다.
함께 도를 추구하는 제자가 많아서,
이로써 그 공이 두터이 퍼지게 되었다.
마치 물이 막혔다 터져서,
끝없이 사방으로 흘러 퍼지듯 했다.
황제께서 만인의 스승을 찾으시어,
우리 남악이 먼저 추천되었다.
훤하구나 밝은 명이여,
이 영험스런 남악에 표를 세우게 하셨다.
이에 저 남쪽에,
이 사원을 지었다.
너도 나도 이고 지고 물자를 공양하여,
요청하거나 약속한 적이 없었다.
소매 걷어부치고 저마다 분발하여 힘을 발휘해서,
부르지 않아도 달려들었다.
여길 베고 저길 뚫고,
칠하고 깎았다.
널찍한 규모로 완성되어,
여기서 후학을 맞아들였다.
외출시 우마를 이용하지 않고,
복장은 면화나 비단을 쓰지 않았다.
그 몸을 편안히 두지 않고,
그 음식도 단촐하게 했다.
근면해도 내세우지 않았으니,

마음씀이 항상 고요했기 때문이다.

방임해도 능멸하지 않았으니,

버림이 얻음임을 항상 생각했기 때문이다.

크나큰 자연과 하나 되었으니,

누가 그 자취를 찾을까?

남긴 광채 어엿하니,

이 훌륭한 법도를 본받으라.

그 모습은 가셨지만,

그 의표(儀表)는 끝없어라.

제자들이 추모하여,

이 비석에 새겨둔다.

佛法至于衡山, 及津大師始修起律教. 由其壇場而出者, 爲得正法. 其
大弟子曰日悟和尙, 盡得師之道, 次補其處, 爲浮圖者宗. 世家于零陵, 蔣
姓也. 和尙心大而行密, 體卑而道尊. 以爲由定發慧, 必用毗尼爲之室宇,
遂執業於東林恩大師. 究觀秘義, 乃歸傳教. 不視文字, 懸判深微. 登壇涖
事, 度比丘衆, 凡歲千人者三十有七, 而道不悶. 以爲去凡卽聖, 必以三昧
爲之軌道, 遂服勤於紫霄遠大師. 修明要奧, 得以觀佛. 浩入性海, 洞開眞
源. 道場專精, 長跪右遶, 不衡不倚, 凡七日者百有二十, 而志不衰.

初, 開元中詔定制度, 師乃居本郡龍興寺. 肅宗制天下名山, 置大德七
人, 茲嶽尤重, 推擇居首. 師乃卽崇嶺, 是作精室. 闢林莽, 刳巖巒, 殿舍宏
大, 廊廡脩直. 不命而獻力, 不祈而薦貨. 凡南方顒念佛三昧者, 必由於
是, 命曰般舟臺焉. 和尙生十三年而始出家, 又九年而受具戒, 又十年而
處壇場, 又三十七年而當貞元二十年正月十七日, 化于茲室.

嗚呼! 無得而修, 故念爲實相; 不取於法, 故律爲大乘. 壞衣不飾, 揣食
不味. 覆薦服役, 凡出於生物者, 擯而勿用, 不自知其慈; 攝取調御, 凡歸
於正眞者, 動而成羣, 不自知其教. 萬行方屬, 一性恒如, 寂用之涯, 不可

得也. 有弟子曰景秀, 嗣居法會. 欲廣其師之德, 延于岡極. 故申明陳辭,
俾刊之茲碑. 銘曰:

像教南被, 及津而尊. 威儀有嚴, 載闢其門. 吾師是嗣, 增濬道源.
度衆逾廣, 大明羣昏. 乃興毗尼, 微密是論. 八萬總結, 彰于一言.
聲聞熙熙, 遐邇來奔. 如木旣拔, 有植乃根. 乃法般舟, 奧妙斯存.
百億冥會, 觀于化元. 同道祁祁, 功庸以敦. 如水斯壅, 流之無垠.
帝求人師, 登我先覺. 赫矣明命, 表茲靈嶽. 于彼南皐, 齋宮爰作.
負揭致貨, 時靡要約, 袒奮程力, 不呼而諾. 是刈是鑿, 旣塗旣斲.
層構孔碩, 以延後學. 出不牛馬, 服不絮帛. 匪安其躬, 亦菲其食.
勤而不勞, 在用恒寂. 縱而不傲, 在捨恒得. 洪融混合, 孰究其跡.
懿茲遺光, 式是嘉則. 容貌往矣, 軌儀無極. 其徒追思, 賡薦茲石

남악대명사율화상비(南嶽大明寺律和尙碑: 남악 대명사 율 화상 비문)[8]

유가(儒家)는 예(禮)로 인의(仁義)를 세우므로, 예가 없으면 무너지고, 불
가(佛家)는 율(律)로 정혜(定慧)를 지탱하므로, 율을 버리면 망한다. 그러므
로 인의에서 예를 벗어난 사람과는 유가를 말할 수 없고, 정혜에서 율을
달리 한 사람과는 불가를 말할 수 없다. 이 도(道)에 통달한 사람은 오직
대명(大明) 대사뿐이다. 대사의 성은 구양(歐陽)이요, 호는 혜개(惠開)이다.
당(唐) 개원(開元) 21년(733)에 태어났고, 천보(天寶) 11년(752)에 불도(佛道)에

---

8) 본편은 판본에 따라 「대명화상비(大明和尙碑)」 또는 「형산대명사율화상탑비명(병서)
(衡山大明寺律和尙塔碑銘(幷序))」 등으로 편명이 약간 다르게 되어 있다. 형산에서 수도했
던 대명대사를 기리는 비문이다.

입문했고, 대력(大曆) 11년(776)에 대율사(大律師)로 등단했고, 정원(貞元) 13년(797) 11월 11일에 세상을 떠났다. 원화(元和) 9년(814) 정월, 제자 회신(懷信)·도숭(道嵩)·비구니 무염(無染) 등이 도력 높은 승려 영서(靈嶼)더러 행장(行狀)을 적어서 그의 사적을 정리하도록 명하고, 이 비석에 새기기를 원했다.

나 유종원이 이제 그중 중요한 대강을 다음과 같이 요약한다. 대사의 선조가 관직으로 인해 대대로 담주(潭州)에서 터를 잡으면서 대성(大姓)이 되었고, 공훈과 작위가 있었으면서도 이제껏 입에 올려 자랑하지 않았으니, 참으로 큰 스님이다. 부처의 도가 쇠미해지고 그 무리가 필시 계율을 업신여기고 경전을 떠나자, 대명대사는 이를 염려했다. 이에 준(峻)과 간(侃)을 따르면서 계율을 탐구하여, 큰 법도가 세워졌다. 또한 수(秀)와 욱(昱)을 따르면서 경전의 교리에 통달하여, 깊은 뜻이 정비되었다. 이 두 길을 통해 불문의 깊숙한 숨은 뜻과 분명한 훤한 뜻에 모두 드나들며 통달했다. 후학들은 이로 인해 미혹에 빠지지 않고, 찾아와 구하면 얻는 바가 있었다. 광덕(廣德) 2년(764), 형산(衡山)에 대명사(大明寺)를 처음 세우면서, 절에서 거주할 승려 21명을 조령을 통하여 선발하도록 했는데, 대사가 그 첫머리를 차지했다. 건원(乾元) 원년(758) 또한 형산에 명하여 '비니장(毗尼藏)'을 세우게 하고,9) 계율을 강론할 승려 7명을 선발하도록 했는데, 대사도 선발되었다. 그의 의복과 기물은 하나같이 스승의 법도가 있었고, 말씨와 행실은 모두 만인의 귀감이 되었다. 수건과 대야를 들고, 지팡이와 신을 대령하고 시중 든 사람이 수백 명이었고, 삭발하고 교의와 계율을 받아 공부한 사람이 수만 명이었다. 많은 무리를 얻어도 마치 혼자인 듯했고, 높은 자리에 거해도 마치 낮은 듯했다. 은미하면서도 빛

---

9) 연표로 보자면, 건원(乾元)은 숙종(肅宗) 재위 중 3년간의 연호이고, 광덕(廣德)은 대종(代宗) 재위 중 1년간의 연호이다. 그렇다면 건원 때의 일이 먼저 나오고 광덕 때의 일이 나중에 나와야 한다. 그런데 이 비문에서 '남악대명사율화상'이라고 하고 있는 것으로 보아, 대명사는 광덕 연간에 처음 만들어진 것이 확실하다. 여기서 '乾元'은 오자임이 분명하다. 어떤 판본에서는 그저 '某年'이라고만 표기하여, 의문을 표했다.

이 나고, 작은 듯하면서 위대하여, 크고도 넓어서 더 이상 더할 것이 없었다. 그의 탑은 축융봉(祝融峯) 서쪽 발치 아래 있고,[10] 비석은 탑의 동쪽에 있다. 명문은 다음과 같다.

유학은 예로써 움직이고,
불학은 율로써 흥기한다.
일단 진원(眞源)으로 돌아가면,
대승과 소승의 구분이 없다.
대명대사의 계율은,
정(定)이요 혜(慧)이다.
경전의 가르침을 끝까지 탐구하여,
세상의 법도로 내놓았다.
사람들을 끝없이 교화시키고,
한없이 복을 드리웠다.
크나큰 덕망을 추대하여 존경하라는 조령에,
위엄과 의표가 이어졌다.
그의 도는 천하에 두루 퍼지고,
그 빛나는 소리는 꺼지지 않는다.
축융봉 서쪽 발치,
동정호 남쪽 끝,
금석에 이 말을 새겨,
천만 년 억만 년 영원히 전하라.

儒以禮立仁義, 無之則壞; 佛以律持定慧, 去之則喪. 是故離禮於仁義者, 不可與言儒; 異律於定慧者, 不可與言佛. 達是道者, 唯大明師. 師姓

---

10) 형산에 다섯 봉우리가 있는데, 그중 하나가 축융봉(祝融峯)이다.

歐陽氏, 號曰惠開. 唐開元二十一年始生, 天寶十一載始爲浮圖, 大曆十一年始登壇爲大律師, 貞元十三年十一月十一日卒. 元和九年正月, 其弟子懷信道嵩尼無染等, 命高道僧靈嶼爲行狀, 列其行事, 願刊之茲碑.

宗元今掇其大者言曰: 師先因官世家潭州, 爲大姓, 有勳烈爵位, 今不言, 大浮圖也. 凡浮圖之道衰, 其徒必小律而去經, 大明恐焉. 於是從峻洎侃, 以究戒律, 而大法以立. 又從秀洎昱, 以通經教, 而奧義以修. 由是二道, 出入隱顯. 後學以不惑, 來求以有得. 廣德二年, 始立大明寺于衡山, 詔選居寺僧二十一人, 師爲之首. 乾元元年, 又命衡山立毗尼藏, 詔選講律僧七人, 師應其數. 凡其衣服器用, 動有師法, 言語行止, 皆爲物軌. 執巾匜, 奉杖屨, 爲侍者數百; 翦髮髦, 被教戒, 爲學者數萬. 得衆若獨, 居尊若卑. 晦而光, 介而大, 灝灝焉無以加也. 其塔在祝融峯西址下, 碑在塔東. 其辭曰:

儒以禮行, 覺以律興. 一歸眞源, 無大小乘. 大明之律, 是定是慧.
丕窮經教, 爲法出世. 化人無疆, 垂裕無際. 詔尊碩德, 威儀有繼.
道徧大洲, 徽音勿替. 祝融西麓, 洞庭南裔, 金石刻辭, 彌億千歲.

비음(碑陰: 비석 뒷면 기록)[11]

큰 스님을 장사지낼 때, 묘를 쓰지 않으니, 비(碑)를 쓰는 것이 적절하지 않을지도 모르겠다. 그러나 옛날 공실(公室)에서는 예(禮)에 따라 비를 써서 장사지낼 수 있었다. 그 후 자손들이 그대로 따라서 비를 쓰는 관

---

11) 본편은 바로 앞의 「남악대명사율화상비」 뒷면의 글이다.

례를 없애지 않았고, 마침내 비에 덕행을 새겨 세상에 오래 전해지기를 바랐다. 진(秦)에 이르러 산의 돌에 글을 새겨서 공덕을 칭송했고, 이 역시 비라고 하여, 결국 비가 광범위하게 쓰이게 되었다. 그렇다면 비록 스님이라도 비를 쓰는 것은 적절하다고 하겠다.

큰 스님을 장사지낼 때, 따랐던 신도가 많았으면 비를 세울 수 있다. 진(晉)·송(宋) 시대에는 법종(法宗)을 숭상했기 때문에 비를 세운 스님도 법종 계열의 스님이 많았다. 양(梁) 시대에는 선종(禪宗)을 숭상했기 때문에 비를 세운 스님도 선종 계열의 스님이 많았다. 법종이 두루 퍼지지 않고 선종이 크게 유행하지 않자, 율종이 남게 되었다. 그러므로 근세에 비를 세운 스님은 율종 계열의 스님이 많다.

큰 스님을 장사지낼 때, 비석에 관한 일을 비구니가 주관한 적이 일찍이 없었다. 그런데 지금은 무염(無染)만이 직접 찾아와 눈물로 부탁을 하면서 그 의지가 더욱 굳건해지고, 또한 스승의 덕을 누구보다 빠짐없이 제대로 말할 수 있었기에, 비석 뒷면에 이렇게 기록한다.

대사가 계율에 관한 일을 주도한 기간이 22년으로, 재상 제영(齊映)·이비(李泌)·조경(趙憬), 상서(尚書) 조왕(曹王) 고(皐)·배주(裴胄), 시랑(侍郎) 영호환(令狐峘) 등이 스승으로 모시기도 하고 친구로 어울리기도 했는데, 몸소 직접 경전을 들고 찾아가 경전의 대의를 전수받으며 제자가 되었다. 또한 말하기를, 대사가 예전에 어린이였을 때, 꿈에서 커다란 사람이 하얀 모자를 쓰고 하얀 신발을 신고 나타나 "남악에서 거주하며 내 도를 크게 할 사람은 필시 너일 것이다"라고 했다는데, 과연 정말 그렇게 되었다. 세상을 떠날 무렵, 밤에 빛이 비추고, 생황과 편경의 소리가 들려와, 군중이 모두 보고 들었다. 이와 같은 일이 매우 많았다. 유자 입장에서는 그런 말을 하지 않는데, 그러나 무염이 간절히 청하기 때문에 말미에 기록을 남긴다. 무염은 위(韋)씨네 딸이요, 대대로 현귀(顯貴)하였는데, 지금은 형산의 계율과 법도를 주도하고 있다.

凡葬大浮圖, 無竁穴, 其於用碑不宜. 然昔之公室, 禮得用碑以葬. 其後子孫, 因宜不去, 遂銘德行, 用圖久於世. 及秦刻山石, 號其功德, 亦謂之碑, 而其用遂行. 然則雖浮圖亦宜也.

凡葬大浮圖, 其徒廣則能爲碑, 晉宋尙法, 故爲碑者多法. 梁尙禪, 故碑多禪. 法不周施, 禪不大行, 而律存焉, 故近世碑多律.

凡葬大浮圖, 未嘗有比丘尼主碑事, 今惟無染實來, 涕淚以求, 其志益堅, 又能言其師他德尤備, 故書之碑陰.

師凡主戒事二十二年, 宰相齊公映李公泌、趙公憬, 尙書曹王皐、裴公胄侍郎令狐公峘, 或師或友, 齊親執經受大義爲弟子. 又言師始爲童時, 夢大人縞冠素舃來告曰 : "居南嶽大吾道者, 必爾也." 已而信然. 將終, 夜有光明, 笙磬之音, 衆咸見聞. 若是類甚衆. 以儒者所不道, 而無染勤以爲請, 故末傳焉. 無染, 韋氏女, 世顯貴, 今主衡山戒法.

형산중원대율사탑명(衡山中院大律師塔銘 : 형산 중원 대율사 탑명)[12]

형상 중원 대율사는 희조(希操)라고 하며, 57세에 세상을 떠났다. 세상을 떠난지 27년 만에 제자 계영(誡盈)이 공의 행적을 정리한 것을 갖고 와 탑석(塔石)에 새기길 원했다. 공의 성은 잠(暓)으로, 유학을 떠나서 불학에 입문한 이후 31년 동안 계율을 관장하고 대중을 계도하는 법회를 연 것이 26회였다. 남방 불교의 계율과 법도가 거의 허물어가다 다시 바르게 되어, 공으로 말미암아 크게 일어났고, 형산의 사찰이 거의 허물어지다

---

12) 본편은 형산 대율사가 세상을 떠난지 27년 만에 제자들이 유종원을 찾아와 비문을 부탁하여 쓴 것이다. 당시 승상 이비(李泌) 등이 존경했다는 탑명(塔銘) 내용으로 보아, 앞에 나온 대명사 율화상과 깊은 관련이 있는 인물인 듯하다.

다시 이루어져, 공으로 말미암아 크게 변화가 일었다. 그래서 당세의 인물 중 승상 이비(李泌) 같은 사람은 일찍이 그 도를 굽힌 적이 없었는데 공을 만나 머리를 조아려 존경을 표하고 자기를 빼기지 않았다. 출가한 인물 중 석름(石廩) 찬공(瓚公) 같은 사람은 일찍이 말로 표출해내지 않았음에도 공을 만나서 탄식하며 추대하여 불법(佛法)을 지켰다. 그러므로 처음 공을 세울 무렵에는 천둥과 번개와 큰 바람이 그 징조를 보였고, 세상을 떠날 무렵에는 운석과 흑점이 그 시기를 알렸다. 이는 신괴하여, 헤아려 알 수가 없다. 그러므로 그는 만물과 대동(大同)을 이루어, 시종일관 다툼이 없고, 배움을 받은 많은 대중을 그는 함께 할 수는 없었다. 그가 가르침을 받은 자들로서 화엄(華嚴) 조공(照公), 난야(蘭若) 진공(眞公), 형주(荊州) 지공(至公), 율공(律公) 등은 모두 큰 인물이었다. 그가 가르침을 전수한 자들로서 유원(惟瑗), 도영(道郢), 영간(靈幹), 유정(惟正), 혜상(惠常), 계영(誡盈) 등은 모두 유명한 사람들이다. 아하! 시종일관하였도다! 다음과 같이 명문을 적어둔다.

처음엔 잘 계승하고 나중엔 잘 전수하여,
큰 잘못을 바로잡아 법도와 권위를 지켰다.
대중이 찾아온 이후 의지가 더욱 경건해지고,
우뢰가 징조를 보여주어 이미 공이 드러났다.
별빛이 안좋은 조짐을 알려서 수명이 연장되지 못하고,
신령이 변화하여 대선(大仙)을 맞이한다.
이 비석에 새겨 만년토록 전해지길,
세상에 도덕이 무너져도 그의 덕은 변함이 없어라.

衡山中院大律師曰希操, 沒年五十七. 旣沒二十七年, 弟子誠盈奉公之
遺事, 願銘塔石. 公咨姓, 凡去儒爲釋者三十一祀, 掌律度衆者二十六會.
南尼戒法, 壞而復正, 由公而大興; 衡嶽佛寺, 毁而再成, 由公而丕變. 故

當世之士, 若李丞相泌, 道未嘗屈, 覿公而稽首, 尊之不名; 出世之士, 若石廩瓚公, 言未嘗形, 遇公而歎息, 推以護法. 是以建功之始, 則震雷大風示其兆; 滅跡之際, 則隕星黑祲告其期. 斯爲神怪, 不可度已. 故其與物大同, 終始無爭, 受學之衆, 他莫能偕也. 凡所受教, 若華嚴照公, 蘭若眞公, 荊州至公、律公, 皆大士; 凡所授教, 若惟瑗、道郢、靈幹、惟正、惠常、誠盈, 皆聞人. 嗚呼! 始終哉. 爲之銘曰:

首有承兮卒有傳, 革大訛兮持法權. 衆之至兮志益虔, 雷發兆兮功已宣. 星告妖兮壽不延, 靈變化兮迎大仙. 礱茲石兮垂萬年, 世有壞兮德無遷.

제8권 행장(行狀)

단태위일사장(段太尉逸事狀 : 단수실 태위 일사장)[1]

이전에 태위(太尉)가 경주자사(涇州刺史)로 있을 때,[2] 분양왕(汾陽王)이
부원수(副元帥)로 포주(蒲州)에 있었고,[3] 분양왕의 아들 곽희(郭晞)는 상서

---

[1] 본편은 전기(傳記)의 일종이다. 단수실(段秀實)의 자는 성공(成公)으로, 『신당서』, 『구당서』
에 모두 그의 전기가 실려 있다. 일사장(逸事狀)은 '세상에 알려지지 않은 행적 등을 정리
한 기록'으로, 행장(行狀)의 일종이다. 행장은 전기의 1차 자료로, 사관(史官)이 전기를
쓰기 위한 자료로 참고하도록 행적을 정리하여 보고한 것이다. 이 일사장은 원화 9년
(814) 유종원이 영주에 있을 때 쓴 것이다. 당시 사관으로 있던 한유에게 이 행장을 보
내면서 쓴 서신 「여사관한유치단태위일사서(與史官韓愈致段太尉逸事書)」가 『문집』 31권
에 실려 있어, 참고할 만하다.
[2] 대력 12년(777), 빈녕(邠寧) 절도사 백효덕(白孝德)이 단수실을 경주자사로 추천했다.
[3] 분양왕이란 곽자의(郭子儀)를 말한다. 이해 정월, 분양 곽자의를 관내(關內) 하동(河東)
부원수·하중(河中) 절도사 등으로 임명하여 하중을 통치하게 했다. 하중이 포주(蒲州)
이다.

(尙書)로,4) 행영절도사(行營節度使)를 맡아보면서 빈주(邠州)에 군대를 주둔
시키고 있었는데, 장교나 군졸이 방탕무뢰하게 구는 것을 그대로 놓아두
었다. 빈주 사람 중 포악을 일삼는 자들이 끝내 뇌물을 써 군대의 대오
에 몰래 이름을 올리고 제멋대로 행패를 부렸지만, 관리는 추궁하지 못
했다. 날마다 떼지어 다니며 시장에서 빌어먹는데, 성에 차지 않으면 사
람들을 때려 손발을 부러뜨리고, 솥이나 항아리 옹기 단지 등을 몽둥이
로 부숴 길에 가득 쌓아놓고, 웃통을 벗어부치고 건들건들 다니면서 애
밴 부인을 때려 죽이기에 이르렀다. 빈녕(邠寧) 절도사 백효덕(白孝德)은
분양왕이라는 배경 때문에 두려워 감히 말을 하지 못했다.

태위는 경주(涇州)에서 이 실상을 부(府)에 보고하여 대책을 세울 것을
청하고, 백효덕을 찾아가 말했다. "천자께서 공(公)께 백성을 다스리도록
부탁하셨는데, 공께서는 백성들이 가혹한 피해를 당하는 것을 보시고도
마음 편한 듯 가만히 계시니, 장차 큰 난이라도 일어나면 어쩌시렵니까?"
효덕이 말했다. "원하건대 가르침을 받고 싶습니다." 태위가 말했다. "제
가 경주를 다스리고 있는데,5) 마침 일이 별로 없고, 현재 백성들이 아무
죄도 없이 폭행을 당하고 천자의 변경 일이 어지럽혀지는 것을 차마 두
고 보지 못하겠습니다. 공께서 저를 도우후(都虞候)로 임명해 주신다면,6)
공을 위해서 난을 그치게 하고 공의 백성들이 해를 당하는 일이 없도록
할 수 있습니다." 효덕은 "그렇게 되면 정말 다행이겠습니다"라고 말하
고, 태위의 청대로 따랐다. 이리하여 도우후로 임명한지 한 달이 지나서,
곽희의 군사 17명이 시장에 들어가 술을 빼앗고, 또 칼로 술항아리를 찌
르고 누룩 그릇을 부수는 등 행패를 부려 술이 도랑으로 흘러가버렸다.
태위는 군졸을 풀어 17명을 사로잡고 모두 머리를 잘라 긴창 끝에 꽂아

---

4) 곽희는 곽자의의 아들로, 당시 좌상시(左常侍)였으며, 상서(尙書)는 아니었다. 착오인
   듯하다.
5) 경주(涇州)와 빈주(邠州)는 모두 관내도(關內道) 소속이었다.
6) 무관의 고과·임명·상벌 등을 담당한 부서가 도우사(都虞司)이고, 도우후는 그 책임
   자이다.

서 시장 문 밖에 세워두었다. 곽희 군사의 막사는 온통 소란이 일어났고 모두 갑옷을 입는 등 중무장을 했다. 효덕은 두려워 벌벌 떨며 태위를 불러 말했다. "이제 어떡하시겠습니까?" 태위가 말했다. "너무 걱정하지 마십시오 제가 찾아가 군사들에게 말을 하겠습니다." 효덕은 수십 명을 시켜 태위를 따르도록 했다. 태위는 모두 사양하여 돌려보내고, 허리에 찬 칼을 풀고, 늙고 다리를 절룩이는 병사 하나를 골라 말을 끌게 하고 곽희의 군문에 도착했다. 갑옷을 입은 자가 나오자 태위는 웃고 들어가며 말했다. "늙은 군졸 하나 죽이는데 갑옷은 왜 입었나? 내가 내 머리를 갖고 왔네." 갑옷을 입은 자는 깜짝 놀랐다. 이어서 훈계했다. "상서(尚書)께서 진정 너희를 저버렸느냐, 부원수(副元帥)께서 진정 너희를 저버렸느냐? 어찌 소란을 피워서 곽씨 집안을 망치려고 하느냐? 상서께 드릴 말씀이 있으니 나오셔서 내 말씀을 들으시라고 일러라." 곽희가 나와 태위를 만나니 태위가 말했다. "부원수께서 나라에 세우신 공이 천지에 가득하니 마땅히 유종의 미를 거두도록 힘써야 할 것입니다. 지금 상서께서 군졸들이 포악한 행위를 일삼도록 놓아두시는데, 포악이 지나치면 난리가 일어날 것이요, 천자의 변방에 난리가 일어난다면 그 죄를 누구에게 돌리려는 것입니까? 그 죄는 부원수께 미칠 것입니다. 지금 빈주 지방의 못된 자제들이 뇌물을 써서 군대의 명단에 몰래 이름을 올리고는 사람들을 죽이고 해치는데, 이와 같은 것이 그치지 않으면 며칠 못가 큰 난리가 일어나지 않겠습니까? 큰 난리는 상서로부터 나온 것이나 마찬가지이니, 사람들은 모두 상서께서 부원수를 등에 업고 군사들을 통제하지 않는다고 말하는데 그렇다면, 곽씨의 공명은 과연 얼마나 남아있겠습니까?" 말이 채 끝나기 전에 곽희는 재배하고 말했다. "공께서 다행히도 저를 올바른 길로 깨우쳐 주시니 그 은혜가 실로 막심합니다. 원컨대 저희 군사를 받들어 가르침을 따르겠습니다." 좌우를 돌아보고 꾸짖으며 말했다. "모두 갑옷을 벗고 대오로 해산하라! 감히 소란을 피우는 자는 죽음을 면치 못하리라!" 태위가 말했다. "제가 아직 저녁을 먹지 못했습니다. 그저 되는대로 간단한 식사를 준비해 주셨으면 합니다." 식사를 마치고 말했다. "제가 몸이 좀 불편하니, 여기에서 묵었다 갔으면 합니다." 말을 끌던 군졸에게 다음 날 아침에 오라 명하고 군중에 누워 잤다. 곽희는 옷도 벗지 않고 보초에 게 딱다기를 치며 태위를 호위하라고 엄히 명했다. 다음날 아침에 함께 효덕의 처소에 와서 그동안 군졸을 통제하지 못한 것을 사과하고 잘못을 고치겠노라 다짐했다. 빈주는 이로 인하여 화가 없게 되었다.

이에 앞서 태위가 경주에서 영전관(營田官)으로 있을 때, 경주의 대장 초령심(焦令諶)이 백성들의 전답을 빼앗아 수십 경(頃)을 독점하고 농민에 게 소작으로 주며 말했다. "장차 수확을 거두면 나에게 반을 가져오라." 이해에 큰 가뭄이 들어 들에는 풀 한 포기 나지 않았고, 농부가 이 사실 을 초령심에게 알리자 초령심은 "나는 들여올 곡식 숫자만 알 뿐 가뭄인 지 뭔지는 모르겠다"라고 하면서 더욱 다급하게 독촉했다. 농부는 소작 을 보상하는 것은 고사하고 굶어죽을 지경에 이르자 태위에게 알렸다. 태 위는 실상을 명백히 논한 판결문을 아주 겸손하게 써서 초령심을 찾아가 달래도록 했다. 초령심은 화가 머리 끝까지 올라 농부에게 말했다. "내가 단 아무개라는 작자를 두려워할 줄 알았느냐? 어찌 감히 그에게 내 말을 했느냐?" 판결문을 농부의 등 위에 깔고 대장(大杖)으로 20대를 때려 거의 죽을 지경이 되어서야 가마에 싣고 태위의 관청 뜰에 갖다 놓았다. 태위 는 몹시 울면서 말했다. "내가 너를 이 지경에 빠트렸구나." 곧 스스로 물 을 떠다가 피를 씻고 옷을 찢어서 상처를 감싸고 손수 좋은 약을 먹이는 등 아침 저녁으로 자기가 농부를 먹인 뒤에야 밥을 먹었다. 아무도 몰래 자기가 타고 다니는 말을 팔아 곡식을 사서 대신 보상했다. 당시 경주에 임시 주둔해 있던 회서(淮西) 군대의 장군 윤소영(尹少榮)은 강직한 인물로, 초령심을 찾아가 심하게 욕하며 말했다. "네가 진정 사람이냐? 경주의 들 판은 가뭄이 들어 불에 탄 듯 벌겋게 변했으며 백성들이 굶어죽을 지경 인데, 그래도 곡식을 받으려 하고, 게다가 대장으로 죄없는 사람까지 때 리다니. 단공(段公)은 인자하고 믿음있는 대인이다. 그런데 너는 공경할 줄 모르다니. 단공은 오직 한 마리 있는 말을 헐값에 팔아 곡식을 너한테 주었는데, 너는 또 그것을 받고 부끄러운 줄 모르다니. 무릇 사람이 돼가지고 천재(天災)를 우습게 알고 대인을 능멸하고 죄없는 사람을 때리고, 게다가 인자한 사람의 곡식을 빼앗으면서 주인더러 외출할 때 도보로 다니게 하였으니, 네가 장차 어떻게 하늘을 보려고 하느냐? 노예들한테도 부끄럽지 않으냐?" 초령심이 비록 사납고 못됐지만 그의 말을 듣자 너무 부끄러워 땀을 흘리고 밥도 먹지 못했다. 그리고는 말했다. "나는 죽을 때까지 단공을 볼 수 없다." 어느날 저녁 스스로 한탄하며 자살했다.[7]

태위가 경주에서 사농(司農)으로 조정의 부름을 받았을 때,[8] 기(岐) 지방을 지날 때 주체(朱泚)가 행여 뇌물을 주면 절대로 받지 말라고 가족들에게 엄중히 경계했다. 기를 지날 때가 되어 주체가 정말 능라 비단 300필을 가져왔는데, 태위의 사위 위오(韋晤)가 굳이 거절했지만 주체의 양해를 받지 못했다. 도성에 이르러 태위가 노하여 말했다. "기어이 내 말을 따르지 않았구나." 위오가 사죄하여 말했다. "제가 지위가 낮아 거절할 수가 없었습니다." 태위가 말했다. "그러나 죽어도 우리 집에 둬둘 수는 없다." 가지고 사농의 관서에 가서 대들보 위에 올려놓았다. 주체가 반란을 일으키고,[9] 태위가 죽었을 때,[10] 어떤 관리가 이 사실을 주체에게 알려서 주체가 내려보니 옛날 봉함과 표식이 뜯기지 않은 채 그대로 있었다.

이상이 태위의 일사(逸事) 내용이다.

---

7) 단수실 별전에 '대력(大曆) 8년(773)에도 초령심이 여전히 생존해 있다'는 기록이 있는 것으로 보아, 유종원이 소문을 잘못 들은 것이 아닌가 한다.
8) 건중(建中) 원년(780) 2월, 단수실은 경원(涇原) 절도사에서 사농경(司農卿)으로 부름을 받았다.
9) 건중 4년(783) 10월, 경원절도사 요령언(姚令言)더러 군대를 이끌고 가서요(哥舒曜)를 구조하라는 조서를 내렸다. 정미일에 경성을 나서서 산수(滻水)에 도착했을 무렵, 창끝을 되돌려 모반하여, 진창리(晉昌里)에서 주체를 우두머리로 맞이하였다.
10) 경술일에 주체가 단수실을 죽였다. 흥원(興元) 원년(784) 2월, 단수실을 추증하고 충렬(忠烈)의 시호를 내렸다.

원화 9년(814) 모월 모일, 영주사마원외치동정원 유종원은 삼가 사관(史館)에 올립니다. 오늘날 태위의 크나큰 절의를 말하는 내용에 차이가 있어서, 무인이 일시적으로 죽음을 돌아보지 않고 분격하여 천하의 명성을 얻었다고 여기는 경우가 있으며, 태위의 행실이 이와 같았음을 모릅니다. 제가 일찍이 기(岐)・주(周)・빈(邠)・태(鄠) 지역을 다닐 때 진정(眞定)을 지나고 북으로 마령(馬嶺)까지 올라갔었는데, 역참이나 보루 등을 지나면서 연로한 장교나 은퇴한 군졸들에게 이것저것 묻는 것을 좋아하여, 이 일을 잘 듣게 되었습니다. 태위는 사람됨이 따뜻하고, 항상 고개를 낮추고 손을 모아 걸음을 걸었고, 말하는 기운이 낮고 약했으며, 일찍이 안좋은 낯빛으로 사람을 대한 적이 없어, 사람들이 보면 마치 유자(儒者)인 듯했습니다. 불가능을 만나서도 반드시 그 뜻을 관철시킨 것도 결코 우연이 아니었습니다. 마침 영주자사 최공(崔公)이 왔는데, 말이 믿음있고 행실이 곧아서, 태위의 행적을 이렇게 갖추어 모아서, 의심가는 곳 없도록 검토하고 교정했습니다. 그래도 혹시 아직 숨기고 빠트린 부분이 있어서 역사책에 모아지지 않았을까 염려하여, 감히 집사께 개인적으로 일사장을 올립니다. 삼가 올립니다.

　太尉始爲涇州刺史時, 汾陽王以副元帥居蒲, 王子晞爲尚書, 領行營節度使, 寓軍邠州, 縱士卒無賴. 邠人偸嗜暴惡者, 卒以貨竄名軍伍中, 則肆志, 吏不得問. 日羣行丐取於市, 不嗛, 輒奮擊折人手足, 椎釜鬲甕盎盈道上, 袒臂徐去, 至撞殺孕婦人. 邠寧節度使白孝德以王故, 戚不敢言.

　太尉自州以狀白府, 願計事, 至則曰: “天子以生人付公理, 公見人被暴害, 因恬然, 且大亂, 若何?” 孝德曰: “願奉敎.” 太尉曰: “某爲涇州甚適, 少事, 今不忍人無寇暴死, 以亂天子邊事. 公誠以都虞候命某者, 能爲公已亂, 使公之人不得害.” 孝德曰: “幸甚!” 如太尉請. 既署一月, 晞軍士十七人入市取酒, 又以刃刺酒翁, 壞醸器, 酒流溝中. 太尉列卒取十七人, 皆斷頭注槊上, 植市門外. 晞一營大譟, 盡甲. 孝德震恐, 召太尉曰: “將奈何?" 太尉曰：“無傷也. 請辭於軍." 孝德使數十人從太尉, 太尉盡辭去, 解佩刀, 選老躄者一人持馬, 至睎門下. 甲者出, 太尉笑且入曰：“殺一老卒, 何甲也? 吾戴吾頭來矣." 甲者愕. 因諭曰：“尙書固負若屬耶? 副元帥固負若屬耶? 奈何欲以亂敗郭氏? 爲白尙書, 出聽我言." 睎出, 見太尉, 太尉曰：“副元帥勳塞天地, 當務始終. 今尙書恣卒爲暴, 暴且亂, 亂天子邊, 欲誰歸罪? 罪且及副元帥. 今邠人惡子弟以貨竄名軍籍中, 殺害人, 如是不止, 幾日不大亂? 大亂由尙書出, 人皆曰尙書倚副元帥不戢士, 然則郭氏功名其與存者幾何?" 言未畢, 睎再拜曰：“公幸教睎以道, 恩甚大, 願奉軍以從." 顧叱左右曰：“皆解甲, 散還火伍中, 敢譁者死!" 太尉曰：“吾未晡食, 請假設草具." 旣食, 曰：“吾疾作, 願留宿門下." 命持馬者去, 旦日來. 遂臥軍中. 睎不解衣, 戒候卒擊柝衛太尉. 旦, 俱至孝德所, 謝不能, 請改過. 邠州由是無禍.

先是太尉在涇州, 爲營田官. 涇大將焦令諶取人田, 自占數十頃, 給與農, 曰：“且熟, 歸我半." 是歲大旱, 野無草, 農以告諶. 諶曰：“我知入數而已, 不知旱也." 督責益急. 且飢死, 無以償, 卽告太尉. 太尉判狀辭甚巽, 使人求諭諶. 諶盛怒, 召農者曰：“我畏段某耶? 何敢言我!" 取判鋪背上, 以大杖擊二十, 垂死, 輿來庭中. 太尉大泣曰：“乃我困汝." 卽自取水洗去血, 裂裳衣瘡, 手注善藥, 旦夕自哺農者, 然後食. 取騎馬賣, 市穀代償, 使勿知. 淮西寓軍帥尹少榮, 剛直士也, 入見諶, 大罵曰：汝誠人耶? 涇州野如赭, 人且飢死, 而必得穀, 又用大杖擊無罪者. 段公, 仁信大人也, 而汝不知敬. 今段公惟一馬, 賤賣市穀入汝, 汝又取不恥. 凡爲人, 傲天災、犯大人、擊無罪者, 又取仁者穀, 使主人出無馬, 汝將何以視天地, 尙不愧奴隸耶? 諶雖暴抗, 然聞言則大愧流汗, 不能食, 曰：“吾終不可以見段公." 一夕自恨死.

及太尉自涇州以司農徵, 戒其族：過岐, 朱泚幸致貨幣, 愼勿納. 及過, 泚固致大綾三百匹, 太尉壻韋晤堅拒, 不得命. 至都, 太尉怒曰：“果不用吾言!" 晤謝曰：“處賤, 無以拒也." 太尉曰：“然終不以在吾第." 以如司農治事堂, 棲之梁木上. 泚反, 太尉終, 吏以告泚, 泚取視, 其故封識具存.

太尉逸事如右.

元和九年月日, 永州司馬員外置同正員柳宗元謹上史館. 今之稱太尉大節者, 出入, 以爲武人一時奮不慮死, 以取名天下, 不知太尉之所立如是. 宗元嘗出入岐、周、邠、鄜間, 過眞定, 北上馬嶺, 歷亭郵堡戍, 竊好問老校退卒, 能言其事. 太尉爲人姁姁, 常低首拱手行步, 言氣卑弱, 未嘗以色待物, 人視之, 儒者也. 遇不可, 必達其志, 決非偶然者. 會州刺史崔公來, 言信行直, 備得太尉遺事, 覆校無疑. 或恐尙逸墜, 未集太史氏, 敢以狀私於執事. 謹狀.

고은청광록대부우산기상시경거도위의성현개국백유공행장
(故銀靑光祿大夫右散騎常侍輕車都尉宜城縣開國伯柳公行狀: 고 은청광록대부 우산기상시 경거도위 의성현 개국백 유공 행장)[11]

증조부는 유선재(柳善才)로, 형왕(荊王) 시독(侍讀)을 지냈다.

조부는 유상소(柳尙素)로, 윤주(潤州) 곡아현령(曲阿縣令)을 지냈다.

부친은 유경휴(柳慶休)로, 발해군(渤海郡) 발해현승(渤海縣丞)을 지냈고, 채주자사(蔡州刺史)·공부상서(工部尙書)에 추증되었다.

여주(汝州) 양현(梁縣) 양성향(梁城鄕) 사의리(思義里) 향년 74세 유혼(柳渾)의 행장은 다음과 같다.

공의 자는 유심(惟深)이요, 선조는 하동(河東) 사람이다. 진(晉) 영가(永嘉)

---

11) 본편은 유종원의 일족 유혼(柳渾)의 행장이다. 바로 뒤의 「시의(諡議)」 내용으로 보아, 유종원이 집현전정자로 있을 때 쓴 것이다. 원래 이름은 재(載)였는데, 덕종 때 반란군 주체의 무리가 유재(柳載)를 재상으로 영입하고자 하면서 이름을 거론한 치욕을 씻겠다면서 개명(改名)을 신청하여 혼(渾)으로 바꾸었다.

연간(307~312)에 유탁(柳卓)이라는 제남태수(濟南太守)가 있어, 고향을 떠나 강좌(江左)에서 출사했는데, 공은 사실 그의 후손이다.12) 유씨(柳氏)는 황제(黄帝)·후직(后稷)으로부터 주(周)나라·노(魯)나라 시대에 이르기까지 자(字)로 일족의 이름을 명명하다가 봉지에 따라 성씨(氏)를 받았으니, 『좌씨내전』·『좌씨외전』 및 『태사공서』에 실려 있다.13) 유탁으로부터 공에 이르기까지 11대로,14) 사림(士林)의 성족(盛族)이 되었으니, 남조 역대 역사 및 유씨 가첩(家牒)에 분명히 드러나 있다.15) 공은 체질과 용모가 빼어나고 걸출하고, 도량이 무척 크고, 너그럽고 온화하고 모든 것에 두루 밝아 절의와 관련된 일과 마주하면 반드시 이루려고 했고, 또한 통이 크고 여유있어 매사에 결단을 내릴 줄 알았다. 집안에 있을 때는 윗사람을 봉양하고 아랫사람을 돌보는 정성이 집안 친척간의 의표가 되어 내적인 수양이 드러났고, 관직에 나아가 정치를 할 때는 부드럽고 어질고 단정하고 올곧은 덕이 근무 부서에 스며서 외적인 미덕이 돋보였다. 학문을 할 때는 번잡하고 어지러운 것을 간략하게 정리하여 깊은 뜻을 캐내서

---

12) 서진(西晉) 말기에 유순(柳純)이 평양(平陽) 태수를 지냈다. 유순의 아들 유탁이 영가(永嘉)의 난을 피해 양양(襄陽)으로 옮겼고, 관직이 여남(汝南) 태수에 이르렀다. 여기서 '제남'이라고 한 것은 착오인 듯하다.

13) 노(魯)나라 효공(孝公)의 아들이 백전(伯展)이고, 백전의 손자가 사공(司空) 무해(無駭)이고, 무해가 금(禽)을 낳았다. 금의 자는 계(季)로, 노나라 사사(士師)를 지냈고, 유하(柳下)가 식읍었고, 시호는 혜(惠)이다. 이로 인해 유(柳)를 씨로 삼았다. 노나라가 초(楚)에 의해 멸망하자 유씨는 초로 들어갔다. 초나라가 진(秦)에 의해 멸망하자 진(晉)의 해현(解縣)으로 옮겼다. 나중에 진에서 하동군(河東郡)을 설치하여, 이 때문에 하동 해현 사람이라고 했다.

14) 유탁의 아들이 염(恬)으로, 서하(西河) 태수를 지냈다. 유염의 아들이 빙(憑)으로, 풍익(馮翊) 태수를 지냈다. 유빙의 아들이 숙종(叔宗)으로, 자는 쌍린(雙鱗)이며, 송(宋)의 건위참군(建威參軍)을 지냈다. 유숙종의 아들이 세륭(世隆)으로, 자는 언서(彦緒)이며, 남제(南齊)의 상서령(尚書令)을 지냈다. 유세륭의 아들이 섬(淡)으로, 자는 문통(文通)이며, 양(梁)의 좌복야(左僕射)·곡강목후(曲江穆侯)를 지냈다. 유섬의 아들이 영(映)이다. 유영의 아들이 석(奭)이다. 유석의 아들이 선재(善才)이다. 유선재의 아들이 상소(尚素)이다. 유상소의 아들이 경휴(慶休)이다. 유경휴의 아들이 혼(渾)이다. 이와 같이 유탁으로부터 유혼까지 11대이다.

15) 유원경(柳元景)의 아우 숙종 이하로 『남사(南史)』에 모두 전기가 있다.

도(道)를 아는 것을 으뜸으로 삼았고, 글을 쓸 때는 화려한 장식을 없애고 물 흐르듯 자유롭게 써내려가 자기 뜻에 맞는 것을 지향했다. 처음 공부할 때부터 대성에 이르기까지 책을 좋아하고 탐구와 연마에 주의를 쏟았고, 힘들어도 쉴 줄을 모르고, 회초리의 힘을 빌지 않아도 위엄이 섰다. 부드러운 말과 고상한 뜻으로, 일찍부터 명성이 있었다.

열 몇 살 때, 신령한 무당이라는 자가 찾아와 말했다. "네 관상을 보니 요절하고 또한 비천한 운명이다만, 다행히 부처에 귀의하면 죽는 날은 늦출 수 있을 뿐, 높은 지위와 봉록은 네 팔자가 아니다." 공의 숙부들이 평소 공을 무척 사랑했던지라, 무당의 괴이한 설을 더더욱 믿어서, 학업을 그만 두라고 서둘러 종용하고, 무당의 말을 따르려 했다. 공은 거절하면서 말했다. "사람의 목숨과 운명에 관계된 이치는 성인도 별로 말하지 않았고 진신(縉紳) 사대부도 말하지 않는데, 무당이 어찌 다 알 수 있겠습니까? 또한 설령 그 말대로 따라 해서 살게 된다 해도, 성인의 가르침을 떠나 이단의 술수를 닦는 것은 차라리 빨리 죽는 것만 못합니다!" 그리하여 더욱 열심히 공부했다. 이와 같이 어린 시절에도 황당한 사설에 혹하지 않았다.

개원 연간(713~741)에 여주(汝州) 진사를 뽑는데, 응모한 인원이 모두 백여 명으로, 공의 성적이 그중 으뜸이었다. 예부시랑 위척(韋陟)이 그를 남달리 보고 지목하여, 단숨에 발탁되었다.16) 송주(宋州) 단보위(單父尉)로 임명되었다. 안건의 판단과 처리에서 세세한 사항과 큰 줄기에 모두 능통했고, 청렴결백을 굳게 지키는 모습이 얼마 안 가 드러났다. 운기위(雲騎尉)로 임명되었다. 임기를 마쳤을 무렵, 강남서도(江南西道) 연수(連帥)가 그의 명성을 듣고 막부 판관으로 발탁했다.17) 강남서도는 신주(信州)를 도읍으로 하고 있었는데, 주민들이 안좋은 해악을 만나 치안이 무너지고 민심이 피폐해진 상황에서 임시로 영풍령(永豐令)에 임명했다. 공은 이에

---

16) 천보(天寶) 원년(742), 예부시랑 위척이 지공거(知貢擧)로 있을 때 유재(柳載)가 열네 번째로 합격했다. 유재는 나중에 혼(渾)으로 이름을 바꿨다.
17) 지덕 연간(756~757)에 강서 채방사(採訪使) 황보신(皇甫侁)의 판관이 되었다.

엄중히 법령을 집행하여 간사하고 포악한 자들을 엄히 다스리고, 대대적 화평의 노선을 펼쳐서 외로운 사람들을 도와주고, 해로운 것들을 몰아내고, 못된 짓 일삼는 자들을 없애고, 관가에는 권한을 내세워 횡포를 부리며 재물을 빼앗는 일이 없어지고, 정가에는 법령을 어기고 혼란을 일으키는 벌레 같은 자들이 없어지고, 안건의 판결을 잘 따라서, 점차 소송이 없어지게 되었다. 농부는 농사짓던 땅으로 돌아가고, 상인은 시장에서 물건을 교역했다. 사람들이 편안하고 부유해져 염치의 미덕이 일어나고, 부유해져 교육을 일으키고자 공사립 학관이 늘어섰다. 고을에 큰 변화가 와, 능력에 대한 칭송이 자자하여, 결국 홍주(洪州) 풍성령(豊城令)으로 임명하도록 상소했다. 부임해서 영풍의 통치와 같이 하되 인후(仁厚)함이 더해졌다. 구주사마(衢州司馬)에 임명되었다.

　그릇이 큰 사람은 작은 임무를 맡는 것을 부끄러워하고, 발이 빠른 사람은 보통의 땅에 안주시키기 어렵다. 공은 결국 출사를 그만두고 자취를 감춰 무녕산(武寧山)에 은둔했다. 많은 고관들이 서신을 보내고 제후들이 예물을 보내도 모두 사절하고 나가지 않았다. 현인의 업적을 탐구하고 군자의 유학(儒學)을 연구하여, 기름진 음식 대신 도(道)의 깊은 맛을 맛있다 여기고, 화려한 관복 모자 대신 덕을 지닌 것이 빛나다 여겨서, 부귀영화를 버리고 담담하게 소박함을 추구했다. 조정에서 매우 명성이 드높아, 어사에 임명한다고 불렀다. 공은 "군주의 명이니, 어찌 감히 달아나겠는가?"라며 당일 즉시 행장을 꾸리고 나섰다. 공은 일찍이 대범함을 좋아하여, 속박하고 재촉하는 자잘한 일들을 하지 않으려고 했다. 아무래도 자기 뜻이 아닌지라, 병 때문이라며 사양했다. 좌보궐(左補闕)에 임명되었다. 충절을 감추어 그 자리를 굳히려고 하지 않았고, 정직을 내세우면서 유명해지기를 추구하지도 않았다. 전중시어사(殿中侍御史)에 임명되고 비어대(緋魚袋)를 하사받아, 강서(江西)로 부임하여, 철의 전매와 상평창(常平倉)을 회복하는 것을 조용사(租庸使)와 의논하여, 시의적절하게 처리하고 제도를 정할 수 있도록, 전적으로 그 일을 맡아보게 되었다. 무게의 단위를 일정하게 통일하고, 출납과 평준(平準)의 단위를 적절하게 하여, 국가는 이익을 얻고 주민은 편안하게 되어, 통치의 요체를 얻었다. 시어사(侍御史)로 승진하여, 강남서로 도단련판관(都團練判官)에 발탁되었다.18) 당시 소속 군(郡)이 연수(連帥)라는 직책에 대해서 잘 알고 있지 못해, 공은 징수 지역 전체를 순시하기를 청했다. 간사한 무리를 대대적으로 질책하여, 가는 곳마다 바람에 풀이 눕듯 했다. 남다른 통치를 하여 주민을 윤택하게 한 사례가 있으면 반드시 그 성과와 행적을 열거하여 막부에 보고했다. 또한 글을 통해 정성껏 노래하여, 찬양과 칭송의 소리가 다른 지역까지도 들리고 경사에 도달하고 나서야 그쳤다. 사부원외랑(祠部員外郞)으로 바뀌고, 사훈낭중(司勳郞中)으로 옮기고, 그래도 예전과 똑같았다. 원주(袁州) 자사로 임명되었다.19) 공은 이에 옛날 훌륭한 통치자의 정치 중 당시에 적절한 것을 따져보아, 이를 본받아 시행하고, 여러 치국의 주장 중 사람들에게 칭찬받는 것을 살펴, 이를 이어받아 준수했다. 기물의 쓰임이 고루 돌아가 이익을 보게 하여 부유함이 이르게 하고, 만물의 법칙을 밝게 밝혀 예(禮)를 가르쳤다. 여유로운 덕을 보여주어 혜택이 골고루 미치게 하여, 각종 세금 징수를 늦추었고, 도타운 마음을 널리 베풀어서 만인을 자애롭게 보호했다. 도량형을 명확히 정하고, 아래 관리들을 통솔함에 있어 금법을 확실히 보여주고 중간중간 성적을 살펴서 문란해지지 않도록 대비하여, 바른 도에 맞지 않음이 없었다. 그의 정치와 행적이 드높아, 조정에서 가상히 여겨, 그를 불러 간의대부에 임명했고,20) 절강동(浙江東)·서도 출척사(西道黜陟使)를 맡아보게 하였으니,21) 정치에 유능한 자를 발탁하여 외지에 보낸 것이었다. 공은『우서(虞書)』의 '고적(考績)'을 수찬하고 한대

---

18) 대력 3년(768), 형부시랑 위소유(魏少遊)를 강서관찰사로 삼았다. 위소유는 유혼을 자기 막부 판관으로 임용하고자 하는 뜻의 상소를 올렸다.
19) 대력 12년(777), 원주자사로 임명되었다.
20) 대력 14년(779) 5월, 중서사인 최우보(崔祐甫)를 평장사로 삼았다. 최우보가 유혼을 간의대부로 추천했다.
21) 건중 원년(780) 2월, 출척사 11명더러 천하를 나누어 순시하게 했다.

(漢代)의 '과제(課第)'를 열거하여, 일을 처리함이 상세하고 적절하여, 위법을 그대로 놓아두고 고의로 방종한 폐단이 없고, 법을 준수함이 단정하고 꼼꼼하여, 매서운 문장을 회피하지 않고 썼다. 당시 순시하도록 분담된 지역 중 공에게 맡겨진 지역이 특히 막중하여, 장강을 건너고 바다에 이르러, 오·월 지역에까지 모두 임하였다. 순시 결과를 보고하자 임무를 제대로 완수했음을 칭찬받고 조산대부(朝散大夫)가 더해졌다. 또 좌서자(左庶子)·집현전학사(集賢殿學士)에 임명되었다. 세자를 모시라는 명을 받고 동궁의 일들을 맡아보고, 문서와 서적을 정리하여 비부(祕府)에 기록해두었다. 상서우승(尙書右丞)에 임명되었다. 정직하고 포용력이 많고 간결하고 절제 있었으며, 각박하고 가혹한 조문을 삭제하여 관리가 모두 법을 따랐고, 큰 도에 힘을 써 정치가 중용의 도를 잃지 않았다. 은청광록대부(銀靑光祿大夫)의 작위가 더해지고, 우산기상시(右散騎常侍)로 옮겼다.

경주(涇州) 군사의 반란 때, 너무나 갑자기 변란이 일어나서 공은 온 가족을 데리고 종남산(終南山)으로 달려가 숨었다. 반란군 무리는 공이 있는 곳을 탐문하여 재상의 인장을 내세워 영입하고자 하였다. 공이 있는 지역까지 도달하여 공의 소재를 물으니, 공은 성명을 바꿔서 그들을 속이고, 가족을 인질로 맡겼다. 반란군은 결국 공이 사랑하는 아들을 붙잡아 몽둥이와 회초리로 심문하여 오른쪽 다리가 부러질 지경이었으나 공은 꿈쩍도 하지 않았다. 걸어서 깊은 골짜기로 들어가, 풀을 뽑으며 길을 내 진령(秦嶺)을 넘어서, 포(褒)·낙(駱)을 경유하여 행궁을 찾아가 피난 중인 황제에게 조회했다.[22] 황제가 그의 정성과 절의를 훌륭하게 여겨, 수시로 불러 만났다. 공은 머리를 조아리고 눈물을 흘리며, 누차 계획을 올렸다. 반군이 평정되고 공적을 논하는데 경거도위(輕車都尉)의 직위를 하

---

22) 건중 4년(783) 12월, 주체(朱泚)가 반란을 일으켜, 유혼은 미복하고 종남산 골짜기에 숨었다. 반란군 무리는 평소 그의 명성을 듣고 재상의 자리를 주겠다며 불러, 그의 아들을 붙잡아 몽둥이와 회초리로 때리며 소재지를 알아내려 했다. 유혼은 걸어서 봉천(奉天)으로 가, 황제를 뒤따라 양주(梁州)에 도착하여, 좌산기상시로 임명되었다.

사하고, 의성현(宜城縣) 개국백(開國伯)에 책봉되고, 상서병부시랑(尙書兵部侍郎)에 임명되었다.23) 이전에 공의 이름은 재(載)요, 자는 원여(元輿)였는데, 이때에 이르러 이름을 바꿔서 반군의 각료에 이름이 거론된 오점을 씻게 해달라고 주청했다.24) 이해에 도적이 회(淮)·호(滸)를 거점으로 반란을 일으켜,25) 바야흐로 토벌을 논의하는데, 재상은 대리평사(大理評事) 이원평(李元平)이라는 자가 유명하여 도적을 제압할 재능이 충분히 있다고 여겨 여주(汝州)에 임명하려고 했다. 신하들 중 성망을 바라고 이익만 뒤쫓은 자들은 모두 덕있는 인물을 추천한 것이라고 했는데, 공은 홀로 비분강개하여 조정에서 말했다. "이 자는 이러쿵저러쿵 말만 많은 자로, 거리를 다니며 옥이라고 떠들면서 돌을 파는 자입니다. 왕연(王衍)이 천하를 그르치고, 은호(殷浩)가 중군을 패하게 한 것은 겉만 화려하고 실속이 없었기 때문으로, 시대는 달라도 같은 이치이니, (이원평이) 가면 도적에게 사로잡힐텐데, 무슨 도적을 물리친다는 겁니까?" 당시 사람들은 이를 믿지 않았다. 얼마 후 도적이 여주를 습격하여 이원평을 사로잡아 돌아가니,26) 백관들은 유혼에게 탄복하지 않는 자가 없었다. 얼마 후에 본관(本官)에서 중서문하평장사(中書門下平章事)를 맡게 되어, 황제의 어전에 들어가 국가의 큰 정치를 보필하게 되었다. 황제 앞에서는 권계와 간언의 뜻을 다하였고, 일에 임해서는 빼기는 기색이 없었다. 아래 사람들의 마음을 위로 전하여 천심을 헤아리게 했고, 황제의 생각을 밖으로 전하여 그 덕이 드러나게 했다. 그러므로 치적과 효용이 무성하였으되 사람들이 아는 것은 드물었다. 그리하여 밖으로 퍼지고 아래로 알려진 것은 열 중 한둘도 되지 않았다.

---

23) 덕종 정원 원년(785)의 일이다.
24) 반란이 평정되자 유혼이 상소했다. 자신의 이름이 예전에 반란군에게 거론되어 더럽혀졌고, 또한 '載'는 부수가 '戈'여서 무(武)를 억누르는 것에 맞지 않으므로 이름을 '혼(渾)'으로 바꾸게 해달라고 했다.
25) 회서(淮西) 절도사 오소성(吳少誠)이 반란을 일으켰다.
26) 4년(788) 정월, 이희열(李希烈)이 여주를 함락하여, 별가 이원평을 사로잡았다.

정원 초기, 황제는 전복(甸服 : 경기(京畿)) 지역의 통치 책임자들이 천하 통치의 근본이라고 여겨,27) 이에 직접 낭리(郞吏)들을 선발하여 각각 경사 외곽 지역을 나누어 다스리게 했다. 얼마 안 가 주민들은 크게 화합을 이루었다고 노래했고, 격양(擊壤)의 칭송을 황제의 힘으로 돌렸다. 황제께서 승상을 불러 알리니, 좌복야 평장사 장연상(張延賞)은 손뼉치고 뜀을 뛰며 경하했다. 공은 바닥에 엎드려 경하를 하지 않고 말했다. "경기 지역의 정치는 본디 신중해야 마땅하니, 그러므로 이런 작은 일은 단지 경조윤이 맡은 일일 뿐입니다. 폐하께서는 마땅히 신과 같은 무리들을 간택하여 성스런 덕망에 보조가 되게 해야 하고, 신들은 마땅히 경조윤을 가려 큰 교화를 이어받아야 하고, 경조윤은 마땅히 현령 등을 선발하여 자세한 일들을 직접 하게 해야 하니, 그런 후에야 적절한 것입니다. 이것을 떠나서 다스림이 이루어졌다면, 백성을 사랑한다고 할 수는 있으되, 왕정(王政)의 큰 윤리는 아닙니다. 경하할 내용이 있는지 모르겠습니다." 황제는 그의 말이 매우 옳다고 여겼다. 한(漢) 혜제(惠帝)는 조참(曹參)의 말을 듣고 기뻐했고, 강후(絳侯) 주발(周勃)은 진평(陳平)이 응대한 말을 듣고 부끄러워했으니,28) 이전의 역사를 살펴보면 내가 틀린 것이 없다. 얼마 후에 서융(西戎)이 틈을 타 우리 읍에 들어와, 거짓으로 맹약을 맺기를 청한다고 했다. 시중(侍中) 북평왕(北平王) 이수(李燧)가 허락할 것을 건의했고, 공경(公卿) 이하로 다르게 생각하는 사람이 없었다. 공은 홀로 지모를 늘어놓고 계획을 말하면서 서융의 거짓을 말하면서 허락하면 안된다고 했다. 결국 보류하여 가부를 내리지 않아, 전에 건의했던 것이 드디

---

27) 왕기(王畿, 또는 京畿) 즉 왕도로부터 주위 500리 이내 지역을 전복(甸服)이라고 했다.
28) 『한서』에 나온다. 황제가 우승상 주발에게 1년 동안 천하의 옥사 판결과 곡물 수확을 물었는데, 주발은 대답하지 못했다. 좌승상 진평에게 묻자, 진평은 "담당하는 사람이 따로 있습니다"라고 대답했다. 황제가 "그대가 담당하는 것은 무슨 일이오?"라고 묻자, 진평은 "재상이란 위로 천자가 음양을 다스리고 사시를 순조롭게 하는 것을 보좌하고, 아래로 만물이 적절함을 이루도록 하고, 밖으로 사이(四夷)와 제후를 진무하고, 안으로 백성을 가까이 하여 경대부로 하여금 각기 맡은 바 직분을 다하게 하는 자입니다"라고 대답했다. 황제는 훌륭하다 하고, 주발은 크게 부끄러워 했다.

어 시행되었다. 이에 상장군을 임명하여 융족들과 맹약을 맺으러 가게 했다. 융족들은 과연 병사를 풀어서 위협하고 대규모로 약탈하고 가버렸다. 황제가 대전 앞에 신하들을 불러 대책을 숙의하는데, 유혼에 대해서 한참 동안 가상하게 보고 감탄했다.29) 그때 간관 중 조정에서 간언하다가 황제를 비난했다는 죄명을 얻게 된 자가 있어, 황제가 아직 선처를 하지 않았다. 공은 조용히 틈을 봐 옛일을 말함으로써 빗대어 말했다. 너 그럽고 여유로운 덕을 보여주고 바른 말이 들려오게 하는 내용으로, 말의 뜻이 절실하고 곧으며 말투가 정성스럽고 간절하여, 황제의 뜻과 맞아 떨어져, 결국 받아들여지게 되었다. 얼마 후, 기술자 중에서 수레와 복장과 기물을 손질하다가 좌우에게 죄를 얻은 자가 있어, 유사는 황제의 물건을 훔쳐다 바꿔먹으려 했다며, 법대로 처벌할 것을 청했다. 처음에는 그대로 하라고 결재했다. 공은 조서를 따르지 않고, 항의 상소를 올렸다. "그의 죄상을 추적하자니, 아직 분명히 밝혀진 게 없습니다. 때는 바야흐로 봄인데 사형을 집행하면, 천지의 화평한 기운을 해칠까 염려됩니다." 황제가 이를 보고 크게 기뻐하여 그의 죄를 정확히 따지게 했다.30) 형사를 담당한 관리가 사건을 신중하게 처리하는 것이 나라의 법전에 바르게 되었고, 성군이 백성을 감싸고 양육한 덕이 천하에 드러났

---

29) 5월, 시중 혼감(渾瑊)을 토번청수회맹사(吐藩淸水會盟使)로 하고, 병부시랑 최한형(崔漢衡)을 부관으로 했다. 윤5월 신미(辛未)일에 혼감이 토번 상결찬(尙結贊)과 평량(平涼)에서 맹약을 맺게 되었다. 이 날 황제가 조회를 보았다. 유혼이 "융적은 승냥이 이리 같은 자들이라 맹약을 맺을 대상이 아닙니다. 오늘 일이 신은 삼가 매우 걱정스럽습니다"라고 했다. 혼감은 과연 토번 군사에게 위협당하여, 낭패하여 풀려났다. 최한형 이하 장군 관리들 중 몰살당한 자가 60여 명이었다. 황제는 유혼에게 "경은 서생인데, 이와 같이 적에 대해 자세하게 예측할 수 있었구려!"라고 했다.

30) 옥공이 황제를 위해 옥띠를 만들다가 실수로 한 조각을 깨뜨렸는데, 옥공은 이를 보고하지 않고 개인적으로 다른 옥을 사다가 채웠다. 만들어서 헌상하자, 황제는 그것이 같지 않은 것을 알아보고 내던져서, 옥공은 엎드려 죄를 청했다. 황제는 그가 속인 것에 화가 나서, 사형에 처하라고 경조부에 조서를 내렸다. 유혼이 "폐하께서 죽이라고 하시면 그만이지만, 유사에게 맡긴다면, 자세히 따져본 연후에 가능합니다. 수레나 기물을 잘못 손상시키면 곧장 60에 처한다는 법이 있으니, 법대로 하기를 청합니다"라고 하여, 그 말을 따랐다.

다. 논자들은 있기 어려운 일이라고 했다. 그 무렵 황제는 광록경(光祿卿) 배전(裴腆)과 사이가 좋지 않아, 공의 휴가 기간이 되기를 기다렸다가, 어주(御酒)가 부족하다는 구실로 폄적시킬 것을 은밀히 청했다. 황제의 명령이 결정되어 시행되려는데, 공은 군건하게 고집하고 하달하지 않아, 회계를 담당한 관리에게 의뢰하여 공급과 수입의 실상을 비교함으로써 상황에 따라서 죄를 정하고 이치를 따져 형벌을 판단할 것을 청하여, 배전이 결국 사면되고 본래의 직책에 복권될 수 있었다. 백지정(白志貞)이 황제를 위하여 말고삐를 쥐고 열심히 일을 하고 계책을 낸 것이 여러 번 맞아떨어져, 황제가 그의 공을 가상히 여겨, 남다르게 총애했다. 그를 고관으로 임용할 것을 논의하는데, 공은 서리 잡역이며 출신이 미천하므로 수레를 등지고 도적에게 갖다주고 도둑을 불러들이는 것이라고 여겨, 여러 차례 상소하여 그를 임용하는 것을 그만두도록 청했다.

　공은 정성과 충절을 다하였고 많은 업무에 근심과 수고를 하느라고 노년 건망증이 있어, 관직을 사퇴할 것을 간절히 청하여, 우산기상시에 임명되고 지정사(知政事)는 해임되었다. 정원 5년(789) 2월 5일, 창화리(昌化里)에서 세상을 떠났다. 외지에서 사망하였기 때문에 포상이나 추증 등이 이르지 못했다. 공이 황제에게 바친 마음은 간절하고 근면하여 조금도 나태함이 없었고, 정성과 충절은 군세고 강하여 조금도 굽힘이 없었다. 그러므로 정성과 사려를 다하고 널리 군세고 강직한 도가 조정에서 드러났고, 잘못을 바로잡고 무고한 자를 풀어주고 마음과 충정을 다한 그 정성을 황제도 깊이 알아주었다. 안으로는 할 말을 과감히 하는 용기가 있었고, 진언을 할 때는 거리낌이 없이 분명히 말했고, 등용되어서는 곧은 도를 스스로 가서, 죄를 얻거나 후회하는 경우가 없었다. 공은 여러 차례 중요한 임무에 발탁되어, 받았던 두터운 봉록을 종족과 인척에 풀어주었다. 단 한 뼘의 땅도 자기 자손 몫으로 한 적이 없고, 단 한 무의 집도 자기 가족 몫으로 한 적이 없다. 봉록을 받아서 배불리 지내고, 보통의 집에서 편안히 지내고, 종신토록 떳떳하게 지내고 조금의 뇌물도

들이지 않았다. 그는 생을 달관하고 만족할 줄 알아, 이와 같이 홀가분하게 지냈다. 자식은 공손하고 부모는 자애로웠으니, 행실이 훌륭한 것이요, 법률과 제도를 잘 따랐으니, 정치에 유능한 것이요, 곧고 청렴하고 깨끗하고 조용하였으니, 검소의 덕이요, 의혹에는 항거하고 홀로 결단하였으니, 밝은 식견이요, 위험을 무릅쓰고 영지를 지켰으니, 큰 절의요, 용안을 무릅쓰고 계책을 올렸으니, 지극한 충정이다. 이 중 한가지만 지녔어도 마땅히 표지를 세우고 표창해야 할 터인데, 하물며 이 모두를 갖추었으니, 어찌 그만 둘 수 있으리오! 본래 마땅히 영예로운 시호로 표창하여 후손에게 훤히 보여주어야 하건만, 예전에 관리를 지냈던 유고(遺孤)가 머나먼 땅에 내쳐져 있어, 평상의 전적을 오래 살펴본 바로는 그 죄가 종족들에게 있다. 감히 옛 행적을 평가 칭찬함으로써 유풍을 열거해 본다. 만약 공자가 포폄을 행한 글을 일으키고 주공이 징권을 행한 법을 들게 되어 시호를 내림으로써 증험이 된다면, 아직은 유사가 존재한 것이다. 삼가 이와 같이 행장을 적는다.

曾祖善才, 皇荊王侍讀.
祖尚素, 皇潤州曲阿縣令.
父慶休, 皇渤海郡渤海縣丞, 贈蔡州刺史工部尚書.
汝州梁縣梁城鄉思義里柳渾年七十四狀.
公字惟深, 其先河東人. 晉永嘉年, 有濟南太守卓者, 去其土代仕江左, 公實後之. 柳氏自黃帝、后稷降于周、魯, 以字命族, 因地受氏, 載在左氏內、外傳及太史公書. 自卓至公十有一代, 爲士林盛族, 著于南朝歷代史及柳氏家牒. 惟公質貌魁傑, 度量宏大, 弘和博達而遇節必立, 恢曠放弛而應機能斷. 其居室, 奉養撫字之誠, 儀于宗戚, 而內行著焉; 其蒞政, 柔仁端直之德, 洽于府寺, 而外美彰焉. 凡爲學, 略章句之煩亂, 採摭奧旨, 以知道爲宗; 凡爲文, 去藻飾之華靡, 汪洋自肆, 以適己爲用. 自始學至於大成, 耽嗜文籍, 注意鑽礪, 倦不知游息, 威不待榎楚. 儒言雅旨, 夙有聞知.

年十餘歲, 有稱神巫來告曰: "若相法當夭且賤, 幸而爲釋, 可以緩而死耳, 位祿非若事也." 公諸父素加撫愛, 尤所信異, 遽命奪去其業, 從巫言也. 公不可, 且曰: "夫性命之理, 聖人所罕言, 縉紳者所不道, 巫何爲而能盡之也? 且令從之而生, 去聖人之敎而爲異術, 不若速死之愈也!" 於是爲學甚篤. 其在童幼, 固不惑於怪譎矣.

開元中, 擧汝州進士, 計偕百數, 公爲之冠. 禮部侍郎韋陟異而目之, 一擧上第. 調授宋州單父尉. 操斷擧措, 通乎細大, 潔廉檢守, 形於造次. 加雲騎尉. 秩滿, 江南西道連帥聞其名, 辟至公府. 以信州都邑, 人罹凶害, 靡敝殘耗, 假守永豐令. 公於是用重典以威姦暴, 鋪大和以惠鰥煢, 毆除物害, 消去人隱, 吏無招權乾沒之患, 政無犯令尨茸之蠹, 宰制聽斷, 漸於訟息. 耕夫復於封疆, 商旅交於關市. 旣庶而富, 廉恥興焉; 旣富而敎, 庠塾列焉. 里閭大變, 克有能稱, 遂表爲洪州豐城令. 到職, 如永豐之政, 而仁厚加焉. 授衢州司馬.

夫器宏者, 恥效以圭撮之任; 足逸者, 難局以尋常之地. 公遂滅跡藏用, 遁隱於武寧山. 羣公交書, 諸侯走幣, 皆謝絶不就. 方將究賢人之業, 窮君子之儒, 味道腴以代膏粱, 含德輝而輕紱冕, 遺榮養素, 恬淡如也. 朝右籍甚有聲, 徵拜御史. 公曰: "君命也, 安敢逃乎?" 卽日裝束上道. 公嘗好大體, 不爲細家之迫速. 非其志也, 以疾辭. 授左補闕. 不隱忠以固位, 不形直以奸名. 除殿中侍御史, 賜緋魚袋, 赴江西, 與租庸使議復榷鐵及常平倉, 便宜制置, 得以專任. 和鈞關石之緒, 出納平準之宜, 國利人逸, 得其要道. 遷侍御史, 充江南西路都團練判官. 時屬支郡, 不知連帥之職, 公請出巡盡征之地. 大詰姦繆, 所至風動. 其有非常之政裕于人者, 必擧其課績, 歸之使府. 又以文采殷勤歌詠之, 俾其風謠頌聲, 聞于他部, 達于京師而後已. 改祠部員外郎, 轉司勳郎中, 餘如故. 就拜袁州刺史. 公於是酌古良牧之政宜于今者, 宗而奉之; 考諸理國之說稱于人者, 承而守之. 均利器用, 以致其富; 昭明物則, 以敎之禮. 示優裕之德以周惠, 利緩九賦; 推廣厚之心以固和, 慈保萬人. 明其制量, 臨長羣吏, 示之法禁, 考中備敗,無不得其極. 理行高第, 朝廷休之, 召拜諫議大夫, 充浙江東、西道黜陟使, 將擧其能政端于外邦也. 公則修虞書之考績, 擧漢代之課第, 處事詳諦, 無依違故縱之敗, 奉法端審, 無隱忌削刻之文. 時分部所繫於公尤重, 凌江亞海, 竟吳、越之域, 皆所涖焉. 復命稱職, 加朝散大夫. 又拜左庶子、集賢殿學士. 奉翊儲后, 修其宮政, 統理文籍, 紀于祕府. 拜尙書右丞. 直而多容, 簡而有制, 去苛削之文而吏皆率法, 務宏大之道而政不失中. 加銀靑光祿大夫, 遷右散騎常侍.

涇卒之亂, 公以變起卒遽, 盡室奔匿于終南山. 賊徒訪公所在, 追以相印. 旣及公而問焉, 公變名氏以紿之, 捐家屬以委之. 賊遂執公愛子, 榜箠訊問, 折其右肱, 而公不之顧. 卽步入窮谷, 拔草逕, 踰秦嶺, 由褒、駱朝于行宮. 上嘉其誠節, 不時召見. 公頓首流涕, 累陳計畫. 賊平策勳, 賜輕車都尉, 封宜城縣開國伯, 拜尙書兵部侍郎. 初, 公名載, 字元輿, 至是奏請改命, 以滌僞署之汙. 是歲, 盜據淮滸, 方議討戮, 宰相以大理評事李元平者有名, 以爲才堪攘寇, 拜爲汝州. 羣臣望聲徇利者皆曰德擧, 公獨慷慨言於朝曰: "是夫喋喋, 衒玉而賈石者也. 王衍誤天下, 殷浩敗中軍, 華而不實, 異代同德, 往且見獲, 何寇之攘?" 時人不之信也. 未幾, 盜襲汝州, 以元平歸, 凡百莫不嗟服焉. 俄以本官同中書門下平章事, 登翊聖皇, 匡弼大政. 造膝盡規諫之志, 當事無矜大之容. 援下情于上, 以酬天心; 順嘉謀于外, 用彰君德. 故績用茂著而人罕知之. 然其章布於外, 敷聞在下者十一二焉.

貞元初, 上以甸服長人, 天下理本, 於是親擇郞吏, 分宰於京師外部. 未幾而人謠大和, 擊壤之頌歸于帝力. 上召丞相告之, 左僕射平章事張延賞抃蹈稱慶. 公俯伏不賀, 且曰: "甸服之政, 固宜愼重, 然則此屑屑者, 特京兆尹之職耳. 陛下當擇臣輩以輔聖德, 臣當選京兆以承大化, 京兆當求令長以親細事, 夫然後宜. 捨此而致理, 可謂愛人矣, 然非王政之大倫也. 不知所賀." 上深然之. 漢惠悅曹參之言, 絳侯慚曲逆之對, 考之前志, 我無負焉. 旣而西戎乘間入邑, 詐以請盟. 侍中北平王燧建議許之, 自公卿以下, 莫有異慮. 公獨陳謀獻畫, 言戎之詐, 固不可許. 竟留中不下, 而前議遂行. 於是冊命上將, 蒞盟諸戎. 戎果縱兵逼好, 大歐掠而去. 上召對前殿, 嘉歎者久之. 時諫臣有廷爭陷於訕上者, 上未之善也. 公從容候間, 陳古以諷. 所以示寬裕之德, 招諫正之言, 詞旨切直, 意氣勤懇, 動合聖謨, 卒見納用. 無何, 工人有以理乘輿服器得罪于左右者, 有司以盜易御物, 請論如法. 制初可之. 公不奉詔, 因抗疏曰: "跡其罪狀, 未甚指明. 方春殺人, 懼傷和氣." 上覽之, 大悅, 即原其罪. 刑官愼恤之事, 正於邦典; 聖君含育之德, 彰于天下. 論者難之. 時上相與光祿卿裴腆不協, 候公休沐, 以御酒或闞, 陰請貶之. 制命旣行, 公堅執不下, 請訊支計之吏, 校其供入之實, 原本定罪, 窮理辭刑, 而腆竟獲宥, 克復本職. 白志貞有羈靮之勤, 獻利屢中, 上嘉其功効, 特寵異之. 方議大用, 公以爲胥徒雜類, 出自微賤, 負乘致寇, 盜之招也, 累疏以聞而止.

公竭誠盡忠, 憂勞庶務, 有耄忘之疾, 懇迫陳讓, 除右散騎常侍, 罷知政事. 貞元五年二月五日, 薨于昌化里. 終於散地, 故褒贈不及. 惟公致君之志, 孜孜焉不有怠也; 立誠之節, 侃侃焉無所屈也. 故處心積慮, 博塞之道, 表于朝端; 弼違釋回, 朴忠之誠, 沃于帝念. 內有敢言之勇, 進當不諱之明, 用能直道自達, 而無罪悔者也. 公累更重任, 祿秩之厚, 布于宗姻. 無一廛之土以處其子孫, 無一畝之宮以聚其族屬. 待祿而飽, 傭室而安, 終身坦蕩而細故不入. 其達生知足, 落落如此. 夫其子恭父慈, 善行也; 拊循制理, 能政也; 直廉潔靜, 儉德也; 拒疑獨斷, 明識也; 冒危以扞牧圉, 大節也; 犯顏以陳訏謨, 至忠也. 有一于此, 尚宜旌褒, 矧茲備體, 焉可以已! 固當飾以榮號, 章示後來, 而故吏遺孤, 淪寓遐壤, 久稽彝典, 罪在宗屬. 敢用評隲舊行, 敷贊遺風. 若乃揚孔氏褒貶之文, 舉周公懲勸之法, 徵於誄諡, 則有司存. 謹狀.

시의(謚議: 시호에 대한 논의)[31]

정원 15년(799) 정월 모일, 고(故) 은청광록대부(銀青光祿大夫) 우산기상시(右散騎常侍) 경거도위(輕車都尉) 의성현(宜城縣) 개국백(開國伯) 유공(柳公)의 종손 장사랑(將仕郞) 수집현전정자(守集賢殿正字) 종원(宗元)이 삼가 올립니다.

상서성에서 유공의 공적을 살폈습니다. 엎드려 생각해보건대, 『노사(魯史)』는 포폄을 행하고 『우서(虞書)』는 출척(黜陟)을 밝혀서, 선을 표창하고 악을 징벌하는 것이 왕교(王敎)의 시작입니다. 주공(周公) 때로부터 지금까지 시법(謚法)은 바뀌지 않았습니다. 삼가 살펴보니, 유공은 누차 청관(淸貫)을 역임하면서,[32] 명성과 충절이 밝게 드러나고, 곧고 밝으며 정성을 지녀, 깨끗하고 청렴하여 예에 맞았습니다. 충절을 다 바쳐 쟁신(爭臣)의 의표가 되었고, 외지에 나가서 지킨 것은 백성을 보살피는 좋은 본보기였습니다. 의견을 내면 반드시 채택되었고, 깨끗하고 맑은 행실은 역사서에 기록할 만합니다. 위험을 무릅쓰고도 큰 충절을 빼앗을 수 없었고, 이름을 바꾸면서 반란군의 수중을 벗어나려 하여 순수한 성의가 드러났습니다. 결국 재상의 자리에 올라, 왕국을 보좌하게 되었습니다. 황제를 받들어 모실 때는 보필의 의지를 다하고, 물러나 있고자 할 때는 겸양의 높은 미덕이 있었습니다. 덕망이 뛰어나 명망이 들렸고, 사람들이 듣기에 좋았습니다. 그래서 불쑥 솟아 관직에 있으면서 정치와 교화와 관련을 맺었습니다. 명성이 제후들에게 들렸던 일이 사실 많았습니다. 선을 칭찬하고 능력있는 자를 권면함은 본디 사라지지 않는 것입니다. 저 종원은 이미 유공과 같은 일족이고 또한 왕래가 있었던 집안이라, 남기신 명성을 매우 완비되게 전해들었으며, 행적을 살피고 옛일에서 감히 실증했습니다. 삼

---

31) 본편은 바로 앞의 유혼(柳渾: 옛성명은 柳載)의 행장을 써서 올리면서, 유혼의 시호를 어떻게 정하면 좋을지 의견을 첨부한 글이다.
32) 청관(淸貫)은 시종(侍從)에 상당하는 벼슬을 말한다.

가 그 훌륭한 업적을 갖춰 정리하여, 아름다운 말로 서술하니, 시호를 정하는 제도를 따라서 율령대로 정해주길 바랍니다. 삼가 올립니다.

태상박사 배감(裴堪)에게 내려 의논하게 했다. 시호를 '정(貞)'이라고 함이 적절하다고 했다. 이에 칙령을 받들어 그대로 따른다.

貞元十五年正月日, 故銀靑光祿大夫、右散騎常侍、輕車都尉、宜城縣開國伯柳公從孫將仕郞、守集賢殿正字宗元謹上.

尙書考功. 伏以魯史襃貶, 虞書黜陟, 彰善癉惡, 王敎之端. 自周公以來, 諡法未改. 謹按柳公累歷淸貫, 茂著名節, 貞亮存誠, 潔廉中禮. 納忠爲爭臣之表, 出守乃牧人之良. 刺擧必聞, 澄淸可紀. 冒危而大節不奪, 更名而純誠克彰. 遂踐鼎司, 以匡王國. 奉上盡陪輔之志, 退迹有推讓之高. 圭璋聞望, 洽于人聽. 所以聳屬在位, 關於政敎. 聲聞王者, 其事實繁. 襃善勸能, 固將不廢. 宗元旣當族屬, 且又通家, 傳信克備其遺芳, 考行敢徵於故事. 謹具署其懿績, 布以懇詞, 定諡之制, 請如律令. 謹狀.

下太常博士裴堪議. 宜諡曰貞. 奉敕依.

당고비서소감진공행장(唐故秘書少監陳公行狀 : 고 비서소감 진공 행장)[33]

5대조는 아무개로, 진(陳) 의도왕(宜都王)을 지냈다.

증조부는 아무개로, 회계군(會稽郡) 사마(司馬)를 지냈다.

조부는 아무개로, 진릉군(晉陵郡) 사공참군(司功參軍)을 지냈다.

부친은 아무개로, 우보궐(右補闕)·한림학사(翰林學士)를 지냈고, 비서소

---

33) 본편은 정원 21년(805) 덕종의 사망에 뒤이어 4월에 사망한 전임 집현전 관리 진경의 행장으로, 영정 원년(805)으로 연호가 바뀐 같은 해 8월에 썼다.

감(秘書少監)에 추증되었다.

모주(某州) 모현(某縣) 모향(某鄕) 모리(某里) 향년 몇세 진경(陳京)의 행장
이다.

공의 성은 진씨(陳氏)이며, 영천(潁川)에서 와서, 경조(京兆) 만년(萬年) 주
귀리(冑貴里)가 관적(貫籍)이 되었고, 이름은 경(京)이다. 성년이 되면서 자
를 경복(慶復)이라고 했다. 진사 급제하여[34] 태자정자(太子正字), 함양위(咸
陽尉), 태상박사(太常博士), 좌보궐(左補闕), 상서선부고공원외랑(尙書膳部考功
員外郞), 사봉낭중(司封郞中), 급사중(給事中), 비서소감(秘書少監)을 역임했다.
고공원외랑 이래로 네 차례 집현전학사로 임명되었다. 덕종 황제가 승하
했을 때, 공은 병이 깊었는데 수레에 이끌려 빈소로 나아가 슬픔과 공경
의 예절을 갖추어, 이로 인해 병이 더욱 심해져서, 마침내 현직에서 사퇴
했다. 정원 21년(805) 4월 25일, 안읍리(安邑里) 처가에서 세상을 떠났다.[35]
아들이 없었다.[36] 백형은 전 감찰어사 진당(陳璫)이요, 중형은 전 대리평
사 진장(陳萇)이다. 공의 문장과 행실이 크나큼을 일찍이 공 밑에서 일했
던 나에게 말해주어, 글로 기록하도록 하였다.

대력 중기 무렵 공이 처음 경사에 왔는데, 중서사인 상곤(常袞)·중서사
인 양염(楊炎)이 그의 글을 읽고, 놀라 서로 바라보며 "마치 자운(子雲 : 揚
雄)의 제자인 듯하구나"라고 했다. 상곤이 형의 딸을 공에게 처로 주어,
이로 인해 이름이 알려졌다. 태원(太原)에 갔는데, 태원윤(太原尹)이 기뻐하
며 "귀한 손님이 왔구나"라고 하고, 거처를 주고 음식을 조달하고, 천포
(泉布)를 후하게 주었다.[37] 공이 말했다. "나는 이 때문에 온 것이 아니다.
내가 일찍이 「북도부(北都賦)」를 지으려다 완성하지 못해, 직접 현장에 가
서 완성하고 싶었다. 그 궁실과 성곽의 장대함, 황하와 북산의 물산의 풍

---

34) 대종 대력 원년(766), 진경은 진사에 급제했다.
35) 진경은 상곤(常袞)의 형의 딸에게 장가들었다.
36) 진경은 아들이 없어, 종자 진포(陳褒)를 후사로 삼았다.
37) 천포(泉布)는 당시 두 가지 화폐 단위 천(泉)과 포(布)를 말하는데, 금전을 뜻한다.

부함, 관문과 요새의 웅장함, 그리고 그 땅에서 나는 물산, 풍속의 안정됨, 왕업을 일으킨 자취 등을 직접 듣고 보면 족할 따름이다. 만약 무슨 큰 이익을 바라고 이익 때문에 왔다고 하면, 이는 이전의 뜻과 다르다. 나는 그럴 수 없으니, 감히 사양한다." 결국 황하를 거슬러 올라가 북산을 넘어 둘러보고 돌아왔다. 부(賦)가 완성되자, 과연 천하에 널리 퍼졌다. 함양위(咸陽尉)가 되어서는 집무처에 머물면서 문서 등을 주관하고 큰 사건을 판결하여, 사리에 적절했다. 박사가 되어서는 예에 맞지 않는 것들을 열거하고 잔결된 전적을 보완하여 대중의 도에 맞게 한 것이 많았다.

경주(涇州)에서 반란을 일으키자, 공은 맨몸으로 빠져나와, 황제의 행궁을 찾아가 문안하고 직분을 지켰다.[38] 단충렬(段忠烈 : 단수실)이 사망하여,[39] 황제가 이레 동안 조회를 파할 것을 건의하자, 재상이 "안됩니다, 지금 행궁에 계신 상황이므로, 천하의 민심을 안정시킬 수 없습니다"라고 하여, 공이 나아가 말했다. "이는 재상이 할 말이 아니지요 천자께서 큰 충절을 칭찬하고 대신의 죽음을 애도하는 것이 바로 천하의 민심을 편안하게 하는 것인데, 하물며 지금은 비상상황 아닙니까?" 황제는 이 말을 따랐다. 그는 정성껏 황제를 모시며 따르고 어떤 계획의 가부를 모의하여, 당시 그에게 의지하는 부분이 컸다. 반란을 평정했다는 보고가 올라오자 황제는 자기 죄를 묻는 길을 택하여 말했다. "나의 밑에 있는 모든 신하들은 죄가 없다. 오직 내가 통치를 신중히 하지 못해 이런 일이 발생했다." 이전에 재상의 자리에 있던 자를 복직시키려고 했다. 공이 말했다. "천자가 신하들에게 은혜를 베풀고 허물을 인정하는 것은 덕이 지극히 두터운 것입니다만, 재상을 지내던 자를 복직시키는 것은 후세에 큰 경계가 될 수 없고, 천하에 보여줄 수도 없습니다." 동조하는 무리를 이끌고 간언했다. 황제의 안색이 변하자, 대열에 있던 자들이 모두 두려워

---

38) 덕종 건중 4년(783) 10월, 경원(涇原) 절도사 요령언(姚令言)이 반란을 일으켜, 경사를 침범했다. 무신일에 덕종은 봉천(奉天)으로 갔다.

39) 경술일에 주체가 사농경 단수실을 살해했다.

물러났다. 공은 "조수(趙需) 등은 물러나지 말라!"고 크게 소리치고, 결국
앞으로 나아가 할 말을 다했다. 결국 복직시키지 않았다.[40] 황제가 태후
를 맞아들이는데, 몇년이 되도록, 표면상 그 예를 매우 태만히 여기는 듯
하였다. 공이 은밀히 상소하여 주의하도록 말을 하자, 천자가 기쁨을 느
꼈다. 예전에는 예부에서 시험으로 사람을 뽑는데, 친척이 시험에 응시한
자가 있어, 함께 성적 검토에 참가하면, 은밀히 그의 청탁을 받아 당락을
결정하지 않는 경우가 없었다. 공에 이르러서는 그렇지 않아, 정정당당하
게 유사의 풍도가 있어, 범할 수 없었다. 태묘(太廟)에서 동향(東向)의 예(禮)
를 챙기지 않은 것이 오래 되었는데, 공이 박사·보궐·상서랑·급사중
이 된 때로부터 거의 20년 동안 빠짐없이 챙겨 예를 올릴 것을 청했다.
은제(殷祭)가 끊기지 않고 거행된 것은 공의 충성과 정성에 의한 것이었
으므로 적불(赤紱)과 은어(銀魚)를 하사하는 보답이 있었다.[41] 소릉(昭陵)이
있는 곳은 산이 험준하고 높은데, 침궁이 그 위에 있었다. 내관들은 빠짐
없이 오르내리느라 수레나 가마를 끌고 물을 긷기 곤란한 것이 싫어, 황
제에게 말해서 위치를 바꾸자고 청했다. 황제가 이를 논의하라고 하달하
여, 재상이 그 뜻을 따르고자 하여, 관리들을 불러 내관들의 부탁대로 하
게 하려 했다. 공은 "이는 태종의 뜻이오 그 검소함을 본받을 만하고 그

---

40) 덕종은 경사로 돌아와, 진경을 좌보궐에 임명했다. 정원 원년(785) 정월, 천하에 사면
을 내렸다. 이전 재상 신주(新州) 사마 노기(盧杞)를 길주(吉州) 장사로 옮기고, 얼마 안
있어, 요주(饒州) 자사에 임명했다. 조치가 나가자 진경은 조수·배길(裴佶)·우문현(宇
文炫)·노경량(盧景亮)·장천(張薦) 등과 함께 노기를 탄핵하기를, 그가 요직에 있을 때
대신들은 한달이 넘도록 마주할 수 없었고 백관들은 항상 마치 목에 칼이 있는 듯 서
늘했는데, 지금 다시 그를 등용하면 간사한 도적이 모두 손에 침을 뱉고 일어날 것이
라고 했다. 황제가 대노하여, 간언하던 자들은 하나 둘 물러났다. 진경은 돌아보며 "조
수 등은 물러나지 마시오, 이는 국가대사이니, 마땅히 죽음으로 간쟁해야 하오"라고
소리쳤다. 황제의 마음이 조금 풀렸다. 임술일에 노기를 풍주(澧州) 사마로 삼았다.

41) 진경은 박사 때부터 태묘 제례를 올릴 것을 건의하여, 20년 동안 계속했다. 정원 19
년(803) 맹하(孟夏) 체제(禘祭)에 이르러, 바야흐로 태조 동향(東嚮)의 위패를 바로 하게
되었다. 그 이하로 소목(昭穆)을 배열하여, 헌조(獻祖)·의조(懿祖)는 덕명(德明)·흥성(興
聖)의 묘에 함께 모셨다. 체협(禘祫)의 해마다 본실에 가 상향했다. 유자들은 더 이상 말
하지 않았고, 황제는 진경에게 비의(緋衣) 은어(銀魚)를 하사했다.

위엄을 받들 만한데, 우리가 어찌 사사로운 인정으로 바꿀 수 있겠소?"라고 하고, 안된다고 상소했다. 황제가 다시 논의하라고 하달하여, 공이 옳다고 여기는 자가 6~7명이고, 나머지는 모두 바꾸는 것이 편하다고 했다. 황제가 홀로 결단을 내려 "진경의 의견이 좋겠소"라고 하여, 공의 의견을 따랐다.42) 집현전에 있을 때, 비서관 6명을 집현전 소속으로 해달라고 상소하여, 간행 교정 작업이 더욱 순조롭게 이루어지도록 했다. 돈을 바쳐 서리가 되고 벼슬한 자는 파직했다. 잔결된 책을 찾아 증보하고 수선한 것으로 예문신지(藝文新志)를 만들어, 그 이름을 『정원어부군서신록(貞元御府羣書新錄)』이라고 했다. 예전에 어부(御府)에 식본전(食本錢)이 있었는데, 매달 여유분을 계산하여 식선(食膳) 비용으로 하고, 남은 게 있으면 집현전 학사(學士)와 교리관(校理官)이 나누어 가지되 학사가 항상 세 배를 받아갔는데, 공이 그 중 3분의 2를 삭감했다. 역사서를 쓰는 것을 처음 시작할 때 예폐전(禮幣錢) 60민(緡)이 들어오면, 예전에는 역시 모두 임의로 나누었는데, 공은 모두 담당 관서로 보내 부서(府署)를 정리하고 서각(書閣)을 짓고 관리들의 집무 장소를 넓히면서, 장작소부(將作少府)로부터 비용을 수령하여 쓰지 않아, 그래도 비용이 충분했다. 문하성에 있을 때, 무관을 간결히 정예화하고 국가의 전례(典禮)를 토의했다. 황제가 유능하다 여기고 더욱 그를 중시했다. 믿는 신하와 의논하여 재상의 자리를 주려 했다. 어쩌다 공이 병에 걸려, 사람을 보내 살펴보게 했는데, 병이 심하여 사람을 알아보지 못해, 결국 기용하지 않았다.43) 이부시랑 정순유(鄭珣瑜),

---

42) 정원 14년(798), 소릉(昭陵)의 침전이 불에 탔다. 4월에 재상 최연(崔損)을 보수 책임 사절로 임명하여, 헌(獻)·소(昭)·건(乾)·정(定)·태(泰) 다섯 능 각각 380칸 건물을 짓게 하고, 교(橋)·원(元)·건(建) 세 능은 보수 건축하도록 했다. 소릉의 침전이 산 위에 자리잡고 있어, 환관들이 드나들고 물을 긷기 힘들어 위치를 바꾸자고 청했는데, 재상이 거역할 수 없었다. 진경이 "이는 태종의 뜻이오 그 검소함은 후세의 본보기가 되기 충분하니, 바꾸면 안되오"라고 했다. 환관 쪽 의견에 동조하는 자가 많았는데, 황제가 "진경의 의견이 좋소"라고 하여, 결국 옮기지 않았다.

43) 황제는 진경을 중시하여, 재상의 재능이 있다고 하여 기용하려고 했다. 마침 병이 들어 기용하지 않았다. 그래도 고공원외에서 다시 급사중으로 옮겨졌다.

태상경 고영(高郢)을 재상으로 삼고,44) 공을 비서에 명하였으니,45) 우대의 뜻을 보인 것이다.

공은 문장 몇권을 남겼으니, 매우 고아하고 원숙하여, 사마상여(司馬相如)·양웅(揚雄)의 작품을 좋아했고, 그의 훈고 내용에는 『상서(尙書)』·『이아(爾雅)』의 설이 많아, 기록이 질박하고 충실하여 구차하게 사람들의 마음에 들게 하려고 애쓰지 않아, 세상에 그 원고가 전해지게 되었다. 그의 학문은 성인의 책으로부터 제자백가의 말에 이르기까지, 황제(黃帝)·염제(炎帝)의 사적을 미루어 밝히고, 역대로부터 지금 당에 이르기까지 역사와 사실을 모두 얽어 꿰뚫어서 큰 것은 큰 것대로 드러내고 작은 것은 작은 것대로 포용하여, 마치 태창(太倉)에 곡식이 쌓인 듯 숭산(崇山)이 만물을 실은 듯 어마어마하여 양을 헤아릴 수 없을 정도이니, 이는 아마 양웅이 말했듯 공자가 학술을 전파한 것과 같지 않겠는가?

그는 충렬한 자들을 드러냈고, 재상의 치소에 경계가 되었고, 태묘(太廟) 동향(東嚮)의 예를 완수했고, 소릉(昭陵)의 옛 터를 바꾸지 않았고, 관직 수행에서 곧은 뜻을 빼앗을 수 없었고, 입언(立言)에서 속일 수 없었고, 구차하게 이익을 따라 나아가지 않고, 구차하게 해악을 피하여 떠나지 않았다. 그의 충절은 주운(朱雲)을 닮았고,46) 그의 효성은 영고숙(潁考叔)을 닮았고,47) 청렴함은 공의휴(公儀休)를 닮았고,48) 또한 문장 실력으로 더욱 다듬

---

44) 정원 19년(803) 12월, 태상경 고영·이부시랑 정순유를 동평장사에 임명했다.

45) 황제는 진경이 시기하는 자로부터 중상모략을 당한 게 아닌가 의심하여, 내관을 시켜서 문병하고 물건을 하사하도록 하는 일이 줄을 이었다. 나중에 연영(延英)을 통하여 황제가 문안의 말을 전달하도록 했는데, 진경이 놀라 달려 나가자, 파직하여 비서소감으로 임명했다.

46) 『한서(漢書)』에 나온다. 주운이 성제(成帝)에게 "상방(尙方)의 참마검(斬馬劍)을 갖다가 간신 하나 목을 베어, 나머지에게 경계로 삼도록 하고자 합니다"라고 청하자, 성제가 대노하여 어사를 시켜 주운을 끌어내도록 했는데, 주운은 대전의 난간을 타고 올라가 버티려고 했는데, 난간이 부러졌다.

47) 『좌전』은공 원년에 나온다. 정백(鄭伯)이 강씨(姜氏)를 성영(城潁)에 유폐시켰는데, 얼마 후에 후회했다. 영고숙이 이를 듣고, 공에게 무엇을 헌상하여, 공이 음식을 하사하여 함께 식사를 하는데, 식사 도중 고기를 남기며, 어머니에게 갖다 드리게 해달라고 부탁했다. 공이 "너는 고기를 남겨다 갖다 드릴 어머니가 계시는데, 내게는 없구나"라

었고, 학문까지 완성되어, 천자가 이를 알아주었다. 도를 얻고 또한 때를 얻었는데 공경의 자리에 오르지 못한 것은 병 때문이다. 그러므로 논자들은 모두 그의 시작을 애석해하고 그의 마지막을 슬퍼했다.

공이 세상을 떠난지 54일 만에 부인 또한 세상을 떠났으니, 지나치게 슬퍼했기 때문이다. 부인의 부친은 해(偕)로, 사농경을 지냈다. 조부는 아무개로, 태자태보에 추증되었다. 나 유종원은 집현전 관리 출신으로, 공의 집에서 행적을 모두 알게 되어, 이를 기록해서 공의 친구에게 주어 공의 묘에 기록하게 한다. 삼가 이 행장을 적는다. 영정 원년(805) 8월 5일, 상서예부원외랑 유종원이 쓰다.

五代祖某, 陳宜都王.

曾祖某, 皇會稽郡司馬.

祖某, 皇晉陵郡司功參軍.

父某, 皇右補闕、翰林學士、贈秘書少監.

某州某縣某鄉某里, 陳京年若干狀.

公姓陳氏, 自潁川來, 隷京兆萬年冑貴里, 諱京. 旣冠, 字曰慶復. 擧進士, 爲太子正字、咸陽尉、太常博士、左補闕、尚書膳部考功員外郎、司封郎中、給事中、秘書少監. 自考功以來, 凡四命爲集賢學士. 德宗登遐, 公病痼, 輿曳就位, 備哀敬之節, 由是滋甚, 遂以所居官致仕. 貞元二十一年四月二十五日, 終于安邑里妻黨之室. 無子. 伯兄前監察御史瑠, 仲兄前大理評事萇. 以公文行之大者, 告于嘗吏于公者, 使辭而陳之.

<hr>

고 하자, 영고숙은 "왕께서는 무얼 걱정하십니까? 땅을 파서 굴을 통해 만나면, 누가 안된다고 하겠습니까?"라고 했다. 공이 이 의견을 따라, 마침내 모자는 처음처럼 가깝게 지냈다. 이에 대해 사람들은 영고숙이 자신의 효성을 통해 남의 효성도 이루게 했다면서 칭찬했다.

48) 『사기』에 나온다. 공의휴는 노(魯)나라 박사이다. 재능이 뛰어나 노나라 재상이 되어, 법을 잘 지키고 다스려 바꾸는 바가 없어, 백관들이 저절로 바르게 되고, 봉록을 받는 자는 서민들과 이익을 다투지 않게 하고, 많이 받는 자는 적게 받는 자로부터 빼앗지 못하게 했다.

大歷中, 公始來京師, 中書常舍人袞、楊舍人炎讀其文, 驚以相視曰:
"子雲之徒也." 常以兄之子妻公, 由是名聞. 遊太原, 太原尹喜曰: "重客
至矣." 授館致餼, 厚以泉布獻焉. 公曰: "非是爲也. 某嘗爲北都賦未就,
願卒而就焉. 其宮室城郭之大, 河山之富, 關閉之壯, 與其土疆之所出, 風
俗之所安, 王業之所興, 苟得聞而覩之足矣. 若曰受大利, 是以利來, 蓋異
前志也. 吾不能, 敢辭." 遂逆大河, 踰北山, 仿佯而歸. 賦成, 果傳天下. 爲
咸陽尉, 留府廷, 主文章, 決大事, 得其道. 爲博士, 舉疵禮. 修墜典, 合于
大中者衆焉.

涇人作難, 公徒行以出, 奔問官守. 段忠烈之死, 上議罷朝七日, 宰相曰
: "不可, 方居行宮, 無以安天下." 公進曰: "是非宰相之言. 天子褒大節,
哀大臣, 天下所以安也, 況其特異者乎?" 上用之. 其勤勞侍從, 謀議可否,
時之所賴者大. 巡狩告至, 上行罪已之道焉, 曰: "凡我執事之臣, 無所任
罪. 予惟不謹於理而有是也." 將復前之爲相者. 公曰: "天子加惠羣臣而
引慝焉, 德至厚也, 而爲相者復, 是無以大警于後, 且示天下." 率其黨爭
之. 上變於色, 在列者咸恂而退. 公大呼曰: "趙需等勿退!" 遂進而盡其辭
焉. 不果復. 上迎訪太后, 間數歲, 外頗怠其禮. 公密疏發之, 天子感悅焉.
初禮部試士, 有與親戚者, 則附于考功, 莫不陰授其旨意而爲進退者. 及
公則否, 卓然有有司之道, 不可犯也. 太廟闕東向之禮且久矣, 公自爲博
士、補闕、尙書郎、給事中, 凡二十年, 勤以爲請. 殷祭之不墜, 繫公之
忠懇是賴, 故有赤紱銀魚之報焉. 昭陵山峻而高, 寢宮在其上. 內官懲其
上下之勤, 輓汲之艱也, 謁于上, 請更之. 上下其議, 宰相承而諷之, 召官
屬使如其請. 公曰: "斯太宗之志也. 其儉足以爲法, 其嚴足以有奉, 吾敢
顧其私容而替之也?" 奏議不可. 上又下其議, 凡是公者六七人, 其餘皆曰
更之便. 上獨斷焉, 曰: "京議得矣." 從之. 在集賢, 奏秘書官六員隸殿內,
而刊校益理. 納資爲胥而仕者罷之. 求遺書, 凡增繕者, 乃作藝文新志, 制
爲之名曰貞元御府羣書新錄. 始御府有食本錢, 月權其贏以爲膳, 有餘,
則學士與校理官頒分之, 學士常受三倍, 由公而殺其二. 書史之始至, 入

禮幣錢六十緡, 亦皆分焉, 公悉致之官, 以理府署作書閣, 廣羣官之堂, 不取於將作少府, 而用大足. 居門下, 簡武官, 議典禮. 上以爲能, 益器之. 與信臣議, 且致相位. 遇公有惑疾, 使視之, 疾甚, 不能知人, 遂不用. 用鄭吏部、高太常爲相, 而以祕書命公, 所以示優之也.

公有文章若干卷, 深茂古老, 慕司馬相如、揚雄之辭, 而其詁訓多尙書、爾雅之說, 紀事朴實, 不苟悅於人, 世得以傳其稿. 其學自聖人之書以至百家諸子之言, 推黃、炎之事, 涉歷代泊國朝之故實, 鉤引貫穿, 擧大苞小, 若太倉之蓄, 崇山之載, 浩浩乎不可知也, 豈揚子所謂仲尼駕說者耶?

夫其忠烈之褒也, 相府之有誠也, 太廟之東嚮也, 昭陵之不更其故也, 官守之不可奪也, 立言之不可誣也, 利之不苟就也, 害之不苟去也. 其忠類朱雲, 其孝類潁考叔, 廉類公儀休, 而又文以文之, 學以輔之, 而天子以爲之知. 旣得其道, 又得其時, 而不爲公卿者, 病也. 故議者咸惜其始, 而哀其終焉. 公之喪, 凡五十四日, 而夫人又沒, 毁也. 夫人之父曰偕, 司農卿. 祖曰某, 贈太子太保. 宗元, 故集賢吏也, 得公之遺事於其家, 書而授公之友, 以誌公之墓. 謹狀. 永貞元年八月五日, 尙書禮部員外郞柳宗元狀.

제9권 표명갈뢰(表銘碣誄)

당상국방공덕명지음(唐相國房公德銘之陰 : 상국 방관의 덕명 뒷면)[1]

천자(天子)를 곁에서 보좌하는 삼공(三公)을 공(公)이라 칭하고, 왕의 후
손을 공이라 칭하고,[2] 제후 중 조정에 들어가 왕후·경상(卿相)·사대부
가 되면 또한 공이라 칭한다. 책봉받은 토지가 있으면, 그 신하가 공이라
칭한다. 도를 존경하여 스승으로 모시면 공이라 칭한다. 초(楚)가 이 예법
을 참람하여, 현(縣)을 다스리는 현령급을 모두 공이라 칭했다. 옛날 사람
들은 나이 지긋한 어른을 통상 공이라고 했다. 그러므로 삼공이라고 하

---

1) 본편은 현종·숙종 시기 재상을 지낸 방관(房琯)의 공덕을 기록한 명문(銘文) 뒷면에
새긴 글로, 이화(李華)가 덕명의 앞면 「당승상태위방공덕명(唐丞相太尉房公德銘)」을 쓰고,
이 뒷면을 유종원이 쓴 것이다.
2) 『공양전(公羊傳)』의 내용이다.

면 주공(周公)·소공(召公) 같은 경우를 말하고,3) 왕의 후손이라고 하면 송공(宋公) 같은 경우를 말하고,4) 왕후·경상·사대부가 되었다고 하면 위무공(衛武公)·괵문공(虢文公)·정환공(鄭桓公) 같은 경우를 말한다.5) 신하들이 공이라고 칭한 것은 열국이 모두 그랬다. 스승으로 존경하여 공이라고 칭한 경우는 태공(太公) 같은 경우이다. 초(楚)에서 현을 다스려 공이라고 칭한 경우는 섭공(葉公)·백공(白公) 같은 경우이다.6) 연로한 어른을 공이라고 칭한 것은 모공(毛公)·신배공(申培公) 같은 경우이다.7) 그런데 대신들 중에서 성(姓) 다음에 공(公)이란 호칭을 붙일 수 있는 경우가 드물었고, 비록 최근에 들어와 있다고 하기는 하지만, 천하에 드러내지는 못했다. 당(唐)의 대신 중에서 성(姓) 다음에 공(公)이라 호칭한 인물 중 가장 드러난 인물이 방공(房公)이다. 방공은 현종(玄宗)을 보좌하여 촉(蜀)에서 공로가 있어, 사람들이 모두 그 절의에 탄복했다. 숙종(肅宗)을 보좌하여 기(岐)에서 교훈을 세워,8) 사람들이 모두 그 도를 존경했다. 정직하고

---

3) 『공양전』의 내용이다. 삼공(三公)이란 무엇인가? 천자의 보좌[相]를 말한다. 천자의 보좌가 왜 셋인가? 섬(陝)으로부터 동쪽으로는 주공(周公)이 통치를 보좌하고, 섬으로부터 서쪽으로는 소공이 통치를 보좌하고, 하나는 천자의 조정 안에 있다.

4) 『사기(史記)』의 내용이다. 미자(微子) 개(開)는 상제(商帝) 을(乙)의 첫째 아들이요, 주왕(紂王)의 서형(庶兄)이다. 주공(周公)이 성왕(成王)의 명을 받아 무경(武庚)을 주벌하고, 관숙(管叔)을 죽이고, 채숙(蔡叔)을 방축하고, 이에 미자개가 대신 상(商)의 대를 잇도록 명하여, 「미자지명(微子之命)」을 지어 반포하고, 송(宋)에 나라를 정했다. 미자개가 죽자 그의 아우 연(衍)을 세웠으니, 이가 미중(微仲)이다. 미중이 죽자 송공(宋公) 계(稽)가 왕위를 이었다.

5) 『시(詩)』 「기오(淇澳)」에서 위무공(衛武公)이 주(周)에 들어가 보좌를 잘한 것을 찬미했고, 「치의(緇衣)」에서 정무공(鄭武公) 부자가 모두 사도(司徒)가 된 것을 찬미했다. 정무공의 아버지가 바로 환공(桓公)이다. 『좌전(左傳)』에서 궁지기(宮之奇)가 "괵중(虢仲), 괵숙(虢叔)은 왕계(王季)의 후대로, 문왕(文王)의 경사(卿士)가 되어, 왕실에 공적을 세웠고, 맹부(盟府)에 보관되었다"고 간언했다.

6) 『사기』 「초세가(楚世家)」에 나온다. 혜왕(惠王) 2년, 자서(子西)가 옛 평왕(平王) 태자 건(建)의 아들 승(勝)을 오(吳)에서 불러들여 소(巢) 대부로 삼고, 백공(白公)이라고 칭했다. 백(白)은 읍 이름이다. 초(楚)는 읍의 대부를 모두 공(公)이라고 칭했다. 섭공(葉公)은 공자(公子) 고(高)이다. 섭(葉) 역시 초의 읍 이름이다.

7) 『한서(漢書)』 「유림전(儒林傳)」에 따르면, 모공(毛公)은 조(趙) 사람이다. 신공(申公)은 노(魯) 사람이다.

자애로워, 덕으로 완성되었다. 이를 바탕으로 관직에 임용되기도 하고 물러나기도 하여, 그가 있는 곳에서는 일이 순조롭고 분명하게 처리되고, 그가 떠난 곳에서는 사람들이 슬퍼하며 울부짖었다. 원(袁) 사람들을 다스리니, 그에 대한 원 사람들의 그리움을 이루 다 말할 수 없었다. 문장 전담 관리 조군(趙郡) 출신 이화(李華)가 공의 덕을 기리는 명문(銘文)을 썼다. 그런데 난리가 나는 통에 비석 세우는 일을 완정하지 못했다.

공의 도가 아직도 사람들 마음에 남아 있고 원(袁) 사람들이 공의 도를 잊지 않는 것을 현재 자사(刺史) 태원(太原) 출신 왕애(王涯)가 가상히 여기어 비석을 세웠다. 아울러 "주(州)의 남쪽에 수연정(需宴亭)이라는 정자가 있는데, 공이 만든 것이요, 사람들이 이를 통해 공을 추념한다"고 하여, 이에 들보와 건물을 증축 장식하여, 즉시 건립되었다. 주(州) 사람들이 크게 기뻐하여 모두 모여 눈물을 떨구며 말했다. "예전에 공은 주공·소공의 덕과 미자(微子)의 인(仁)으로 땅을 책봉받아 경사(卿士)가 되셨으니, 도(道)로는 삼공이 되고, 덕(德)으로는 국사(國師)가 되고, 연배로는 원로가 되셨다. 일찍이 현(縣)을 다스리실 때는 현 사람들이 그 교화를 입었고, 주(州)를 다스리시게 되어서는 주 사람들이 그 은택을 입었다. 우리 자손들은 추념하지 않는 자가 없다. 그분의 덕망을 밝힌 글을 짓기는 했으되 비석에 새겨 세우지는 못했다. 자사가 수십 번 바뀌도록 이 일을 마무리하지 못하더니, 결국 왕공(王公)이 부임하면서 그 일을 맡았다. 왕공은 일찍이 국가의 기밀을 다루는 중요한 직위로 궁중에서 천자를 보좌하면서 공의 도(道)를 따랐고, 우리 지방에 자사로 오면서는 공의 통치를 이어받았고, 또한 공의 덕을 존경하여, 남긴 글을 기초(起草)하여 이전의 공적을 밝게 드러나게 할 수 있었으니, 그가 경사(卿士) 삼공의 반열에 드는 것이 적절하지 않다고 누가 말하겠는가! 우리는 그가 우리 곁을 갑자기 떠날

---

8) 지덕(至德) 원년(756) 9월, 숙종(肅宗)이 순화군(順化郡)에서 묵은 적이 있다. 방관이 촉(蜀)으로부터 찾아가 예전처럼 보좌하여, 결국 함께 봉상(鳳翔)에 도착했다. 봉상이 바로 기주(岐州)이다.

까 염려하여, 덕명의 뒷면에 기록함으로써 이 지방 훌륭한 정치에 영원히 표상이 되도록 하고 싶다."

天子之三公稱公, 王者之後稱公, 諸侯之入爲王卿士亦曰公. 有土封, 其臣稱之曰公. 尊其道而師之, 稱曰公. 楚之僭, 凡爲縣者皆曰公. 古之人通謂年之長老曰公. 故言三公若周公、召公, 王者之後若宋公, 爲王卿士若衛武公、號文公、鄭桓公. 其臣稱之, 則列國皆然. 師之尊若太公. 楚之爲縣者若葉公、白公. 年之長老若毛公、申培公. 而大臣罕能以姓配公者, 雖近有之, 然不能著也. 唐之大臣以姓配公最著者曰房公. 房公相玄宗, 有勞于蜀, 人咸服其節; 相肅宗, 作訓於岐, 人咸尊其道. 惟正直慈愛, 以成於德. 用是進退, 所居而事理辨, 所去而人哀號. 理袁人, 袁人不勝其懷. 爲文士趙郡李華銘公之德. 亂, 故不克立.

今刺史太原王涯, 嘉公之道猶在乎人, 袁人不忘公之道, 爲之刻石. 且曰 : "州之南有亭, 曰需宴亭, 公之爲也, 人之思也." 乃增飾棟宇, 卽而立焉. 州人大悅, 咸會隕涕, 言曰 : 昔公以周、召之德, 微子之仁, 有土封以爲卿士, 道爲三公, 德爲國師, 年爲元老. 嘗爲縣, 縣懷其化; 至于州, 州濡其澤. 凡我子孫, 罔不戴慕. 盛德之詞, 文而不刻. 更刺史數十, 莫克興起, 乃卒歸於王公. 王公嘗以機密匡天子于禁中, 遵公之道; 刺於我邦, 承公之理; 又能尊公之德, 起遺文以昭前烈, 則其入爲卿士三公也, 孰曰不宜? 吾懼其去我也遽, 願書于銘之陰, 用永表於邦之良政.

국자사업양성유애갈(國子司業陽城遺愛碣 : 국자사업 양성의 은애를 기념하는 갈문)[9]

정원(貞元) 4년(788) 5월, 덕종(德宗) 황제께서 은(銀) 인장과 붉은 인끈으로 은거지에서 초빙한 양공(陽公)을 간의대부(諫議大夫)로 임명하셨다.[10] 7년 후, 양공은 조정에서 간절하고 지극하게 간언(諫言)하여, 며칠 동안을 풀지 않았다. 황제께서 가상하고 기특하게 여기시어, 국자사업(國子司業)으로 좌천시켰다.[11] 그의 곧음을 표창하고 현인(賢人)으로 대우하여, 그의 도(道)가 유자(儒者)의 사표로써 빛을 발했다. 또 4년 후, 9월 을사(己巳)일에 도주자사(道州刺史)로 임명되어 조정을 나가게 되었다.[12] 태학생(太學生) 노군(魯郡) 출신 계상(李償), 여강(廬江) 출신 하번(何蕃) 등 160명이 학업을 폐하고 서둘러 달려와,[13] 대궐 아래 머리 조아리고, 대궐 문을 향해

---

9) 본편은 황제 앞에서 바른 말을 서슴치 않은 올곧은 신하 양성(陽城)의 행적과 유풍을 세상에 전하기 위한 갈문이다. 양성의 자(字)는 항종(亢宗), 정주(定州) 북평(北平) 사람으로, 나중에 섬주(陝州) 하현(夏縣)으로 옮겼다. 『신당서(新唐書)』에서는 「탁행전(卓行傳)」에 그의 전기가 수록되었다. 유종원은 집현전정자(集賢殿正字)로 있을 때 이 갈문을 지었다. 유종원은 또 「여태학제생희예궐류양성사업서(與太學諸生喜詣闕留陽城司業書)」(제34권)를 썼는데, 그 글에서도 양성에 대해서 상세히 말했다.

10) 정원 4년(788) 6월, 섬(陝) · 괵(虢) 관찰사 이비(李泌)를 평장사(平章事)에 임명하였는데, 이비는 양성(陽城)이 간의대부에 적합하다고 추천하여, 비의(緋衣)와 은어대(銀魚袋)를 하사했다.

11) 정원 11년(795) 4월, 배연령(裴延齡)이 재상 육지(陸贄) 등을 무고하여, 육지가 충주(忠州) 별가(別駕)로 폄적되었다. 황제의 분노가 심하여, 감히 말을 꺼내는 사람이 없었다. 양성은 즉시 습유(拾遺) 왕중서(王仲舒) 등 몇사람을 데리고 연영문(延英門)에서 연좌하면서 상소하여 배연령은 간사하고 육지 등은 죄가 없음을 논했다. 덕종이 분노하여 양성 등의 죄를 물으려 했다가, 얼마 후에 풀어졌다. 7월에 양성을 국자사업으로 좌천시켰다.

12) 설약(薛約)이라는 태학생이 양성에게 배운 적이 있었다. 14년에 국사를 말하다 죄를 얻어 연주(連州)로 폄적되었다. 체포관이 수사 끝에 양성의 집에서 설약을 체포하게 되었다. 양성은 체포관더러 문에서 기다리게 하고, 설약과 술을 마시며 작별을 고하고, 울며 교외까지 전송했다. 황제는 이 말을 듣고 죄인끼리 결탁했다고 여겼다. 9월에 양성을 도주자사로 내보냈다. 양성은 14년에 폄적되었으니, 역산을 해보면, 앞에서 '4년'이라고 한 것은 '3년'이라고 해야 옳다. 글자 오류인 듯하다.

13) 270명이라고도 한다.

절규하며, 양공 폄적 조치를 철회하고 옛 관직을 회복해주기를 애원하고 간청했다. 그러나 조정에서는 판결을 고치는 것을 신중히 하여, 여전히 기사(己巳)의 조서대로 시행하도록 했다. 다음 날도 학생들은 첫날과 같이 함께 모여 북향하여 시위했다. 행렬이 연희문(延喜門)에 이르자, 양공은 쫓아가 그들의 성명서를 빼앗도록 했고, 그들의 길을 막고 시위를 파할 것을 원하여, 학생들은 결국 성명서를 올리지 못했다. 서로 돌아보고 통곡하며 배회할 뿐이었다. 옛날 공이 오자 인(仁)의 기풍이 선양되어, 포악하고 오만한 자는 회개하고, 나약한 자는 굳은 의지를 세웠다. 훌륭한 말을 들으면 종과 북을 울리는 것보다 즐거움이 더했다. 덕이 깃든 모습 우러르면 숭산(嵩山)·대산(岱山)보다 그 높이가 우뚝 솟았다. 공이 직무를 담당하여 정치를 시행하게 되어서는 기준과 모범을 보였다. 어진 자는 용기와 선행을 더욱 닦았고, 위선자는 가식을 없앴다. 나태한 자는 더욱 근면해졌고, 허황된 자는 더욱 공손해졌다. 술독에 빠져 술만 마시는 학생을 도성 밖으로 쫓아냈다. 부모를 만난 지 3년 이상 지난 학생은 쫓아내, 귀향하여 부모를 뵙게 했다. 그래서 그 명령이 떨어지기도 전에 부모를 봉양하기 위해 귀향을 신청한 학생이 20여 명이었다.[14] 예법과 화순(和順)이 밝게 드러나고 효도와 우애가 널리 일어났다. 그리고는 또한 경전을 꿰뚫어 강론하여, 깊은 뜻을 깨우치게 했다.[15] 머리에 쓰고 발에 신고 몸에 걸치는 것이 공으로 말미암아 근엄해졌다. 진퇴읍양하는 모든 예절이 공으로 말미암아 의표가 세워졌다. 공께서 아주 멀리 떠나려 하시니, 우리는 이제 누구를 스승으로 삼을까? 마침내 서리(署吏)들과 서로

---

14) 양성이 사업(司業)이 되자, 태학생들을 불러모아 말했다. "배운다는 것은 충과 효를 배우는 것이다. 학생들 중 어찌 오랫동안 부모를 문안하지 않은 자가 있을 수 있는가?" 다음날, 부모를 봉양하러 귀향하겠다고 양성에게 보고한 사람이 20여 명이었다. 부모를 모시러 3년 동안 귀향하지 않은 자가 있으면 쫓아내버렸다.

15) 양성은 또 수재 중에서 덕행이 뛰어난 자들을 선발하고, 술에 절어 가르침을 따르지 않으면 모두 파문했다. 직접 경전을 강독하여, 학생들은 성실히 따랐고, 모두 법도가 있었다.

의논하고 모든 유자(儒者)에게 포고했다. 정절을 기리는 비석을 세우고 높음과 밝음을 그대로 기록하길 원했다. 이에 옛것을 배운 사람을 방문하여 공의 명(名)과 자(字)를 기록하여 후대에 영원히 법도를 전하게 한다.

공의 이름은 성(城)이요, 자는 항종(亢宗)이요, 집은 북평(北平)에 있고, 조산(條山)에 은거했다. 공은 단정하고 순수하고 담백하고 온화하고, 높직하고 의연하고, 도(道)와 덕(德)과 인(仁)과 명(明)을 갖추었고, 효제(孝悌)와 우애(友愛)가 두터워, 마을에 영향을 끼치고 천하에 이름이 알려졌다. 정절을 굳게 지켜, 환난(患難)도 그 마음을 움직일 수 없었고, 성정이 여유롭고 두터워서, 영예와 지위도 그 마음을 움직일 수 없었다. 사간(司諫)으로 있을 때는 그 정의가 관리들을 떨게 했고, 사업(司業)으로 있을 때는 학생들에게 사랑이 더해졌다. 마땅히 비석을 세워 후인들이 이를 본받게 해야 할 것이다. 명문은 다음과 같다.

양공 이분께선,
순정함을 보존하며 도(道)를 이행했다.
처음엔 명성을 감췄거늘,
인(仁)으로 터를 닦아 눈에 띄었다.
덕이 충만하여 밖으로 드러나,
이에 간관(諫官)이 되었다.
의지를 굳세게 하고 정의에 힘을 써,
곧은 도를 펼치었다.
황제께서 유학(儒學)의 스승을 구하여,
태학에서 국자사업으로 교육에 임했다.
몽매함을 깨우치게 인도하고 계발하여,
덕의 가르침을 널리 베풀었다.
대화(大和)가 널리 퍼지고,
현기(玄機)가 두루 비추어졌다.

학생들이 예에 대해 듣고,
후학들은 효를 알게 되었다.
그의 진퇴가 준칙이 되고,
행동과 말씨를 모두 본받았다.
공이 궤도를 보이지 않았으면,
사람들은 어떤 길로 갔을까?
사납고 드세고 탐욕스럽고 무례한 자들이,
공을 만나 순해졌다.
거짓말하고 속이고 사기치고 협잡하던 자들이,
공을 만나 신의를 지녔다.
젊은이들 화목하게,
모두 적절한 곳으로 갔다.
몽둥이나 회초리가 안 쓰이고,
존엄과 위엄이 세워졌다.
공은 훌륭한 학생을 선발 표창하여,
당상(堂上)으로 오르게 했다.
수척했던 자가 살이 붙어,[16]
아름다운 옷을 입듯 영예를 입었다.
공은 조정에서 버림받아 쓰이지 않아도,
안으로 자신만 탓했다.
안으로 자신을 탓하길,
마치 공이 학생을 가르치듯 하였다.

---

16) 『한비자(韓非子)』 내용에 따르면, 자하(子夏)가 한동안 수척했다가 살이 올랐다. 누군
   가 까닭을 묻자, 자하는 "내가 싸움에서 이겼기 때문이라오."라고 대답했다. "싸움에서
   이겼다니 무슨 소리요?"라고 묻자, 자하가 대답했다. "나는 선생님 문하에 들어가 의
   (義)를 보고서도 영예롭다 생각하고, 나와서 부귀영화를 보고서도 또한 영예롭다 생각
   했소. 두 가지가 마음에서 싸웠기 때문에 수척했었지요. 이제 선생님의 의가 이긴 것
   을 보았기 때문에 살이 오른 것이구요."

인(仁)이 없으면 누가 가까이 하겠으며,
덕이 없으면 누가 존중하랴?
지금 공이 멀리 가려 하니,
누가 유가 문하의 표상이 되리오?
학생들이 상소하고,
대궐 앞에 머리 조아렸다.
저 높이 자리한 하늘은,
우리 말을 들어주지 않는다며 한탄했다.
푸른 옷깃에 눈물 적시며,
거리거리를 가득 메웠다.
먼 길 떠나는 양공을 남문에서 전송하며,
바라보고 흠모하며 주저주저.
비석 세워 덕을 기록하고,
그 훌륭한 모범을 널리 알린다.
오호 이 글을 통해서,
남겨준 사랑 끝없이 전해지리!

四年五月, 皇帝以銀印赤紱, 卽隱所起陽公爲諫議大夫. 後七年, 廷諍懇至, 累日不解, 帝尤嘉異, 遷爲國子司業. 旌直優賢, 道光師儒. 又四年, 九月己巳, 出拜道州刺史. 太學生魯郡季償, 盧江何蕃等百六十人, 投業奔走, 稽首闕下, 叫閽籲天, 願乞復舊. 朝廷重更其事, 如己巳詔. 翌日, 會徒北嚮如初. 行至延喜門, 公使追奪其章, 遮道願罷, 遂不果獻. 生徒嗷嗷, 顧眄徘徊. 昔公之來, 仁風扇揚. 暴慠革面, 柔輭有立. 聽聞嘉言, 樂甚鐘鼓. 瞻仰德宇, 高逾嵩岱. 及公當職施政, 示人準程. 良士勇善, 僞夫去飾. 墮者益勤, 誕者益恭. 沉酗腆酒, 斥逐郊遂. 違親三歲, 罷退鄉黨. 令未及下, 乞歸就養者二十餘人. 禮順克彰, 孝悌以興. 則又講貫經籍, 俾達奧義. 簡習孝秀, 俾極儒業. 冠履裳衣, 由公而嚴. 進退揖讓, 由公而儀. 公征

甚遐, 吾黨誰師? 遂相與咨度署吏, 布告諸儒. 願立貞珉, 俾高狀明. 乃訪
于學古之士, 紀公名字, 垂憲于後.

公名城, 字亢宗, 家于北平, 隱于條山. 惟公端粹沖和, 高巖懿醇, 道德
仁明, 孝愛友悌, 薰襲里閈, 布聞天下. 守節貞固, 患難不能遷其心; 怡性
坦厚, 榮位不足動其神. 爲司諫, 議震于周行; 爲司業, 愛加于生徒. 宜乎
立石, 俾後是憲. 其辭曰:

惟茲陽公, 履道葆醇. 爰初隱聲, 覆簣基仁. 德充而形, 乃作諫臣.
抗志勵義, 直道是陳. 帝求師儒, 貳我成均. 開朗蒙瀎, 宣明德敎.
大和潛布, 玄機密照. 羣生聞禮, 後學知孝. 進退作則, 動言是傚.
匪公之軌, 人用奚蹈? 麤厲貪凌, 待公順之. 欺僞譎詐, 待公信之.
少年申申, 咸適其宜. 榎楚廢弛, 尊嚴而威. 公褒其良, 俾升于堂.
癯者旣肥, 榮如衰衣. 公棄不用, 懲咎內訟. 旣訟于內, 猶公之誨.
匪仁孰親? 匪德孰尊? 今公于征, 孰表儒門? 生徒上言, 稽首帝閽.
謂天蓋高, 曾莫我聞. 靑衿涕濡, 塡街盈衢. 遠送于南, 望慕踟躕.
立石書德, 用揚懿則. 嗚呼斯文, 遺愛罔極.

당고급사중황태자시독육문통선생묘표(唐故給事中皇太子侍讀陸文通先生墓表 : 급사중 황태자시독 육문통 선생 묘표)[17]

공자(孔子)가 『춘추(春秋)』를 지은 이후 1,500여 년 동안 '전(傳)'이라고 이름을 붙여 후세에 전해진 것이 다섯 가지인데,[18] 지금은 그중에서 세 가지가 통용되고 있다. 또한 죽간과 목판을 들고 노심초사하여 논(論)·주(註)·소(疏)·설(說)을 저술한 것이 수백 수천 가지에 달한다. 이에 다른 사람의 설이 틀리다고 들춰내고 화를 내고, 염치를 모르고 목소리를 높여 서로 공격하고 배척하여, 자기의 학설로 책을 저술한다 하여, 집 안에 있으면 방 안에 원고가 가득 차고 집 밖을 나서면 지고 다니느라 소나 말이 땀을 흘릴 정도였건만, 어떤 것은 이치에 맞았으되 사장되고, 어떤 것은 이치에 어긋났으되 세상에 드러났다. 후대에 연구하는 사람은 늙어서 기가 쇠하도록 이것 저것을 보며 연구해도 근본을 찾을 수가 없었다. 그리하여 오로지 자기가 배운 것만을 옳다고 여기고 자기가 배운 것과 다른 것을 비방하여, 케케묵은 죽간에 적힌 구설(舊說)을 따라 무리짓고 썩어버린 뼈를 애지중지 보호하듯 옛사람의 설을 따라, 심지어 부자끼리 서로 다치게 하는 지경에 이르렀다. 군신의 관계를 망친 적이 예전에는 많았었다. 그러니 성인을 아는 것이 어렵고도 어려웠다. 오군(吳郡) 사람 육(陸)선생 질(質)이 있어, 그의 스승과 벗인 천수(天水) 사람 담조(啖助)·

---

17) 본편은 유종원의 스승 육질(陸質)의 묘표이다. 육질의 본명은 순(淳)이요, 자는 백충(伯沖)으로, 나중에 헌종(憲宗)의 휘를 피하여 질(質)이란 이름을 하사받아 개명했다. 유종원은 「답원요주논춘추서(答元饒州論春秋書)」(제31권)에서 "나는 소주(邵州)로 외근하러 나오는 바람에 육선생의 문하에서 학업을 끝까지 마치지 못했다"고 했고, 편지 말미에서 또한 "이 주(州)에 오자마자 육문통선생의 묘표를 써서, 이제 선영(宣英)에게 받들어 올려 읽어보게 한다"고 했다. 이 묘표는 소주(邵州)에서 쓴 것임이 분명하다.

18) 『한서(漢書)』 「예문지(藝文志)」 목록에 『춘추좌씨전(春秋左氏傳)』 30권, 『공양전(公羊傳)』·『곡량전(穀梁傳)』·『추씨전(鄒氏傳)』·『협씨전(夾氏傳)』 각 10권이 수록되어 있다. 『추씨전』, 『협씨전』은 목록에만 수록되었을 뿐, 실제 책은 전해지지 않는다.

조광(趙匡)과 함께 성인의 뜻을 잘 알았다.[19] 따라서 『춘추』의 말이 이들에 이르러 광명을 찾았다. 보통 사람이나 어린 아이라도 학문만 쌓으면 모두 성인의 도에 들어가고 성인의 가르침을 전할 수 있게 하였으니, 그 덕이 어찌 찬란하고 크다 하지 않으리오?

선생의 자는 모(某)이다.[20] 책을 읽어 저술의 근본을 알고 스승과 벗을 만났다. 이에 고금의 학설을 합하고 같고 다른 것을 가려내어, 말로써 잇고 글로써 편집했다. 도를 강론한 것이 대략 20년이요, 책으로 기록한 것이 또한 10여 년 만에 그의 크나큰 사업이 이루어지니, 『춘추집주(春秋集註)』가 열 편이요 『변의(辯疑)』가 일곱 편이요 『미지(微指)』가 두 편이다. 대중(大中)을 밝게 드러내고 공기(公器)를 펼쳐냈다. 그 도는 성인을 중심으로 하고 요(堯)·순(舜)을 표적으로 하여, 뒤섞인 것을 포괄하고 위아래로 치달으면서도 바른 도를 벗어나지 않았다. 그 법(法)은 문무(文武)를 머리로 하고 주공(周公)을 날개로 하여 읍양승강(揖讓升降)하여, 좋아하고 미워하고 기뻐하고 분노하되 지나친 것이 없었다. 저술이 완성되자 세상의 총명한 인물에게 전수하여 펼쳐 밝히게 하였으니, 따라서 책이 나오자 선생은 거유(巨儒)가 되었다. 이로써 천자의 쟁신(爭臣)이 되고,[21] 상서랑·국자박사·급사중·황태자시독을 역임하면서,[22] 모두 그 도를 펼쳤다. 두 주(州)의 자사를 지내면서, 사람들이 인(仁)을 알게 되었다.[23] 영정(永貞) 연간에 동궁을 모시면서 그가 배운 바를 강론하고 『고군신도(古君

---

19) 담조(啖助)의 자는 숙좌(叔佐), 조주(趙州) 사람이다. 나중에 관중(關中)으로 옮겼다. 천보(天寶) 말년쯤에 태주(台州) 임해위(臨海尉), 단양(丹陽) 주부(主簿)를 지냈다. 상원(上元) 2년(761)에 삼전(三傳)을 모았고, 『춘추』를 해석했다. 대력(大曆) 5년(770)에 이르러 끝나 『집전(集傳)』이라고 했다. 조광(趙匡)의 자는 백순(伯循), 하동(河東) 사람이다. 회남(淮南) 절도판관 및 양주자사(洋州刺史) 등을 지냈다.

20) 제목 주석 참조

21) 육질은 회남(淮南) 절도사 진소유(陳少遊) 막부에 보좌로 있었는데, 진소유가 그를 조정에 천거하여, 조정에서 좌습유(左拾遺) 자리를 주었다.

22) 정원 21년(805) 4월, 급사중에서 태자시독이 되었다.

23) 육질은 태주(台州)·신주(信州) 자사를 역임했다.

臣圖』를 지어 바쳐, 그의 도가 위에 도달했다. 이해, 후속 천자가 제위에 올라 천하를 다스리게 되어,[24] 훌륭한 유자를 스승으로 존경하여 모시고자 하였는데, 선생이 질병이 있다고 보고하자, 천자가 직접 방문하여 문안하는 예를 표하였다. 모월 모일 경사에서 세상을 떠났다.[25] 모월 모일 모군 모리에서 장례를 지냈다.

오호! 선생은 책에 도를 보존하였으되 정치에 시행하지는 못했고, 말로 도를 실행하였으되 이로써 세상이 다스려지는 것을 보지는 못했다. 문하 사람들과 세상 유자들이 이 때문에 통곡이 더했다. 장례를 지내려 하는데, 선생께서 성인의 도를 잘 적어 책으로 꾸며서 후세에 통하게 할 수 있었다는 것 때문에 결국 문통(文通)선생이라는 시호를 정했다. 몇년 이후, 그의 책을 배운 자가 그의 묘를 지나던 중, 그의 도가 이로부터 나왔음을 애처로이 여겨, 돌에 새겨 갈문(碣文)을 남긴다.

孔子作春秋千五百年, 以名爲傳者五家, 今用其三焉. 秉觚牘, 焦思慮, 以爲論註疏說者百千人矣. 攻訐很怒, 以辭氣相擊排冒沒者, 其爲書, 處則充棟宇, 出則汗牛馬, 或合而隱, 或乖而顯. 後之學者, 窮老盡氣, 左視右顧, 莫得而本. 則專其所學, 以訾其所異, 黨枯竹, 護朽骨, 以至於父子傷夷. 君臣詆悖者, 前世多有之. 甚矣聖人之難知也. 有吳郡人陸先生質, 與其師友天水啖助洎趙匡, 能知聖人之旨. 故春秋之言, 及是而光明. 使庸人小童, 皆可積學以入聖人之道, 傳聖人之敎, 是其德豈不侈大矣哉!

先生字某, 旣讀書, 得制作之本, 而獲其師友. 於是合古今, 散同異, 聯之以言, 累之以文. 蓋講道者二十年, 書而志之者又十餘年, 其事大備, 爲春秋集注十篇, 辯疑七篇, 微旨二篇. 明章大中, 發露公器. 其道以聖人爲主, 以堯舜爲的, 苞羅旁魄, 膠轕下上, 而不出於正. 其法以文武爲首, 以周公爲翼, 揖讓升降, 好惡喜怒, 而不過乎物. 旣成, 以授世之聰明之士,使陳而明之, 故其書出焉, 而先生爲巨儒. 用是爲天子爭臣, 尙書郞、國子博士、給事中、皇太子侍讀, 皆得其道. 刺二州, 守人知仁. 永貞年, 侍東宮, 言其所學, 爲古君臣圖以獻, 而道達乎上. 是歲嗣天子踐阼而理, 尊優師儒, 先生以疾聞, 臨問加禮. 某月日終于京師. 某月日葬于某郡某里.

嗚呼! 先生道之存也以書, 不及施於政; 道之行也以言, 不及覩其理. 門人世儒, 是以增慟. 將葬, 以先生爲能文聖人之書通于後世, 遂相與諡曰文通先生. 後若干祀, 有學其書者過其墓, 哀其道之所由, 乃作石以表碣.

당고병부랑중양군묘갈(唐故兵部郞中楊君墓碣: 병부랑중 양군 묘갈)[26]

정원 19년(803) 정월 모일, 상서병부랑중 양군이 세상을 떠나, 모월 모일 봉선현(奉先縣) 모처 묘지에 안장했다. 장례를 마치고, 그의 자녀와 조카 및 집안 원로들이 묘지에 석물을 세우고자 했다. 장령(葬令)에 따르면,[27] 5품 이상이면 비(碑)를 세우는데, 귀부리수(龜趺螭首)로 한다.[28] 5품부터는 갈(碣)을 세우는데, 받침이 네모 모양이고 머리가 둥근 모양이며, 높이는 넉 자로 한다. 낭중은 5품관이므로 그 서열이 비를 세울 자격이 되지 않아, 규격을 낮추어 갈을 세우기로 하고, 그 계보는 대묘(大墓)에 기록한다.[29]

26) 본편은 유종원의 장인 양빙의 아우, 즉 처삼촌 양응(楊凝)의 묘갈이다. 『신당서』에 양응의 전기가 수록되어 있는데, 유종원이 쓴 이 갈문과 대체로 내용이 같다.
27) 장령(葬令)이란 당시 상례(喪禮) 및 장례(葬禮)에 관한 율령을 말한다.
28) 귀부리수(龜趺螭首)는 비석의 받침이 거북 모양이고 비석의 머리가 뿔없는 용(이무기) 모양인 것을 말한다.
29) 양응은 괵주(虢州) 홍농(弘農) 사람이다. 먼 조상은 월(越) 공공(恭公) 균(鈞)이다. 균이 검(儉)을 낳았으니, 서위(西魏) 때 시중(侍中)을 지냈다. 검이 문위(文偉)를 낳았으니, 수(隋)나라 때 안주(安州)·온주(溫州) 두 주의 자사를 지냈다. 문위는 영(榮)을 낳았다. 영은 각(恪)을 낳았다. 각은 원정(元政)을 낳았으니, 사훈랑중(司勳郞中)을 지냈다. 원정은 지현(志玄)을 낳았으니, 전중시어사(殿中侍御史)를 지냈다. 지현은 성명(成名)을 낳았다.

군(君)의 이름은 응(凝)이요, 자는 무공(懋功)으로, 막내아우 능(凌)과 같은 날 태어나,[30] 한달이 채 안되어 부친께서 돌아가셨다. 맏형이 빙(憑)으로, 박박머리 어린 시절부터 오(吳)에서 살았다. 모친 태부인은 어머니로서의 도리를 다하여, 존중하고 사랑하고, 정성을 다하여 가르치고 인도했다. 군의 형제들은 효도와 공경이 본성에서 우러나오고 예의와 범절이 오랜 내력으로 갖춰져, 훌륭한 덕망을 이루고 아름다운 빛을 모았다. 동으로 해(海)·대(岱)에 이르기까지, 남으로 형(衡)·무(巫)에 이르기까지, 글을 하는 사람들은 모두 그의 시를 알고 암송하며 모범으로 삼고, 덕행을 닦는 사람들은 모두 그의 행실을 노래하며 자랑스러워했다. 군은 진사 급제하고 나서,[31] 교서랑(校書郎)에서 서기(書記)가 되어 절도사를 보좌했고,[32] 한수(漢水) 남쪽에 있다가 형주(荊州)로 옮기고,[33] 협률랑(協律郎)에서 세 차례 어사가 되기도 했다. 절도사가 출정을 했을 때, 그의 계책으로 큰 공을 거두고, 결국 조정에 들어가, 기거랑(起居郎)이 되었다. 직필로 국사를 숨김없이 기록하여, 나라의 전장(典章)에 드러내 후세에 남겼다. 또한 상서사봉원외랑(尚書司封員外郎)이 되어, 봉읍(封邑)을 바르게 변혁하고, 적잉(嫡媵)의 억울함을 풀어주어, 사건이 권세가에 연결되어 있어도, 조금도 꺼리지 않고 배척하고 물리쳤다. 강직한 명성이 훤히 알려져서, 이에 선부(選部)에 진출하여,[34] 관리들을 통솔했다. 간신이 권세를 믿고 위복(威福)을 자기 마음대로 하였다. 타인 중 빌붙으려고 하다가 안되는 자들을 공은 물리쳤다. 은밀히 서리를 통해서 청탁하는 것을 한결같이 물리쳤다. "나는 석 자짜리 법으로 자기에게 이해를 가져다주는 짓을 하지 않는다"

성명은 응을 낳았다.

30) 양릉의 자는 공리(恭履)이다.

31) 양응은 대력(大曆) 3년(768) 진사 급제했다.

32) 흥원(興元) 원년(784) 정월, 번택(樊澤)을 산남동도(山南東道) 절도사로 임명했다. 양응은 비서성 교서랑에서 그의 막부로 가 서기를 관장했다.

33) 정원 3년(787) 윤 5월, 번택이 형남(荊南) 절도사로 옮기게 되어, 양응도 따라 이동했다.

34) 수(隋)나라 때 이부(吏部)를 선부(選部)로 바꾸었다. 양응은 이부원외랑을 지냈다.

고 했다. 상중에 있을 때는 애도의 도리를 다하여, 안으로는 그 뜻을 다하고, 밖으로는 물자를 아까워하지 않아서, 그 마음을 얻지 못한 사람이 없었다. 상기를 마치고 우사낭중(右司郞中)이 되어서, 바른 말로 자기를 곧게 함으로써 정성을 다했다. 그러나 결국 참언을 당하여, 조정에서 근무하지 못하고, 검교이부낭중(檢校吏部郞中)에서 선무군절도판관(宣武軍節度判官)이 되었다.35) 박주(亳州)에 책임자 결원이 생겨서, 가서 그 통치를 대행했다. 외롭고 나이 든 사람들을 위로하여 편안히 해주고, 억세고 교활한 사람들을 처단했다. 산의 자갈밭과 염분많은 땅을 일구어 개간하고 잡초를 제거하도록 했다. 원전(爰田)을 일구어 식량에 조달하도록 했다. 크고 작은 물길을 정돈하고, 제방을 다시 쌓고, 비탈에 물길을 만들어, 수재를 당하지 않도록 했다. 박주를 다스린지 반년도 안되어, 그 복리가 천년 동안 전해질 만했다. 그때 조정으로부터 복귀 명령이 있었다. 변주(汴州) 교외에 묵던 무렵, 변주에서 장수를 잃고 군졸이 난을 일으켰다. 들어갈 수가 없어,36) 결국 서쪽으로 길을 잡아 대궐 아래 이르렀다. 새서(璽書)가 문에서 맞이하며, 그동안 노고를 성대하게 위로했다. 병 때문에 3년 동안 집에 있었는데, 다시 조정으로 등용되었다.37) 멀리서도 가까이에서도 즐거워 노래를 부르더니, 또 고질병이 찾아왔다. 천자께서 문안을 하시고, 석달이 넘도록 사고(賜告)를 하지 않았으니,38) 병이 나으면 계속 등용하려고 했기 때문이다. 결국 세상을 떠났다. 천하에서 학문으로 행세하는 사람들이 슬퍼하고 애통했다.

---

35) 정원 12년(796) 8월, 양응은 좌사낭중(左司郞中)에서 검교이부낭중이 되어, 변(汴)·송(宋)·박(亳)·영(潁) 등 주(州)의 관찰판관으로 일했다.

36) 정원 14년(798) 겨울, 양응은 경사에서 조회했다. 15년(799) 봄, 변주로 돌아가기로 했다. 2월, 절도사 동진(董晉)이 사망하자, 변주의 군인이 난을 일으켜, 양응은 달아나 경사로 귀환했다.

37) 정원 18년(802), 집에 있던 양응이 병부낭중이 되었다.

38) 한(漢)나라 법률에 사고(賜告)라는 것이 있었다. 사고(賜告)란 질병에 걸려서 석달이 꽉 차면 응당 면직시켜야 하는 것을 말한다. 천자가 통고를 내려, 인수(印綬)를 차고 관속(官屬)을 거느리고 귀가하여 병을 치료하도록 하는 것이다.

오호! 군은 깊고 때묻지 않은 행실이 있었고, 굳센 의지가 있었다. 안으로는 가족 친척과 화목하여 일족과 바르게 지냈고, 밖으로는 친구에게 믿음을 사 정치에까지 시행되었다. 그러므로 그가 나아가고 물러나는 것은 사람들의 기쁨과 슬픔에 연결되었다. 그의 형제들이 조정에 말을 올리면, 회신에서 늘 그들이 효성과 우애가 있다고 하였다. 군자들은 양씨 가문이야말로 인(仁)의 집안이라고 했다. 군은 글 몇편을 남겼으니, 모두 세상에 전해질 만한 좋은 글이다.[39] 이글을 쓰는 나는 인척의 인연으로 만나 사랑을 받았으니,[40] 보잘것없는 글솜씨임을 군은 실로 알 것이다. 다만 거마(車馬)나 폐옥(幣玉)으로는 그 덕을 제대로 칭송할 수 없어, 군이 잘 아는 글을 통해서 이렇게 보답하고자 한다.

貞元十九年正月某日, 守尙書兵部郎中楊君卒, 某月日, 葬于奉先縣某原. 旣葬, 其子姪泊家老, 謀立石以表于墓. 葬令曰 : 凡五品以上爲碑, 龜跌螭首. 降五品爲碣, 方跌圓首, 其高四尺. 按郎中品第五, 以其秩不克偕, 降而從碣之制, 其世系則紀于大墓.

君諱凝, 字懋功, 與季弟凌生同日, 不周月而孤. 伯兄憑剪髮爲童, 家居于吳. 太夫人母道尊愛, 敎飭謹備. 君之昆弟, 孝敬出於其性, 禮範奉于其舊, 克有成德, 輯其休光. 東薄海、岱, 南極衡、巫, 文學者皆知誦其詞, 而以爲模準; 進修者率用歌其行, 而有所矜式. 君旣擧進士, 以校書郎爲書記, 毗贊元侯, 于漢之陰, 式徂荊州, 由協律郎三轉御史. 元戎出師, 用顯厥謀, 遂入王庭, 爲起居郎. 書事不回, 著垂國典. 又爲尙書司封員外郎, 革正封邑, 申明嫡媵, 事連權右, 斥退勿憚. 直聲彰聞, 仍參選部, 以馭羣吏. 姦臣席勢, 威福自己. 他人求附離而不可得者, 公則却之. 私以胥吏求署, 一皆罷遣. 曰 : "吾不以三尺法爲己利害." 居喪致哀, 內盡其志, 外盡其物, 而無有不得其心者. 服除, 爲右司郎中, 危言直己, 以致其誠. 然

39) 양응은 문집 20권 분량의 글을 남겼으며, 권덕여(權德輿)가 서문을 썼다.
40) 유종원은 양응의 맏형 양빙의 사위이다.

卒中於詖辭, 不得朝請, 以檢校吏部郎中爲宣武軍節度判官. 亳人缺守, 往涖其政. 孤老撫安, 强猾戮死. 墾鑿嶢鹵, 芟艾榛荒. 作爰田, 以贍人食. 濬決潢汙, 築復堤防, 爲落渠以定水禍. 理不半歲, 利垂千祀. 會朝復命. 次于汴郊, 帥喪卒亂. 不可以入, 遂西走闕下. 璽書迎門, 勞倈甚備. 以疾居家三年, 復登于朝. 遲邁咏歌, 仍遇痼疾. 天子致問, 逾三月不賜告, 幸其愈而用之. 遂卒. 天下文行之士, 爲之悲哀.

嗚呼! 君有深淳之行, 有强毅之志. 內以和於親戚, 正於族屬; 外以信於朋友, 施於政事. 故身之進退, 人之喜戚繫焉. 凡其昆弟, 申明于朝, 制書咸曰孝友. 君子謂楊氏其仁義之府. 君之文若干什, 皆可以傳於世. 若某者, 以姻舊獲愛, 不腆之文, 君實知之. 惟車馬幣玉, 無可以稱其德. 用君之所以知者酬焉.

고어사주군갈(故御史周君碣 : 어사 주군 갈문)[41]

당(唐)의 곧은 신하 여남(汝南) 주씨(周氏)의 이름은 아무개요 자는 아무개이다. 간언하다 죽어, 모처에 장사지냈다. 정원 12년(786), 유종원이 그 묘 좌측에 갈을 세웠다.

천보(天寶) 연간에 어떤 자가 아첨으로 재상의 자리에 오르고,[42] 현명한 신하가 내몰렸다.[43] 공은 어사 신분으로, 이 일에 대하여 항의하여,

---

41) 본편은 현종 때 간언을 하다가 억울하게 사형당했다는 주자량(周子諒)의 갈문이다. 갈문의 내용으로 보아, 주자량은 유주(柳州) 사람이다.

42) 주자량의 활동 시기와 사적을 대조 검토하면, 여기서 '천보'라고 말한 것은 '개원(開元)'을 잘못 말한 것으로 보인다. 개원 24년(736) 11월, 문제 인물 우선객(牛仙客)을 공부상서동중서문하삼품(工部尙書同中書門下三品)에 임명했다.

43) 개원 24년(736) 11월, 시중(侍中) 배요경(裴耀卿)이 상서좌승상(尙書左丞相)이 되고, 중서

지하(墀下)에서 사형을 당하고,[44] 사관이 이를 기록했다. 공이 죽고 나서야 아첨하는 무리들이 비로소 공의 의론을 두려워했다.

어허! 예로부터 가치없이 죽은 사람이 많았다. 공의 죽음 같은 경우에는 그 의지가 왕과 나라를 바로잡고, 그 기개가 간사하고 아첨하는 자들을 벌벌 떨게 하여, 마땅히 얻을 바를 얻었으니, 이를 가치있는 죽음이라 할 수 있지 않을까! 공의 덕행과 재능은 전해지는 것으로만 들었을 뿐, 끝내 정치에 시행되지는 못했지만, 단지 그 절의가 전해지는 것으로도 백대(代) 이상으로 분발시켜 세상의 규범이 되게 할 수 있었다. 만약 공이 노(魯)나라 말기 정공(定公)・애공(哀公) 시기에 태어났다면 공자도 "나는 아직 강한 사람을 보지 못했다"는 말을 하지 않았을 것이요, 진(秦)・초(楚) 이후에 태어났다면 한(漢) 고조(高祖)가 "어디서 용맹한 인물을 구할까"라는 말을 하지 않았을 것이다. 그러나 살아서는 왕업을 흥성시키도록 등용되지 못하고, 죽어서는 성인의 개탄을 받지 못했으니, 뜻을 세운 사람들이 참으로 애도를 금하지 못한다. 그래서 이렇게 명문을 새긴다. 명문은 다음과 같다.

충정의 미덕을 지니고,
바른 도를 이행했다.
간언하다 죽어,
간사한 무리가 사라졌다.
사관이 기록하고,
돌에 새기어,
모든 신하의 규범이 되게 한다.

령(中書令) 장구령(張九齡)이 상서우승상(尙書右丞相)이 되어, 함께 지정사(知政事)에서 파직되었다.

44) 개원 25년(737) 4월, 주자량은 감찰어사로서 우선객의 재능이 임명받은 직위에 합당하지 않다고 탄핵하면서, 참서를 인용하여 증명했다. 황제가 매우 노하여, 직접 힐문하면서, 좌우에 명하여 조정에서 곤장을 치게 하여, 기절했다 깨어나면 계속 치게 하고, 양주(瀼州)에 유배를 보냈는데, 남전(藍田)에 이르러 죽었다.

有唐貞臣汝南周氏, 諱某字某. 以諫死, 葬于某. 貞元十二年, 柳宗元立碣于其墓左.

在天寶年, 有以諂諛至相位, 賢臣放退. 公爲御史, 抗言以白其事, 得死于墀下, 史臣書之. 公死, 而佞者始畏公議.

於虖! 古之不得其死者衆矣. 若公之死, 志匡王國, 氣震姦佞, 動獲其所, 斯蓋得其死者歟! 公之德之才, 洽於傳聞, 卒以不試, 而獨申其節, 猶能奮百代之上, 以爲世軌. 第令生於定哀之間, 則孔子不曰未見剛者; 出於秦楚之後, 則漢祖不曰安得猛士. 而存不及興王之用, 沒不遭聖人之歎, 誠立志者之所悼也. 故爲之銘. 銘曰:

忠爲美, 道是履. 諫而死, 佞者止. 史之志, 石以紀, 爲臣軌兮.

당고형주자사동평여군뢰(唐故衡州刺史東平呂君誄 : 형주자사 동평 여군 뢰)[45]

당나라 원화 6년(811) 8월 모일, 형주자사 동평 여군(呂君)이 죽었다. 10월 24일, 강릉(江陵) 교외에 임시로 장사지냈다. 아아! 군은 지혜와 용기와 효성과 인자함이 있어서, 그의 능력으로 천하를 편안하게 할 수 있었으며, 그의 뜻으로 백세를 경영할 수 있었다. 다 이루지 못하고 죽었으니, 세상 사람들 또한 알 수 있는 길이 없도다. 군은 도주자사(道州刺史)에서 형주자사(衡州刺史)로 승진되었다.[46] 군이 죽으니 두 주(州) 사람들이 한

---

45) 본편은 유종원과 절친했던 친구 여온(呂溫)의 뇌문(誄文)이다. 여온의 자는 화광(化光) 또는 화숙(和叔), 하중(河中) 사람으로, 나이 40에 사망했다. 「제여형주온문(祭呂衡州溫文)」(제40권) 참조

달이 넘도록 곡을 했다. 호남(湖南) 사람들은 입춘·입추가 지난 후 다섯 번째 무일(戊日)에 지내는 '사(社)' 제사를 중시하여 술을 마시건만, 이 달 상무일(上戊日)에는 술도 마시지 않고 음악도 연주하지 않고 빈소에 모여서 곡을 하고 돌아갔다.[47] 내가 영주(永州)에 있는데, 영주는 두 주의 중간이라, 그 슬퍼하는 소리가 남북에서 번갈아 들려오고, 배가 오르내리면 반드시 아이고 아이고 하는 곡성이 들려와, 옛날에 이런 일이 있었다는 것은 들었으되 이제 두 눈으로 직접 보게 되었구나. 군의 뜻과 능력이 백성들에게 베풀어지지 않아, 아는 사람 또한 10명을 넘지 않는다. 세상 사람들은 다만 군의 문장을 읽고 군의 치적과 행실을 노래할 뿐, 이 두 가지가 군에게 있어서는 말단임을 알지 못한다. 아아! 군의 문장은 마땅히 백세의 으뜸이 되었을 것인데, 지금 남아 있는 것은 군의 모든 것을 드러낸 것이 아니라 단지 한두 마디 말일 뿐이다. 군의 치적과 행실은 마땅히 천하의 최고가 되었을 것인데, 지금 들려오는 것은 군이 온 힘을 쏟은 것이 아니라 단지 한두 가지 자취일 뿐이다. 만 가지 능력을 다 시험해보지 못한 채 한 가지만 발휘하고도 당대에 매우 소중히 여기는 인물이 되었다. 만약 다행스럽게도 20~30%만 발휘했더라면 우뚝하니 위대한 인물이 되어 세상과 더불어 끝없이 영원토록 남았을 것 아니겠는가? 군이 재임했던 관직은 3품으로, 태상(太常)에게 의뢰하여 시호를 받을 수 있다. 그런데 나는 주(州) 관리가 그 내용을 빠트릴까 염려하여, 개인적으로 뇌(誄)를 써서 그 행적을 기록한다. 본문은 다음과 같다.

뇌(魯)나라 교외에서 기린이 죽어,
그 영험을 천하에 떨치지 못했다.
맑고도 깨끗한 부자(夫子)가,

---

46) 여온은 원화 3년(808) 도주자사로 폄적되었고, 평판이 좋아서 원화 5년(810)에 형주자사로 이동되었다.
47) 원화 6년(811) 8월 8일 무자(戊子)일 사(社)이다.

이 때문에 그 의표를 깨끗하게 했다.

인(仁)을 모자 삼고 의(義)를 옷 삼고,

서(書)·시(詩)를 방패 삼았다.

충정(忠貞)으로 노리개 삼아 꿰어차고,

지혜와 용기를 장식 삼아 달았다.

상(商)·주(周)까지 뛰어넘어,

요(堯)·순(舜)을 스승으로 삼았다.

도(道)가 화(禍)를 이기지 못하였으니,

하늘이 본디 나를 기만했구나.

귀신이 일제히 분노하고,

요얼(妖孼)이 모두 의혹을 품었다.

어찌하여 덕을 부여하고,

또한 펼칠 때를 빼앗는가?

오호, 슬프구나!

여(呂)라는 성(姓)을 내려주며,

전력을 다하여 당(唐)을 보좌하도록 했다.

만방에 안녕이 오도록 보좌하여,

이를 알리자 후백(侯伯) 작위를 받았다.

최고의 성인을 모시고자 하여,

주(周)나라 때 그 덕을 내려주었다.

대대로 다섯 후(侯)에게 징세하는 게,[48]

선조가 정한 규칙이었다.

후손들이 그 무공을 이어받아,

이전의 사적을 본받았다.

---

48) 『좌전』 희공(僖公) 4년, "옛날 소강공(召康公)이 우리 선군 태공(太公)에게 '다섯 후(侯)
와 아홉 백(伯)에게서, 네가 모두 징세하여, 주(周) 왕실을 보좌하라'고 명했다"고 관중
(管仲)이 말했다.

화광(化光)에 이르러,

그 뛰어남이 빛을 발했다.

『춘추』의 깊은 뜻을,

유자들은 모두 제대로 깨닫지 못했다.

군이 그 뜻을 깨달아,

남달리 크고 곧게 이루었다.

성인의 마음을,

자신으로부터 얻게 되었다.

널리 정치에 베풀어 변화를 가져와,

성공하지 않는 경우가 없었다.

이치를 추론함이 정밀하고,

글로써 펼쳐내 날개를 달았다.

이를 일에 적용하여,

옛날과 척도를 같이 했다.

그의 도가 채용되진 못했으나,

관직에 진출한 기회를 빌어 이름이 알려졌다.

예부(禮部)에 진출하고자 응시하여,

품었던 문장력을 정성껏 발휘했다.

급제자 발표에 연달아 이름이 올라,

훌륭한 학문을 펼칠 수 있게 되었다.

백가의 서적을 검수 교정하여,[49]

오류가 바로잡히고 빛을 발하였다.

간관(諫官)의 대열에 올라,[50]

밀봉한 상소를 누차 올렸다.[51]

---

49) 여온이 비서성교서랑으로 일하던 정황을 설명한 것이다.
50) 여온은 왕숙문(王叔文)·위집의(韋執誼)와 관계가 좋아, 다시 좌습유(左拾遺)로 옮겨졌다.
51) 한대(漢代)부터 의례에 따르면, 모든 상소문은 개봉한 상태로 올리는데, 기밀을 다루

황제께서 그 능력을 특별히 보시고,
사람들이 그 지혜에 탄복했다.
융족 트루판이 자기 화를 참회하여,
변방에 찾아와 모시기를 간청했다.52)
나라의 인재를 선발하려 하였으나,
사신으로 적절한 인물을 찾기 어려웠다.
군이 어사의 자리에 올라,
명에 따라 사신의 임무를 보좌했다.53)
바람이 요동치고 바다가 뒤집히듯 하던 변성,
황제의 위엄이 이르도록 했다.
돌아와 정부(征賦)를 총괄하여,
낭리(郎吏)에서 으뜸이 되었다.54)
쓰임을 제어하고 나라를 경영하여,
당시 중요한 인재로 추대되었다.
모든 신하의 보고를 관리하는 일은,
『주관(周官)』에도 쉬운 것이 아니었다.
한대(漢代)에는 상소문으로 고과 평점을 하여,
제대로 갖추는 자가 드물었다.
군은 다른 부서에서 왔건만,
그 재능을 발휘했다.
날랜 필법으로 자유자재 써내려가,
유자들 중 그 누구도 맞서지 못했다.

는 것은 밀봉하도록 했다고 한다.
52) 트루판이 침공했던 것을 후회하고, 사과의 뜻으로 자식을 보내서 옆에서 모시게 하
겠다는 뜻을 전해온 것을 말한다.
53) 26년 6월, 비서감 장천(張薦)을 트루판 조문 사절로 하여, 여온이 공부랑중(工部郎中)
으로 수행하고, 시어사(侍御史)로 승진했다.
54) 원화 3년(808), 사신 임무를 마치고 귀환하여, 여온은 호부(戶部) 원외랑이 되었다.

정식 형부(刑部) 낭중으로 임명되어,
나라의 법률을 보좌했다.
사악한 자들이 자숙하게 되고,
아첨하는 자들이 모두 두려워했다.
도주(道州)에 자사로 좌천되어,
백성들이 훌륭한 정치에 감복했다.
소원한 이라도 친한 듯 은혜를 베풀고,
가까운 이라도 먼 듯 꺼려했다.
사실 거의 문을 닫아걸고,[55]
집에서 위무의 정치를 행했다.
주민들은 유쾌하고 즐거워서,
춤을 추고 노래했다.
세금 때문에 관리가 찾아가 닥달하지 않았고,
위엄을 세운다고 형벌을 가하지 않았다.
솔솔 순풍 불듯,
이러쿵저러쿵 시끄럽게 굴지 않고 율령을 따랐다.
다른 읍에서는 누에가 이제 실을 뽑기 시작하는데,
도주에서는 이미 수레 가득 고치가 실렸다.
이웃 지방에선 잡초 섞여 경작을 하는데,
우리 도주에선 기장이 튼실히 열렸다.
가축도 잘 먹여 키우고,
마도 심어 가꾸었다.
노역을 징발 없어 북 쓸 일 없으니,
주민들이 너무 기뻐했다.
우선 부유하게 해주고 이어서 교화를 실시하여,

---

55) 한나라 급암(汲黯)이 동해태수(東海太守)가 되었을 때, 집에 누워 나오질 않음으로써,
1년여 만에 동해가 크게 다스려졌다.

좋은 기풍을 흥기시키고 나쁜 기풍을 없앴다.

실적 고과에서 이러한 성취를 보고,

왕이 한탄을 할 정도였다.

형악(衡嶽) 근처 형주자사로 승진되어,

그 등급을 올려주려 하였다.

소리치고 울부짖는 소리 남쪽에서 그치고,

노래하고 찬양하는 소리 북쪽에서 넘쳤다.

사기치던 관리 흉포했던 백성,

이전의 작태를 마치 잃은 듯 고쳤다.

세금 납부를 피하고 노역 징발을 거부한 자들이,

돌아와 성실하게 스스로 이행했다.

겸병의 악습이 사라져,

지치고 노약한 사람들 편히 지내게 되었다.

옛날에 선한 자를 천거하자,

도둑이 이웃 나라로 달아났다.[56]

지금은 형주에서 인(仁)의 기풍을 일으켜,

교화되어 교양 갖춘 백성이 되었다.

옛날에 부자가,

기근을 구휼하고자 곡식을 내놓았다고 했다.[57]

지금은 후생복지에 힘써서,

모두를 내놓지 않아도 충분했다.

나라는 그의 보필을 받았으면 생각하고,

---

56) 『좌전』선공(宣公) 16년, 진(晉)에서 사회(士會)가 태부(太傅)가 되자, 진나라 도둑이 모두 진(秦)으로 달아났다.

57) 『좌전』문공(文公) 16년, 송(宋)의 공자(公子) 포(鮑)가 국민을 예우해주었다. 송에 기근이 들자, 그의 곡식을 모두 내 구휼했다. 또한 양공(襄公) 29년, 정(鄭)나라에 기근이 들고 아직 보리 수확 때는 되지 않아, 백성이 병으로 신음했다. 자피(子皮)가 자전(子展)의 명에 의해 백성에게 곡식을 내놓았는데, 한 가구당 1종(鍾)씩이었다.

사람들은 부모처럼 받들었다.
선(善)함이 어찌 하여 재난을 불렀는가?
인(仁)함이 어찌 하여 재앙을 만나게 했는가?
주민이 이제 막 도움을 받으려는데,
군은 세상을 떠나버렸다.
우글우글 탐욕과 능멸을 일삼는 자들이,
이에 편해지고 많아졌다.
오호, 슬픈 일이로다!
곳간에는 남은 식량 없고,
창고에는 쌓아둔 비단필 하나 없다.
안으로는 일족이나 인척에게 두터이 해주고,
밖으로는 빈객에게 최선을 다했다.
집안 살림 그래서 늘 이렇게 텅 비고,
저당을 잡히기에 이르렀다.
종복은 상복도 제대로 못입고,
장사지낸 곳도 고향 땅 아니다.
오호, 슬프구나!
군은 예전부터 나와 함께,
덕행과 유학을 강론 토론했다.
시중(時中)의 깊은 뜻을 깨우쳐,
성인의 문도가 되기를 바랐다.
군주에 등용될 원대한 뜻을 품고,
웃으며 당(唐)·우(虞) 시절을 노래했다.
마치 해와 달이 내걸린 듯,
어리석은 자들에게 비추었다.
괴이한 것에는 의심 품고,
불의한 것에는 분노가 일었다.

이런저런 소인의 말에는,

우레처럼 바람처럼 배척했다.

좋은 시절 만나지 못하고,

끝내 화와 함께 했다.

곧은 도를 시험해보지 못하고,

좋은 말을 적용해보지 못했다.

왕을 보좌할 그릇이,

궁벽한 고을의 자사로 끝나게 되었다.

관직 서열 3품이라,

마땅히 조정에서 시호를 내릴 것이다.

여러 유생 관리들이,

좋은 의견이 있을 것이다.

옛친구로서 떠오르는 생각 있어,

그의 행적과 생각을 적어둔다.

이를 세상에 알리고 드러내,

영원히 사라지지 않게 하리라.

오호, 슬프구나!

維唐元和六年八月日, 衡州刺史東平呂君卒. 爰用十月二十四日, 藁葬于江陵之野. 嗚呼! 君有智勇孝仁, 惟其能, 可用康天下; 惟其志, 可用經百世. 不克而死, 世亦無由知焉. 君由道州以陟爲衡州. 君之卒, 二州之人哭者逾月. 湖南人重社飮酒, 是月上戊, 不酒去樂, 會哭于神所而歸. 余居永州, 在二州中間, 其哀聲交于北南, 舟船之下上, 必呱呱然, 蓋嘗聞于古而覩于今也. 君之志與能不施于生人, 知之者又不過十人. 世徒讀君之文章, 歌君之理行, 不知二者之於君其末也. 嗚呼! 君之文章, 宜端於百世, 今其存者, 非君之極言也, 獨其詞耳; 君之理行, 宜極於天下, 今其聞者, 非君之盡力也, 獨其跡耳. 萬不試而一出焉, 猶爲當世甚重. 若使幸得出

其什二三, 則巍然爲偉人, 與世無窮, 其可涯也? 君所居官爲第三品, 宜得
諡于太常. 余懼州史之逸其辭也, 私爲之誄, 以志其行. 其辭曰:

麟死魯郊, 其靈不施. 濯濯夫子, 故潔其儀. 冠仁服義, 干櫓書詩.
忠貞繼佩, 智勇承纂. 跨騰商、周, 堯、舜是師. 道不勝禍, 天固余欺.
鬼神齊怒, 妖孽咸疑. 何付之德, 而奪其時?
嗚呼哀哉!
命姓爲呂, 勤唐以力. 輔寧萬邦, 受胙爾國. 維師元聖, 周以降德.
世征五侯, 伊祖之則. 嗣濟厥武, 前書是式. 至于化光, 爰耀其特.
春秋之元, 儒者咸惑. 君達其道, 卓焉孔直. 聖人有心, 由我而得.
敷施變化, 動無不克. 推理惟工, 舒文以翼. 宣于事業, 與古同極.
道不苟用, 資仕乃揚. 進于禮司, 奮藻含章. 決科聯中, 休問用張.
署讎百氏, 錯綜逾光. 超都諫列, 屢皂其囊. 帝殊爾能, 人服其智.
戎悔厥禍, 款邊求侍. 盛選邦良, 難乎始使. 君登御史, 贊命承事.
風動海壖, 皇威以致. 來總征賦, 甲玆郎吏. 制用經邦, 時推重器.
諸臣之復, 周官匪易. 漢課賤奏, 鮮云能備. 君自他曹, 載出其技.
筆削自任, 羣儒革議. 正郎司刑, 邦憲爲貳. 糺逖伊肅, 詔諫具畏.
遷理于道, 民服休嘉. 恩疏若昵, 惕邇如遐. 實閉其閣, 而撫于家.
載其愉樂, 申以舞歌. 賦無吏迫, 威不刑加. 浩然順風, 從令無譁.
絲蠶外邑, 我繭盈車. 雜耕隣邦, 我黍之華. 旣字其畜, 亦藝其麻.
鼕鼓斯屛, 人喜則多. 始富中教, 興良廢邪. 考績旣成, 王用興嗟.
陟于嶽濱, 言進其律. 號呼南竭, 謳謠北溢. 欺吏悍民, 先聲如失.
逋租匿役, 歸誠自出. 兼幷旣息, 罷羸乃逸. 惟昔舉善, 盜奔于隣.
今我興仁, 化爲齊人. 惟昔富人, 或賑之粟. 今我厚生, 不竭而足.
邦思其弼, 人戴惟父. 善胡召災? 仁胡羅咎? 俾民伊祐, 而君不壽.
矯矯貪凌, 乃康乃茂.
嗚呼哀哉!

廩不餘食, 藏無積帛. 內厚族姻, 外賙賓客. 恒是懸罄, 逮玆易簀.
僅無凶服, 葬非舊陌.
嗚呼哀哉!
君昔與余, 講德討儒. 時中之奧, 希聖爲徒. 志存致君, 笑詠唐虞.
揭玆日月, 以耀羣愚. 疑生所怪, 怒起特殊. 齒舌嗷嗷, 雷動風驅.
良辰不偶, 卒與禍俱. 直道莫試, 嘉言罔敷. 佐王之器, 窮以郡符.
秩在三品, 宜諡王都. 諸生羣吏, 尙擁良圖. 故友咨懷, 累行陳謨.
是旌是告, 永永不渝.
嗚呼哀哉!

당고상서호부랑중위부군묘지(唐故尙書戶部郎中魏府君墓誌 : 상서호부랑중 위부군 묘지)[58]

위씨(魏氏)는 대대로 아무개 현(縣) 아무개 터에 묘를 썼다. 당대(唐代)에 들어와, 이름이 널리 알려진 지적(之逷)이라는 사람이 아들·손자와 함께 모두 진사에 급제하여, 대대로 유가의 집안이 되었고, 면주(綿州)에 자리 잡았다. 부성위(涪城尉) 전보(全珤), 위주(魏州) 임황주부(臨黃主簿) 흠자(欽慈), 태상주부(太常主簿) 곤(緄), 상서선부원외랑(尙書膳部員外郎) 겸 강릉소윤(江陵少尹) 만성(萬成) 모두 5대에 걸쳐, 명성이 높았으되 행실에 경솔하지 않았고, 재주를 갖추었으되 그에 맞는 녹을 받지 못했다. 강릉부군(江陵府君)이 게다가 크나큰 도량과 경략의 지모를 갖추어 호걸 및 현명한 사대부

---

58) 본편은 위홍간(魏弘簡)의 묘지(墓誌)이다. 역사서에 위홍간의 전기가 전해지지는 않는다. 묘지의 내용으로 보아, 유종원은 같은 마을 사람으로, 그의 갑작스런 사망에 놀랍고 슬퍼서 이 묘지를 쓴 것으로 보인다.

들의 통절한 사모의 마음이 더해졌다. 낭중부군(郞中府君)을 낳으니, 이름은 홍간(弘簡)이요, 자는 유지(裕之)요, 문장과 행실로 이름을 날렸다. 위홍간이 성인이 되자 그의 덕망과 예절이 고향 마을에 알려졌고, 벼슬을 하자 법제가 관계(官界)와 정계(政界)에 세워졌다. 따뜻하고 부드러운 품성이 겉에 드러나서, 그를 만나면 친하게 여기지 않는 사람이 없었고, 곧고 바른 도가 안에 갖추어져, 그와 오래 사귀면 공경하지 않는 사람이 없었다. 진사에서 현량(賢良)으로 발탁되기까지 계속 과거의 수석을 차지했다.[59] 태자교서(太子校書)에 임명되고, 계관(桂管)·강서(江西)·복건(福建)·선흡(宣歙) 등 네 부(府)의 판관부사(判官副使)를 역임하고, 협률랑(協律郞)·대리평사(大理評事)에 여러 번 임명되고, 세 번 어사(御史)가 되고, 비어대(緋魚袋)를 하사받았다. 주(州)에서 관찰사(觀察使) 최연(崔衍)을 보좌하는 6년 동안 백성들이 좋아했다. 관찰사 최연이 "천하를 경영할 인물을 감히 내가 혼자 차지하여 이곳 백성에게만 혜택을 주면 되겠느냐?"라고 하여,[60] 마침내 천자에게 천거하여, 탁지원외랑(度支員外郞)에 임명되고, 호부랑중에 전임되었다. 나라의 부세(賦稅)가 제대로 걷히고, 인망이 갈수록 두터워졌다. 나이 47에, 정원 20년(804) 9월 30일, 병도 앓지 않는데 세상을 떠났다. 진동하는 애도의 소리가 먼 곳 가까운 곳 할 것 없이 한결같았다. 또한 "이만한 사람이 선을 행한 보답을 얻지 못한다면 보통 사람들은 더욱 태만히 할 것이로다"라는 말들이 오갔다.

군은 세 번 장가들었으되, 끝내 집에 주부가 없어, 문가에 기대어 귀가를 기다리는 사람도 없었고,[61] 집에는 안아줄 아이도 없었다. 형제가 상주 노릇을 하고, 효녀가 제사를 지켰다. 그러므로 객의 위치에서 곡을

---

59) 위홍간은 건중(建中) 원년(780) 진사과에 급제했고, 정원 원년 또 현량과에 급제했다.
60) 정원 12년(796) 8월, 최연이 괵주(虢州) 자사에서 선(宣)·흡(歙)·지(池) 관찰사가 되어, 위홍간을 부사로 발탁했다.
61) 『전국책』의 내용으로, 왕손가(王孫賈)의 모친이 왕손가에게 말했다. "네가 아침에 나가서 저녁에 돌아오면, 나는 문에 기대어 기다린다. 저물녘 나가서 돌아오지 않으면, 나는 마을 입구에 기대어 기다린다."

하고 빈소 동쪽에서 조문하는 사람들이 모두 슬픔이 더했다. 부종사(部從事)로 일하던 중, 부(府)에서 상을 당하면 상사(喪事)를 담당하는 사람이 셋이요, 주(州)에서 상을 당하면 상사를 담당하는 사람이 둘로, 모두 이치에 합당한 것이다. 군의 선대는 몇 세대 동안 빈곤해서 장례를 제대로 치르지 못했다. 그러므로 제후를 찾아다니며 일을 하여 녹을 받아, 입고 먹는 것도 줄이고, 거마도 없애며 절약하여, 대략 10여 명 제사를 올려줘, 결국 그 마음의 부담을 줄였다. 그의 일족 중에서 후사(後嗣)를 주관할 사람이 없으면 모두 묘에 모셨고, 조카들 중 돌아가 의지할 사람이 없으면 모두 집에 모이게 했다. 이리하여 검약한 생활로 일생을 마쳤다. 염을 하고 나서, 일족의 노인이 집안사를 정리했다. 곳간을 보니 한 부종(釜鍾) 곡물밖에 없고,[62] 창고를 보니 한 다발 옷감밖에 없어, 남은 재산이 없었다. 11월, 영구용 수레로 낙사(洛師)로 귀향시켰다. 모일에 묘에 합장했다. 감찰어사 유종원은 그의 도를 듣고 그의 글을 알게 된지 오래이고, 거처 또한 같은 마을이라, 그래서 슬픔에 명문을 남긴다. 명문은 다음과 같다.

낭중의 도는 곧음을 보존했고,
순박하고 탄탄하고 온화 공손하고 효성과 우애가 있었다.
낭중의 글은 효성을 선양하고,
널리 통창(通暢)하고 두루 퍼지고 훤히 빛이 났다.
그의 조상이 주(周)나라 때는 현능(賢能)으로 발탁되고,
한(漢)나라 때는 현량(賢良)으로 발탁되었다.
처음에는 태자교서로 수교(讎校) 일을 맡아,
사장되었던 책들이 다시 빛을 발했다.
연속해서 판관부사로 일을 하면서,

---

62) 『좌전』 소공(昭公) 3년, 제(齊)나라의 옛 습속에 네가지 도량형 종류가 있었다. 두(豆)·구(區)·부(釜)·종(鍾)이다. 4승(升: 되)이 두(豆)이고, 이렇게 차례로 4배씩 올라가, 부(釜)가 된다. 부(釜)는 6두(斗) 4승(升)이다. 10부(釜)가 종(鍾)이다. 종(鍾)은 6곡(斛) 4두(斗)이다.

뛰어난 지모를 드날렸다.
낭중의 직위에 두 번 있으면서,
부세 징수가 순조로웠다.
훌륭한 명성이 일어나고,
남다른 사명이 시작되었다.
장수하지 못했으니,
수명이 중도에 그칠 줄 누가 알았으리오?
죽어서도 후사(後嗣)가 없으니,
누가 그 미덕을 이으리오?
영기(靈旗) 공중에서 펄럭이며,
영구(靈柩) 실은 수레 출발한다.
가는 길도 느릿느릿,
묘지를 향하여 귀향한다.
제물과 제기를 제대로 갖추어,
좋은 때를 점을 친다.
같은 마을 살던 내가 이 명문을 쓰노니,
이 말들에 부끄럽지 않으리라.

魏氏世墓于某縣某原. 唐興, 有聞士諱之逷者, 與子及孫, 咸擧進士, 嗣
爲儒, 家綿州. 涪城尉諱全璲, 魏州臨黃主簿諱欽慈, 太常主簿諱緄, 尙書
膳部員外郎兼江陵少尹諱萬成, 凡五代, 名高而不浮於行, 才具而不得其
祿. 江陵府君益之以闊達之量, 經緯之謀, 故豪士賢大夫痛慕加厚. 生郎
中府君, 諱弘簡, 字曰裕之, 以文行知名. 旣冠, 而德禮聞於鄕黨; 旣仕, 而
法制立於官政. 溫柔發乎外, 見而人莫不親; 直方存乎內, 久而人莫不敬.
由進士策賢良, 連居科首. 授太子校書, 歷桂管、江西、福建、宣歙四府
爲判官副使, 累授協律郎大理評事, 三爲御史, 賜緋魚袋. 在州六年, 而人
樂之. 廉使崔衍曰 : "吾敢專天下之士, 獨惠茲人乎?" 遂獻于天子, 拜度支

員外郎, 轉戶部郎中. 邦賦克擧, 人望逾重. 年四十七, 貞元二十年九月三十日不疾而歿. 震悼之聲, 遐邇一辭. 且曰 : "斯人也, 而不得爲善之利, 中人其怠乎!"

君嘗三娶, 而卒無主婦, 庭無倚廬, 堂無抱孤. 有令兄弟以主其喪, 有孝女以守其祀. 故哭于客位, 弔于殯東者, 咸加哀焉. 凡爲部從事, 府喪而當其位者三, 州缺而居其守者二, 皆得其理. 君之先, 再世貧不得葬. 故以祿仕遊於諸侯, 薄衣食, 損車馬, 凡十有餘祀, 卒獲于厥心. 其族屬之無主後者, 皆位於墓; 娣姪之無歸從者, 咸會于家. 由是處約以終其世. 旣殯, 家宰庀其政. 視廩唯釜鍾, 視藏唯束帛, 無餘積焉. 十有一月, 遣車歸于洛師. 某日, 祔于墓. 監察御史柳宗元聞其道而觀其文也久, 居又同閈, 故哀而銘之. 其辭曰 :

郎中之道, 惟直是保, 淳泊坦厚, 溫恭孝友.
郎中之文, 惟孝是宣, 溥暢周流, 炳蔚紛綸.
爲周賢能, 爲漢賢良. 始任讎校, 篇籍有光.
仍授使檄, 訏謨用揚. 二居郎位, 征賦以理.
休聲載起, 顯命伊始. 生而不壽, 孰知其止?
歿而不嗣, 孰濟其美? 有翩其旗, 爰擧裳帷.
行道遲遲, 望墓而歸. 象物是宜, 卜筮孔時.
里人作銘, 不愧于辭.

당고조산대부영주자사최공묘지(唐故朝散大夫永州刺史崔公

墓誌 : 조산대부 영주자사 최공 묘지)[63]

원화 5년(810) 9월 15일 임자(壬子)일, 영주자사 최공(崔公)이 임지에서
세상을 떠나니, 향년 68세이다. 기미(己未)일, 정전(正殿)에 빈소를 차렸다.
경인(景寅)일, 신위를 배에다 옮겼다. 모년 모월 모일, 모현 모원에 귀환시
켜 장례지내, 선친 이부시랑증호부상서부군(吏部侍郞贈戶部尙書府君)의 묘
옆에 안장했다. 선친 상서(尙書)의 이름은 의(漪)로, 현종 황제가 남쪽을
순행하여 황위를 선양하는 의식을 올릴 때, 부군(府君)이 모든 일을 계획
하고 결정하여, 한 여단을 일으켜 천하를 회복하여, 그 공적이 역사서에
전해진다.[64] 상서의 선친은 귀향승증태상소경부군(貴鄕丞贈太常少卿府君)
으로, 이름은 자미(子美)이다. 태상의 선친은 양주강도승부군(揚州江都丞府
君)으로, 이름은 도정(道禎)이다. 덕행은 높았으나 지위는 낮았으며, 사족
(士族)에서 명망이 으뜸이었다.

공의 이름은 아무개요, 자는 아무개이다. 대대로 이어진 맑은 근원을 이
어받아, 더욱 깨끗하게 다듬어 그 뜻을 다졌고, 많은 좋은 말을 채집하여,
심어 무성하고 튼실하게 가꾸어, 그 능력을 갈고 닦았다. 처음에는 우천우
비신(右千牛備身)으로 환위(環衛)를 보좌했고,[65] 주질(盩厔)·삼원(三原)·남
전(藍田)의 위(尉)를 차례로 맡았고, 큰 변고가 있어도 세 번 연속해서 같은

---

63) 본편은 유종원이 영주에 있을 당시 영주자사로 있다가 세상을 떠난 최민(崔敏)의 묘
    지이다. 「제최군민문(祭崔君敏文)」(제40권) 참조.
64) 천보 15년(756) 6월, 현종이 촉(蜀)에 순행나갔다가, 적을 토벌하도록 태자를 남겨두
    었다. 태자는 평량(平凉)에 주둔하였는데, 삭방(朔方) 절도판관 최의가 태자를 맞아, 삭
    방에서 병사를 지휘했다. 7월 갑자일에 태자가 황제에 즉위하니, 이가 숙종이다.
65) 무덕(武德) 5년(622), 수(隋)나라 때 좌우비신부(左右備身府)를 좌우부(左右府)로 바꿨다.
    현경(顯慶) 5년(660), 좌우부를 좌우천우부(左右千牛府)로 바꿨다. 『당(唐)』「백관지(百官志)」
    에 따르면, 좌우천우위(左右千牛衛)는 각각 상장군 한명이 있고, 황제의 경호 및 어병(御兵)
    인솔을 맡으며, 천우비신의 좌우 보좌로 궁전(弓箭)을 소지하고 숙위(宿衛)를 맡는다.

직위에 순환되었다. 허주(許州) 임영(臨潁), 여주(汝州) 용흥(龍興) 현령직을 계속 이어, 곧은 도를 지녔다고 추천이 되었고, 두 읍의 풍속이 다스려졌다. 가서요(哥舒曜)가 하남윤(河南尹)으로 있었는데,[66] 도적이 들끓고 토호가 교활을 떨고, 주민들도 순종하지 않고 월권과 위법을 일삼았다. 공을 하남위(河南尉)로 임명해달라고 상소하여, 식량과 건초가 풍족해지고, 전쟁에 대비가 충분해지고, 주민의 조사와 전답의 실측이 완비되고, 이로써 주민이 순화되었다. 양주(揚州) 녹사참군(錄事參軍)으로 옮겼으니, 사실 오(吳)·초(楚)의 대도회지였다. 빈발한 정령(政令)에 시달리고, 공물 운반 및 상납의 잡무가 많았다. 하루라도 제대로 처리하지 않고 밀리면 사방에서 독촉과 책망이 몰려들텐데, 공은 느긋하고 여유있게 척척 처리했다. 장사 사도(長史司徒) 두공(杜公)이 그와 왕래했는데, 다른 빈객이나 동료와는 달랐다.[67] 조정에 들어가 태자사의랑(太子司議郎)을 지냈고, 귀주(歸州) 자사에 임명되었다. 귀주란 지역은 산세가 험하고 물살이 급하고, 인류가 사는 곳에 수시로 조수(鳥獸)가 출몰하여, 예로부터 다스리기 어려운 곳으로 일컬어졌다. 공은 명성을 남기고, 영주자사·조산대부(朝散大夫)로 옮겼다. 이 초(楚)의 남부 지역은 풍속이 들뜨고 귀신을 믿어서, 집집마다 관청의 서리(胥吏)가 있으면서, 가구마다 질병을 내치는 제단을 마련하였다. 크게는 노인 고아 등을 학대하고 나라의 부세를 훔치고, 어리석은 자들을 윽박질러서 참언을 신성시하여 믿도록 했다. 나라의 정치와 경제가 어그러지게 해도 막고 금지하는 사람이 없었다. 공은 이에 부하 관리들을 다스리고 정돈하여, 백성을 기만 능멸 침해하거나 교묘한 수단으로 국세를 탈취하거나 백성을 괴롭힌 서리 수백 명을 파면하고, 부하에게 신의를 보이고, 부세와 공물을 확실히 모으고, 대중을 현혹시키는 술사들을 체포하거나 처단하고,

---

66) 가서요(哥舒曜)의 자는 자명(子明)이다. 흥원(興元) 원년(784), 동도(東都) 기(畿)·여(汝) 절도사에서 하남윤으로 옮겼다.

67) 정원 원년 12월(785), 두우(杜佑)를 양주장사(揚州長史)·회남절도사(淮南節度使)로 임명했다. 두우는 최민을 주참군(州參軍)으로 임명했다고 상소했다.

요상한 향을 피우고 음사(淫祀)를 일삼는 제실(祭室) 천여 곳을 허무는 등 많은 잘못된 풍습을 바로잡아, 전답과 마을이 평화로워졌다. 관대함으로 모두를 포용하고, 곧음으로 부하를 통솔했다. 지역 사람들이 마악 그의 통치에 안도하고, 지역 신사들이 그에 대한 성망을 높여갔다. 그러던 중 갑자기 세상을 떠났으니, 이 슬픔이 어찌 끝이 있으리오? 오호!

공의 전 부인은 서주참군(徐州參軍) 형양(滎陽) 정거(鄭鉅)의 딸로, 의화(義和)라는 아들이 있었으나, 요절했다. 그 다음 부인은 만년위(萬年尉) 범양(范陽) 노동(盧彤)의 딸로, 아름답고 맑은 덕으로 일족에 이름이 났다. 이철(貽哲)·이검(貽儉)이라는 아들이 있어, 대를 이을 수 있었다. 공의 형의 아들 여(勵)·예(禮)와 함께 공의 덕을 잊지 않도록 묘에 묘지(墓誌)를 남기길 원했다. 명문은 다음과 같다.

누가 덕망높은 가문에서 태어났나?
청하(淸河)에서 기원하여,[68]
굽이굽이 대대손손 흘러왔다.
대대로 뛰어난 덕을 보여,
그 맑은 향기가 퍼졌다.
휘황하게 빛을 더해,
후세까지 비추었다.
그곳의 방어와 잉어를,
예로부터 사서(史書)에서 높이 쳐주었다.[69]
누가 무성한 공을 세웠나?
상서(尙書)의 청풍(淸風)에,

---

68) 최씨의 본향이 청하(淸河)이다.
69) 『시경』에서 "무슨 물고기 먹을까, 필시 황하의 방어라, 무슨 물고기 먹을까, 필시 황하의 잉어라[豈其食魚, 必河之魴; 豈其食魚, 必河之鯉]"라는 내용이 있는데, 최씨가 청하(淸河) 출신이므로 방어와 잉어를 이용하여 대대로 덕망이 뛰어났음을 비유한 것이다.

공이 무성하다.[70]
불쑥 흥기하여,
덤불을 헤치고 나와 용을 따랐다.[71]
중국에 정령(政令)이 널리 퍼지게 하고,
여섯 융족(戎族)에도 평화를 퍼뜨렸다.
빛나는 공적이 태양처럼,
한가운데로 솟아올랐다.
누가 은혜의 정치를 시행했나?
공이 가문의 전통을 이어,
사람들의 노래에서 드러났다.
작게는 그 공을 완성하고,
크게는 그 본성을 완수했다.
교활한 소리(小吏)는 반성하고,
요상한 기풍은 바르게 되었다.
읍에도 주에도,
훌륭한 치적이 두루 퍼지리라.
누가 사랑을 남겼나?
공이 세상을 떠나자,
지방 사람들은 마음이 아팠다.
이제까지 공만 믿었는데,
이제 누구에게 의지하나?
누가 우리 공을 안장하나?
낙수(洛水) 모이는 곳에서.
어째서 명문을 새기나,
휘음(徽音)이 사라지지 않기를 바라서다.

---

70) 호부상서를 지냈던 최의(崔漪)가 공을 세운 것을 말한다.
71) 최의가 숙종을 따라 영무(靈武)에서 기병한 것을 말한다.

維元和五年九月十五日壬子, 永州刺史崔公薨于位, 享年六十有八. 己未, 殯于路寢. 景寅, 遷神于舟. 以某年某月日, 歸葬于某縣某原, 祔于皇考吏部侍郎贈戶部尚書府君之墓. 尚書諱漪, 玄宗南巡, 內禪聖嗣, 府君以謀畫定命, 起一旅以復天下, 厥功載焉. 尚書之先, 曰貴鄕丞贈太常少卿府君, 諱子美. 太常之先, 曰揚州江都丞府君, 諱道禎. 行高位卑, 華冠士族.

公諱某字某. 承世德之淸源, 浚之以蠲潔, 以端其志; 采羣言之枝葉, 植之以茂實, 以脩其能. 始由右千牛備身佐環衛, 更藍屋、三原、藍田尉, 仍有大故, 三徙同位. 繼授許州臨潁、汝州龍興令, 推以直道, 二邑齊風. 哥舒曜尹河南, 鯨寇猾騖, 黎人播越. 表公尉河南, 糗糧芻茭, 戎備畢給, 版圖田洫, 民事時乂. 遷揚州錄事參軍; 實吳楚之大都會也. 政令煩挐, 貢奉叢沓. 一日不膂, 鐫讓四至, 公爲之優游有裕. 長史司徒杜公與之揖讓, 異於賓僚. 入爲太子司議郎, 拜歸州刺史. 巖險湍悍, 人類鳥獸, 古號難理. 公克有聲, 遷永州刺史朝散大夫. 惟是南楚, 風浮俗鬼, 戶爲胥徒, 家有禳禬. 大者虐鰥孤以盜邦賦, 歐愚蒙以神訛言. 悖于政經, 莫有禁禦. 公於是修整部吏, 黜侵凌牟漁者數百人, 以付信于下, 而征貢用集; 擒戮妖師, 毀烹荒淫昏者千餘室, 以擧正辜枉, 而田閭克和. 寬以容物, 直以率下. 邦人方安其理, 搢紳猶鬱其望. 體魄遠降, 哀何有窮? 嗚呼!

公前夫人徐州參軍滎陽鄭鉅女, 有子曰義和, 早夭. 後夫人萬年尉范陽盧彤女, 嘉淑之德, 繼聞宗族. 有子曰貽哲、貽儉, 克承于家. 洎公之兄子曰勵曰禮, 誠願志于墓, 無忘公之德. 銘曰:

孰爲德門?
淸河瀋源, 其流沄沄. 世有顯懿, 揚其淸芬.
煥炳增華, 昭于後昆. 惟魴與鯉, 舊史是尊.
孰爲茂功?
尚書淸風, 藹其有融. 勃焉而興, 披草從龍.
布令諸夏, 敷和六戎. 赫矣大陽, 克昇于中.

孰爲惠政?

公嗣餘慶, 形于謠咏. 小程其功, 大遂其性.

黜吏是省, 妖風以正. 于邑于邦, 克揚休命.

孰爲遺愛?

公去昭代, 邦人斯瘝. 始焉是賴, 今也何戴?

孰葬我公?

于洛之會. 何以銘之? 徽音不昧.

고영주자사유배환주최군권조지(故永州刺史流配驩州崔君權
厝誌 : 영주자사에서 환주로 유배된 최군 임시 안장 지문)[72]

　　박릉(博陵) 최군은 진사 급제 이후 산남서도절도(山南西道節度) 막부에서
서기(書記)를 맡는 것으로 공직 생활을 시작했다.[73] 막부에서 머문 이후,
다섯 차례 관직을 옮기고, 여섯 차례 진급하여, 형부원외랑에 이르렀다.
외지 근무하여 연주(連州)·영주(永州) 두 주의 자사를 지냈다. 영주에 도
착하기도 전에, 연주 사람이 군을 고소했다. 어사는 규정대로 하옥하고,
이에 연루되어 환주로 유배되었다. 어린 동생이 조정에 억울함을 호소했
다. 천자가 연수(連帥)를 쫓아내고, 어사를 파직하고, 소리(小吏)들을 모두
처형하여 황아에 내던지게 하였는데, 최군만 복직되지 못했다. 원화 7년

---

72) 본편은 유종원의 자형 최간(崔簡)의 유해를 영주에서 임시로 안장하면서 지은 지문이
　　다. 최간의 자는 자경(子敬)이다. 최간의 장례를 주관할 두 아들마저 유해를 옮기던 도중
　　사망하여, 당시 영주에 있던 유종원에게 수습이 맡겨졌지만, 유종원마저 마음대로 폄적
　　지를 떠날 수 없는 처지였기 때문에 일단 영주에서 임시로 안장한 것으로 보인다.
73) 최씨는 제(齊)나라 정공(丁公) 여급(呂伋)에서 기원하여, 식읍이 최(崔)여서, 이를 성씨
　　로 삼았다. 나중에 청하(淸河)·박릉(博陵) 두 본으로 나뉘었다. 이 글의 주인공 최간은
　　정원 5년(789) 진사 급제했고, 산남서도 절도사가 그를 서기로 발탁했다.

(812) 정월 26일 사망했다. 아들 처도(處道) 및 수눌(守訥)이 군의 유해를 받들고 바다를 건너다, 불행히도 폭풍을 만나, 두 아들이 물에 빠져 죽었다. 7월 모일, 영구가 영주에 이르렀다. 8월 갑자일, 사당터 북쪽 400보 지점에 임시 안장했다.

최씨는 대대로 문장 솜씨를 계승했는데, 군은 또한 더욱 뛰어났다. 고금의 일에 박식하고, 기민하고 언변이 뛰어났다. 전략과 계책에 뛰어나, 남쪽으로 촉(蜀)의 반군을 패퇴시키고, 서쪽으로 융(戎)의 군대를 막았으니, 그 계책이 모두 군으로부터 나온 것이었다. 나중에 오석(五石)을 먹어서,74) 부작용으로 두창이 도져 정신이 혼란해졌다. 그래서 처음의 미덕을 회복하지 못했다. 현재 다섯 아들이 있다. 부인은 하동(河東) 유씨(柳氏)로,75) 부덕이 뛰어나고 행실이 맑았는데, 최군보다 10년 먼저 세상을 떠났다. 장지는 장안 동남쪽 소릉(少陵) 북쪽이다. 군이 유배지에서 세상을 떠나고, 집안 상주들이 또한 바다에서 익사하는 화를 당해, 합장할 여력이 도저히 없었다. 3년 후에 고향의 장지로 이장하려 한다. 지금은 다만 한두 가지 대강을 기록할 뿐이다.

조부는 예(鯢)요,
부친은 엽(曅)이다.
대대로 문사(文士)와 유자(儒者)로 이름나,
세대를 거듭할수록 두터워졌다.
그의 이름은 간(簡)이요,
자는 자경(子敬)이다.
나이는 쉰에,
둘을 더한 쉰둘이다.
상수(湘水) 물가에 안장하나,

---

74) 오석(五石)은 단사(丹砂)의 일종이다.
75) 부인 하동 유씨란 유종원의 누나를 말한다.

원래 장지는 아니다.
3년 후,
제대로 지문을 완성할 것이다.

博陵崔君, 由進士入山南西道節度府, 始掌書記. 至府留後, 凡五徙職,
六增官, 至刑部員外郎. 出刺連·永兩州. 未至永, 而連之人愬君. 御史按
章具獄, 坐流驩州. 幼弟訟諸朝. 天子黜連帥, 罷御史, 小吏咸死, 投之荒
外, 而君不克復. 元和七年正月二十六日卒. 孤處道泊守訥, 奉君之喪, 踰
海水, 不幸遇暴風. 二孤溺死. 七月某日, 柩至于永州. 八月甲子, 藁葬于
社壇之北四百步.

崔氏世嗣文章, 君又益工. 博知古今事, 給數敏辯. 善謀畫, 南敗蜀虜, 西
遏戎師, 其慮皆君之自出. 後餌五石, 病瘍且亂. 故不承于初. 今尙有五丈
夫子. 夫人河東柳氏, 德碩行淑, 先崔君十年卒. 其葬在長安東南少陵北.
君以竄沒, 家又有海禍, 力不克祔. 三年, 將復故葬也. 徒志其一二大者云.

鯢爲祖, 曅爲父. 世文儒, 積彌厚. 簡其名, 子敬字.
年五十, 增以二. 葬湘滋, 非其地. 後三年, 辭當備.

당고만년령배부군묘갈(唐故萬年令裴府君墓碣: 만년령 배부군 묘갈)[76]

공의 이름은 근(墐), 자는 봉숙(封叔), 하동 문희(聞喜) 사람이다. 태위공 (太尉公) 행검(行儉)이 고조부이다.[77] 시중공(侍中公) 광정(光庭)이 증조부이 다.[78] 형부원외랑부군(刑部員外郎府君) 진(稹)이 조부이다.[79] 대리경부군(大 理卿府君) 경(儆)이 부친이다. 공은 진사 급제하고 나서,[80] 숭문관(崇文館) 에서 교서(校書)를 지냈다.[81] 숭문관 업무를 정돈하고, 좌춘방(左春坊)을 정리하여, 직속 부서로 설립하기도 했다.[82] 후에 경조(京兆)의 군무(軍務) 에 참여하여, 점검과 순찰에 충실함으로써, 대윤(大尹)이 항상 그 이득을 보았다. 태상주부(太常主簿)가 되어서는 의심나는 자를 점검하고 숨어 있 는 자를 찾아내서, 전문가나 대학자는 어디 숨지 못하고 모두 당 아래 모여들었다. 팔 다리를 단련하고 목과 혀를 훈련하여, 음악하는 사람들 을 모아 즐기기도 했다. 앉기[坐]와 서기[立]의 두 가지 기교도를 만들었 다. 태상시경(太常寺卿)이 그의 실적이 남다르다고 여겨서, 상소하여 태상 시승(太常寺丞)으로 승진시킬 것을 제안했다. 사공(司空) 두공(杜公)이 숭릉 (崇陵)·풍릉(豊陵)에 덕종·순종 황제를 안장하는 의식과 절차를 연달아 주관하게 되었는데, 그때마다 보좌했다.[83] 엇갈린 내용을 분리하고, 막힌

---

76) 본편은 배근(裴墐)의 갈문이다. 배근 역시 유종원의 자형이다. 원화 12년(817)에 사망 하여 다음 해에 안장한다 했으므로, 원화 13년(818)에 이 갈문을 쓴 것으로 보인다. 도 목수 이야기를 다룬 「재인전(梓人傳)」(제17권)을 보면, 주인공 도목수는 배근의 집에서 방을 얻어 기거했다고 소개한 바 있다.

77) 행검의 자는 수약(守約)이다.

78) 광정의 자는 연성(連城), 현종 때 시중을 지냈다.

79) 진(稹)은 음직(蔭職)으로 출사하여, 기거랑(起居郎)·사부원외랑(祠部員外郎) 등을 누차 지냈다.

80) 배근이 진사급제한 것은 정원 3년(787)의 일이다.

81) 숭문관에는 교서랑 두 명을 두어, 서적의 교정과 정리를 담당하게 했다.

82) 정원 8년(792), 좌춘방을 직속으로 두었다.

83) 정원 21년(805) 정월, 덕종이 세상을 떠났다. 7월, 태상경사 두황상(杜黃裳)이 평장사 (平章事)로 모든 장례 절차를 맡는 예의사(禮儀使)가 되었다. 10월에 숭릉에 안장했다.

과정을 통하게 하여, 모든 일을 꿰뚫어서 조리있게 일을 마쳐, 사공은 팔짱을 끼고도 일을 완성했다. 개원 연간에 의식 절차를 개정했는데, 「국휼(國恤)」 장(章)을 제거하여,[84] 이후 여러 차례 황제의 장례를 진행할 때마다 모두 사안별로 이리저리 사례를 끌어와 진행하고, 끝나면 그만이어서, 담당관이 끝내 근거로 삼을 것이 없었다. 공은 이에 『이릉집례(二陵集禮)』를 편찬하여,[85] 남각(南閣)에 보관했다. 전중시어사로 전보되어서도 상서비부원외랑(尙書比部員外郞)에 임명되어, 회계와 출납을 담당하여, 해마다 자료를 완벽하게 구비했다. 금주(金州) 자사로 있을 때는 높은 습지를 트고 물길을 뚫어 주민의 수재를 방지하고, 물가의 꿀풀과 들판의 띠풀을 제거하여 벼와 수수가 자라는 밭으로 개간했다. 만년령(萬年令)으로 승진되고 나서는 모두 모여들어 종일토록 담소하고 연회하여, 사람들이 보기에는 마치 용관(冗官)에 있는 것 같았다. 그때 금주(金州)의 교활한 관리가 찾아와, 큰 소리 떵떵 치며 공갈 협박하여 소동을 일으켜, "30만 냥을 내놓지 않으면 내가 화를 입힐 것이다"라고 했다. 공은 대노하여, 불러들여 마음대로 호통치고 꾸짖었다. 관리가 사실을 꾸며대 보고하여, 어사가 규정대로 하옥하여, 도주(道州)·순주(循州)로 재차 폄적되어 좌연(佐掾)이 되었다. 얼마 후 사면을 받아서, 길주장사(吉州長史)로 전근되었다. 원화 12년(817) 가을 7월 모일, 학질과 설사로 세상을 떠났다.

처음 공은 장안에서 의협심이 강하기로 소문이 나, 남의 위급한 일에 먼저 달려가, 선뜻 재력을 제공해, 마치 수재 화재에서 구하듯 하였다.

원화 원년 정월, 순종이 세상을 떠났다. 이때도 두황상이 장례 절차를 맡았다. 7월에 풍릉에 안장했다. 두황상은 두 번 모두 배근을 판관으로 기용했다.

84) 고종(高宗) 현경(顯慶) 3년(658) 정월, 장손무기(長孫無忌) 등이 새로 수정한 예법을 상소하여, 안팎으로 시행하도록 조치했다. 그때 허경종(許敬宗)·이의보(李義甫)가 권력을 쥐고 있었는데, 그들 마음대로 황제의 비위에 맞추어 넣고 뺀 것이 많아서, 학자들이 비난했다. 태상박사(太常博士) 소초재(蕭楚材) 등은 황제가 사망하는 흉사에 미리 대비하는 것은 신하의 도리가 아니라고 하여, 결국 장례 절차를 정리한 「국휼」 편을 태워버려, 이로 인해 황제 장례 예법이 인멸되었다. 현종 개원 21년(733) 9월에 이르러, 새 예법이 완성되어, 결국 이를 고치지 않고 따르게 되었다.

85) 유종원이 쓴 「배근풍숭이릉집례후서(裴瑾豊崇二陵集禮後序)」(제21권)가 문집에 전한다.

성격이 열려 있고 호탕하여, 대관들과 교류하면서도 동류로 보지 않았고, 동료들을 끼고 부하들을 거두어서, 크고 작은 자리의 모두가 즐거워했다. 바둑을 좋아하고, 음악을 잘 알았고, 술은 매우 적게 마셨으며, 잘못을 배척하기를 잘했다. 노래하고 춤을 추는 것이, 섬세하거나 거칠거나 빠르거나 세밀하거나 모두 곡이 절도에 맞았으나, 종신토록 남에게 주사를 부린 적이 없었다. 낮에는 업무를 처리하고, 밤에는 책을 보아 예의를 살피고, 많은 문서 서간들을 모으는 작업을 일찍이 그만 둔 적이 없어, 이 때문에 공직 사회에서 중시되었다. 처음에 범양(范陽) 노씨(盧氏)를 아내로 맞았는데, 자식이 없었다. 그 다음 부인은 유씨(柳氏)로,[86] 덕이 일족의 으뜸이었다. 아들 셋을 낳았는데, 그 중 둘을 잃었다. 정원 16년(800) 모월 모일 세상을 떠나, 장안 어숙(御宿) 북쪽 터에 안장하기로 하여, 아들 선(銑)이 영구를 모시고 다음 해 모월 모일 묘에 안장을 마쳤다. 아들 선이 유주로 편지를 보내, 묘 좌측에 갈을 세우기를 원한다고 자기 외숙 종원에게 알려왔다. 눈물을 흘리며 이 명문을 쓴다. 내용은 다음과 같다.

> 쟁쟁한 명망이 있었으니,
> 배(裴) 대리경이라.[87]
> 대대로 대관을 역임하고,
> 여전히 뜨거운 명성이 빛나다.
> 봉숙(封叔)은 더욱 키웠으니,
> 실로 집안의 꽃이다.
> 궁궐에서 책을 교감하고,
> 경사에서 보좌의 직책에 있었다.
> 태상(太常)의 직위에 임명되어,
> 능력이 뛰어나 품계가 올랐다.

---

86) 유종원의 누나이다.
87) 배근의 부친 배경(裴儆)을 말한다.

의식과 예법을 고증하여,
큰 예법을 갖추게 되었다.
그림에도 기량을 보였고,
음악에도 솜씨가 있었다.
그림을 그리건 글을 쓰건,
장서실에 소장되었다.
주하(柱下)에서 사관(史官)을 지냈고,
회사(會司)에서 낭관을 지냈다.
분기를 따라서 주도면밀 계산하여,
출납의 대비가 딱 맞았다.
금주(金州)에서 자사를 지내니,
금주 사람들이 감복했다.
물길 파서 한수(漢水)의 홍수에 대비하고,
불모지를 옥토로 가꿨다.
주민의 양식을 증산시켜,
더 이상 토우(土芋)를 먹지 않게 했다.
손 놀리는 일없는 사람들,
너도나도 찾아와 모여들었다.
만년현령(萬年縣令)으로 발탁되어,
도성에서 다스림이 이루어졌다.
모든 업무가 차례로 이루어져,
담소 연회하며 즐거웠다.
누가 백성을 보살피고 누가 권세에 의지하나?
못된 관리 두고 볼 수 없네.
어찌 그리 말을 꾸몄는가?
규정대로 하옥했다.
도주(道州)에서 순주(循州)로 좌천되어,

꼬박 3년이었다.
사면을 받아서,
여릉(廬陵)으로 옮겨졌다.
사람들은 말하기를 대대로 덕을 쌓아,
마땅히 좋은 일 이어지리라 했다.
또한 참으로 능력을 지녔으니,
마땅히 힘 다해 선양 임용해야 한다 했다.
조정에서 대규모 포상이 있어,
중앙으로 복귀될까 기대했다.
귀신이 복을 누리게 하지 않아,
그 전에 생명이 다했다.[88]
넓은 터에 묘지 있어,
고조부·증조부·조부·부친 안장하고,
부인 또한 곁에 안장했다.
봉숙을 귀향 안장하니,
시종일관 의식 갖추었다.
아들 선(銑)이 돌을 갈아,
바다 근처 유주로 갈문을 의뢰해왔다.
마침내 이 글을 새겨 올려,
의식과 절차를 완비했다.

公諱墐, 字封叔, 河東聞喜人. 太尉公諱行儉, 實高祖. 侍中公諱光庭, 實曾祖. 刑部員外郎府君諱積, 實祖. 大理卿府君諱徹, 實父. 公由進士上第, 校書崇文館. 飭館事, 修整左春坊, 由是立署局. 後參京兆軍事, 按覆校巡, 大尹恒得以取直. 爲太常主簿, 搜逖疑互, 探抶邅隱, 宿工老師, 不得伏匿,

---

88) 원화 12년(817) 10월 오원제(吳元濟)를 평정하고, 13년(818) 정월에 대사면이 있었는데, 배근은 12년 7월에 죽었다.

皆來會堂下. 耆股肱, 役喉喙, 以集樂事. 作坐立二部伎圖. 卿奇其績, 奏超以爲丞. 司空杜公聯奉崇陵、豐陵禮儀, 再以爲佐. 離紛厖, 導滯塞, 關百執事, 條直顯遂, 司空拱手以成. 自開元制禮, 諱去國恤章, 累聖陵寢, 皆因事攣綴, 取一切乃已, 有司卒無所徵. 公乃撰二陵集禮, 藏之南閣. 轉殿中侍御史, 仍拜尙書比部員外郎, 會校成要, 朞歲畢具. 刺金州, 決高弛隄, 去人水禍, 渚茭原茅, 闢成稻粱. 陟萬年令, 叢劇辨肅, 談晏終日, 人視之若居冗官然. 會金州猾吏來, 揚言恐喝, 以煩褻事, 曰: "不得三十萬, 吾能爲禍." 公大怒, 召罵之, 恣所爲. 吏巧以聞, 御史按章具獄, 再謫道州、循州爲佐掾. 會赦, 量移吉州長史. 元和十二年秋七月日, 病痁泄卒.

始公以唯諾聞長安中, 奔人危急, 輕出財力, 如索水火. 性開蕩, 進交大官, 不視齒類; 挾同列, 收下輩, 細大畢歡. 喜博奕, 知聲音, 飲酒甚少, 而工於糾謫. 謠舞擊咢, 纖屑促密, 皆曲中節度, 而終身不以酒氣加人. 晝接人事, 夜讀書考禮, 收捃策牘, 未嘗釋手, 以是重諸公間. 初娶范陽盧氏, 無子. 後夫人柳氏, 德爲九族冠. 生三男子, 喪其二焉. 貞元十六年某月日卒, 祔于長安御宿之北原, 冢子銑, 奉柩以明年月日克葬于墓. 銑以文書來柳州, 告其叔舅宗元, 願碣于墓左. 則涕爲之銘. 其辭曰:

有鬱其馨, 惟裴之卿. 世服大僚, 仍燿烈名. 封叔申之, 實惟其英.
䌷書宮闈, 佐職于京. 太常命史, 以能增秩. 相儀考禮, 大弁斯畢.
鳩工展伎, 爰備聲律. 或圖或書, 藏之府室. 史于柱下, 郎於會司.
徽循以周, 大比是宜. 作牧于金, 金人允懷. 溝防漢諝, 墊沃卒移.
增我歲食, 易其芋魁. 游手閒民, 相顧聚來. 徵爲萬年, 治劇于都.
百務斂成, 談宴以娛. 誰恤誰恃? 不忍悍吏, 胡巧其辭? 按章以逐.
由道斥循, 施施三年. 更赦進資, 盧陵是遷. 人曰世德, 宜慶于延.
又曰良能, 宜力之宣. 朝有大賚, 期賜其還. 鬼神不享, 命殞在前.
長原有墓, 高曾祖父, 淑靈是祔.
封叔爰歸, 左右惟具. 孤銑磨石, 祈辭海陬. 遂升其趺, 于道之周.

제10권 지(誌)

당고중산대부검교국자좨주겸안남도호어사중승충안남본관
경략초토처치등사국무성현개국남식읍삼백호장공묘지명
(唐故中散大夫檢校國子祭酒兼安南都護御史中丞充安南本管
經略招討處置等使國武城縣開國男食邑三百戶張公墓誌銘 : 중
산대부 검교국자좨주 겸 안남도호 어사중승 충안남본관경략초토처치
등사 상주국 무성현 개국남 식읍삼백호 장공 묘지명) 병서(幷序)[1]

한(漢) 광무제(光武帝) 중흥 때, 마원(馬援)은 머나먼 교지(交趾)의 반란을
진압해 웅지를 펼쳤고,[2] 진(晉) 무제(武帝)가 통일할 때, 도황(陶璜)은 교지

---

1) 본편은 장주(張舟)의 묘지명으로, 안남도호를 지내며 당대 서남부 변방의 교화 및 통
치에 공이 컸던 행적을 기록한 것이다. 그에 대한 자세한 얘기는 본문 및 주석에 나온
다. 영주에서 쓴 것이다.
2) 한 광무제 건무(建武) 16년(40), 교지(交趾) 여자 징측(徵側)이 반란하여, 스스로 왕이라

에서 남다른 은택을 베풀었다.3) 치세가 그 덕을 따라 이루어졌고, 공적이 시대와 함께 이루어졌다. 지금 황제께서 새로운 조명(詔命)을 하달하여, 마치 바다 동쪽에서 해가 떠오르듯 했다. 이에 공이 옛날 치적을 회복하여, 교지 통치에서 이전 사람의 뒤를 이었다.4)

공의 이름은 아무개요, 자는 아무개요, 아무개 군 사람이다. 증조부 언사(彦師)는 조산대부 상서가부랑중(尙書駕部郎中)을 역임했다. 조부 근(瑾)은 회주(懷州) 무덕현령(武德縣令)을 역임했다. 선친 청(淸)은 조의랑(朝議郞) 시대리시승(試大理寺丞)을 역임하고, 우찬선대부(右贊善大夫)에 추증되었다. 모두 훌륭한 덕망이 있어, 대대로 쌓여서 가문의 복이 되었다. 공은 충정과 엄숙을 안에서 따랐고, 문장과 법술이 밖으로 드러났고, 경전의 뜻을 미루어 관리로서의 일에 종사했고, 법리에 근본하여 사람들의 마음을 평안하게 했다. 처음에는 기주(蘄州) 기춘주부(蘄春主簿)에 임명받아, 장부의 회계가 정확하고 민첩하여, 그 명성이 널리 드러났다. 이어서 좌령군위병조(左領軍衛兵曹)에서 안남경략순관(安南經略巡官)이 되어, 한층 공고하게 변방을 지켜서 명성이 훤히 알려졌다. 금오위판관(金吾衛判官)으로 전직되었다. 세 차례 어사를 역임하여, 공적이 커져서, 황제의 귀에도 들리게 되었다. 검교상서예부원외랑(檢校尙書禮部員外郎)으로 승진되고, 산남동도절도판관(山南東道節度判官)으로 바뀌었다. 다시 낭중으로 전직되고, 안남부도호가 되고, 자금어대(紫金魚袋)를 하사받고, 경략부사(經略副使)로 충원되었다. 검교태자우서자(檢校太子右庶子)로 옮기고, 안남도호·어사중승을 겸하고, 본관경략사(本管經略使)·초토사(招討使)·처치사(處置使) 등으로 충원되었다.

칭했다. 17년(41), 마원을 복파장군(伏波將軍)으로 삼아 토벌하도록 보냈다.

3) 『진서(晉書)』에 의하면, 도황(陶璜)의 자는 세영(世英)이다. 손호(孫皓)가 당시 교주(交州)의 군사(軍事) 도독으로 있었는데, 진 무제가 이를 이어 임용했다. 남방에서 30년 동안 위엄과 은혜가 남달리 빛났다. 안남(安南)은 옛날 교주(交州)여서 마원과 도황의 이야기를 꺼낸 것이다.

4) 당대(唐代) 안남(安南) 중도호부(中都護府)는 본래 교지군(交趾郡)으로, 고조 무덕(武德) 5년(622)에 교주(交州)로 바꾸어 교지의 치소를 두었다.

공은 관리가 되면서부터 바다 지역에 익숙하였고, 부지런히 노력하여, 이익과 혜택이 장구했다. 떠나면 이족이 난을 일으키고, 다시 그가 오면 도적들이 복종하여 순하게 변했다. 명을 받아 정벌에 나섬에 이르러, 훌륭한 계책을 펼칠 수 있게 되어, 화의 근본을 뽑아버리고 평화의 법궤를 바칠 것을 서약했다. 이에 공물의 납부를 통일하고 부세의 징수를 공평히 할 것을 명했다. 백성을 관리할 때는 구분하여 대처하는 방식을 다하고, 나라를 다스릴 때는 형벌의 방법을 모두 갖추었다. 길은 좁고 험해도 온갖 물자가 유통되고, 땅은 변방에 치우쳐 있어도 현명한 인물이 모두 있었다. 비축된 물자가 풍부하여, 군대에는 굶주림을 호소하는 소리가 없었고, 성벽을 보수하고 증축하여, 지방을 통제하고 변방을 수비하는 직위를 겸했다. 문단(文單)·환왕(環王)이 힘을 믿고 의리를 저버려,5) 공이 이에 육지에서는 장폭 전차를 연결시키고 바다에서는 돌격 전함을 한데 모아, 두 번 군사를 일으켜 그 무리를 모두 토벌하고,6) 영토 수천리를 확장하여 당나라에 귀속되게 했고, 오만(烏蠻)의 수령이 험준한 지형을 믿고 부덕한 행위를 하여, 공이 이에 밖으로 황제의 위엄을 펼치고, 한편으로 신의를 분명히 한다는 뜻을 전달하여, 한 번 출동으로 그 수령이 모두 조회하게 하고, 20주(州)를 취하여, 중화(中華)의 풍속이 퍼지게 하였다. 가죽 모자 쓰던 것을 중국의 관대(冠帶)로 바꾸게 하고, 간사함이 성실함으로 변하게 하여, 모두 주(周)의 예법을 쓰도록 하고, 모두 한(漢)의 의례를 따르게 했다. 공은 바다로 다니는 일이 제대로 건널 수도 있고 뒤집어질 수도 있어 믿을 수 없음을 염려하여, 연오(連烏)를 깎아,7) 평탄한 도로를 닦았다. 귀신 같은 솜씨를 지닌 일꾼을 여럿 부르고, 인력 동원은

---

5) 단(單)은 이족의 성(姓)으로, 가단씨(可單氏)가 나중에 단씨(單氏)로 바꾸었다. 문단(文單)은 육진랍(陸眞臘)으로, 파루(婆鏤)라고도 한다. 환왕(環王)은 본래 임읍(林邑)으로, 점불로(占不勞)라고도 하고, 점파(占婆)라고도 한다.

6) 원화 4년(809) 8월, 환왕이 안남을 노략질하여, 장주가 그 무리 3만을 패퇴시키고, 전투용 코끼리와 왕자 등 59명을 사로잡았다.

7) 확실하지는 않지만, 역대 주석에서 연오(連烏)는 산이름일 것으로 추측했다.

드물게 하여, 크나큰 바다를 관통하는 길을 완성하여, 하늘을 찌르던 험한 벼랑이 깎여 높은 제방 정도가 되어, 후대가 영원히 그 혜택을 누리게 되었다. 공은 강토의 제도가 이곳 다르고 저곳 달라서 일관성이 없음을 걱정하여, 동주(銅柱)를 복구하여,[8] 예전 제도를 회복하기로 했다. 구리를 가열 주조하여, 단단한 기둥이 세워졌다. 굳건한 동주 아래, 경계가 흑백처럼 분명하니, 평야를 지키는 것이 쉽다지만, 이 구릉을 지키는 것보다 위험하다고 할 만큼 만세토록 근심이 없으리. 신기한 보물 및 우수한 재화가 옥부(玉府)에 가득 넘쳐,[9] 흔히 보는 것과 다른 신기한 것들이 고가(藁街)에 가득하다.[10] 조서를 통하여 여러 차례 그 충량(忠良)을 표창했고, 태사(太史)가 그 공을 기록했다. 국자좨주 직위가 더해지고, 무성남(武城男)에 책봉되고, 식읍은 300호였다. 게다가 더 공적이 기록돼, 상주국(上柱國)에 이르고, 세 번 승진되어 중산대부에 이르렀다. 모년 모월 재직 중 사망하니, 향년 약간년이다. 천자께서 애도하고, 상심과 위로의 말씀이 있었다. 다음 해, 아들 아무개가 집안 사람들과 통곡하며 상여를 모시고 와, 집안 어른들을 인솔하고 숙부 연당령(延唐令) 아무개에게 상의하여, 담주(潭州) 어느 터에 장지를 정했다. 모월 모일 안장하니, 점괘에 따라서 사람이 할 일은 모두 따라 완수하였으니, 길조가 이어지리라. 이에 이 돌에 새겨, 공의 공덕을 밝히고, 묘지에 부장하여 유명의 세계에 알린다. 명문은 다음과 같다.

---

8) 『광주기(廣州記)』에서, 마원이 교지에 도착해서 구리기둥[銅柱]을 세워 한(漢)의 변경임을 표시했다고 했는데, 장주가 이를 복구한 것이다. 마총이 안남도호가 되어서 이족들이 편하다고 여겨, 한(漢) 때 구리기둥을 세운 곳에 구리 1천 5백 근으로 특별히 기둥 둘을 주조하여 당(唐)의 덕을 새겨, 복파(伏波)의 뒤를 이었다고 했는데, 이 지(誌)를 통해서, 사서에 기록은 없지만, 장주 역시 그런 적이 있음을 알 수 있다.

9) 『주례(周禮)』에 따르면, 옥부(玉府)는 왕의 금은보석·노리개·옥·병기 등을 관장하여, 양질의 물자가 소장된 곳이다.

10) 『한서(漢書)』「진탕전(陳湯傳)」·『삼보황도(三輔黃圖)』 등의 기록에 따르면, 도회지에서 이민족들이 모여 살도록 인위적으로 또는 자연적으로 조성된 구역을 고가(藁街)라고 했다.

주(周) 때는 형(荊)·형(衡)이 국경이더니,

진(秦)이 백월(百粵)을 개척했다.[11]

교주(交州)의 치소는,

한나라 때 설치되었다.

덕이 크면 찾아와 복종하고,

도가 사라지면 저절로 끊겼다.

복파(伏波)가 남쪽을 정벌하여,

한(漢)의 위무가 당당했다.

완릉(宛陵)이 북으로 귀의하여,

진(晉)의 정치가 빛을 발했다.

우리 당(唐)이 은택을 입혀서,

사해 밖까지 빛을 전했다.

황제가 중흥하고 나서,

무성(武城)이 부월로 임명을 받았다.

의젓한 무성은,

명철한 사람이었다.

여러 차례 부사(副使)를 역임하면서,

훤하게 명성을 날렸다.

훌륭한 명을 받아,

이토록 빼어난 절조를 지녔다.

통치의 계책을 헤아려,

청렴과 결백을 지켰다.

농민을 두터이 대하고 세금을 적게 하여,

맥(貊)도 걸(桀)도 아니었다.[12]

---

11) 진(秦)이 천하를 통일하여 36군(郡)으로 나누었다. 백월(百粵)을 평정하여 민중(閩中)·
남해(南海)·계림(桂林)·상군(象郡) 네 군을 설치했다.

12) 『맹자』에서, 부세의 비율을 요·순이 행했던 것보다 적게 하려고 한다면 대맥(大

물자를 공평하게 유통시켜,
원활함에 모두 기뻐했다.
산을 넘고 바다 건너,
단단히 방어를 했다.
무기 관리하고 병사 충분하여,
도적이 개미처럼 흩어졌다.
오만(烏蠻)이 굴복하고,
문단(文單)이 잘려 전멸했다.
먼 지역을 회유하고 강토를 개척하여,
천자의 조정에 배알하도록 했다.
동주(銅柱)를 복구하여,
둘러싼 산도 깎여 개척되었다.
바다에는 사고가 없었고,
도적들도 경계를 넘지 않았다.
진귀한 보물이,
이 불모의 땅에 두루 널려 있다.
덕을 이룬 것을 황제가 가상히 여겨,
천하에 드러내 표창했다.
직위 오르고 역사서에 기록되고,
식읍 또한 책봉받았다.
원후(元侯)에서 액을 만나,
오래오래 살지 못했다.
중국 사람 울부짖고,
이족 역시 처연히 목놓아 울었다.

貊·소맥(小貊)이고, 요·순이 행했던 것보다 많게 하려고 한다면 대걸(大桀)·소걸(小桀)이라고 했다. 맹자는 보통 10분의 1 징수가 가장 바람직한 부세 비율이라고 보았으며, 이보다 너무 적어서도 너무 많아서도 안된다고 했다.

점을 쳐서 장사(長沙)에 터를 잡아,
봉우리 연이은 곳에 묘지 마련했다.
이렇게 기록을 남기니,
그의 덕을 기리는 글 사라지지 않을 것이로다.

漢光中興, 馬援雄絶域之志; 晉武一統, 陶璜布殊俗之恩. 理隨德成, 功與
時並. 今皇帝載新景命, 丕冒海隅. 時惟公祗復厥績, 交趾之理, 續于前人.

公諱某, 字某, 某郡人也. 曾祖彦師, 朝散大夫、尙書駕部郞中. 祖瑾,
懷州武德縣令. 考淸, 朝議郞、試大理寺丞, 贈右贊善大夫. 咸有懿美, 積
爲餘慶. 公以忠肅循其中, 以文術昭于外, 推經旨以飾吏事, 本法理以平
人心. 始命蘄州蘄春主簿, 句會敏給, 厥聲顯揚. 仍以左領軍衛兵曹爲安
南經略巡官, 申固扞衛, 有聞彰徹. 轉金吾衛判官. 三歷御史, 績用弘大,
揚于天庭. 加檢校尙書禮部員外郞, 換山南東道節度判官. 復轉郞中, 爲
安南副都護, 賜紫金魚袋, 充經略副使. 遷檢校太子右庶子, 兼安南都
護、御史中丞, 充本管經略、招討、處置等使.

公自爲吏, 習於海邦, 凡其比較勤勞, 利澤長久. 去之則夷獠稱亂, 復至
而寇攘順化. 及受命專征, 得陳嘉謨, 誓拔禍本, 納於夷軌. 乃命一其貢
奉, 平其斂施. 牧人盡區處之方, 制國備刑體之法. 道阻而通百貨, 地偏而
具五人. 儲偫委積, 師旅無庚癸之呼; 繕完板榦, 控帶兼戊己之位. 文單環
王, 怙力背義, 公於是陸聯長轂, 海合艨艟, 再擧而克殄其徒, 廓地數圻,
以歸於我理; 烏蠻首帥, 負險蔑德, 公於是外申皇威, 旁達明信, 一動而悉
朝其長, 取州二十, 以被於華風. 易皮弁以冠帶, 化姦宄爲誠敬, 皆用周
禮, 率由漢儀. 公患浮海之役, 可濟可覆, 而無所恃, 乃剗連烏, 以關坦途,
鬼工來幷, 人力罕用, 沃日之大, 束成通溝; 摩霄之阻, 砉爲高岸, 而終古
蒙利. 公患疆場之制, 一彼一此, 而不可常, 乃復銅柱, 爲正制. 鼓鑄旣施,
精堅是立. 固圉之下, 明若白黑, 易野之守, 險逾丘陵, 而萬世無虞. 奇琛
良貨, 溢于玉府; 殊俗異類, 盈于槀街. 優詔累旌其忠良, 太史嗣書其功

烈. 就加國子祭酒, 封武城男, 食邑三百戶. 凡再策勳, 至上柱國, 三增秩至中散大夫. 某年月薨于位, 年若干. 天子震悼, 傷辭有加. 明年, 其孤某官與宗人號奉裳帷, 率其家老, 咨于叔父延唐令某, 卜宅于潭州某原. 葬用某月某日, 人謀皆從, 龜兆襲吉. 乃刻茲石, 著公之閥, 以志于丘窆, 以告于幽明. 銘曰:

周限荊、衡, 秦開百粵. 交州之治, 炎劉是設. 德大來服, 道消自絶.
伏波南征, 漢威載烈. 宛陵北附, 晉政爰發. 我唐流澤, 光于有截.
皇帝中興, 武城授鉞. 肅肅武城, 惟夫之哲. 更歷毗贊, 顯揚彰徹.
既受休命, 秉茲峻節. 度其謀猷, 守其廉潔. 厚農薄征, 匪貉匪桀.
通商平貨, 有來胥悅. 踐山跨海, 堅其鸛列. 制器足兵, 潰茲蟻結.
烏蠻屈服, 文單翦滅. 柔遠開疆, 會朝天闕. 銅柱乃復, 環山以碣.
海無邅迍, 寇罔踰越. 琛賮之獻, 周于窮髮. 帝嘉成德, 載旌茂閥.
增秩策勳, 土封斯裂. 位厄元侯, 年虧大耋. 邦人號呼, 夷裔悽咽.
卜葬長沙, 連岡啓穴. 書銘薦辭, 德音罔缺.

당고옹관경략초토등사조산대부지절도독옹주제군사수옹주
자사겸어사중승사어대이공묘지명(唐故邕管經略招討等使
朝散大夫持節都督邕州諸軍事守邕州刺史兼御史中丞賜魚袋李
公墓誌銘 : 옹관 경략사 · 초토사 조산대부 지절도독옹주제군사 수옹
주자사겸어사중승사자금어대 이공 묘지명) 병서(幷序)[13]

　　공의 이름은 아무개, 자는 아무개, 문황제(文皇帝)의 현손이다.[14] 문황제의
별자(別子)가 승건(承乾)으로,[15] 황태자가 되었다가, 문황제가 번왕을 총애하
여 황태자 지위를 빼앗아, 위험에 처하여 떨며 화를 입었다가, 나중에 항산(恒
山)에 책봉되어 민왕(愍王)이 되었고, 형주대도독(荊州大都督)에 추증되었
다.[16] 계별(繼別)이 상(象)으로,[17] 기춘군(蘄春郡) 태수를 지내고, 월주(越州) 대
도독에 추증되고, 순국공(郇國公)에 책봉되었다. 대종(大宗)이 빈(玭)으로, 태
자첨사(太子詹事)를 지내고, 비서감(秘書監)에 추증되었다. 이(廙)를 낳았으니,
상서좌승을 지냈다. 4대 동안 봉토가 있었고, 존귀한 자리를 지냈다. 공은
이를 이어받아 남방을 통솔하여, 크나큰 명을 완수하여, 공덕을 이었다.
　　처음에 공은 경서에 통달하여 숭문관(崇文館)에 들어가서, 유사(有司)를

---

13) 본편은 당 태종의 현손으로 파란만장한 삶을 살았던 이위(李位)의 묘지명이다. 본문
　　의 내용에 따르면, 이위는 말년에 방술에 빠져서 중금속에 중독되어 사망한 듯하다.
14) 태종(太宗)의 처음 시호가 문황제(文皇帝)였다.
15) 공자(公子)가 처음 어느 나라에 책봉되어 와서, 후세에 비조로 삼게 되는 사람을 별
　　자(別子)라고 한다.
16) 태종의 장자가 승건으로, 고조 무덕(武德) 3년(620), 항산왕에 책봉되었다. 9년(626),
　　황태자로 옹립되었다. 정관(貞觀) 연간에 위왕(魏王) 태(泰)가 황제에게 총애를 받아, 적
　　자의 지위를 빼앗으려는 마음을 은밀히 품었다. 이로 인해 승건을 서인(庶人)으로 폐위
　　했다. 천보 연간에 예전 책봉을 회복시켰고, 시호를 민왕(愍王)이라고 했다.
17) 『예기』에 따르면, 별자(別子)가 조(祖)가 되고, 계별(繼別)이 종(宗)이 되고, 계녜(繼禰)가
　　소종(小宗)이 된다고 했다. 별자(別子)는 처음 제후국에 책봉되어 온 공자(公子)로, 후세
　　자손들이 조(祖)로 삼는다. 계별(繼別)은 별자(別子)의 적통을 잇는 자이다. 일족이 존중
　　하여 대종(大宗)이라고 한다. 계녜(繼禰)는 부친 대(代)의 적통으로, 형제 관계에서 존중
　　하여 소종(小宗)이라고 한다.

뽑는 시험에 합격하여 동주(同州) 참군으로 선발되고, 금오위(金吾衛) 대장군 막부에 들어가 보좌하고,[18] 태복주부(太僕主簿)로 임용되어 조정에 들어가 황제의 수행에 동참했다. 좌우신책행영병마절도(左右神策行營兵馬節度) 막부로 옮겨 추관(推官)이 되었다.[19] 감찰어사에 임명되고, 비어대를 하사받았다. 두 번 절도사 막료로 일하면서, 그 상관이 모두 범사공(范司空) 희조(希朝)였다. 전중시어사 · 호남도단련판관으로 승진되었다.[20] 너그럽고 화통하고 간약(簡約)하고 대범하여, 임지를 다니며 통치를 보좌하는 것이 중도(中道)를 얻었고, 막부가 이동되고 나서는 후방 일을 담당했다. 상관이나 주민들이 애모하여, 정원 연간 있었던 일처럼 그의 공을 상주했다. 공은 그 지역에 계속 억류될까 염려하였는데, 다시 절동(浙東)으로 옮겨 도단련부사가 되었다.[21] 시어사(侍御史)로 옮겼다가, 또 절서(浙西)로 옮겨 예전대로 부사가 되고,[22] 저작랑(著作郞) 직위가 더해졌다. 세 번 부사로 부임했는데, 그를 발탁한 상관이 늘 설(薛)대부 평(苹)이었다. 악(岳) · 신(信) 두 주의 자사를 지냈고, 유향(劉向)의 방술(方術) 비서(秘書)라는 것을 손에 넣었는데, 황금을 만들어낼 수 있다고 하여, 날마다 술사를 불러 방술을 시험해보게 하여, 변고를 꾸민다면서 그와 원수진 사람이 고발했다. 국문을 해보니 아무 혐의가 없어서, 고발한 사람을 장살(杖殺)하도록 어명을 내리고, 건주사마(建州司馬)로 강등시켰다.[23] 천주(泉州) 자사로 승진되

---

18) 정원 19년(803) 11월, 진무(振武) 절도사 범희조(范希朝)를 우금오대장군에 임명하였는데, 이위(李位)를 막부 보좌로 임용하겠다고 상소했다.

19) 영정 원년(805) 5월, 범희조를 좌우신책경서제성진행영병마절도사(左右神策京西諸城鎭行營兵馬節度使)로 임명하여 봉천(奉天)에 주둔하게 했다. 또 이위를 막부 추관으로 임용하겠다고 상소했다.

20) 영정 원년(805) 11월, 어사대부 설평(薛苹)을 호남도단련사로 임명했다. 설평이 이위를 판관으로 발탁했다.

21) 원화 3년(808) 정월, 설평이 호남에서 절동으로 이동되었다.

22) 원화 5년(810) 8월, 설평이 전근되어, 여전히 이위를 부사로 발탁했다.

23) 이위(李位)가 신주(信州) 자사가 되었는데, 황로의 사상을 좋아하여 여러 번 기도를 올렸다. 이위가 방사를 모아들여 불충을 모의한다고 부장 위악(韋岳)이 고발하여, 홍주(洪州) 감군 고창(高昌)이 이위가 대역을 모의한다고 상소했다. 이위를 추적 체포하여, 금중(禁中)에 가두었다. 설존성(薛存誠) · 공규(孔戣)가 하루에 세 번 표를 올려, 어사대에 회부

었는데, 오인이(烏蠻夷)가 군(郡) 관리를 찔러죽이고 농민을 구타하고 묶어 가는 사건이 발생했다. 조서를 내려 공을 도독옹주겸어사중승(都督邕州兼 御史中丞)으로 삼고, 자금어대를 하사하여 경략초토사로 삼았다. 옹주에 이르러, 활과 갑옷을 모두 보관용 자루에 집어넣어 거두어들이고, 척후병 을 없애고, 부대 안에 금령을 내려, 감히 주민을 해치고 도적질했다는 꼬 투리를 잡히지 않도록 스스로 깨끗이 활동하도록 했다. 이족 추장들이 모 두 머리 조아리고, 예전에 잡았던 포로를 모두 돌려보내고 부세와 공물을 납부하여, 군민(群民)으로 편입되고 자식을 도독의 치소에 보내 관리가 되 기를 원했다. 주민들은 다시 경작을 하고, 형벌을 행할 일이 없게 되었다. 다섯 달쯤 지낼 무렵, 검은 이무기가 강에서 물결을 쳐올리며 준동하여, 북쪽 강안을 무너뜨리고, 성 남문에 도달해서 배를 뒤집고 사람을 죽인 후에 가버렸다. 부로(父老)들은 울면서 "우리 공이 위험하다!"라고 했다. 예전에 수은·유황·단사를 합해서 자색 단약을 만들어, 불에 들어가도 꼼짝하지 않아서, 신기하게 여겨, 거의 10년을 복용했다. 그러나 결국 이 때문에 병이 나서, 갑자기 검붉은 것을 쏟아내다, 며칠 만에 사망했다. 원 화 13년(818) 6월 15일, 향년 57세이다. 수하 막료가 장례를 처리하는데, 붉 은 비단 다섯필 뿐이요, 남은 금은패물이 없어, 거의 염도 하지 못할 지 경이었다. 이족 사람들이 울면서 재물을 추렴해왔다. 다음 해 모월 모일 장례를 치러, 장안 서남쪽 고양(高陽) 터에 합장했다.

부인은 진씨(陳氏)로, 공보다 15년 앞서 세상을 떠났다. 부인의 부친은 담(曇)으로, 역시 옹주도독을 지내고 세상을 떠났다.[24] 아들은 맹여(孟興) 로, 성실하고 글을 잘 했다. 둘째는 중권(仲權)이요, 다음은 계모(季謨)로, 나이 9세 이하이다. 사위 둘이 있어, 박릉(博陵) 최행검(崔行儉)은 굳세고 의지를 세웠고, 형양(榮陽) 정사정(鄭師貞)은 민첩하고 잘 어울려, 모두 이

하기를 청했다. 공규와 삼사(三司)가 함께 처리하라고 조서를 내렸다. 그런데 반역을 모
의한 흔적이 없어서, 위악은 무고죄로 처형되었다. 이위는 건주사마로 폄적되었다.
24) 정원 13년(797) 6월, 진담(陳曇)을 옹주경략사로 삼았다.

름이 났다. 명문은 다음과 같다.

문황제 예지가 상서로워,
후손에게 길이 뻗쳤다.
참언으로 적통을 못 이어,
대종이 지류로 전해졌다.
순공(郇公)이 등용되어,
현명함을 이어받아 태자첨사가 되었다.
맑디 맑은 품행의 좌승(左丞)은,
오로지 도(道)만을 선양했다.
공은 너그럽고 은혜로워,
이로써 가르치면 모두 따랐다.
이족을 통치하는 데 다섯 번 참여하고,
자사의 인수를 두 번 맸다.
군사가 환호하고 주민이 애모하여,
신의로 품어주었다.
교활한 말로 모반을 밀고했으나,
결국 결백함이 밝혀졌다.
오인(烏滸)이 패악을 부려,
바다와 산을 다니며 노략질했다.
남방을 평정하라고 황제가 명하여,
여러 만이족을 징치했다.
황금으로 빚은 휘황찬란한 용호 부절,
상자에 담기어 당도했다.
금옥으로 띠를 둘러,
공의 복식으로 하였다.
공은 옹주에 부임하여,

문치(文治)를 시행했다.
인과 의를 실행하고,
활과 화살을 거두었다.
성벽과 보루를 열어,
부자(父子)가 마음껏 제대로 모이게 했다.
나라의 부세 징수를 회복하고,
사졸들을 편히 쉬게 했다.
겉으로도 공을 자랑하지 않고,
속으로도 기쁨을 내색하지 않았다.
만이(蠻夷)들이 감복하여 눈물을 흘리며,
무기를 버리고 귀순했다.
이제 마악 치적을 이루려 하는데,
불길한 동물이 흉사의 조짐을 알렸다.
단약이 재앙을 가져와,
지붕에 올라 혼을 부르며 울부짖었다.
머리 땋아 세우고 화초로 옷입는 그들이,
물자를 보내와 애도했다.
완미한 고양의 터,
영구를 안장했다.
송백(松栢)이 무성하고,
묘역이 편안하다.
대대로 드높이 솟은 봉분,
요(堯)·문(文)의 자손이다.

公諱某, 字某, 實惟文皇帝之玄孫. 別子曰承乾, 爲皇太子, 以藩愛逼
奪, 危慄致禍, 後封恒山, 爲愍王, 贈荊州大都督. 繼別曰象, 蘄春郡太守,
贈越州大都督, 封郇國公. 大宗曰玭, 太子詹事, 贈秘書監. 生廙, 尙書左

丞. 凡四代, 有土田, 居貴仕. 公丕承之, 以率南服, 克荷天休, 繼有功德.

　公始以通經入崇文館, 登有司第, 選同州參軍, 入佐金吾衛, 進太僕主簿, 參引大駕. 府移爲左右神策行營兵馬節度, 以爲推官. 拜監察御史, 賜緋魚袋. 凡二使, 其率皆范司空希朝. 進殿中侍御史、湖南都團練判官. 以寬通簡大, 輔治得中道, 府遷主後事. 師人愛慕, 欲以貞元故事爲請. 公恐懼抑留, 復徙浙東爲都團練副使. 轉侍御史. 又徙浙西, 如其職, 加著作郎. 凡三使, 其率皆薛大夫苹. 刺岳、信二州, 得劉向秘書, 以能卒化黃白, 日召徒試術, 爲仇家上變. 就鞫無事, 勑答殺告者, 猶降建州司馬. 陟刺泉州, 會烏滸夷刺殺郡吏, 毆縛農民. 詔以公都督邕州兼御史中丞, 賜紫金魚袋, 爲經略招討使. 既至, 則弢弓櫜甲, 去斥候, 禁部內, 無敢以賊名, 使得自瀚濯. 諸酋長咸頓首迻款, 故虜獲輸稅奉貢, 願比內郡人, 遣子吏都督所. 人復耕稼, 無有威刑. 居五月頃, 有黑螭鼓江流, 壞北岸, 直城南門, 覆船殺人然後去. 父老泣曰: "吾公其殆矣!" 嘗合汞、流黃、丹砂爲紫丹, 能入火不動, 以爲神, 服之且十年. 然卒以是病, 暴下赤黑, 數日薨. 實元和十三年六月十五日, 年五十七. 僚宰庀事, 有緹五兩, 無金銀泉貝, 幾不克斂. 夷人號呼致幣歸. 以明年月日葬, 附其穆長安西南高陽原上.

　夫人陳氏, 先公十五年沒. 父曇, 亦都督邕州終. 孤孟興, 愿且文. 亞曰仲權, 次曰季謨, 年自九歲以下. 有兩壻, 博陵崔行儉, 勁峭有立志; 滎陽鄭師貞, 敏捷能羣, 皆聞名. 銘曰:

文濬維祥, 實亘實延. 冢讒不嗣, 宗以支傳. 邠公克庸, 詹事繼賢.
湜湜左丞, 惟道之宣. 公寬且惠, 以教則順. 五參戎政, 二佩郡印.
師歡民愛, 克懷以信. 詖辭告訕, 卒白其訊. 烏滸猖狂, 盜海剽山.
帝命于南, 逖彼羣蠻. 虎龍煌煌, 英蕩是將. 舟之金玉, 以爲公服.
公旣涖止, 告以文理. 推義赴仁, 弢弓服矢. 闢是垣壘, 完其父子.
復我邦賦, 弛予卒士. 貌不功矜, 情不伐喜. 蠻人涕懷, 投刃以俟.

方底成績, 蟲孽告妖. 悍石構災, 升屋而號. 椎髻卉裳, 來賻來觀.
膴膴鱗原, 祔之顯魂. 松栢芊芊, 封域安安. 代有高墳, 堯、文之孫.

당고옹관초토부사시대리사직겸귀주자사등군묘지명(唐故邕
管招討副使試大理司直兼貴州刺史鄧君墓誌銘 : 옹관초토부사
시대리사직겸귀주자사 등군 묘지명) 병서(幷序)[25]

　등군(鄧君)의 이름은 아무개, 자는 아무개, 남양(南陽) 사람으로, 한(漢)
사도(司徒) 우(禹)의 후손이다.[26] 증조부는 의(倚)로, 건주(建州) 포성령(浦城
令)을 지냈다. 조부는 소립(少立)으로, 창주(滄州) 사마를 지냈다. 선친은 옹
(邕)으로, 식무위병조참군(式武衛兵曹參軍)을 지냈다. 군은 기민하고 너그럽
게 부하를 통솔하고, 청렴과 충정으로 상사를 모셔, 유능하다는 칭찬이
제후들 사이에 자자했다. 신의와 성실의 자취가 임지에서 훤히 드러났다.
그러므로 처음 벼슬할 때부터 세상 떠날 때까지, 명성이 들리지 않은 적
이 없었다. 시태상시봉예랑(試太常寺奉禮郎)으로 시작해서, 검남(劍南)·호
남(湖南)·강서(江西) 등의 막부를 거쳤다. 어느 때나 연수(連帥)들이 모두
그의 능력을 인정하여 일을 맡겼다. 검남에서는 사건의 평의와 조사를
맡아,[27] 관가의 형법을 따르고, 상대방의 입장에서 슬퍼하고 공경하는
마음을 다하여, 소송의 심리(審理)를 잘 한다는 칭송이 들리게 했고, 너그
럽고 단호함이 적절하게 중용의 도에 맞았다. 호남에서,[28] 밖으로는 소

---

25) 본편은 귀주자사 등을 역임한 등군(鄧君)의 묘지명이다. 등군의 이름이 무엇인지는 확
　실하지 않으며, 본문 내용으로 보아 유종원의 장인 양빙의 신임을 받았던 것으로 보인다.
26) 우(禹)의 자는 중화(仲華), 남양 신야(新野) 사람으로, 한 광무제 때 대사도(大司徒)를 지
　냈다.
27) 검남절도사 위고(韋皐)가 그를 막료로 발탁했다.

속 성을 관리하고, 안으로는 물자 유통의 평준(平準)을 전담하여, 동광 철광 등을 생산하는 지역까지 직접 가고, 옛날 부씨(鳧氏)가 종을 주조할 때처럼 열심히 일을 했다.29) 산에는 물자가 가득 넘쳐 길상을 알렸고, 나라의 쓰임은 더욱 풍족해졌고, 관리들은 서로 결탁하여 법을 농간하는 일이 없었고, 백성들은 원망하고 욕하면서 노역이 괴롭다고 하는 자가 없어, 이 자리에 있으면서 이보다 더 잘 한 사람이 없었다. 강서에 있을 때는 두루두루 역참을 관리하고,30) 소속 군을 통솔하여, 지역마다 정치를 달리 하는 일이 없게 하여, 황제의 조령이 통일되어 전해지게 하고, 재무와 부세의 중요한 일이 군이 오고 나서 제대로 처리되었다.

얼마 안 있어, 옹주(邕州) 경략사 노공(路公) 서(恕)가 시대리평사 겸 귀주자사로 그를 천거했다.31) 막부 보좌의 임무에 참여하고, 귀인(龜印) 호부(虎符)의 위엄을 보여, 이족이 그를 존경하고 사랑하며, 완전히 새 사람으로 되어 그의 통치를 받았다. 조정에서 무력으로 남방을 평정하고자, 안남대교어사중승(安南大校御史中丞) 조량금(趙良金)이 옹주를 다스리도록 명하고, 다시 등군이 초토판관을 겸하도록 했다. 그의 남다른 능력을 기록하여, 사직(司直)으로 승진시키도록 상주(上奏)하여, 초토부사 겸 횡(橫)·렴(廉)·귀(貴) 세 주를 통괄하도록 승진시켰다. 혼란한 가운데 곧은 도를 세우고, 주민의 기풍이 드세고 사나운 가운데 의리와 위엄이 반드시 행해지게 했다. 부세가 증가되어도 소동이 없었고, 법이 통일되어도 유감이 없었다. 그러나 통치를 위한 걱정에 우려가 더해, 결국 이목이 막히게 되었고, 소인들의 참언이 들끓는 화를 불러왔다. 원화 5년(810) 5월 21일, 공관에서 병으로 사망하니, 향년 55세이다. 다음 해 모월 모일, 담주(潭州) 어느 터에 귀향 안장한다. 부인은 농서(隴西) 이씨(李氏), 대리평사 연(練)의

---

28) 정원 18년(802) 9월, 태상소경 양빙(楊憑)이 호남관찰사가 되어, 막부를 보좌하도록 등을 발탁했다.

29) 부씨(鳧氏)는 「주례(周禮)」에 나오는 관직명으로, 종 제작을 담당했다고 한다.

30) 영정 원년(805) 11월, 양빙을 강서관찰사로 하고, 등(鄧)을 종사(從事)로 했다.

31) 원화 원년(806), 옹관경략사 노서(路恕)가 막부의 보좌로 발탁했다.

딸로, 33세 때, 정원 16년(800)에 침주(郴州)에서 사망했다. 아들이 넷으로, 이름이 지(贄)요, 아무개다. 지(贄)는 열세 살로, 슬픔의 예를 다하였다.

경조윤 홍농공이 예전에 호남을 다스리고 강서를 다스릴 때,[32] 거듭 군을 종사로 발탁하여, 가장 두터이 알아주었다. 군처럼 능력있는 사람이 고위직에 오르지 못한 것을 애통해하고, 군처럼 의지가 굳은 사람이 수많은 의혹에 꺾인 것을 애석해하고, 또한 그의 묘에 구비하고자 지문을 쓰도록 종원에게 부탁했다. 옛날에는 그 사람이 임명하는 것을 보고 위에 있는 사람의 덕을 알았다더니, 지금은 그 사람이 임명하는 것을 보고 밑에 있는 사람의 성실함을 알게 되었다. 오호! 기록으로 남기지 않을 수 있겠는가? 다음과 같이 명문을 남긴다.

만(曼)씨 성의 후예로,[33]
사도 등우(鄧禹)가 한나라를 융성시켰다.
군이 이를 이어받아,
굳건히 뿌리를 내렸다.
처음엔 태상사봉예랑을 지내고,
그후 절도사 막부의 보좌에 참여했다.
서촉(西蜀)에서 소송 심리를 맡아,
옥사를 공평히 관리했다.
남초(南楚)를 순시하여,
법 조항을 통일했다.
있는 것과 없는 것을 교역하도록 유통시켜서,
재정에 도움이 되었다.
법령과 제도를 개정하여,

---

32) 당시 양빙이 경조윤으로 있었다.
33) 『좌전』에 따르면, 초자(楚子)의 부인이 등만(鄧曼)이다. 등(鄧)의 성(姓)이 만(曼)으로, 나중에 국가의 씨(氏)로 삼았다.

공물과 부세의 수송이 증가했다.

재정과 부세를 정비하고,

역참의 관리도 전담했다.

머나먼 땅 끝 지역 다스려서,

청송(聽訟)과 판단을 엄숙히 했다.

약탈하는 풍속이 사라지고,

포학떠는 무리가 없어졌다.

좋은 일 궂은 일 가리지 않고,

어려움 피하지 않고 추진했다.

비로소 그 덕에 안녕을 지킬 줄 알았건만,

끝내 떨리는 소식이 전해졌다.

질병과 근심이 쌓여,

그 의지가 혼백 따라 흩어지다니.

이제 겨우 중년의 나이에,

이 높은 언덕에 장례지낸다.

재능이며 운명이며,

군자의 한탄 끝없이 인다.

君諱某, 字某, 南陽人, 漢司徒禹之世也. 曾祖倚, 皇建州浦城令. 祖少
立, 皇滄州司馬. 考邕, 皇式武衛兵曹參軍. 惟君敏給以御下, 廉忠以承
上, 幹蠱之稱, 洽於諸侯; 信謹之跡, 彰于所蒞. 故自始仕以至沒世, 未嘗
無聞焉. 初以試大常寺奉禮郎, 更職於劍南、湖南、江西. 前後連帥咸器
其能, 以柄於事. 於劍南, 則亭擬閱實, 以循官刑, 盡哀敬之情, 致淑問之
頌, 寬猛之適, 克合于中. 於湖南, 則外按屬城, 內專平準, 蒞竿人錫石之
地, 參鼻氏鼓鑄之功. 溢山告祥, 國用益贍, 吏無並緣以巧法, 人無怨讟以
苦役, 凡處斯職, 莫能加焉. 於江西, 則旁緝傳置, 下繩支郡, 俾無有異政,
以一於詔條, 財賦之重, 待君而理.

無何, 邕州經略使路公恕, 奏署試大理評事兼貴州刺史. 參帷幕之任,
董龜虎之威, 夷俗敬愛, 革面受事. 朝廷將以武定南服, 命安南大校御史
中丞趙良金爲邕州, 復以君兼招討判官. 錄其異能, 奏加司直, 昇招討副
使兼統橫、廉、貴三州事. 戎茸之下, 直道有立, 獷悍之內, 義威必行. 賦
增而不擾, 法一而無憾. 然以憂慄間於多虞, 卒成耳目之塞, 道致齒牙之
猾. 元和五年五月二十一日, 疾卒於公館, 年五十五. 明年某月日, 返葬於
潭州某原. 夫人隴西李氏, 大理評事練之女, 年三十三, 貞元十六年終於
郴州. 有子四人, 曰贄, 曰某. 贄十三年矣, 哀禮具焉.

京兆尹弘農公, 始由湖南爲江西, 再以君爲從事, 知之最厚. 痛君之能不
施於劇任, 惜君之志見屈於羣疑, 且以誌授宗元, 使備其闕. 古者觀其所使,
而知在上之德; 今也觀其所使, 而知在下之誠. 嗚呼! 可無辭乎? 銘曰:

曼姓之裔, 司徒隆漢. 惟君是承, 有植其幹. 始屬奉常, 出參藩翰.
議讞西蜀, 平其狴犴. 巡視南楚, 總茲條貫. 貿遷化居, 貨殖攸贊.
改煎鎔範, 貢輸增第. 旣飭財賦, 亦專傳館. 去牧荒陬, 肅其聽斷.
奪攘以息, 暴戾斯道. 行非選事, 進不避難. 始賴其寧, 終聞見憚.
疾與憂積, 志隨魄散. 年極中身, 葬茲高岸. 才耶命耶? 君子興歎.

여시어공묘지(呂侍御恭墓誌 : 시어사 여공 묘지)[34]

여씨는 대대로 하동(河東)에 살았고, 연지(延之)에 이르러 비로소 커져서,
어사대부에서 절동도절도대사(浙東道節度大使)가 되었다.[35] 연지는 위(渭)를

---

34) 본편은 유종원의 친구 여온(呂溫)의 아우 시어사 여공(呂恭)의 묘지이다.
35) 건원(乾元) 2년(759) 6월, 연지(延之)를 절강동절도사(浙江東節度使)로 삼았다.

낳았으니, 중서사인(中書舍人)·상서예부시랑(尚書禮部侍郎)이 되었고, 호남의 일곱 주 자사를 지냈다.[36] 네 아들을 낳았으니, 온(溫)·공(恭)·검(儉)·양(讓)이다. 온이 상서랑이 되면서, 두 번 추증되어 우복야(右僕射)에 이르렀다.[37]

여공(呂恭)의 자는 경숙(敬叔), 다른 이름으로 종례(宗禮)라고도 하거나 자(字)로 쓰기도 하며, 사실상 여씨 집안의 종손이다. 기개와 절의를 숭상하고, 용기와 지략이 있으며, 세세한 예절을 따지지 않았다. 종횡가의 책을 읽어, 「음부(陰符)」·「악기(握機)」·「손자(孫子)」의 술(術)을 깨우치고, "나는 사상보(師尚父)의 후손이다.[38] 조부와 선친은 모두 한 지역을 통치했던 분이다. 이제 천하가 태평하게 다스려지려 하는데, 채(蔡)·곤(袞)·기(冀)·유(幽) 및 융(戎) 지방만 아직도 명을 거역하고 있다"[39]라고 했다. 아침 저녁으로 분하다고 소리치며, 마땅히 부장으로 임명되어 있는 힘을 다해 천자의 명이 통하도록 해야 한다 하여, 글을 쓸 때 늘 그 뜻을 밝히곤 했다. 또한 "우리 형으로부터 위로 세 대(代) 동안 대대로 진사가 되었다. 나의 글은 그 가르침을 추락시키지 않았으나, 오직 무사(武事)만은 업적을 잇지 못했다"라고 하고, 붓을 던지고 떠났다. 산남서도절도사를 따라 막부에서 서기를 담당하며 모의와 계획에 참여하였으나,[40] 의견이 제대로 맞지 않아, 시수군위좌가협률랑(試守軍衛佐加協律郎)으로 중앙에 들어와 장안주부에 천거되었다. 다시 외지로 나가, 감찰어사로 강남서도도단련군사(江南西道都團練軍事)에 참여했다.[41] 막부에서 표를 올려 전중시어사로 진급하고, 계관(桂管) 도방어부사(都防禦副使)가 되었다. 원화 8년

---

36) 위(渭)의 자는 군재(君載)이다.
37) 처음에는 섬주(陝州) 대도독에 추증되었다. 원화 초기, 여온이 호부원외랑이 되고, 위(渭)를 다시 상서우복야로 추증했다.
38) 사상보(師尚父)란 여망(呂望)을 말한다.
39) 채(蔡)는 오원제(吳元濟), 곤(袞)은 이사도(李師道), 기(冀)는 성덕군(成德軍), 유(幽)는 노룡군(盧龍軍)이다.
40) 산남서도절도사 엄려(嚴礪)의 밑에서 서기를 보았다.
41) 원화 2년(807) 정월, 위단(韋丹)을 강남서도도단련사로 임명하여, 여공이 군부참군(軍府參軍)이 되었다.

(813) 계주를 떠나려 했는데, 상국 상서 정공(鄭公)이 만류하여, 임시 영남 도절도판관이 되었다.[42] 광주(廣州)에 이르러, 학질에 걸려서 구토와 설사가 이어지더니, 6월 28일 세상을 떠났다. 처는 배씨(裵氏)로, 호부상서 연령(延齡)의 딸이다. 상(爽)·괴(夔)·특(特) 아들이 셋이요, 환(環)·난(鸞)·천(僎) 딸이 셋으로, 모두 어리다. 도중에 천(僎) 또한 죽어서, 결국 영구에 태워 낙양으로 가서 대묘에 합장하고 기록을 남긴다.

여씨는 대대로 벼슬길에 올라 대관에 이르러, 모두 도가 있었으니, 마땅히 대대로 흥성해야 했다. 온(溫)과 공(恭)은 호걸로 이름을 날려서, 반드시 큰 공을 세워서 백성을 살릴 것이라고 아는 사람들은 생각했다. 불행히도 온은 형주자사를 지내다 나이 마흔에 죽었다. 공은 아직 백성을 다스리는 지위에 이르지도 않았는데, 나이 서른일곱에 또 죽었다. 온·공처럼 재능을 갖추고서도 쓰이지 못한 사람이 세상에 정말 있단 말인가? 공은 외모가 남달리 장대하고, 큰 뜻을 지녔고, 믿음과 선으로 만물을 포용하여, 마땅히 천수를 누리고 장성해야 하건만 또 그러지 못했다. 여씨의 가업을 어떻게 일으킬까! 명문은 다음과 같다.

쉬익쉬익 불던 바람 더 이상 좇을 수 없다.
큰 뜻을 지녔던 그대 지금은 어디로 돌아갔나?
여군(呂君)이 우리를 떠났으니 우린 누구에게 의지할까!

呂氏世居河東, 至延之始大, 以御史大夫爲浙東道節度大使. 延之生渭, 爲中書舍人·尙書禮部侍郞, 刺湖南七州. 生四子 : 溫、恭、儉、讓. 以溫爲尙書郞, 再贈至右僕射.

恭字敬叔, 他名曰宗禮, 或以爲字, 實惟呂氏宗子. 尙氣節, 有勇略, 不事小謹. 讀從橫書, 理陰符、握機、孫子之術, 曰 : "我師尙父胄也. 大父

42) 원화 5년(810) 3월, 고상예부상서(故相禮部尙書) 정인(鄭絪)을 영남절도사로 임명했다. 이해 여공은 계주를 떠나게 되었는데, 정인이 만류하여 막부 판관으로 삼았다.

泊先人, 咸統方岳. 今天下將理平, 蔡、兗、冀、幽泊戎猶負命." 早夜呼慣, 以爲宜得任爪牙, 畢力通天子命, 作文章咸道其志云. 又曰: "由吾兄而上三世, 世爲進士. 吾之文不墜教戒, 獨武事未克纘厥緒." 因弃去. 從山南西道節度府掌書記, 預謀畫, 不甚合, 以試守軍衛佐加協律郎, 入薦爲長安主簿. 復出, 以監察御史參江南西道都團練軍事. 府表進殿中侍御史, 爲桂管都防禦副使. 元和八年去桂州, 相國尙書鄭公遮留, 假嶺南節度判官. 至廣州, 病痃癉加瘒, 六月二十八日卒. 妻裴氏, 戶部尙書延齡女. 有丈夫子三人 : 曰爽, 曰瓖, 曰特; 女子三人 : 曰環, 曰鸞, 曰倩, 皆幼. 行於道而倩又死, 遂以柩如洛陽, 祔葬於大墓, 款志.

呂氏世仕至大官, 皆有道, 宜興於世. 溫泊恭名爲豪傑, 知者以爲是必立王功, 活生人. 不幸溫刺衡州, 年四十卒. 恭未及理人, 年三十七又卒. 世固有有其具而不及其用若溫、恭者耶! 恭貌奇壯, 有大志, 信善容物, 宜壽考碩大而又不克. 呂氏之道惡乎興! 銘曰:

飅飅之風乎不可追, 有志之大乎今安歸? 呂君去我死乎吾誰依!

당고영남경략부사어사마군묘지(唐故嶺南經略副使御史馬君墓誌 : 영남 경략부사 어사 마군 묘지)[43]

원화 9년(814) 모월 모일, 부풍(扶風) 마군(馬君)이 세상을 떠났다. 점을 쳐본 결과 선친의 묘 옆에 안장하는 것이 길했다. 다음 해 모월 경인(庚

---

43) 본편은 영남경략부사·어사 등을 지낸 마군(馬君)의 묘지이다. 역사서에 전기가 전해지지 않고 가계를 알 수 있는 상세한 자료 또한 없어서, 마군이 정확히 누군지는 알 수 없다. 다만 본문 내용에 따르면, 당시 영남 지역에서 명망있는 지방관 출신으로, 그의 딸과 유종원의 동생이 혼인을 맺은 것으로 보인다.

寅)일에 장례지내는 것이 또한 길했다. 그의 아들이 사람을 보내 행장을 참고로 묘지를 떠달라고 하여, 종원이 그 내용을 요약한다. 군이 발탁되어 종사한 경력을 보면, 계주·영남·강서·형남도(荊南道)를 왕래하였으니, 모두 큰 막부였다. 관리로 임직한 경력을 보면, 좌군위녹왕부사(佐軍衛錄王府事)·번우령(番禺令)·강릉호조녹부사(江陵戶曹錄府事)·감찰어사를 지냈으니, 모두 현관(縣官)이다. 통치를 보좌한 경력을 보면, 순관(巡官)·판관에서 압번박사(押番舶使)·경략부사에 이르기까지, 모두 이른바 요직을 지냈다. 그가 모신 상관을 보면, 어사중승 량(良),[44] 사도 우(佑),[45] 황사(皇嗣) 조왕(曹王) 고(皐),[46] 상서 주(冑),[47] 상서 백의(伯儀),[48] 상서 창(昌)으로,[49] 모두 현명하고 공이 있는 제후들이었다. 그가 잘 처리한 일을 보면, 영남 다섯 부(府)의 물자 비축 및 조달을 총괄하고,[50] 병사를 출동시키고 곡물을 지원하고, 뛰어난 계책으로 가서황(哥舒晃)을 평정하고,[51] 임시로 주읍(州邑)을 지켜서,[52] 주민이 이로써 편하게 되었다. 화재의 위험을 없애고, 위세만 부리는 못된 관리를 없애서, 해염의 수량이 증가하고, 지역별 부세가 대폭 감해져서, 이르는 곳마다 모두 이처럼 다스려졌다. 70세가 되자 더 이상 벼슬을 하지 않고자 "나는 관리가 된지 40년이 넘

---

44) 량(良)이 누군지는 미상이다.
45) 흥원(興元) 원년(784) 3월, 두우(杜佑)가 영남절도사가 되었다.
46) 건중 3년(782) 10월, 고(皐)를 강서관찰사로 삼았다. 정원 원년(785) 4월, 형남절도사로 옮겼다.
47) 정원 7년(791) 정월, 배주(裴冑)를 강서관찰사로 삼았다. 8년(792) 2월, 형남절도사로 옮겼다.
48) 대력 12년(777) 5월, 장백의(張伯儀)를 영남절도사로 삼았다. 건중 3년(782) 3월, 형남절도사로 옮겼다.
49) 원화 원년(806) 4월, 조창(趙昌)을 영남절도사로 삼았다. 3년(808) 4월, 형남절도사로 옮겼다.
50) 5부(府)란 영남·안남·계(桂)·용(容)·옹(邕)을 말한다. 한유의 「송정권상서서(送鄭權尚書序)」에 따르면, 영남에는 70주(州)가 있는데, 그 중 22주는 영남절도부에 속하고, 나머지 40여 주는 네 절도부에 분산되어 속하며, 각 부마다 연수(連帥)를 두었다.
51) 대력 8년(773) 9월, 순주(循州) 자사 가서황이 반란을 일으켰다. 10년(775) 11월, 강서관찰사 노사공(路嗣恭)이 토벌 평정했다.
52) 번우령(番禺令)을 지낸 것을 말한다.

었는데, 끝내 무슨 큰 볼만한 공을 세우지 못했다. 이제 일흔의 나이가 되어, 더 이상 관리로 일할 근력이 없다"고 말을 하고는 퇴직을 하여, 자제에게 경서를 가르치며, 외부 일에 관심을 두지 않았다. 7년을 더 있다, 세상을 떠났다. 군은 예전부터 덕망 높은 장로로서 알려지고 사람들이 존중하여, 교왕하는 대관들이 모두 예를 갖추었다. 사도 두우(杜佑)가 일찍이 나라 일로 부름받아 가면서 마군에게 "내 대신 노모를 좀 부탁하네"라는 부탁을 받고, 특히 받들어 모셔서, 그의 아들이 곁을 떠난 사실을 잊을 정도였다.

군의 이름은 아무개, 자는 아무개이다. 증조부는 아무개요, 아무개 관직을 지냈다. 조부는 아무개요, 아무개 관직을 지냈다. 부친은 아무개요, 아무개 관직을 지냈다. 농서(隴西) 이씨로부터 아들을 낳아, 징(徵)이라고 했으며, 진사에서 우위주조(右衛冑曹)가 되었고, 일찍 사망했다. 그 뒤로 아들이 넷으로, 모두 경조(京兆) 위씨(韋氏) 소생이며, 경(儆)·방(倣)·민(敏)·정(庭)이다. 딸이 하나로, 유씨(柳氏)에게 시집갔으며, 사위의 이름은 종일(宗一)이다.[53] 명문은 다음과 같다.

맡은 직분 게을리 하지 않고,
좋은 계책 끊이지 않았다.
도적을 근심하여 평정하고,
백성을 어루만져 편히 살게 했다.
요화(妖火)가 더 이상 날뛰지 않았고,
혹리가 더 이상 들볶지 않았다.
해염이 충분히 증산되고,
정부의 살림도 여유로워졌다.
공적으로는 충정을 베풀고,

---

53) 유종원의 동생이다.

사적으로는 의리를 지켰다.

일흔의 나이가 되자,

마음의 평정이 찾아들었다.

부드러운 의복에 감미로운 음식에,

자식이 모시고 손자 손을 잡는다.

경서 보고 옛이야기 살펴보며,

가르치고 이끌었다.

수명을 다하고 즐거움 다하여,

오호 세상 마쳤구나!

그늘진 터를 골라,

그의 묘가 자리했다.

천만 자손 영원토록,

이어지고 참배하라!

元和九年月日, 扶風馬君卒. 命于守龜, 祔于先君食. 卜葬明年某月庚寅亦食. 其孤使來以狀謁銘, 宗元刪取其辭, 曰: 君凡受署, 往來桂州、嶺南、江西、荊南道, 皆大府. 凡命官, 更佐軍衛錄王府事、番禺令、江陵戶曹錄府事、監察御史, 皆爲顯官. 凡佐治, 由巡官、判官至押番舶使、經略副使, 皆所謂右職. 凡所嚴事, 御史中丞良、司徒佑、嗣曹王皐、尙書胄、尙書伯儀、尙書昌, 皆賢有勞諸侯. 其善事, 凡管嶺南五府儲跱, 出卒致穀, 以謀叶平哥舒晃, 假守州邑, 民以便安. 殄火訛, 殺吏威, 海鹽增籌, 邦賦大減, 所至皆用是理. 年七十, 不肯仕, 曰: "吾爲吏逾四十年, 卒不見大者. 今年至慮耗, 終不能以己筋力爲人贏縮." 因罷休, 以經書敎子弟, 不問外事. 加七年, 卒. 君始以長者重許與聞, 凡交大官, 皆見禮. 司徒佑嘗以國事徵, 顧謂君曰: "願以老母爲累." 受託, 奉視優崇, 至忘其子之去.

君諱某, 字某. 曾祖某, 某官. 祖某, 某官. 父某, 某官. 嗣子隴西李氏出, 曰徵, 由進士爲右衛胄曹, 早沒. 次四子, 皆京兆韋氏出, 曰徹、曰倣、曰

敏、曰庭. 女一人, 嫁柳氏, 壻曰宗一. 其銘曰:

不懈于位, 不替于謀. 慮寇以平, 撫民以蘇. 僭火不孼, 悍吏不牟.
惟寶于鹽, 亦贏其籌. 公以忠施, 私以義躋. 旣至于年, 乃静于懷.
衣柔膳甘, 子侍孫携. 觀經考古, 教導斯齊. 克壽克樂, 嗚呼終哉!
于陰之原, 爰位其墓. 千萬子孫, 來拜來附.

당고안주자사겸시어사폄유주사마맹공묘지명(唐故安州刺史 兼侍御史貶柳州司馬孟公墓誌銘 : 안주자사 겸 시어사에서 유주사 마로 폄적된 맹공 묘지명)[54]

맹씨의 아들 준경(遵慶)이 부친이 남긴 글 아홉 편과 행장 한 편을 가
지고 찾아와 말했다. 모월 모일 군이 세상을 떠나, 모월 모일 모처에 안
장하려 하니, 묘지명을 써달라고 부탁하는 말이었다.

오호! 공은 가좌찬선대부(假左贊善大夫) · 환왕사마(桓王司馬) · 태상소경
으로부터 의성군(義成軍) 중군병마사가 되었다.[55] 그의 연수(連帥) 위국공
(魏國公) 가탐(賈耽)이 재상이 되어,[56] 공을 좌령군위장군(左領軍衛將軍)에
임명했다. 덕종 · 순종 · 금상(今上)을 모시고, 조정에서 9년 동안 임직하
여, 조의대부(朝議大夫)가 추가되었다. 복상 기간 중 마침 조(趙)에서 반란
을 진압하기 위해 군대를 동원하게 되어,[57] 예전 관직으로 복직되어 좌

---

54) 본편은 맹준경(孟遵慶)이 부친 맹상겸(孟常謙)의 유고와 행장을 갖고 와 묘지명을 부
   탁하기에 응하여 쓴 것이다.
55) 정원 2년(786) 9월, 가탐(賈耽)을 의성군절도사에 임명했다. 가탐은 맹상겸을 중군병
   마사로 발탁했다.
56) 정원 9년(793) 5월, 가탐이 조정에 들어와 재상이 되었다.

신책행영선봉명마사가 되어 출정을 했다가, 조(趙)의 군사가 파하자,[58]
녹을 받지 않고 무기와 갑옷을 풀고 계속 복상하여 기간을 마쳤다. 안주
자사(安州剌史)로 명하고, 시어사·안주방알병마사(安州防遏兵馬使) 직위를
추가했다. 얼마 후 유주사마로 폄적되었다.

공은 일찍이 위공(魏公)을 보좌하여 양양(襄陽)을 평정하고, 양주(梁州)를
평정하고,[59] 의성군(義成軍)을 세웠다.[60] 위공은 도량이 남달리 크고, 공은
군정을 잘 맡아, 이에 또 위장군(衛將軍)이 되었다. 경건 공손하고 청렴 결
백하고, 모든 것이 예절에 맞았다. 조(趙)를 정벌하는 전역(戰役)에서, 보루
를 단단히 세우고 휘하에서 죽기를 맹세했다. 법제를 분명히 갖추어, 권력
으로도 이를 바꿀 수 없었다. 나아감에 환난을 피하지 않고, 물러남에 예
의를 어기지 않았다. 안주(安州)는 반란군이 창궐하는 지역에 인접해 있어
전쟁을 벌일 일이 많았는데,[61] 모든 시책들을 문치(文治) 일변도로 유지했
다는 이유로 폄적되었다. 다음 해 채(蔡) 지역 반란을 토벌할 군대를 출정
시켜야 하는데, 조정의 대신과 외지의 제후들이 모두 공을 추천했다. 미처
부르기도 전에 폐기종이 생겨 물이 차오르고 피부가 썩어들어가 죽으니,
향년 60세였다. 공은 안으로는 의지가 굳고 밖으로는 모습이 엄했다. 일찍
이 뜰에 의연하게 서 있는데, 바라보니 그 모습이 마치 그림인 듯 조각인
듯했다. 국난의 소식을 듣고, 먹고 자는 것을 잊고, 계책을 생각하며 분노

---

57) 원화 4년(809) 10월, 성덕군(成德軍) 절도사 왕승종(王承宗)의 관작을 삭탈한다는 조서
　를 내리고, 신책우군중위 토돌승최(吐突承璀)더러 군대를 이끌고 토벌하도록 명하고, 맹
　상겸을 선봉병마사로 삼았다.
58) 원화 5년(810) 7월, 왕승종을 사면했다.
59) 대력 14년(779) 11월, 가탐을 양주자사 산남서도절도사에 임명했다. 건중 3년(782) 11
　월, 가탐을 양주자사 산남동도절도로 임명했다. 맹상겸이 그 막부를 보좌했다.
60) 가탐이 의성(義成)을 진압했을 때, 치청(淄青) 이납(李納)이 비록 왕의 호칭을 없애고
　겉으로는 조정의 뜻을 따랐지만 마음에는 항상 병탄할 모의를 품었다. 가탐이 그들을
　의심없이 대하여, 치청의 장군 사병들이 모두 마음으로 복종하여, 감히 다른 뜻을 품
　지 않았다.
61) 안주는 회서(淮西) 지역에 인접해 있는데, 그때 회서에서 오원제(吳元濟)가 반란을 일
　으켰다.

를 가라앉히지 못해, 이 때문에 병이 생겨 치료할 수가 없었다.

증조부는 아무개 관직을 지냈고, 이름은 아무개이다. 조부는 아무개 관직을 지냈고, 이름은 아무개이다. 부친은 아무개 관직을 지냈고, 이름은 아무개이다. 공의 이름은 상겸(常謙)이다. 아들은 준경(遵慶)이다. 동생은 아무개이다. 명문은 다음과 같다.

노(魯)나라 중손씨(仲孫氏),
후손이 대대로 맹씨(孟氏)가 되었다.
맹분(孟賁)은 용맹이 빛났고,
맹가(孟軻)는 유가의 성인을 이었다.
공은 조상의 유풍을 이어 전해,
융(戎) 지역 정치에 가르침을 남겼다.
병무의 조달을 담당하여,
모두 그 사명을 완수했다.
늠름하게 조정에 들어가,
면관(冕冠)과 관복이 빛이 났다.
검은 옷을 입고 이익을 좇지 않고,
전역을 마치고 나머지 복상을 마쳤다.
충효가 밝게 드러나고,
군자의 모습이 빛났다.
옛날 운중(雲中) 태수는,
공을 세웠으되 6급 하리였다.
공이 안주자사를 지내며,
법령 역시 논의할 수 있었다.
퇴출되어 남쪽 변방에 숨어 지내게 되어,
호걸들도 한숨 쉬며 탄식했다.
국난의 소식을 듣고 격분하여,

먹고 자는 것도 잊을 정도였다.

정신이 없어지고 기력이 쇠진하고,

사지가 뜻대로 움직이지 않았다.

조정 신하들이 진언하고,

방백 제후들이 상주했다.

황제의 명이 하달되려고 할 때,

공이 갑자기 쓰러져 숨을 거두었다.

높디 높은 대산(代山),

소나무 잣나무 심었다.

이 묘의 주인은 누구인가?

충효를 다 바친 맹공(孟公)이다.

孟氏之孤遵慶, 奉其父命書九篇, 爲善狀一篇, 來告曰: 月日君薨, 月日將葬于某. 敢請刻辭.

嗚呼! 公自假左贊善大夫、桓王司馬、太常少卿, 爲義成軍中軍兵馬使. 其帥魏國公眈爲宰相, 命公左領軍衛將軍. 事德宗、順宗、今上, 立朝九年, 加朝議大夫. 居喪, 會用兵于趙, 起復, 居故官, 爲左神策行營先鋒兵馬使知牙, 而趙兵罷, 不受祿, 去金革, 服喪終期. 命安州刺史, 仍加侍御史、安州防遏兵馬使. 貶柳州司馬.

公嘗佐魏公平襄陽, 靖梁州, 立義成軍. 魏公弘大恢奇, 公能以任軍政, 是以又爲衛將軍. 虔恭潔廉, 動得禮節. 代趙之役, 堅立堡壘, 誓死麾下. 法制明具, 權力無能移. 進不避患, 退不敗禮. 安州迫寇攘, 多戎事, 政出一切, 吏以文持之, 故貶. 明年, 用兵于蔡, 朝廷諸公泊外諸侯, 咸以公爲請. 未及徵, 氣乘肺, 溢爲水, 浮膚而卒, 年六十. 惟公志專于中, 貌嚴于外. 嘗立廷中毅然, 望之若圖形刻像. 聞國難, 輒不寢食, 謀度憤吒, 以故病不可治.

曾祖某官, 諱某. 祖某官, 諱某. 父某官, 諱某. 公之諱曰常謙. 子遵慶.

弟曰某. 銘曰:

魯仲孫氏, 其世爲孟. 賁勇光武, 軻儒紹聖. 公傳師法, 以訓戎政.
執稽以庸, 咸致厥命. 濟濟于朝, 冕服以光. 墨非從利, 終役服喪.
忠孝孔明, 君子攸彰. 昔者雲中, 六級下吏. 公刺于安, 法亦可議.
黜伏南荒, 豪士獻欷. 聞難以激, 去食廢寐. 神乖氣離, 支膈莫逮.
廷臣進言, 侯伯拜章. 帝命將施, 俄仆于京. 代山丸丸, 植柏與松.
其名惟何? 忠孝孟公.

고연주원외사마능군권조지(故連州員外司馬凌君權厝誌 : 연주 원외사마 능군 임시 안장 지문)[62]

모년 모월 모일,[63] 상서도관원외랑(尙書都官員外郎)·화주자사(和州刺史)·연주사마(連州司馬)·부춘(富春) 능군(凌君) 준(準)이 계양(桂陽) 불사(佛寺)에서 죽었다. 여섯 달 전 능준이 연주자사 박릉(博陵) 최군(崔君)에게 "제가 일찍이 황제서(黃帝書)를 공부한 적이 있어, 맥을 짚고 병을 볼 줄 압니다만, 지금 저는 간이 눌리고 막힌 데다가, 신장이 들떠 간의 자리를 대신 차지하고 있어, 올해를 넘기지 못하고 죽을 것이 분명합니다. 저는 공자를 배워 충·효·예(禮)·신(信)에 힘썼건만 일이 크게 잘못되어, 결국 세상에 해놓은 것이 있을 수 없는 것도 운명이겠지요 나라에는 신하의 도를 밝히지 못했고,

---

62) 본편은 원화 원년(806)에 함께 원외사마로 폄적되었다가 세상을 떠난 친구이자 동지 능준(凌準)의 지문으로, 영주에서 쓴 것이다. 문집에는 또 「곡연주원외능사마(哭連州員外凌司馬)」(제43권)라는 시가 있다. 원래 별집에 「후지(後誌)」가 있었는데, 여기서는 이 글 다음에 싣는다.
63) 원화 원년(806)이다.

집안에는 자식의 도를 이루지 못했습니다. 아래로는 사람에게 죄를 얻어 누추한 땅으로 옮겨지고, 위로는 하늘로부터 벌을 받아 죽을 병이 이 몸에 내려졌습니다. 저는 막을 수가 없습니다. 감히 제 귀신을 처리하는 일로 누를 끼쳐드리게 되었습니다"라고 말했다. 또 도술을 닦는 아무개에게 "나는 '진(辰)'의 해에 태어났는데, 지금은 '술(戌)'에 해당하니,[64] '진'과 '술'은 상극이라, 나의 명(命)과 맥이 맞아떨어지니, 죽을 것이로다. 내 죄가 커서 나의 고향에 돌아가 시신을 안장할 수 없을 듯한데, 이 주(州)의 남쪽에 침식되지 않는 큰 산등성이가 있어, 내가 매우 좋아했으니, 그대는 나를 그 곳에 묻어주었으면 하네"라고 말했다고 한다. 이제 보니 모두 그의 말대로 되었다. 아들 이중(夷仲)과 구중(求仲)이 선친께서 나와 친하셨다 하여 찾아와 지(誌)를 써달라고 청했다. 오호!

군의 자는 종일(宗一)이요, 고향에서 효성과 우애로 유명했다. 항주(杭州) 자사가 늘 군을 발탁하여 치하 사람들을 가르치게 했다. 독서하고 글을 써서, 『한후춘추(漢後春秋)』 20여 만 자를 저술했다. 또 『육경해위인문집(六經解圍人文集)』을 저술하다 완성하지 못했다. 모략이 풍부하고, 기개와 절의를 숭상하고, 어려움에 처한 남을 잘 도와줘, 마치 껍데기 버리듯 재물과 물력을 아까워하지 않고 쾌척했다. 나이 스물에 승상에게 글로 인사했다. 승상이 그에 대한 말을 듣고 그의 글을 시험하니, 하루에 만 자를 쓰는지라, 숭문관 교서랑으로 발탁했다. 또한 금오병조(金吾兵曹)에서 빈녕절도장서기(邠寧節度掌書記)가 되었다. 경(涇)의 난리 때,[65] 지모와 계책을 내 주장을 보좌해서, 자주 큰 공을 세워, 대리평사어사로 승진되고 비어대를 하사받았다. 절도판관으로 옮기고, 전중시어사로 옮기고, 막부 절도사가 사망하여 파직되었다.[66] 후에 시어사로 옮기고, 절동염사판관(浙東廉使判

---

64) 원화 원년(806)은 병술(丙戌)에 해당된다.

65) 건중 4년(783) 10월, 경원(涇原) 절도사 요령언(姚令言)이 반란을 일으키고, 주차(朱泚)를 추대하여 주도하게 했다. 능준은 당시 빈녕장서기가 되어, 지모로 그 지역 절도사 한유괴(韓遊瓌)를 보좌하여 반군을 격파하는 데 공이 있었다.

66) 정원 12년(796) 5월, 빈녕절도사 장헌보(張獻甫)가 죽었다.

官)이 되어, 피폐한 백성을 위무하여 쉬게 하고, 탐관오리를 색출했다. 관리와 주민이 경애하여, 그 공적이 크게 드러나고, 찬란하게 빛을 발하여, 명성이 황제의 귀에까지 들려, 불러들여 한림학사로 삼았다. 덕종께서 서거하셨을 때, 근신들이 사흘 동안 비밀에 부친 후에 유조(遺詔)를 내리자고 의논하던 터에, 군만이 홀로 곧은 말로 반대하여, 같은 서열에 있던 왕비(王伾)에게 그렇게 하면 안되는 이유 열예닐곱 가지를 들어 말하여, 다음날 발상(發喪)을 함으로써,[67] 육사만성(六師萬姓)이 각자 위치에서 안정을 찾게 되었다. 마침내 상서랑이 되어 변함없이 문장으로 왕을 보필했고, 이후 탁지(度支)에 참여하여, 출납을 조절하고 관리하여, 간사한 관리가 사라졌다.[68] 죄에 연루되어 화주(和州) 자사로 나가다가 강등되어 연주사마가 되었다.[69] 모친의 상을 당하고도 고향에 돌아가지 못하고, 두 아우가 연달아 죽었다. 식음을 전폐하고 곡을 하며 울다가 결국 시력을 잃고 죽었다. 대략 군의 행적이 위와 같은데, 그에 대한 보답 또한 이와 같다.

부인은 고씨(高氏)로, 월(越)에 있다. 아들이 넷으로, 남중(南仲)·은중(殷仲)은 부인 있는 곳에 있어, 아직 오지 않았다. 친구 하동 유종원은 군이 도가 있음에도 천하에 밝게 드러나지 않고 근심과 우환을 만나 일찍 생을 마감하고 또한 죄로 같은 길을 걸은 것이 애처로워, 이에 곡을 하고 지(誌)를 쓰니, 그 말들이 애처롭다. 명문은 다음과 같다.

어허 능군이여,
삶이 순탄하지 못했다.
공자의 도를 배워,
짙은 향기를 날렸다.

---

67) 계사(癸巳)일에 덕종이 사망하고, 갑오(甲午)일에 발상했다.
68) 왕숙문(王叔文)이 탁지염철부사(度支鹽鐵副使)를 겸임하여, 능준을 보좌로 삼았다.
69) 영정 원년(805) 9월, 도관원외랑에서 화주자사로 폄적되었다. 11월, 연주사마원외치 동정원으로 추가 폄적되었다.

지모를 잘 내서,
천록(天祿)을 풍부하게 했다.
금서(禁書)를 교감하고,70)
출납을 관리했다.71)
영험한 거북점을 쳐,
바른 복사(卜辭)를 얻었다.
동월(東越)로 옮겨,
현명한 주목(州牧)을 보좌했다.72)
지친 주민 소생하고,
탐관오리 사라졌다.
시종으로 승진되어,
직접 황제를 곁에서 보좌했다.
위험과 의혹을 바로잡고,
큰 복을 일으켰다.
상서로 임직하여,
도예(徒隸) 일이 정리 정돈되었다.
탁지의 사무를 보좌하여,
사용할 재정이 풍족해졌다.
도가 좌절하여,
몸이 욕을 당했다.
오강(烏江)의 자사로 가다가,
구의산(九疑山) 사마로 떨어졌다.
흉한 화를 당해,
이 참혹한 결과를 만났다.

---

70) 숭문관 교서랑으로 일한 것을 말한다.
71) 빈녕장서기로 일한 것을 말한다.
72) 절동관찰판관이 된 것을 말한다.

천명을 잘 아니,

원망도 미움도 없었다.

죄가 사라지지 않아,

죽어서도 욕을 당했다.

어디에 안장할까?

남쪽 고개 굽이도는 곳이다.

혼백이 있으면,

고향으로 돌아가리.

이곳에 묘지를 마련하여,

골육을 안장시킨다.

명문을 써,

이 구릉 골짜기에 기록으로 남긴다.

年月日, 尙書都官員外郞、和州刺史、連州司馬、富春凌君諱準, 卒于桂陽佛寺. 先是六月, 告于州刺史博陵崔君曰: "余嘗學黃帝書, 切脉視病, 今余肝伏以濟, 腎浮以代, 將不臘而死, 審矣. 凡余之學孔氏, 爲忠孝禮信, 而事固大謬, 卒不能有立乎世者, 命也. 臣道無以明乎國, 子道無以成乎家. 下之得罪于人一, 以讁徙醜地; 上之得罰于天, 以降被罪疾. 余無以禦也. 敢以鬼事爲累." 又告爲老氏者某曰: "余生於辰, 今而寓乎戌, 辰、戌衝也, 吾命與脈叶, 其死矣乎! 吾罪大, 懼不克歸柩於吾鄕, 是州之南, 有大岡不食, 吾甚樂焉, 子其以是葬吾." 及是, 咸如其言云. 孤夷仲、求仲, 以其先人之善余也, 勤以誌爲請. 嗚呼!

君字宗一, 以孝悌聞于其鄕. 杭州刺史常召君以訓于下. 讀書爲文章, 著漢後春秋二十餘萬言. 又著六經解圍人文集未就. 有謀略, 尙氣節, 赒人之急, 出貨力猶棄秕粺. 年二十, 以書干丞相. 丞相以聞, 試其文, 日萬言, 擢爲崇文館校書郞. 又以金吾兵曹爲邠寧節度掌書記. 涇之亂, 以謀畫佐元戎, 常有大功, 累加大理評事御史, 賜緋魚袋. 換節度判官, 轉殿中侍御史, 府喪罷職. 後遷侍御史, 爲浙東廉使判官, 撫循罷人, 按驗汙吏.
吏人敬愛, 厥績以懋, 粹然而光, 聲聞于上, 召以爲翰林學士. 德宗崩, 邇
臣議秘三日乃下遺詔, 君獨抗危詞, 以語同列王伾, 畫其不可者十六七,
乃以旦日發喪, 六師萬姓安其分. 遂入爲尙書郎, 仍以文章侍從, 由本官
參度支, 調發出納, 姦吏衰止. 以連累出和州, 降連州. 居母喪, 不得歸, 而
二弟繼死. 不食, 哭泣, 遂喪其明以沒. 蓋君之行事如此, 其報應如此

　夫人高氏, 在越. 孤四人, 南仲、殷仲在夫人所, 未至. 執友河東柳宗
元, 哀君有道而不明白於天下, 離愍逢尤夭其生, 且又同過, 故哭以爲志,
其辭哀焉. 銘曰:

　噫凌君, 生不淑. 學孔氏, 揚芬郁. 好謀謨, 富天祿. 儷禁書, 贊推轂,
觀靈龜, 獲貞卜. 徙東越, 翊明牧. 罷人蘇, 汚吏覆. 升侍從, 躬啓沃.
匡危疑, 興大福. 吏尙書, 徒隸肅. 佐經邦, 財用足. 道之躓, 身則辱.
烏江垂, 九疑麓. 仍禍凶, 遘茲酷. 能知命, 無怨毒. 罪不泯, 死猶僇.
何以葬? 南嶺曲. 魂有靈, 故鄉復. 封茲壤, 歸骨肉. 爲之銘, 志陵谷.

고연주원외사마능군묘후지(故連州員外司馬凌君墓後誌 : 연주 원외사마 능군 묘후지)[73]

　원화 모년 모월 모일, 태자를 세우고, 천하에 사면을 내렸다. 일찍이 억
울한 죄명을 받았던 사람은 귀향하여 영구를 안장할 수 있도록 했다. 능씨

　73) 본편은, 앞의 「고연주원외사마능군권조지」 편명 주석에서 말한 바와 같이, 판본에
　　　따라서 별집에 수록되거나 아예 없는 것도 있다. 여기서는 중화서국 교감본에 의거,
　　　앞의 「고연주원외사마능군권조지」에 이어 수록한다.

(凌氏) 아들 이중(夷仲)·구중(求仲)이 연(連)·계양(桂陽)에서 선친의 영구를 들고, 길일을 점쳐서, 모년 모월 항(杭)의 신성(新城)에 돌아와, 집안묘에 합장했다. 이전 「지(志)」에서는 그의 행실을 기록하고, 「후지(後志)」를 추가하면서 시(時)를 기록하고, 무덤 동남쪽에 갈(碣)을 세워, 그의 뜻을 밖에 드러냈다. 허! 정성을 다하는구나. 선친의 행실로 보자면, 마땅히 후손이 크게 될 것이요, 아들의 뜻으로 보자면, 마땅히 초기의 가풍을 이어받으리라. 그 몸에 시련을 주어 무궁하게 뻗어가서, 대를 이어 광대함이 마땅하다!

元和某年月日, 立太子, 赦下. 嘗有非其罪, 柩得返葬. 凌氏孤夷仲、求仲, 自連、桂陽擧其先人之柩, 龜筮吉利, 某年月歸于杭之新城, 祔于其墓. 刻前志志其行, 益以後志志其時, 立碣於墳東南隅, 申志于外. 噫! 亦勤矣. 以其先人之行, 宜克大于後, 以其孤之志, 宜克承于初. 艱其躬以延于無窮, 承而大宜哉!

고영남염철원이시어묘지(故嶺南鹽鐵院李侍御墓誌 : 영남 염철원 이시어 묘지)74)

천보(天寶) 중기 무렵, 이씨(李氏)로서 양무소왕(涼武昭王) 이하로는 모두 황실 종친으로 등재할 수 있다는 조서가 내려왔다.75) 전 기주(沂州) 자사 이복(李福)은 고장(姑臧) 사람으로, 영(寧)·기(岐)에 부속되어 일족이 되었다.76) 증조부가 낙수령(樂壽令) 욱(昱)을 낳고, 욱이 괵주사마(虢州司馬) 협

74) 본편은 영남 지역 염철원 시어사를 지내면서 뛰어난 재정 조달 및 운영 능력을 발휘한 황족 이아무개의 묘지이다. 이름이 무엇인지는 미상이다.
75) 양무소왕의 이름은 고(暠), 자는 현성(玄盛)으로, 당 고조가 그의 7세손이다.

(따)을 낳아, 대대로 유자로 명성이 있었다. 협이 감찰어사 한(澣)을 낳았으니, 자는 탁영(濯纓)으로, 양경(兩經)에 밝았고, 관직은 영흥위(永興尉)·임진위(臨晉尉)를 역임했다. 마침 천자가 주벌을 행하여, 남쪽으로 채(蔡)를 평정하고,77) 북쪽으로 조(趙)를 항복시키고,78) 서쪽으로 융(戎)을 몰아내고, 동쪽으로 제(齊)·로(魯)를 토벌했다. 5년 동안, 군대가 원정을 나가고 수졸들이 지키면서 군량 곡물이 천리 길을 다니다 보니, 인재 등용에서 재정과 부세를 제대로 관리하는 사람을 얻기가 가장 어려웠다. 군은 시대리평사로 형남양세사(荊南兩稅使)를 보좌하고, 천하 제후의 반을 독찰하면서, 식량을 풍족하게 조달하여, 수레가 부딪치고 배가 연이을 정도로 빈번하게 왕래했다. 또 호남염철전운원을 맡았으니, 그의 능력으로 인해 승진된 것이다. 영남으로 옮겨, 공로가 더 쌓이고, 강직하고 돈후하고 부지런하여 관리들의 솔선수범을 보여주었다. 53세 때, 원화 13년(818) 모월 모일 세상을 떠났다.

처는 여강(廬江) 하씨(何氏)로, 5대 선조가 정(鄭)으로부터 분리되어 나왔고, 부친은 사악(士諤)이요, 숙부는 사간(士幹)으로, 커다란 명성이 있었다. 아들이 둘로, 기(夔)와 도(導)이다. 딸이 하나로, 아무개이다. 기·도가 모두 어려서 상사를 치를 수 없어, 하부인이 울면서 모든 것을 챙겼다. 영구가 만리 길을 가니, 사람들이 모두 그 의례를 보았다. 이궐(伊闕)에 안장하니, 다음 해 모월 모일 갑자일이다. 명문은 다음과 같다.

양(凉)은 황제의 혈통을 받아,
그 후손을 보살폈다.
황제께서 혈통의 범위를 넓혀,

---

76) 영왕(寧王) 헌(憲)·기왕(岐王) 범(範)은 모두 현종의 동생이다.
77) 원화 12년(817) 10월, 채주(蔡州)를 평정했다.
78) 원화 13년(818) 4월, 성덕군 절도사 왕승종이 덕(德)·체(棣) 두 주를 유사에게 귀속시켰다.

4대 조상이 요직에 기용되게 되었다.
기(沂)에서 황실 혈통으로 올라,
대대로 벼슬하며 유학의 길을 갔다.
훌륭한 탁영(濯纓),
역시 학문하는 무리였다.
물자 조달을 맡아서 관리로 일하며,
공로를 쌓았다.
사방에서 군대를 동원했건만,
식량을 풍족하게 조달했다.
청렴과 곧음을 보여,
제후들이 칭찬했다.
형(荊)에서 교(交)에서,
국세의 징수를 맡았다.
나라에 큰 공을 세우니,
그가 부지런히 봉직한 탓이라.
더 크게 재능을 발휘하여,
지닌 것을 모두 보이고자 했다.
사람의 수명을 누가 관장하나?
군의 수명은 오래 가지 못했다.
길일 잡아 귀향 합장하니,
이궐(伊闕)의 묘이다.
자식이 잇고 손자가 계승하여,
통달한 인물이 마땅히 나오리.
분명히 새겨서 혼령에 보여서,
영원한 증거로 삼는다.

天寶中, 詔李氏由涼武昭王以下, 皆得籍宗正. 故沂州刺史福, 以姑臧人附屬於寧、岐爲族. 曾祖生樂壽令昱, 昱生虢州司馬叶, 世以儒聞. 叶生監察御史澣, 字濯纓, 明兩經, 仕歷永興、臨晉尉. 會天子方事誅伐, 南平蔡, 北服趙, 西走戎, 東討齊、魯. 五年間, 兵征卒戍, 糴行千里, 凡進用, 唯財賦爲難. 君以試大理評事佐荊南兩稅使, 督天下諸侯之半, 調食饒給, 車擊舟連. 又守湖南鹽鐵轉運院, 以能遷官. 移嶺南, 益積功勞, 以介厲敦勤爲率羣吏先. 年五十三, 元和十三年月日卒.

妻廬江何氏, 凡五世, 世鄭出, 父曰士諤, 季父曰士幹, 有大名. 君之子二人, 曰夔, 曰導. 女一人, 曰某. 夔、導皆幼, 不能事, 何夫人哭且戒. 柩行萬里, 人咸觀其禮焉. 葬伊闕, 用明年某月日甲子. 銘曰:

涼爲帝基, 克顧厥胤. 皇弘國牒, 四邑顯進. 沂以屬尊, 世仕倚儒.
憲憲濯纓, 亦用學徒. 旣穀旣官, 式懋爾勞. 四方用師, 卒食爾饒.
致其廉介, 率是諸侯. 于荊于交, 關石是鈞. 邦有休功, 惟吏之勤.
冀施于大, 以盡其有. 孰司壽夭? 君不克久. 吉日來祔, 伊闕之墓.
子嗣孫承, 有達宜興. 銘詔于神, 永永是徵.

제11권 지갈뢰(誌碣誄)

고시대리평사배군묘지(故試大理評事裵君墓誌 : 대리평사 배군 묘지)[1]

배씨의 증조부는 호부상서에 추증된 아무개이다.[2] 조부는 기거랑 아무개이다.[3] 균주자사(均州刺史) 아무개를 낳았다.[4] 균주자사와 그의 아우 대리경·형부랑은 문학과 역사에 정통하여 조정에서 이름났고,[5] 모든 일을 예서(禮書)를 기준으로 처리했다. 장자가 아무개로[6] 진사 시험에 응

---

[1] 본편은 이름이나 자호는 미상인 배군(裵君)의 묘지(墓誌)이다. 본문에서 원화 14년 (819)에 세상을 떠났다고 한 것으로 보아, 묘지도 그때 쓴 것으로 보인다.
[2] 이름은 수진(守眞)이다.
[3] 이름은 교경(僑卿)이다.
[4] 이름은 숙유(叔猷)이다.
[5] 대리경의 이름은 백언(伯言)으로, 형부원외랑에서 대리경에 추증되었다.
[6] 배숙유의 장자를 말한다.

시했으나 합격하지 않아, 경사를 떠나 변주(汴州)를 지나던 중, 사도 한홍(韓弘)이 그를 종사로 발탁하여,[7] 이름이 알려져, 태자통사사인(太子通事舍人)에 임명되고, 대리평사로 승진되었다. 채주(蔡州)와 운주(鄆州)의 반란을 정벌하면서,[8] 항상 군중에서 앞장을 서, 보좌에 공로가 있었다. 정벌을 마치고, 태부인을 경사로 모시려고 가던 중, 도중에 등창이 발병하여, 원화 14년(819) 모월 모일 하남(河南) 돈후리(敦厚里)에서 사망했다. 향년 약간 년이요, 자는 아무개이다. 아우 아무개가 그의 유해를 모시고 모현 모리로 돌아가 안장하려 하였으나, 완수하지 못하였다. 결혼하여 아들 둘 딸 하나를 두었다. 아들 중 장자가 아무개로, 양경(兩經)에 정통하였고, 지팡이를 짚고 여막(廬幕)을 지켰다. 명문은 다음과 같다.

대대로 전해진 내력 변하지 않고,
사림에서 뛰어났다.
벼슬길 풀리지 않아,
양(梁)에서 객지 생활했다.[9]
양에 그 몸을 맡겨,
군정을 보좌했다.
궁신(宮臣)이 되고 이속(理屬)이 되어,[10]
여전히 나라의 임명을 받았다.
남으로 채(蔡)를 북으로 조(曹)를 정벌하여,[11]
5년 동안 선봉에 나섰다.
유화책과 강경책을 적절히 해 보좌하여,

---

7) 한홍은 당시 변주자사 · 선무군절도사였다.
8) 채주는 오원제(吳元濟)를, 운주는 이사도(李師道)를 말한다.
9) 진사 시험에 떨어져, 경사를 떠나 변주(汴州) 종사로 있었던 것을 말한다. 변주는 대량(大梁)이다.
10) 궁신은 태자통사사인이 된 것을 말한다. 이속은 대리평사로 승진한 것을 말한다.
11) 북조(北曹) 역시 이사도를 말한다. 이사도는 운 · 조 · 복(濮) 등 12주를 관할하고 있었다.

태평의 세월을 열었다.
소와 말도 일이 없어 편안하여,
모친을 경사로 모시려 하였다.
수레가 터덜터덜,
낙양 길로 접어들었다.
굶주리고 피로하여,
귀신이 그의 효심을 빼앗았다.
육신은 낙양을 지나건만,
혼백은 어디로 갔는가?
그의 정성을 마무리하여,
육신이라도 고향에 모시고자 했다.
제물 제주 어김없이,
아우가 정성껏 제사했다.
편안하고 풍족하니,
그 마음에 흡족하리.
고인의 덕을 새겨,
그 마음을 위로한다.

裴氏之昭, 曰贈戶部尙書諱某. 穆曰起居郎諱某. 生均州刺史諱某. 均州與其弟大理更爲刑部郎, 用文史名於朝, 善杜禮書. 長子曰某, 射進士策, 不中, 去過汴, 韓司徒弘迎取爲從事, 以聞, 拜太子通事舍人, 進大理評事. 當伐蔡及郓, 汴常爲軍首, 贊佐有勞. 旣事, 將侍太夫人于京師, 道發疽, 元和十四年月日終於河南敦厚里. 年若干, 字曰某. 弟某, 以其喪歸葬于某縣某里. 未果. 娶, 有男子二人, 女一人. 男之長曰某, 通兩經, 始杖且廬. 銘曰:

世守不遷, 秀于士鄕. 不利有司, 爰客于梁. 梁委其躬, 乃相戎政.

宮臣理屬, 仍受國命. 南蔡北曹, 五載首兵. 柔剛輔理, 平視太平.
馬牛旣寧, 告養于京. 棧車草草, 我來周道. 載飢載勞, 神奪其孝.
形經于洛, 魄其焉如? 庶終爾誠, 陰侍里閭. 膳飲不違, 有弟之恭.
旣安且盈, 厥志斯從. 銘之故人, 以慰爾衷.

고대리평사유군묘지(故大理評事柳君墓誌 : 대리평사 유군 묘지)12)

진(晉)나라 혼란 때, 유씨(柳氏)가 처음으로 분리되어 독립했으니, 그 이름은 기(耆)요, 여남태수(汝南太守)를 지냈고, 하동(河東)에서 거주했다.13) 또 그 5대손이 경(慶)으로, 위(魏)에서 재상을 지냈다.14) 위나라 재상의 후손이 단(旦)으로,15) 수(隋)에서 벼슬하여 황문시랑(黃門侍郎)을 지냈다. 그의 소종(小宗)이 해(楷)로,16) 당대(唐代)에 이르러, 제주(濟州)·방주(房州)·난주(蘭州)·곽주(廓州) 네 주의 자사를 지냈다. 해는 하현령부군(夏縣令府君) 역(繹)을 낳았다. 역은 사의랑부군(司議郎府君) 유애(遺愛)를 낳았다. 모두 장안 소릉원(少陵原)에 안장했다. 유애는 어사부군(御史府君) 개(開)를 낳

---

12) 본편은 대리평사를 지낸 유관(柳寬)의 묘지이다. 유관은 일족이기는 하지만 생전에 면식은 없었던 것으로 보이며, 유관 사망 이후 종제(從弟)가 장례를 위하여 귀향하던 도중 당시 영주에 있던 유종원에게 묘지를 써달라고 부탁하였다.

13) 기(耆)의 부친이 경유(景猷)로, 진(晉) 시중(侍中)을 지냈고, 아들이 둘이었다. 장남이 기(耆)로, 여남태수를 지냈고, 차남이 순(純)으로 평양태수(平陽太守)를 지냈다.

14) 기(耆)의 아들이 공(恭)으로 후조(後趙) 하동태수를 지냈다. 공의 증손이 집(緝)으로 송주별가(宋州別駕), 송안군수(宋安郡守)를 지냈다. 집(緝)의 아들이 승습(僧習)으로, 예주자사(豫州刺史) 배숙업(裴叔業)과 함께 위(魏)에 귀순하여, 양주대중정(揚州大中正)이 되었다. 승습의 아들이 경(慶)으로, 자는 경흥(更興)이며, 후위(後魏) 시중·좌복야를 지냈다.

15) 자는 광덕(匡德)이다.

16) 단(旦)에게 아들이 둘로, 장남이 칙(則)이요, 차남이 해(楷)이다. 차남이라서 소종이라고 했다.

았고, 남양에 안장했다. 그의 후사가 관(寬)으로, 자는 존량(存諒)이며, 집안의 장서를 읽어, 문장으로 이름을 날렸고, 남방 사람들 중 그의 글을 즐기는 사람이 많았다. 예(禮)를 많이 배우고 용모와 위의(威儀)에 관한 것을 잘 알았고, 관리로서의 자격을 쌓았다. 가친이 현령으로 있는 곳에서 주부(主簿) 일로 시작하여, 좌효위병조(左驍衛兵曹)로 진급되고, 시대리평사를 지내고, 영남절도추관·형남영안군판관(荊南永安軍判官)을 지냈다. 막부 절도사가 파직되자 유사(游士)가 되어, 계양(桂陽)을 나와서, 광주(廣州)로 내려갔다가 역병에 걸려 구토와 설사를 하다가 공관에서 사망하니, 원화 6년(811) 8월 7일이요, 향년 47세였다. 전에 낭야(琅邪) 왕공(王拱)의 딸과 혼인했다. 왕공은 국자좨주를 지냈다. 후에 하동 배릉(裴陵)의 딸과 혼인했다. 배릉은 고성령(告成令)을 지냈다. 배씨의 아들은 배칠(裴七)이다.

유군(柳君)의 종제(從弟)가 유군의 장례로 귀향하던 길에 영릉(零陵)을 지나다, 울며 내게 말했다. "우리 백형은 영남에서 일했는데, 그 지역은 물산이 풍부하고, 그 주민은 경박하고 난을 잘 일으켜, 간결하고 너그럽고 온화하고 부드러운 정책으로 절도사를 보필하고 소속 군을 잘 다스려, 먼 해변 지역이 평화로워졌고, 사납게 싸우고 원한시하여 해치길 잘하던 주민의 성격이 인정많고 순한 성품으로 바뀌었습니다. 절도사를 따라 형(荊)으로 가서, 영안(永安)에서 군사 일을 맡아보아, 여전히 군을 잘 다스려서, 훌륭한 정치를 펼쳤습니다. 이때 촉(蜀)의 도적이 멸망한지 얼마 안되어,[17] 주민들이 후유증에 시달렸는데, 군의 은택을 입어서 모두 고통을 잊었습니다. 그의 치적이 은혜로웠건만 고관에 오르지 못했고, 그의 행실이 조화로웠건만 천수를 누리지 못했고, 그의 언문이 찬란하였건만 명성을 누리지 못했습니다. 이제 모월 모일 안장하려고 하는데, 좋은 글로 묘에 기록을 남길 방도가 없어, 고인의 크나큰 고통을 덮을 수가 없어, 감히 부탁드립니다." 오호! 나는 좋은 글을 제대로 못써서 혼백

---

17) 촉의 도적이란 유벽(劉闢)을 말한다.

에게 부끄러울까 걱정이지만, 내가 어찌 승낙하지 않을 수 있을까! 다음
과 같이 명문을 쓴다.

유씨(柳氏) 일족이 나뉘어,
북방에서 명문고족이 되었다.
역사서에 기재되고,
대대로 재상을 지내고 제후에 책봉되었다.[18]
중서령을 지낸 대(代)는,
난주(蘭州)라고 했다.[19]
하현령(夏縣令)은 성실하게 정치했고,[20]
사의(司議)는 덕이 뛰어났다.[21]
열심히 뛰었던 어사,[22]
원후(元侯)를 보좌했다.
군이 이러한 가풍을 이어받아,
정치를 잘할 수 있었다.
관리 충원하듯 가령주부(家令主簿)로 일하고,
좌효위병조를 지냈다.
남월(南越)이라는 혼란한 지역,
종사로 인하여 평안해졌다.
영안에서 반란이 일어나,
여전히 병무에 임용되었다.
통치하고 다스리는 것이,
부드럽고 화평했다.

---

18) 유경(柳慶)부터 4대까지 재상을 지내고 제후에 책봉되었다.
19) 유해(柳楷)를 말한다.
20) 유역(柳繹)을 말한다.
21) 유유애(柳遺愛)를 말한다.
22) 유개(柳開)를 말한다.

부르짖고 고함치던 소리,
조화로운 소리로 변했다.
어찌 그를 오래 살지 않게 하여,
천수를 빼앗아갔나?
바다 끝 멀리서 영구 모셔,
등(鄧) 지역에 묘를 마련했다.
그의 아우 크나큰 슬픔에,
행실은 참 공손하다.
앙앙 우는 어린 아들,
상복은 입어도 시묘는 못한다.
부덕 깊은 훌륭한 처,
삼으로 머리 묶고 복상한다.
조수(鳥獸)들도 슬피 울며,
발길 떨어지지 않는 심정 알아준다.
이 슬픈 말들을 새겨,
서남쪽 모퉁이에 보관한다.

晉之亂, 柳氏始分, 曰耆, 爲汝南守, 居河東. 又五世曰慶, 相魏. 魏相之
嗣曰旦, 仕隋, 爲黃門侍郎. 其小宗曰楷, 至于唐, 刺濟、房、蘭、廓四州.
楷生夏縣令府君諱繹. 繹生司議郎府君諱遺愛. 皆葬長安少陵原. 遺愛生
御史府君諱開, 葬南陽. 其嗣曰寬, 字存諒, 讀其世書, 揚于文辭, 南方之
人多諷其什. 頗學禮而善爲容, 修吏事. 始仕家令主簿, 進左驍衛兵曹, 試
大理評事, 爲嶺南節度推官、荊南永安軍判官. 府罷, 爲游士, 出桂陽, 下
廣州, 中厲氣嘔泄, 卒於公館, 元和六年八月七日也, 年四十七. 前娶琅邪
王拱子. 拱, 國子祭酒. 後娶河東裴陵子. 陵, 告成令. 裴氏之出曰裴七.
　君之從弟, 以君之喪歸, 過零陵, 哭且告于宗元曰: "吾伯兄從事嶺南,
其地多貨, 其民輕亂, 能以簡惠和柔, 匡弼所奉, 假守支郡, 海隅以寧, 嗣

很仇怨, 敦諭克順. 從公于荊, 綏戎永安, 仍專郡治, 政用休阜. 是時蜀寇始滅, 邦人瘼痍, 懷君之澤, 咸忘其痛. 其理也惠, 而不施之於大; 其行也和, 而不至于年; 其言也文, 而不顯其聲. 今將以某月日祔葬, 苟又不得令辭而誌焉, 是無以蓋前人之大痛, 敢固以請." 嗚呼! 余懼辭之不令以爲神羞, 余曷敢不諾. 銘曰:

柳族之分, 在北爲高. 充于史氏, 世相重侯. 中書之世, 實曰蘭州.
夏縣政良, 司議德優. 營營御史, 乃佐元侯. 惟君是嗣, 其政克修.
儲闈補吏, 環衛分曹. 南越之厖, 從事以寧. 永安披攘, 荐仍于兵.
是董是經, 旣柔且平. 浩浩呻呼, 革爲和聲. 胡不使壽, 而奪之齡?
柩于海壖, 壙于鄧邦. 厥弟孔哀, 惟行之恭. 呱呱小子, 繈而不盧.
充充令妻, 髽首而居. 鳥獸號鳴, 助我踟躕. 刻此悲辭, 藏之奧隅.

고비서랑강군묘지(故秘書郞姜君墓誌 : 비서랑 강군 묘지)[23]

비서랑 강악(姜㟧)의 자는 아무개요, 개원황제의 외손이다.[24] 예전에 초
국공(楚國公) 교(皎)가 황제와 어울려, 갈수록 총애를 받아,[25] 아들 경초(慶
初)가 아무개 공주를 아내로 맞을 수 있었고,[26] 악을 낳았다. 악이 태어

23) 본편은 당 현종의 외손으로, 유복한 어린시절에 비해 유유자적하면서도 적막한 말년을 보냈던 강악(姜㟧)의 묘지이다.
24) 강악의 모친이 현종(玄宗)의 딸 신평공주(新平公主)이다.
25) 교(皎)와 현종은 황제의 자리에 오르기 전부터 친분이 있어서, 선천(先天) 2년(713), 두회정(竇懷貞) 등을 주벌하는 데 참여하고, 교를 은청광록대부(銀靑光祿大夫)·공부상서(工部尙書)로 삼고, 초국공에 책봉했다.
26) 강교의 아들 강경초가 태어나서 돌도 안되었을 때 현종이 공주와 혼약을 허락했는데, 그후 20년이 흘렀다. 이임보(李林甫)가 재상이 되었으니, 바로 강교의 생질이라, 조

난지 사흘째 되던 날, 황제가 "우리 외손에게 다른 건 줄 것이 없구나"라고 말하더니, 유사에게 하명하여 제6품관을 하사하고 비의은어(緋衣銀魚)를 주게 하여, 관적에 올리고 황궁을 출입할 수 있게 했다. 이 관직에 임명하고 70여 년 동안 끝내 바꾸지 않았다. 그러나 그 사이 촉·한·형·초 지역에서 대제후로서 주읍을 지키도록 명을 받을 때도 있어, 그때마다 열심이었다는 칭찬이 있었다. 때때로 결원이 생기면 다시 명을 받았다. 놀기 좋아하고 음악을 즐기고, 부귀한 집안에서 태어나서 기녀를 데리고 다니며 궁중의 음악을 전파할 수 있었고, 현자 호걸 대부들이 함께 어울리는 경우가 많았다. 후에 늘그막에 풍에 걸려, 수족을 오른쪽만 쓸 수 있어, 관직에 나갈 수 없었다. 누군가 술을 가지고 찾아오면, 기녀를 나오게 하여, 박장대소하며 즐겨, 보는 사람들은 태평한 왕손의 옛 자태를 여전히 알아볼 수 있었다. 원화 14년(819) 모월 모일 생을 마감했다. 계주도독·어사중승 배공(裴公)이 "허! 황제 인척이니, 장례가 약소하면 안되리라"라고 하여,[27] 제물을 갖추어 돼지와 술로 제사한다. 모월 모일 주의 동남쪽 1리 지점에 안장했다. 아들은 아무개요, 나이 약간이다. 모친은 뇌희(雷姬)라고 한다. 명문은 다음과 같다.

처음엔 빈천하고 나중엔 부귀하면, 일신의 신세를 잘 이룬 것이다. 어릴 땐 영화롭고 늙어선 곤궁하면, 사물로 보자면 흉하기만 하다. 득과 실을 평균하면, 어느 쪽이 모자라고 어느 쪽이 충분한가? 군과 같은 사람은 태어날 때부터 고관의 지위를 부여받고, 종정(鐘鼎)의 집에서 성장했다. 무엇을 얻으려 급급하고 안달하지 않았고, 교만하고 오만하게 굴지도 않았다. 왼손에는 악기 현을 오른손에는 술병을 들고, 스스로 마음껏 즐겼다. 비록 늙어서 객사했지만, 자기의 신세를 슬퍼한 적이 없다. 아등바등 걱정하고,

---

용히 상소했다. 천보 10년(751), 강경초가 공주와 혼인하라는 조서를 내리고, 부마도위(駙馬都尉)를 수여했다.

27) 배공은 계관관찰사 배행립(裴行立)이다.

참언을 일삼고 의를 저버리고, 구차하게 얻고, 영예가 부끄러움을 가리지 못하여, 종신토록 그치지 못하는 사람들에 비하면, 훨씬 낮지 않은가!

秘書郞姜嶼, 字某, 開元皇帝外孫也. 始, 楚國公皎與上游, 益貴幸, 子慶初, 得尙某公主, 生嶼. 嶼生三日, 上曰: 他物無以餉吾孫. 卽勅有司, 以第六品告與緋衣銀魚, 得通籍出入. 凡名是官七十某年終不徙. 然其間在蜀、漢、荊、楚以大諸侯命守州邑, 輒以勞稱. 時缺則復命. 好游嗜音, 以生富貴, 畜妓, 能傳宮中聲, 賢豪大夫多與連歡. 後加老風病, 手足奇右可用, 不能就官. 士有載酒來, 則出妓, 搏髀笑戲, 觀者尙識承平王孫故態. 元和十四年月日終. 桂州都督、御史中丞裴公曰: "噫! 帝戚也, 葬不可以廉." 爲具物祭以豚酒. 月日葬州東南一里. 子某, 年若干. 母曰雷姬. 銘曰:

始賤終貴, 於世爲遂; 幼榮老窮, 在物爲凶. 均之得喪, 誰缺誰豐? 若君者銀朱於始生, 鐘鼎以及壯. 不矍矍於進取, 不施施於驕伉. 左絃右壺, 樂以自放. 雖老而客死, 未嘗戚乎已. 與夫拳拳恐悸, 蒙詔負義, 得之拘拘, 榮不蓋愧, 以終其身而不能止者, 不猶優乎!

망우고비서성교서랑독고군묘갈(亡友故秘書省校書郎獨孤君墓碣: 망우 비서성 교서랑 독고군 묘갈)[28]

오호! 당(唐)의 어진 사람 독고군(獨孤君)의 묘를 그의 부친 태자사인 조(助)의 묘 뒤에 썼다. 태자소보(太子少保)에 추증된 그의 조상 문속(問俗)으

---

[28] 본편은 요절한 친구 독고신숙을 위해 쓴 묘갈문이다. 갈문 말미에 알고 지내던 사람들을 기록하였는데, 면면으로 보아 모두 당시 명인 또는 정치적 노선을 같이 했던 인물이다.

로부터 위로는 묘가 모두 패수(灞水) 좌안에 있다. 지금 조부가 그 옆에 능을 조성하고 있는 까닭에 두 대(代)의 묘를 여기에 쓰게 되었다.

아아! 독고군의 도는 조화롭고 순수하며, 그 도의 쓰임은 바르고 밝아서, 안으로는 효가 되고 밖으로는 인(仁)이 되어, 말을 하지 않아도 지혜롭고 말을 하면 믿음이 있었다. 그는 곤궁에 빠져도 근심하지 않았고, 즐거워도 지나치지 않았다. 책을 읽으면 공자의 도를 추구하여 반드시 중도(中道)에서 구했다. 글을 지으면 깊고 두터운데, 게다가 고아(古雅)함을 추구했으며, 부(賦)와 송(頌)을 잘 지었는데, 그 요체는 모두 도에 귀착되었다. 옛날에 공자께서 살아계실 때 안회(顏回)라는 제자가 있어, 공자에게 인정을 받을 수 있었거늘, 후대에 그 현명함을 우러르는 사람들이 해와 달에 비유해도 이의를 제기하는 사람이 없었다. 아아! 만약 독고군이 그 현명함과 인(仁)을 지니고 공자를 만났더라면 안씨(顏氏)가 둘 있게 되었을 것이다. 지금 세상에서 그것을 아는 사람이 있는가? 아는 사람은 천하가 그것을 믿게 할 수 있는가? 그가 요절하여 부인으로 하여금 후손을 잇지 못하게 했는데, 세상의 미혹된 사람들은 그래도 하늘의 도가 있다고 말을 하니, 아아, 심하구나! 군의 이름은 신숙(申叔)이요, 자는 자중(子重)이다. 스물두 살에 진사에 급제하고,29) 다시 2년 후에 박학홍사(博學宏詞)에 급제하여 교서랑이 되고, 다시 3년 후에 부친상을 당해, 소상(小祥)을 치르지 못하고 죽으니, 정원 18년(802) 4월 5일이라. 이해 7월 10일 장례를 지내니, 마을은 아무개 마을이요, 터는 아무개 터이다.

아아! 군이 명이 짧고, 도를 행한 날이 얼마 되지 않아, 그의 도가 벗들에게는 믿음을 받았으되, 세상 사람들에게는 믿음을 받지 못했다. 이제 군을 아는 사람들을 묘에 기록한다. 한태(韓泰), 자는 안평(安平), 남양(南陽) 사람이다. 이행심(李行諶), 자는 원고(元固), 그의 아우 행민(行敏), 자는 중명(中明), 조군(趙郡) 찬황(贊皇) 사람이다. 유종원(柳宗元), 하동(河東)

---

29) 독고신숙은 정원 13년(797)에 진사 급제했다.

해(解) 사람이다. 최광략(崔廣略), 청하(淸河) 사람이다. 한유(韓愈), 자는 퇴지(退之), 창려(昌黎) 사람이다. 왕애(王涯), 자는 광진(廣津), 태원(太原) 사람이다. 여온(呂溫), 자는 화숙(和叔), 동평(東平) 사람이다. 최군(崔羣), 자는 돈시(敦詩), 청하(淸河) 사람이다. 유우석(劉禹錫), 자는 몽득(夢得), 중산(中山) 사람이다. 이경검(李景儉), 자는 치용(致用), 농서(隴西) 사람이다. 엄휴복(嚴休復), 자는 현석(玄錫), 풍익(馮翊) 사람이다. 위사(韋詞), 자는 치용(致用), 경조(京兆) 두릉(杜陵) 사람이다.

嗚呼! 有唐仁人獨孤君之墓, 祔于其父太子舍人諱助之墓之後. 自其祖贈太子少保諱問俗而上, 其墓皆在灞水之左. 今王父營陵於其側, 故再世在此

嗚呼! 獨孤君之道和而純, 其用端而明, 內之爲孝, 外之爲仁, 默而智, 言而信. 其窮也不憂, 其樂也不淫. 讀書推孔子之道, 必求諸其中. 其爲文深而厚, 尤慕古雅, 善賦頌, 其要咸歸于道. 昔孔子之世, 有顏回者, 能得於孔子, 後之仰其賢者, 譬之如日月而莫有議者焉. 嗚呼! 獨孤君之明且仁, 如遭孔子, 是有兩顏氏也. 今之世有知其然者乎? 知之者其信於天下乎? 使夫人也夭而不嗣, 世之惑者, 猶曰尙有天道, 噫乎甚邪! 君諱申叔, 字子重, 年二十二擧進士, 又二年, 用博學宏詞爲校書郎, 又三年, 居父喪, 未練而沒, 蓋貞元十八年四月五日也. 是年七月十日而葬, 鄕曰某鄕, 原曰某原.

嗚呼! 君短命, 行道之日未久, 故其道信於其友, 而未信於天下. 今記其知君者于墓: 韓泰安平, 南陽人. 李行諶元固·其弟行敏中明, 趙郡贊皇人. 柳宗元, 河東解人. 崔廣略, 淸河人. 韓愈退之, 昌黎人. 王涯廣津, 太原人. 呂溫和叔, 東平人. 崔羣敦詩, 淸河人. 劉禹錫夢得, 中山人. 李景儉致用, 隴西人. 嚴休復玄錫, 馮翊人. 韋詞致用, 京兆杜陵人.

고양양승조군묘지(故襄陽丞趙君墓誌 : 양양승 조군 묘지)[30]

정원 18년(802) 모월 모일, 천수(天水) 조공(趙公) 긍(矜)이 나이 마흔둘에 유주(柳州)에서 객사하여, 관가에서 염을 하여 성 북쪽 들판에 안장했다. 원화 13년(818), 아들 내장(來章)이 비로소 장성하여, 양주(襄州)에서부터 걸어서 와 장지를 찾았으나 찾지 못해, 서신에 언급된 이름의 사람들을 찾았으나, 모두 세상을 떠나서 알만한 사람이 없었다. 내장이 날마다 들판에서 곡을 하여, 모두 19일 동안 계속했고, 사람이 하는 일이 궁지에 몰려서, 점을 치게 되었다. 5월 갑진(甲辰)일에 점장이 진리(秦詡)가 점괘를 말했다. "금(金)이 먹[墨]을 먹어, 화(火)가 귀해졌다. 부친 묘는 축(丑) 위치로 길 우측에 있다. 남쪽에 귀한 신(臣)이 있어, 묘지를 지키고 있다. 을사(乙巳)일에 들판에 나가면, 서쪽에서 오는 사람을 만날 것이다. 눈이 움푹 들어가고 수염이 났는데, 그 사람이 모든 사실을 알 것이다. 7일 후에 땅을 파면, 부친의 신령을 만날 것이다." 다음날 들판에 나가 찾아보니, 한 노인이 등짐 메고 지팡이 짚고 동쪽에서 오기에 물으니, "이 사람이 옛 조승(趙丞)의 아들인가? 나는 조신(曹信)으로, 조승 묘는 내 묘에서 가까운 곳에 있네. 허! 이젠 평탄해졌네. 토신 사당 북쪽으로 200걸음 위치에 있으니, 내가 자네를 위하여 표식을 해두었네"라고 했다. 신해(辛亥)일에 흙을 파니, 나무가 있었고, 계속 파보니, 비의취금(緋衣絅衾)이 나와, 자기 집의 물건이 모두 안에 있었다. 주(州) 사람들은 모두 눈물을 흘렸다. 내장의 효성을 높이 보아, 신이 노인에게 의뢰하여 거북과 짝하게 하였으니, 그렇지 않다면 이렇게 딱 들어맞을 수가 있겠는가? 6월 모일 길을 떠

---

30) 본편은 양양승을 지낸 조긍(趙矜)의 묘지이다. 조긍은 정원 18년(802) 유주에서 객사하여, 상주가 어려서 유주에 유해를 안장했다. 원화 13년(818) 유종원이 유주자사로 있을 때 조긍의 아들 조내장(趙來章)이 장성하여 부친의 묘지를 찾으러 왔다가 벌어진 우여곡절을 소개했다.

나, 모월 모일 여주(汝州) 용흥현(龍興縣) 기성(期城)의 들판에 장례를 지냈다. 부인은 하남 원씨(源氏)로, 먼저 세상을 떠나 부장했다. 조긍의 부친은 점(漸)으로, 남정위(南鄭尉)를 지냈다. 조부는 천지(倩之)로, 운주(鄆州) 사마를 지냈다. 증조부는 홍안(弘安)으로, 금자광록대부·국자좨주를 지냈다.

예전에 조긍은 명경과에 급제해서 무양주부(舞陽主簿)를 지냈고, 채(蔡)군사가 반란하자,31) 어려움을 무릅쓰고 돌아와, 양성주부(襄城主簿)로 발탁되고, 비어대를 하사받았다. 나중에 양양승(襄陽丞)이 되었다. 증조부 이하로는 모두 일족의 서열을 맞추어 묘를 썼다. 이때 유종원이 유주자사로 있어, 그 일을 도왔고, 슬퍼하며 명문을 써 세상에 알린다. 명문은 다음과 같다.

진리(秦詡)는 점을 치고,
조신(曹信)은 표시하고,
붉은 의류 자주 이불,
유해 모두 보존됐다.
효성이 갸륵한 내장,
신이 너를 가상히 여겨서,
노인을 내보내,
점괘를 알렸다.
신령이 기쁘게,
부친 조부 곁에 묻히게 되었고,
이로써 효도를 다하니,
마땅히 복을 누리리라.
머나먼 백월 땅,
객사한 귀신들 들끓건만,

---

31) 정원 15년(799), 회서절도사 오소성(吳少誠)이 반란했다.

효성스런 아들 있어,
그만은 귀향할 수 있게 되었다.
눈물 가득 흘리며 명문 써서,
잊지 않도록 세상에 밝혀둔다.

　　貞元十八年月日, 天水趙公矜, 年四十二, 客死于柳州, 官爲斂葬于城北
之野. 元和十三年, 孤來章始壯, 自襄州徒行求其葬, 不得, 徵書而名其人,
皆死無能知者. 來章日哭于野, 凡十九日, 唯人事之窮, 則庶於卜筮. 五月
甲辰, 卜秦詗兆之日 : "金食其墨, 而火以貴. 其墓直丑, 在道之右. 南有貴
臣, 冢土是守. 乙巳于野, 宜遇西人. 深目而髯, 其得實因. 七日發之, 乃覩
其神." 明日求諸野, 有曳荷杖而東者, 問之, 曰 : "是故趙丞兒耶? 吾爲曹
信, 是邇吾墓. 噫, 今則夷矣. 直社之北二百擧武, 吾爲子蒞焉." 辛亥啓土,
有木焉, 發之, 緋衣緅衾, 凡自家之物皆在. 州之人皆爲出涕, 誠來章之
孝, 神付是曳, 以與龜偶, 不然, 其協焉如此哉? 六月某日就道, 月日葬于
汝州龍興縣期城之原. 夫人河南源氏, 先殁而祔之. 矜之父曰漸, 南鄭尉.
祖曰倩之, 鄆州司馬. 曾祖曰弘安, 金紫光祿大夫 · 國子祭酒.
　　始矜由明經爲舞陽主簿, 蔡師反, 犯難來歸, 擢授襄城主簿, 賜緋魚袋.
後爲襄陽丞. 其墓自曾祖以下皆族以位. 時宗元刺柳, 用相其事, 哀而旌
之以銘. 銘曰 :

詗也挈之, 信也蒞之, 有朱其綬, 神具列之. 懇懇來章, 神實恫汝,
錫之老曳, 告以兆語. 靈其鼓舞, 從而父祖, 孝斯有終, 宜福是與.
百越蓁蓁, 羇鬼相望, 有子而孝, 獨歸故鄉. 涕盈其銘, 旌爾勿忘.

고온현주부한군묘지(故溫縣主簿韓君墓誌 : 온현주부 한군 묘지)[32]

당(唐)의 고(故) 온현주부 한신(韓愼)의 자는 아무개요, 한(漢) 궁고후(弓高侯)가 선조이다.[33] 남양(南陽)으로 옮겨, 대대로 내려와 당(唐) 시중 원(瑗)에 이르러,[34] 충량과 정절로 국난에 기개를 떨칠 수 있었다. 시중의 형의 아들이 영주(郢州) 자사 아무개요, 아무개는 어사저작랑 아무개를 낳고, 아무개는 상서고부낭중(尙書庫部郞中)·만주자사(萬州刺史) 아무개를 낳아,[35] 가문의 문장과 행실을 이어받고 가업을 크게 일으켰다. 군은 만주자사의 장자로[36] 부친으로 인해 건릉만랑(建陵挽郞)으로 임용되고, 왕부참군(王府參軍)·양주양양위(襄州襄陽尉) 등으로 누차 임용되고, 이 읍에 이르렀다. 정원 16년(800)에 또 천관서하양승(天官署河陽丞)으로 배치되어, 아직 정식 임명되지 않았는데, 11일 만에 갑자기 발병하여 장안 영숭리(永崇里) 선인의 집에서 죽었다. 또 12일 만에 괘를 뽑아 길일을 정해서, 함양(咸陽) 홍독원(洪瀆原) 선인의 묘역에 안장하여, 예대로 따랐다.

사흘 전에 외가 원로가 지문(誌文)을 장만할 것을 모의하여, 막내 동생 한태가 너무 슬픈 나머지 글을 쓸 수 없어, 친구에게 부탁했다. 오호! 살아 있을 때는 동생이 공경하는 것을 보고 군이 우애가 좋음을 알았고, 죽어서는 동생이 슬퍼하는 것을 보고 군이 사랑이 넘침을 알았다. 우애와 사랑은 효에서 나오고, 충으로 옮겨가고, 사람의 모든 일에 적용되니, 어느 것에도 이르지 않는 바가 없다. 그러므로 나는 쓸 내용을 얻게 되어, 돌에 기록한다.

---

32) 본편은 한신(韓愼)의 묘지로, 한신은 한태(韓泰)의 형이다. 한태는 이후의 8사마 중 한 사람으로, 건주(虔州) 사마로 폄적되었다.

33) 한왕(韓王) 신(信)의 아들 퇴당(頹當)이 궁고후(弓高侯)에 책봉되었다.

34) 한원(韓瑗)의 자는 백옥(伯玉)으로, 고종 때 재상이 되었다.

35) 역사서에 이들의 이름이나 자에 대한 자료가 없다.

36) 만주자사에게는 신(愼)·풍(豊)·태(泰) 세 아들이 있었다.

우애와 사랑이 넘쳤으니,

이로써 충효도 이루었다.

외모는 행실과 맞아 떨어지고,

행실은 언사(言辭)와 맞아 떨어졌다.

운명이 천하고 장수하지 못하여,

선을 행하는 사람들 이를 애도한다.

조부 부친 곁에 안장하고자,

점을 쳐 길일을 잡았다.

순수한 막내 동생,

슬픔이 끝이 없다.

빈궁하기 짝이 없어,

인인(仁人)에게 하소연해본다.

집안 형편대로 제물 준비하여,

정성껏 의례를 차린다.

끝없는 슬픔을,

이 돌에 새긴다.

有唐故溫縣主簿韓愼, 字某, 漢弓高侯其先也. 徙于南陽, 傳世至今唐侍中諱瑗, 克用貞亮, 奮于國難. 侍中兄子鄖州刺史諱某, 某生御史著作郎諱某, 某生尙書庫部郞中、萬州刺史諱某, 嗣以文行大其家業. 君, 萬州長子也, 以父任爲建陵挽郞, 累調授王府參軍、襄州襄陽尉, 至于是邑. 貞元十六年, 又調于天官署河陽丞, 未拜, 十有一日, 暴病, 卒于長安永崇里先人之廬. 又十有二日, 龜策襲吉, 祔于咸陽洪瀆原先人之墓, 禮也.

先三日, 外姻家老謀爲之志, 季弟泰哀不能文, 故託于友焉. 嗚呼! 生也以其弟之恭, 知君之爲友; 沒也以其弟之戚, 知君之爲愛. 惟友愛出于孝, 移于忠, 施於人事, 無往不達. 余故得受其辭, 書于石. 曰:

友而愛而, 忠孝宜之. 貌稱其行, 行稱其詞. 賤而不壽, 爲善是悼.
祔于祖考, 初筮攸告. 季也之純, 置哀無垠. 終婁且貧, 控于仁人.
備物稱家, 其儀式陳. 爰相其悲, 載刻兹珉.

동명장선생묘지(東明張先生墓誌 : 동명 장선생 묘지)[37]

동명(東明)선생 장씨(張氏)의 이름은 인(因)이라, 일찍이 문장으로 천자에
게 천거되어, 천자가 책문으로 시험해본 결과 성적이 아주 높아, 장안위
(長安尉)로 삼았다. 1년 이후, 도장과 인끈을 버리고 황·로의 학설을 연
구하고 싶다 하여, 허락하는 조서를 내렸다. 동명관(東明觀)에서 30여 년
있으면서, 법술을 모두 연마하여 도행(道行)이 남달리 뛰어나고, 모든 진
본 비서(秘書)와 요결을 입수하여, 경전 서적 그림 역사 등을 수집하여,
인각(麟閣)에 견줄만했다.[38] 아우 회(回)가 봉주(封州)로 강등되어 가게 되
자, 선생은 "나는 연로하여 사지도 제대로 움직일 수 없다" 하여, 결국
따라갔다. 다음 해, 회의 아들 습(襲)이 죽어, 너무 통곡한 나머지 결국 병
을 얻었다. 병이 위독해져 회에게 말했다. "나는 천보 연간에 태어나 정
원 을유년 10월에 이르러,[39] 지금 네 곁에서 죽으니, 내 마음에 흡족하
다. 경사는 내가 태어난 곳이요, 필원(畢原)은 선인들이 돌아간 곳이라, 꼭
돌아가 안장하라." 그리고 스스로 지(誌)를 쓰고 죽었다. 다음 해 정월 모

---

37) 본편은 봉주(封州)로 강등된 아우 장회(張回)를 따라 봉주에 가서 생활하던 중 조카
   즉 장회의 아들의 사망에 지나치게 통곡하다 병을 얻어 세상을 떠난 장인(張因)의 묘지
   이다. 그때 유종원은 영주에 있었는데, 봉주가 영주와 가까워서 장인의 문도가 유종원
   을 찾아가 묘지를 부탁한 것으로 보인다.
38) 한(漢)나라 때 서적을 보관하는 곳으로 기린각(麒麟閣)이 있었다.
39) 정원 21년(805)이다.

일, 그의 말대로 안장했다. 제자 아무개 등이 비를 세우고 묘에 지(誌)를 남긴다. 명문은 다음과 같다.

녹을 받아 편히 지내지도 않고, 작을 받아 영예를 누리지도 않았다. 외물을 막막히 허(虛)로 보고, 내심을 진기로 채웠다. 언사에서 화려함을 추구하지 않고, 빛이 나되 명예로 여기지 않았다. 곧고 깨끗하게 두루 어울리고, 마음에 만상을 머금고 맑고 편안했다. 어둠 속에서 형체를 보고, 만물의 조화와 어울렸다. 적막에서 도를 완성하여, 아무 것에도 얽매이지 않았다. 세상은 모두가 광분하여, 이익을 위해 분주하고 명예를 얻고자 죽는다. 나는 홀로 유유자적 하나를 지키며 살아간다. 혹자가 묻기를 "선생은 우애의 감정이 있으면서 은둔하고, 어린 것을 너무 사랑하여 죽음에 이르러, 마치 감정을 절제하지 못한 점이 있는 듯하니 어찌 된 것이오?"라고 한다. 나는 말한다. "도를 닦으면 우애를 버려야 하는가? 자애를 버려야 하는가? 조용히 구하기만 하면 얻을 수 있는가? 동탕하고 갈등하며 얻는 것은 도가 아니란 말인가? 저들의 행태는 은혜를 저버리고 예의를 무시하고, 외모만 비쩍하고 수척하려 한다. 성인의 도를 무너뜨리고 장수만을 추구하고, 중용을 버리고 괴이한 쪽으로 나아가려 한다. 휘익 귀신과 짝한다면서 완고하게 목석과 동류가 된다. 텅텅 비어 아무 것도 실한 것이 없고, 늙어 꼬부라지도록 죽지만 않는다. 선생의 도는 이와 다름을 참으로 알겠다." 이에 돌에 기록한다.

東明先生張氏曰因, 嘗有以文薦於天子, 天子策試甚高, 以爲長安尉. 一年, 投去印綬, 願爲黃、老術, 詔許之. 居東明觀三十餘年, 受畢法道行峻異, 得衆眞秘書訣籙, 聚經籍圖史, 俸於麟閣. 以弟回降秩封州, 先生曰 : "吾老矣, 支體不可解也." 遂從以去. 明年, 回之子襲死, 哭之慟, 遂病. 旣亟, 以命回曰 : "吾生天寶訖貞元乙酉歲十月, 今死于汝之手, 盈吾志矣. 京師, 吾生也, 畢原, 先人之歸也, 必以返葬." 乃自爲誌而卒. 明年正

月某日, 葬如其言. 弟子某等爲碑以誌于墓. 辭曰:

匪祿而康, 匪爵而榮. 漠焉以虛, 充焉以盈. 言而不爲華, 光而不爲名. 介潔而周流, 苞涵而清寧. 幽觀其形, 與化相冥. 寂寞以成其道, 是以勿嬰. 世皆狂狂, 奔利死名. 我獨浩浩, 端一以生. 或曰:"先生友悌以遁, 慈幼以死, 若不能忘情者何耶?" 吾曰:"道去友耶? 去慈耶? 從容以求, 其得之耶? 盪莽很悖, 道之非耶? 且夫虧恩壞禮, 枯槁顙頷. 隳聖圖壽, 離中就異. 欻然與神鬼爲偶, 頑然以木石爲類. 侹侗而不實, 窮老而無死. 先生之道, 固知異夫如此也." 乃書于石以紀.

우명학뢰(虞鳴鶴誄 : 우명학 뢰) 병서(幷序)[40]

　모년 모월 모일, 전 진사 우구고(虞九皐)가 있어, 자는 명학(鳴鶴)으로, 장안 친인리(親仁里)에서 죽었다. 고양(高陽) 터에 장례를 마치고, 두세 친구가 모두 묘에 모여, 그의 행실이 세상에 드러나지 않은 것을 슬퍼하고, 남긴 덕행 추모하여 기록하고, 저 땅에 훌륭한 이름을 밝히고자 하니, 그 이름은 사실 공보(恭甫)이다. 이에 뢰를 쓴다.

　오(吳) · 우(虞)가 나뉘어,[41]
　상양(上陽)에 자리를 잡았다.[42]

---

40) 본편은 어린 시절 친구 우구고(虞九皐)의 뢰문이다. 능력이 뛰어났으나 미처 임용되기 전에 세상을 떠나서, 특별한 호칭을 붙이지 않았다.
41) 『사기』에 따르면, 무왕이 은(殷)을 이기고, 태백(太伯)의 후예를 두 나라에 책봉했다. 그중 하나는 우(虞)로, 중국에 있었고, 그중 하나는 오(吳)로, 만이(蠻夷)에 있었다.
42) 『좌전』회공(僖公) 5년, "진후(晉侯)가 상양(上陽)을 포위했다"는 기록이 있다. 주석에서 상양은 괵(虢)이 도읍한 곳이라고 했다. 여기서 왜 우(虞)가 상양에 자리잡았다는 말

그 후손이 훌륭하여,

월(越)나라 때 향(鄕)이 되었다.43)

연(延)·후(詡)가 한(漢)나라를 보좌하여,44)

강토를 넓히고 평정했다.

동쪽으로 옮긴 현자,

중상(仲翔)이 있었다.45)

예(預)와 희(喜)가 있어,

진(晉)에서 이름을 날렸다.46)

의리를 알았고 학문에 뛰어나,

향기를 발했다.

비서를 지냈던 우세남(虞世南)은 능력이 많아서,47)

당(唐)에서 빛을 발했다.

한양(漢陽) 우당(虞當)에 이르러,48)

대대로 전해진 덕이 창성했다.

상보(尙父)를 보좌하여,49)

명성을 드날렸다.

나의 선친과 더불어,

득의하여 재능을 펼쳤다.

을 했는지 확실한 이유를 알 수 없다.

43) 우씨(虞氏)는 대대로 회계(會稽) 사람이었다. 회계는 월(越)에 속했다.

44) 후한 영평(永平) 3년에 우연(虞延)은 태위가 되었고, 8년에 사도가 되었고, 14년에 자
살했다. 우연의 자는 자대(子大), 진류(陳留) 동혼(東昏) 사람이다. 순제(順帝) 때, 우후(虞
詡)가 상서령이 되었다. 우후의 자는 승경(升卿), 진국(陳國) 무평(武平) 사람이다.

45) 『오지(吳志)』에 따르면, 우번(虞翻)의 자가 중상(仲翔)으로, 회계 여요(餘姚) 사람이다.

46) 우희(虞喜)는 자가 중녕(仲寧)이고, 동생 우예(虞預)는 자가 숙녕(叔寧)으로, 우번의 일
족이다.

47) 우세남(虞世南)의 자는 백시(伯施)로, 태종 때 비서소감을 지냈다.

48) 한양(漢陽)은 면주(沔州)에 있는 군 이름이다. 우구고의 부친 우당(虞當)이 면주자사로
생을 마감했다.

49) 우구고의 부친 우당이 곽상보(郭尙父) 종사를 지냈다.

기실(記室)을 지내며,
함께 빛을 발했다.50)
의기투합한 형제같아서,
영원히 잊을 수 없다.
우당의 아들이 있어,
사실 그 미덕을 이었다.
유가의 기풍을 이어받고,
문사(文史)의 재능이 빛났다.
공경과 효도를 다하였으며,
오직 예(禮)의 길을 갔다.
향리에서 칭송이 드높아,
수사(秀士)로 뽑혔다.
모든 군에서 선발된 수사,
경사로 모여들었다.
남을 매몰하고 밟고 넘어가고,
이용하고 능멸하고 감추고 속이는 세태였다.
우생(虞生)은 경사에 도착하여,
예의로 모범을 보였다.
물러서고 과묵하고 겸손하여,
사람들이 좋아하여 따라 어울렸다.
유명한 경(卿)들이 서로 잡아끌고,
선배들이 모두 그를 추천했다.
바야흐로 무리에서 특출하여,
그 시대에 빛을 떨치게 되었다.
외숙이 화를 당해,

---

50) 곽상보가 삭방(朔方)에 있을 때, 유종원의 부친 유진(柳鎭)이 기실(記室)이 되어, 우당
과 같은 막부에 있었다.

바다에서 표류하다 사망했다.
부음을 듣고 울부짖으며,
바닥을 기면서 슬픔이 더했다.
상주가 아직 어려,
예를 차리지 못하는 것이 많을지도 모르겠다.
누가 명성을 좇다가,
이를 생각하지 않았다 하는가?
소매 걷어부치고 길을 나서서,
고난의 길 가는 것을 평탄한 길 가듯 했다.
정성을 다하여 장례 기물 준비하고,
공경을 다하여 휘장 준비했다.
만리 길을 운구하여,
정성껏 묘에 안장했다.
신속히 처리한다고 예절을 어기지 않았고,
검소해도 절도가 있었다.
그의 따뜻함 공손함으로,
곧고 바른 도를 지켰다.
길을 가는 사람들이 감탄하고,
그 예법을 보는 사람들이 흠모했다.
다시 향시에 참여하여,
그 재능의 꽃을 활짝 피웠다.
다시 등용되진 않았으나,
명성이 나라에 퍼졌다.
돌아오는 천리 길에,
문에 기대 환호하는 사람이 많았다.
인척들이 집안 가득,
웃고 노래하며 맞으려 하였다.

우군은 명운이 엇갈려,
명성은 세우고 뜻은 꺾이었다.
고향에선 귀향을 경축하려 하는데,
몸은 객점에서 생을 마감했다.
이미 생과 사가 갈렸으니,
마악 축수주를 들려 할 때였다.
축하 서신이 가는 길인데,
유골은 흙으로 돌아간다.
슬픔과 기쁨이 뒤바뀌고,
조문과 경축이 집에 교차했다.
신은 어찌 어질지 못하여,
이 큰 고통을 내려주는가?
오호 슬프구나!
옛날 하구(夏口)에서,
어린 시절 우린 함께 어울렸다.[51]
가족들이 내왕하며 우의를 다졌고,
도를 강론하며 이웃이 되었다.
성인이 되어서,
나라에 등용될 길을 생각했다.
사도로 뽑히고,
연이어 진사 급제했다.
두 세대가 기쁘게 어울려,
조금도 틈이 없었다.
화목한 것이 기쁘고,
우의가 확실하고 굳건했다.

---

51) 유진(柳鎭)은 악악(岳鄂) 도단련판관이 되고, 우당(虞當)은 면주(沔州) 자사가 되어, 유
종원과 우구고가 함께 어울렸다.

더더욱 우정을 다져,

가죽띠도 활시위도 모두 벗어던졌다.52)

이제 그는 갑자기 세상을 떠나고,

나만 홀로 남았구나.

오호 슬프구나!

뇌를 쓰고 시호를 생각하는 건,

예로부터 행해진 도이다.

생전에 직위가 없었으나,

죽어서 호칭은 있기를 바란다.

그저 몇몇 친구만이,

무덤 배회하며 애도한다.

이에 일혜(壹惠)의 선례를 따라,

유명(幽明)의 세계에 알린다.

따스하고 공손하게,

오직 덕을 준칙으로 삼았다.

선민(先民)이 행실이 있어,

지금 이렇게 밝힌다.

오호 공보(恭甫),

이 이름을 지어준다.

維某年月日, 前進士虞九皐, 字鳴鶴, 終于長安親仁里. 旣克葬于高陽原, 二三友生皆至于墓, 哀其行之不昭于世, 追列遺懿, 求諸后土, 申薦嘉名, 實曰恭甫. 乃作誄曰:

---

52) 서문표(西門豹)는 성격이 억세고 급하여, 항상 가죽을 차고 다니며 스스로 경계로 삼
았다. 동안우(董安于)는 성격이 느슨하고 느려, 항상 시위를 차고 다니며 스스로 경계로
삼았다. 「패위부(佩韋賦)」(제2권) 참조.

吳、虞之分, 爰宅上陽. 其後優游, 在越爲鄕. 延、詡輔漢, 恢定封疆.
東徙之賢, 時惟仲翔. 曰預曰喜, 在晉克彰. 義篤斯文, 有芯其芳.
秘書多能, 垂耀于唐. 泊于漢陽, 世德以昌. 毗贊尙父, 休徽用揚.
惟我先君, 並時翱翔. 洽主記室, 蔚其耀光. 實契伯仲, 永永不忘.
漢陽元子, 實紹其美. 傳襲儒風, 彪炳文史. 克恭以孝, 惟禮是履.
譽洽于鄕, 論爲秀士. 百郡之選, 叢于京師. 昧沒騰藉, 乘凌蔽欺.
生之始至, 則奮其儀. 退默以謙, 人悅而隨. 名卿是挈, 先進咸推.
方出羣類, 振耀于時. 禍丁舅氏, 漂淪海沂. 捧卟號呼, 匍匐增悲.
喪有幼主, 禮或多違. 孰徇于名, 而不是思? 投袂就道, 乘艱若夷.
竭誠喪具, 申敬裳帷. 萬里來復, 祗祔于墓. 遽不淩節, 儉而有度.
由其溫恭, 守以貞固. 行道咨嗟, 觀禮興慕. 復從鄕賦, 煥發其華.
克不再擧, 聞于邦家. 倚閭千里, 歡詠斯多. 姻族盈門, 載笑且歌.
君之不淑, 名立志沮. 慶歸其鄕, 身終逆旅. 生死已間, 壽觴方擧.
賀書在途, 委骨歸土. 哀歡易地, 弔慶交戶. 神胡不仁? 降此大苦.
嗚呼哀哉!
惟昔夏口, 羈貫相親. 通家修好, 講道爲鄰. 旣冠于阼, 思致其身.
升于司徒, 及爾繼年. 交歡二紀, 莫間斯言. 愉乎其和, 確爾其堅.
更爲砥礪, 咸去韋弦. 今則遽已, 吾其缺然.
嗚呼哀哉!
誄行謀謚, 惟古之道. 生而無位, 沒有其號. 惟是友生, 徘徊顧悼.
爰用壹惠, 幽明是告. 溫溫其恭, 維德之經. 先民有作, 今也是旌.
嗚呼恭甫, 欽此嘉名.

고처사배군묘지(故處士裴君墓誌 : 처사 배군 묘지)[53]

하동 문희(聞喜) 출신 배군의 이름은 아무개,[54] 자는 아무개로, 학문을 좋아했으나 벼슬길에 나가지 않았고, 나이 몇몇 살 때, 원화 14년(819) 모월 모일 경조 위남(渭南) 전사(田舍)에서 세상을 떠났다. 배군의 아우가 중 승공 계주도독으로, 휘하 유종원에게 명문을 쓰라고 명했다.[55] 배군 문하 출신 하간(河間) 사람 형군(邢羣)이 행장을 보내와 말했다. "증조부는 아무개로,[56] 영주(寧州) 자사를 지냈고, 호부상서에 추증되었다. 조부는 아무개로,[57] 기거랑을 지냈다. 부친은 아무개로,[58] 상서형부원외랑을 지냈고, 관리와 불교를 논한 것이 특출하여 역사책에 실리게 되었다. 팔도 사절로 천하를 순행하던 중, 하북도(河北道)에서 위험하고 완고하고 사나워서 어떻게 처분해야 할지 난처한 상황을 만나, 천자의 명을 따라 단호하고 적절하게 대처하여,[59] 당시 제일의 명신으로 추대되었고, 천하 사람들이 모두 재상이 되기를 기대했다. 마침 병으로 죽으니, 재차 추증되어 대리경에 이르렀다." 그리고 장로들이 모두 말했다. "배씨는 대대로 덕을 쌓아, 기거랑은 승상의 동생으로,[60] 문장과 역사에 정통하여 임용

---

53) 본편은 하동 출신 처사 배군(裴君)의 묘지로, 원화 14년(819) 유종원 말년에 쓴 것이다. 배군의 이름이나 자가 무엇인지 확인할 길이 없다. 본문 내용으로 보아, 당시 배군의 아우 배행립이 계주도독으로, 유종원에게 묘지를 써달라고 부탁한 것으로 보인다. 유주자사 유종원은 계주도독 휘하에 속했다.
54) 문희(聞喜)는 당나라 때 강주(絳州)에 속했던 현 이름이다.
55) 원화 12년(817), 어사중승 배행립을 계주도독·계관관찰사에 임명했다. 유종원은 그때 유주자사로, 그의 관할 지역 안에 있었다.
56) 이름은 수진(守眞)이다.
57) 이름은 교경(僑卿)이다.
58) 이름은 백언(伯言)이다.
59) 건중 원년(780) 2월, 출척사(黜陟使) 11명에게 천하를 나누어 순시 감찰하게 했다. 형부원외랑 배백언은 유(幽)·기(冀)·택(澤)·노(潞)·자(磁)·형(邢) 등 도(道)의 출척사가 되었다.
60) 승상의 이름은 요경(耀卿), 자는 환지(煥之), 현종을 섬겨서 승상이 되었다.

되었고, 대리경은 당시에 유명한 사람으로, 모두 그의 명성을 들었으되 고관에 오르지는 못했다." 배군은 우애가 돈독하고, 집안의 빛나는 덕망을 계승했으되, 감춰져서 드러나지 않았으니, 하늘은 어찌 중승에게만 잘해주고 배군에겐 인색하여 함께 영달하지 못하게 했는가? 그렇지 않으면, 배군이 직위 없이 요절했다 하여, 하늘을 책망할 수 있겠는가?

　배군은 이전에 위씨(韋氏)와 혼인하였으니, 성도(成都) 소윤 위사모(韋士謨)의 딸이다. 아들 둘을 낳으니, 자는 아무개요, 이름은 아무개로, 글을 잘 깨우쳐 중승공이 특히 총애하여, 항상 따라다녔는데, 불행히도 계림에서 죽었다. 아무개는 명경과에 급제한 뒤 설씨(薛氏)와 혼인하였는데, 자식이 없었고, 부친 채(采)는 직위가 낮았다. 이해 모월 모일 위남(渭南) 아무개 마을에 안장하고, 위부인 유해를 옮겼으니, 만년(萬年)에서 온 것으로, 일정 기간 기다리며 아직 합장하지 못했었다. 명문은 다음과 같다.

　비옥한 밭두둑,
　좋은 곡식 심어야 하리라.
　밭 갈고 김 매고,
　들인 공은 똑같으되 소출이 달랐다.
　차곡차곡 이은 가풍,
　승상의 일족이다.
　상서의 손자요,
　대리의 집안이다.
　이렇게 좋은 복을 이으니,
　크고 무성해야 하리라.
　직위도 못 얻고 천수도 누리지 못하고
　어두운 들판에 잠들었다.
　훌륭한 대리경,
　덕의 으뜸이라.

간사함을 꺾고 불교를 억눌러,

태사가 역사에 실었다.

기(冀)·유(幽) 출척사를 맡아,

나라의 명이 존엄해졌다.

신은 많은 복에 인색하여,

군에게 베풀지 않았다.

너울너울 흘러가는 위수(渭水),

그 남안에 묘를 썼다.

마음에 효를 품어,

조부 및 부친과 가까이 있게 했다.

고향 사람 명문 써서,

끝없는 슬픔을 담는다.

河東聞喜裴君諱某, 字某, 好學未仕, 年若干, 元和十四年月日終於京
兆渭南墅. 君之弟中丞公, 督桂州, 命其僚柳宗元以銘. 君之出, 河間邢羣
以狀來告曰: "曾祖諱某, 寧州刺史, 贈戶部尙書. 祖諱某, 起居郎. 父諱某,
尙書刑部員外郎, 議官及浮圖事獨出, 載在史冊. 以八使行天下, 當河北
道疑危頑很難處分之地, 用天子命, 制斷得宜, 於時爲第一, 天下皆仰以
爲相. 會疾終, 再贈至大理卿." 長老咸曰: "裴氏世積德, 起居, 丞相弟也,
以文史用, 大理, 名世人也, 咸聞而不大." 君以友悌愍植, 承其休光, 幽而
不揚, 豈天鍾美於中丞, 嗇而不克並耶? 不然, 君無位以夭, 其可問哉?
　君前娶韋氏, 成都少尹士謨女. 生二子, 字曰某, 名曰某, 以文敏, 中丞
公尤愛幸, 恒從, 不幸卒於桂林. 某擧明經後, 娶於薛氏, 無子, 父寀位卑.
是年月日葬渭南某里, 遷韋夫人之喪, 自萬年來, 有俟, 猶異室. 銘曰:

疇之沃沃, 宜其嘉穀. 有耕有穮, 同施異祿. 明昭次穆, 丞相之族.
尙書之孫, 大里之門. 有慶實延, 宜碩而繁. 不位不年, 晦于丘園.

懿懿大理, 惟德之元. 摧伕抑釋, 太史是論. 黜陟冀、幽, 邦命以尊.
神嗇豐福, 不棄于君. 渭之洋洋, 爰墓其南. 孝思是懷, 祖考之依.
郡人作銘, 惟相其哀.

담계자묘명(覃季子墓銘 : 담계자 묘명)[61]

담계자는 태어날 적부터 책을 좋아했는데, 집안의 가난이 너무나 심했고, 더구나 올곧고 자존심이 매우 강해, 남이 주는 것을 구차하게 받으려 하지 않았다. 경전을 읽고 몇몇 학파를 해설하고, 『태사공(太史公)』, 『반고서(班固書)』로부터 지금에 이르기까지 종횡으로 얽고 관통하여 또 수십 학파를 해설하여, 통합하여 책으로 묶어서 『담자사찬(覃子史纂)』이라고 했다. 또한 『육자(鬻子)』, 『노자(老子)』, 『관자(管子)』, 『장자(莊子)』, 『자사(子思)』, 『안자(晏子)』, 『맹자(孟子)』로부터 지금에 이르기까지, 유가(儒家), 묵가(墨家), 명가(名家), 법가(法家)와 같은 학술로부터 개, 돼지, 풀, 나무에 관한 것에 이르기까지, 세상에 유익한 모든 백여 학설을 『자찬(子纂)』에 수록했다. 도를 터득하는 데 열심이었고, 벼슬을 얻는 데 힘쓰지 않았다. 출척사가 그의 책을 입수하여 성명을 보고함으로써 태자교서에 임명되었다. 모년 모월 모일, 영주 기양현(祁陽縣) 아무개 향(鄕)에서 죽었다. 세상을 떠나며 "학문이 높되 곤궁한 것이 나을까, 차라리 학문은 없되 풍족한 것이 나을까? 지조를 지키되 쓰러지는 것이 나을까, 차라리 세상에 섞여서 편히 사는 것이 나을까?"라고 탄식했다. 그가 죽은 향(鄕)에 안장했다. 그 후 몇년

---

61) 본편은 담계자란 사람의 묘명이다. 담계자에 대해 본편 내용 이외에는 알려진 것이 없다. 본편 내용으로 보아, 당시 영주 일대 초야에서 살다가 세상을 떠났는데, 유종원이 영주에 온 이후 그에 대한 이야기를 듣고 간략하게 묘명을 남긴 것으로 보인다.

지나, 유선생이 영주에 와, 그의 글이 세상에 크게 퍼지지 못한 것을 슬퍼하여, 그의 묘를 찾아 돌에 명문을 새긴다. 명문은 다음과 같다.

그 홀로 곤경을 겪었고, 그 치욕 많이도 당했다.

覃季子, 其人生愛書, 貧甚, 尤介特, 不苟受施. 讀經傳言其說數家, 推太史公、班固書下到今, 橫竪鉤貫, 又且數十家, 通爲書, 號覃子史纂. 又取鬻、老、管、莊、子思、晏、孟下到今, 其術自儒、墨、名、法, 至於狗彘草木, 凡有益於世者, 爲子纂又百有若干家. 篤於聞, 不以仕爲事. 黜陟使取其書以氏名聞, 除太子校書. 某年月日死永州祁陽縣某鄕. 將死, 歎曰: "寧有聞而窮乎, 將無聞而豊乎? 寧介而躓乎, 將涵而遂乎?" 葬其鄕. 後若千年, 柳先生來永州, 戚其文不大於世, 求其墓以石銘. 銘曰:
困其獨, 豊其辱.

속형택위최군묘지(續滎澤尉崔君墓誌 : 형택위 최군 묘지 속편)[62]

태부공(太傅公)이 이미 형택군(滎澤君)의 장례를 위해 지(誌)를 쓴 것이 있는데, 중서시랑동중서문하평장사로 사망했다.[63] 형택군의 후사는 최응(崔膺)으로, 제물과 자금을 준비해서 변(汴)으로 들어갔는데, 변(汴)이 반군에게 함락되어,[64] 상례를 이행하지 못했다. 그때 난리통에 불행히도 최

---

62) 본편은 최군 묘지의 속편이다. 원래 전편 묘지는 태부(太傅)에 추증된 최우보(崔祐甫)가 썼다. 그런데 최우보가 세상을 떠나 장례를 마치지 못했다가, 우여곡절 끝에 나중에 마치게 되어, 유종원이 속편을 써서 장례가 늦은 까닭은 쓴 것이다.
63) 대력 14년(779) 윤 5월, 하남 소윤 최우보(崔祐甫)를 동평장사(同平章事)로 삼았는데, 다음 해 건중 원년(780) 6월 사망하여, 태부에 추증했다.

응 역시 사망했다. 최응의 아우가 최태소(崔太素)로, 벼슬이 운양령(雲陽令)
에 이르렀는데, 그 뜻을 이루고자 출발하려던 중 남해(南海)로 폄적되었
다. 원화 9년(814)에 신주(信州)로 옮겼으나 여전히 연루된 일이 많아 고향
에 가지 못했다. 이 일을 오랫동안 이행하지 못하고 질질 끌게 될까 매
우 염려하여, 울며 그의 아들 아무개에게 명하여, 모월 모일 군의 상례를
추진하여, 모처에 이르러, 모월 갑자일에 안장하고, 지(誌)는 태부공이 쓴
것을 사용했다. 또한 하동 유(柳) 아무개더러 장례가 늦춰진 까닭을 쓰고
일을 마친 년월일을 기록하게 했다.

太傅公旣誌滎澤君之葬, 明年, 爲中書侍郎同中書門下平章事以卒. 滎
澤君之嗣曰膺, 備物具貨入于汴, 汴陷于戎, 喪焉不果行. 會世難, 不幸膺
亦死. 膺之亞曰太素, 仕至雲陽令, 求其志, 將行, 謫南海上. 元和九年, 移
信中, 猶有累, 不克如其鄉. 大懼緩慢玆久, 哭命其子某, 以某月日啓君之
喪, 至于某, 葬用某月甲子, 志用太傅公之辭. 又命河東柳某書緩故, 且志
終事之年月日.

---

64) 건중 4년(783) 12월, 회서(淮西) 절도사 이희열(李希烈)이 변주를 함락했다.

제12권 표지(表誌)

선시어사부군신도표(先侍御史府君神道表 : 선친 시어사 신도표)[1]

아아! 선친의 묘에 숙부 전중군(殿中君)께서 이미 지(誌)를 쓰셨다.[2] 아들 종원이 감히 선친의 덕을 칭송할 수는 없으되, 밖으로 드러나지 못한 내용 중에서, 숙부께서 쓰신 내용을 그대로 채택하고, 그 말에 이어서 이 석표(石表)에 새긴다.

---

1) 본편은 유종원 선친의 신도표(神道表)이다. 유종원은 영정 원년(805) 8월에 영주사마로 폄적되었다. 다음 해 원화(元和)로 개원하였고, 모친이 영주에서 사망했다. 다음 해 선친의 묘에 귀향 합장했다. 이 신도표는 이때 쓴 것이 틀림없다.

2) 유종원이 묘표(墓表) 및 묘판문(墓版文)을 쓴 '숙부전중시어사'가 바로 여기서 말하는 전중군(殿中君)이다. 묘표와 묘판문에서도 이름을 밝히지 않았다. 「재상연표(宰相年表)」에서도 아무개[某]가 삭방영전부사(朔方營田副使)·전중시어사를 지냈다고만 해서, 이름을 알 수 없다.

선친의 이름은 진(鎭), 자는 아무개이다. 6대조는 경(慶)으로, 후위(後魏)의 시중(侍中)을 지냈고 평제공(平齊公)에 책봉되었다.3) 5대조는 단(旦)으로, 주(周)의 중서시랑을 지냈고 제음공(濟陰公)에 책봉되었다.4) 고조부는 해(楷)로, 수(隋)에서 제(濟)·방(房)·난(蘭)·곽(廓) 네 주의 자사를 지냈다.5) 증백조부는 석(奭)으로, 자는 자연(子燕)이며, 당(唐)에서 중서령을 지냈다.6) 증조부는 자하(子夏)로, 서주장사(徐州長史)를 지냈다.7) 조부는 종유(從裕)로, 창주(滄州) 청지령(清池令)을 지냈다. 부친은 찰궁(察躬)으로, 호주(湖州) 덕청령(德清令)을 지냈다. 대대로 청렴과 효성의 덕을 이어 황하 근처에서 이름을 날렸고, 사대부들이 가풍을 칭찬할 때면 항상 첫손가락에 꼽았다.

선친의 도(道)는 『시』에서 화합을 배웠고, 『서』에서 정치를 배웠고, 『역』에서 곧고 큼을 배웠고, 『춘추』에서 권선징악을 배워서, 안에 깊이 심어지고 밖으로 피어나, 당시에 명성을 날렸다. 천보 말기에 경술(經術)로 과거에 합격했다. 난을 만나, 덕청군부인(德清君夫人)을 모시고8) 집안의 장서를 싣고 왕옥산(王屋山)에 은신했다. 샛길로 다니며 식량을 구하고, 깊이 은신하여 학업을 갈고 닦아, 「피서부(避暑賦)」를 지었다. 형제와 사촌의 자식 및 조카를 한데 모아 『좌전』, 왕씨 『역』 등을 강론하여, 조금도 소홀함 없이 정성을 다하며, 근심을 잊었다. 덕청군이 기뻐하며 "이게 바로 세상을 피해도 고민이 없다는 것이다"라고 했다. 난이 조금 소강상태에 이르자 온 가족이 오(吳)로 갔는데, 먹고 살 길이 없었다. 선친은 혼자 노새를 타고 마부나 따르는

---

3) 유경(柳慶)의 자는 경흥(更興)이다. 하동(河東) 해(解) 사람으로, 위(魏)나라 때 상서좌복야를 지냈다.

4) 유경에게는 기(機)·홍(弘)·단(旦)·숙(肅)의 네 아들이 있었다. 유단(柳旦)의 자는 광덕(匡德)으로, 수(隋)에서 벼슬하여 황문시랑이 되었다.

5) 유단에게는 유칙(柳則)·유해(柳楷) 두 아들이 있었다.

6) 유칙의 아들 유석(柳奭)이 고종 영휘(永徽) 3년(652) 3월 중서령이 되었다. 유석이 유진(柳鎭)의 증백조이므로, 유칙은 유종원의 고백조가 된다. 『신당서』의 유종원 전기와 한유(韓愈)의 유종원 묘지(墓誌)에서 모두 증백조라고 했는데, 착오인 듯하다.

7) 유해에게는 자하(子夏)·역(繹) 두 아들이 있었다.

8) 덕청군부인은 유진의 모친, 즉 유종원의 조모이다.

하인 없이 길을 나서, 어진 사람을 찾아가 식량을 보태달라고 부탁했다. 한 번은 산 속 계곡을 지나던 중 갑자기 물이 불어, 떠내려가 큰 골짜기까지 갔으나 큰 탈이 없었다. 흙탕물을 뒤집어쓰고도 화난 기색 없이 길을 가서, 보는 사람들은 애처롭게 생각하면서도 예를 갖추었다. 종조부 육합군(六合君)이 권세가의 비위를 건드려 관청에서 죽었는데, 그래도 여전히 사건 조사를 진행했다. 선친은 변장을 하고 4천 리 넘는 길을 걸어서 상부에 말하여, 이로 인해 국문을 면하게 되었다.

얼마 후 천자가 난을 평정하여 조령을 발표하고 태평 세월이 이르게 하였다. 백성은 병란을 겪었고, 농민은 쟁기와 호미를 잃어, 마땅히 태학을 일으키고 농사를 권해야 할 때임을 감안해서, 『삼로오경의(三老五更議)』·『적전서(籍田書)』를 지어, 목욕재계하고 황제에게 올렸다. 결국 채택되지는 않았다. 좌위솔부병조참군(左衛率府兵曹參軍)의 자리를 주었다. 상부(尙父) 분양왕(汾陽王)이 삭방(朔方)에 있었는데,[9] 예의를 갖추어 초대하여 좌금오위창조참군(左金吾衛倉曹參軍)의 자리를 주어, 절도추관(節度推官)이 되어 문서와 상소를 전담하고, 대리평사로 승진되었다. 형법(刑法)이란 군대의 근간이요 척후(斥候)란 변방의 눈과 귀라 제대로 갖추지 않으면 안된다고 생각했다. 「진문공삼죄의(晉文公三罪議)」·「수변론(守邊論)」을 지어,[10] 논의가 정확하고 솔직했는데, 세상에서 받아들일 수 없었다. 진주(晉州) 녹사참군(錄事參軍)에 임명되었다. 진(晉)의 통치를 맡은 사람이 예로부터 무장 출신이라, 인문적 소양이 부족하고 사나우며 살륙을 즐겨서, 관리들 중 감히 맞서려는 자가 없었다. 선친께서 홀로 이치로 따지며 맞서, 무고한 사람이 죽게 되면 항상 몸으로 채찍을 막으면서 명령을 따르지 않고 거역했다. 자사가 대노하여 책상을 뒤집고 의자를 부숴도 그

---

9) 당시 삭방절도사 곽자의(郭子儀)를 말한다.
10) 『좌전』 희공(僖公) 28년, 진(晉) 문공(文公)이 전힐(顚頡)·기만(祁瞞)·주지교(舟之僑)를 죽였는데, 군자들이 말하기를 문공이 형벌을 제대로 쓸 줄 알아서 셋을 벌하여 백성이 복종했다고 했다.

뜻을 빼앗을 수 없었다. 이렇게 밑에서 위의 잘못을 바로잡으려고 하면 장차 위태롭게 되리라고 생각해서 「천갈목최시(泉竭木摧詩)」를 지었다. 끝까지 곧음을 지킴으로써 치욕을 당하는 것을 면하여, 장안주부로 이동되었다. 덕청군의 복상 기간 동안 슬픔은 지나쳤으되 예를 벗어나지 않아, 사대부들이 모두 탄복했다. 복상을 마치자, 상이부(常吏部)가 태상박사로 임명했다.11) 선친은 완강하게 "모친께서 연로하고 쇠약하여 혼자 오(吳)에 계시므로, 선성령(宣城令)이 되길 원합니다"라고 세 번을 사양한 후에 허락을 얻어, 선성으로 옮겼다. 4년 후 문향령(閿鄕令)이 되었다. 관리의 고과가 모두 최상이라, 서리도 주민도 그리워하여 비석을 세워 덕을 칭송했다. 전중시어사로 옮기고, 악(鄂)·악(岳)·면(沔) 도단련판관(都團練判官)이 되었다. 도단련사가 교활한 반란군을 대파하고 추가 책봉되자 「하구파로송(夏口破虜頌)」을 지었다. 몇년 후 조정에 들어가 전중시어사로 근무하는데, 마침 재상이 헌부(憲府)와 결탁해서 바른 사람을 모함하여 개인적 원한을 갚으려고 했다.12) 누군가 신문고를 두드려 황제에게 보고하자, 황제께서 선친더러 삼사(三司)를 총괄하여 사건을 해결하라고 명하여, 도착하자마자 사건의 왜곡을 되돌려서 깨끗하게 해결했다. 재상이라고 해서 감히 위엄을 믿고 욕심을 채우려고 하지 못했고, 상관이라고 해서 감히 개인적 욕심을 품고 청탁을 하지 못했고, 모든 억울함이 풀리고, 사악한 무리가 두려워 피했고, 상소문을 밀봉하여 은밀히 올려서 천자에게 직접 보고하여, 결국 아무도 이러쿵저러쿵 말을 못했다. 1년 후 다른 일로 중상모함을 당해 기주(夔州) 사마로 폄적되었다.13) 「응전시(鷹鸇詩)」를 지었다. 3년 후 악의 무리들이 처벌을 당하여, 시어사에 임명되었다.14)

---

11) 상이부의 이름은 곤(衮)이다.
12) 정원 4년(788), 섬괵(陝虢) 관찰사 노악(盧岳)이 죽었는데, 노악의 처가 재산을 나누면서 첩의 자식에게는 주지 않았다. 첩이 이를 상소하자, 어사중승 노소(盧佋)가 첩의 죄를 중하게 다루려고 했는데, 시어사 목찬(穆贊)이 듣지 않았다. 목찬이 금품을 받았다고 노소와 두참(竇參)이 함께 모함하여, 체포하여 옥으로 보냈다.
13) 1년 후 두참이 결국 다른 일로 중상 모함하여, 유진은 기주사마로 폄적되었다.

임명장에 "정의를 지키는 마음, 악을 미워하고 두려워하지 않는다"라는 내용이 있어, 선친은 이를 듣고 눈물을 흘리며 "내게 아들이 단 하나인데, 매우 사랑한다. 폄적되어 가는 길에 남전 집에 들러 작별을 고하며 '내 눈엔 눈물이 없다'고 했는데, 지금은 옷이 젖는 줄도 모르게 눈물이 흐르니, 너무도 내 마음을 움직이는 말이기 때문이리라!"고 말하고 「희제지가(喜霽之歌)」를 지었다. 어사대에서 부직을 맡아 어사중승의 법 집행을 보좌하며, 나라의 기강을 바로잡았다.

정원 9년(793), 종원은 진사에 급제했다. 황제께서 담당관에게 "조정에서 벼슬하는 자의 자제라서 부당하게 합격한 경우는 없는가?"라고 물어, 담당관이 나는 선친의 아들이라고 보고했다. 황제께서 "이는 예전에 간신 두참과 맞섰던 자 아닌가! 그가 아들의 합격을 청탁할 사람이 아니라는 것을 나는 안다"라고 했다. 이해 5월 17일, 친인리(親仁里) 집에서 세상을 떠나니, 향년 55세이다. 7월 모일, 만년현(萬年縣) 서봉(棲鳳) 터에 안장했다. 11년 후, 종원은 어사에서 상서랑이 되었다. 당시 새 천자가 천하에 포상을 행하고자 하여, 선친을 추증하라는 명을 내렸건만, 담당관의 관련 문서 작성이 늦었다. 마침 종원이 죄를 얻어서 결국 시행되지 못했다.

태부인은 범양(范陽) 노씨(盧氏)로, 아무개 관직을 지낸 아무개의 딸이며, 실로 완전한 덕을 갖추어, 9족의 종부로 모범을 보였다. 부드럽고 현명하게, 근검으로 그 뜻을 행하고, 그림 역사 잠언 계명(誡命)으로 자녀를 가르쳐, 그래서 두 딸이 시집갈 때,[15] 모두 여성의 모범이었다. 태부인은 이미 하동현태군(河東縣太君)에 책봉되어, 흥경궁(興慶宮)에서 태상황후(太上皇后) 책봉 의식에 참여한 적이 있다. 그 후 종원이 직위가 강등되어 영주사마가 되어서, 곁에서 모시며 안부를 살펴보았는데, 근심의 기색을 보인 적이 없었다. 원화 원년(806) 5월 15일, 영주 불사(佛寺)에서 돌아가셨으니, 향년 68세이다.

---

14) 정원 8년(792) 4월, 두참이 죄를 얻어, 다시 유진을 시어사로 임명했다.

15) 유진은 두 딸을 두어, 장녀는 최간(崔簡)에게 시집갔고, 차녀는 배근(裴墐)에게 시집갔다.

아아! 종원이 선친의 가르침을 성실히 따르지 않아 큰 화에 빠졌으되 다행히 죽음은 면했다. 선친께서 내려주신 총애를 미처 다 이루지 못하고 또한 태부인의 음식마저 편안하게 봉양하지 못했는데, 하늘이 잔혹한 벌을 주어 죄수 명단에 이름이 오르게 되었다. 내가 직접 이 손으로 묘혈 열어 안장시켜 드리지 못하니, 죄악은 더 크고 세상에서 용납되지 않으리라. 후손을 이을 일을 생각하면 감히 죽지도 못한다. 사지는 묶이고 숨은 멈추어서 엄한 형벌을 받고 있다. 제사에 상주가 없어서 덕망을 욕되게 할까 심히 두렵다. 감히 특생(特牲)으로 신도(神道)에 밝게 고하고, 만리 밖에서 소리치고 절규하며 말을 마치노라.

嗚呼! 先君之墓, 仲父殿中君誌焉. 孤宗元不敢稱道先德, 然而無以昭于外者, 用敢悉取仲父之所陳而繫其辭, 刻玆石表.

先君諱鎭, 字某. 六代祖諱慶, 後魏侍中平齊公. 五代祖諱旦, 周中書侍郞濟陰公. 高祖諱楷, 隋刺濟、房、蘭、廓四州. 曾伯祖諱奭, 字子燕, 唐中書令. 曾祖諱子夏, 徐州長史. 祖諱從裕, 滄州淸池令. 皇考諱察躬, 湖州德淸令. 世德廉孝, 颺于河滸, 士之稱家風者歸焉.

先君之道, 得詩之羣, 書之政, 易之直方大, 春秋之懲勸, 以植于內而文于外, 垂聲當時. 天寶末, 經術高第. 遇亂, 奉德淸君夫人, 載家書隱王屋山. 間行以求食, 深處以修業, 作避暑賦. 合羣從弟子姪, 講春秋左氏、易王氏, 衎衎無倦, 以忘其憂. 德淸君喜曰 : 玆謂遯世無悶矣. 亂有間, 擧族如吳, 無以爲食. 先君獨乘驢無僮御以出, 求仁者, 冀以給食. 嘗經山澗, 水卒至, 流抵大堅, 得以無苦. 被濡塗以行無慍容, 觀者哀悼而致禮加焉. 季王父六合君忤貴臣, 死於吏舍, 猶鞫其狀. 先君改服徒行, 逾四千里, 告于上, 由是貸其問.

旣而以爲天子平大難, 發大號, 且致太平. 人罷兵戎, 農去未耜, 宜以時興太學, 勸耦耕, 作三老五更議、籍田書, 齋沐以獻. 道不果用. 授左衛率府兵曹參軍. 尙父汾陽王居朔方, 備禮延望, 授左金吾衛倉曹參軍, 爲節度推官, 專掌書奏, 進大理評事. 以爲刑法者軍旅之楨幹, 斥候者邊鄙之視聽, 不可以不具. 作晉文公三罪議、守邊論, 議事確直, 世不能容. 表爲晉州錄事參軍. 晉之守, 故將也, 少文而悍, 酣嗜殺戮, 吏莫敢與之爭. 先君獨抗以理, 無辜將死, 常以身扞笞箠, 拒不受命. 守大怒, 投几折簣, 而無以奪焉. 以爲自下繩上, 其勢將殆, 作泉竭木摧詩. 終秉直以免於恥, 調長安主簿. 居德清君之喪, 哀有過而禮不逾, 爲士者咸服. 服既除, 常吏部命爲太常博士. 先君固曰:“有尊老孤弱在吳, 願爲宣城令.” 三辭而後獲, 徙爲宣城. 四年, 作閱鄉令. 考績皆最, 吏人懷思, 立石頌德. 遷殿中侍御史, 爲鄂岳沔都團練判官. 元戎大攘狄虜, 增地進律, 作夏口破虜頌. 後數年, 登朝爲眞, 會宰相與憲府比周, 誣陷正士, 以校私讎. 有擊登聞鼓以聞于上, 上命先君總三司以聽理, 至則平反之. 爲相者不敢恃威以濟欲, 爲長者不敢懷私以請間, 羣冤獲宥, 邪黨側目, 封章密獻, 歸命天子, 遂莫敢言. 逾年, 卒中以他事, 貶夔州司馬. 作鷹鸇詩. 居三年, 醜類就殛, 拜侍御史. 制書曰:“守正爲心, 疾惡不懼.” 先君捧以流涕, 曰:“吾唯一子, 愛甚, 方謫去至藍田, 訣曰:‘吾目無涕.’ 今而不知衣之濡也, 抑有當我哉!” 作喜霽之歌. 副職持憲, 以正經紀.

　貞元九年, 宗元得進士第. 上問有司曰:“得無以朝士子冒進者乎?” 有司以聞. 上曰:“是故抗姦臣竇參者耶! 吾知其不爲子求擧矣.” 是歲五月十七日, 終于親仁里第, 享年五十有五. 七月某日, 葬于萬年縣棲鳳原. 後十一年, 宗元由御史爲尙書郎. 天子行慶于下, 申命崇贈, 而有司草創頗緩. 會宗元得罪, 遂寢不行.

　太夫人范陽盧氏, 某官某之女, 實有全德, 爲九族宗師. 用柔明勤儉以行其志, 用圖史箴誡以施其教, 故二女之歸他姓, 咸爲表式. 太夫人既授封河東縣太君, 會冊太上皇后于興慶宮. 既乃宗元貶秩, 爲永州司馬, 奉侍溫凊, 未嘗見憂. 元和元年五月十五日, 終于州之佛寺, 享年六十八.

　嗚呼! 宗元不謹先君之教, 以陷大禍, 幸而緩於死. 既不克成先君之寵贈, 又無以寧太夫人之飮食, 天殛荐酷, 名在刑書. 不得手開玄堂以奉安

袝, 罪惡益大, 世無所容. 尙顧嗣續, 不敢卽死. 支綴氣息, 以嚴邦刑. 大懼
祭祀之無主, 以忝盛德. 敢用特牲, 昭告神道, 號叫萬里, 以畢其辭云.

선군석표음선우기(先君石表陰先友記 : 선친 묘비 뒷면에 선친 친구들을 기재하다)[16]

원고(袁高), 하남(河南) 사람이다.[17] 급사중을 지냈으며 과감하게 간쟁했다. 정직과 충성이 그에 견줄만한 사람이 없었다.[18] 자기가 맡았던 관직을 크게 하였으며, 거듭 추증되어 예부상서에 이르렀다.[19]

강공보(姜公輔),[20] 내학사(內學士)를 지냈으며, 뛰어난 계책으로 재상의 자리에 올랐다.[21] 간쟁을 잘 하여, 면직되었다.[22] 나중에 죄로 폄적되었

---

16) 본편은 유종원 선친 묘비 뒷면에 선친의 친구를 열거한 것이다. 유종원의 성장 배경과 인맥 등을 살피는 데 유용한 자료이다. "유종원은 선친 묘비 뒷면에 선친의 친구 67명을 기재했는데, 전기 등과 대조해본 결과, 저명한 사람은 대략 20명이었다"고 소식(蘇軾)이 말했다. 또한 유종원이 이렇게 선친의 비석 뒷면에 선친의 친구를 소개한 것은 「칠십제자전(七十弟子傳)」 체재를 따른 것이라고 진장방(陳長方)은 평가했다.

17) 자는 공이(公頤), 창주(滄州) 동광(東光) 사람이다.

18) 정원 원년(785) 정월, 덕종이 길주(吉州) 장사 노기(盧杞)를 요주(饒州) 자사로 삼으려고 했다. 원고(袁高)더러 조서를 쓰라고 명했는데 원고가 듣지 않아, 사인(舍人)더러 쓰라고 다시 명했다. 조서가 내려왔는데, 원고는 붙들고 내려보내지 않았다. 노기는 간사한 사람이라고 말하여, 이에 노기를 풍주(灃州) 별가로 고쳐 임명했다.

19) 「원서기전(袁恕己傳)」 참조

20) 애주(愛州) 일남(日南) 사람이다.

21) 강공보가 한림학사로 있을 때, 주체(朱泚)가 반란을 일으켜, 황제를 따라 봉천(奉天)으로 가서, 여러 번 기발한 계책을 내놓았다. 건중 14년(783) 10월, 간의대부에서 동평장사가 되었다.

22) 황제의 산남(山南) 정벌을 따라갔는데, 당안공주(唐安公主)가 죽었다. 당안공주는 황제의 장녀였다. 장례를 후하게 지내라고 조령을 내렸다. 강공보는 "도적을 평정하고 돌아가서 장례를 지내야 합니다. 지금은 출정 중이어서 쓰임새를 검소하게 하여 군비의 부담을 덜어야 합니다"라고 했다. 황제가 노하여 흥원 원년(784) 4월, 파직하여 태자좌

다가, 다시 자사에 임명되었는데, 세상을 떠났다.[23]

제영(齊映), 남양(南陽) 사람이다.[24] 재상을 지냈다.[25] 문장에 뛰어나고 기민하여 이름이 나고 등용되었다.

엄영(嚴郢), 하남 사람이다.[26] 강하고 매섭고 싸움을 좋아하였으며, 충정과 능력이 있다고 일컬어졌다. 경조윤·하남윤을 지냈고,[27] 어사대부를 지냈다.[28] 맡은 직무를 잘 해냈는데, 간사한 소인의 모함과 선동에 걸려들어 폄적되어 사망했다.[29]

원전유(元全柔),[30] 하남 사람이다. 기상이 매우 뛰어나고, 원수를 덕으로 갚기를 잘 했고, 마음이 넓고 너그러웠다. 대관을 지냈고, 토지가 있었고,[31] 조정에 들어가 태자빈객을 지냈다.

두황상(杜黃裳), 경조(京兆) 사람이다.[32] 도량이 큰 사람으로, 정치의 요체를 잘 파악하여 말했고, 재상을 지냈고,[33] 내실이 있었고,[34] 누구에게 아첨하지 않았다. 지략을 이용해 촉(蜀)의 반란을 물리쳐,[35] 사공(司空)의

서자로 내려보냈다.

23) 정원 8년(792) 11월, 강공보를 천주(泉州) 별가로 폄적시켰다. 순종이 즉위하여 길주(吉州) 자사에 임명했다. 부임하기 전에 죽었다.

24) 영주(瀛州) 고양(高陽) 사람이다. 여기서 남양이라고 한 것은 착오이다.

25) 정원 2년(786) 정월, 제영을 동평장사로 삼았다.

26) 자는 숙오(叔敖), 화주(華州) 화음(華陰) 사람이다.

27) 대력 14년(779) 3월, 하남윤 수륙전운사에서 경조윤이 되었다.

28) 건중 2년(781) 7월, 양염(楊炎)이 재상에서 파직되고 노기(盧杞)가 어사대부로 엄영을 끌어들였다.

29) 이해 10월, 양염이 좌복야에서 애주(崖州) 사마로 폄적되었다. 노기는 엄영을 이용해 양염을 파직시켰기에 엄영을 기피하게 되어, 어떤 일에 연루시켜 비주(費州) 자사로 내보냈다.

30) 후위(後魏) 효문황제(孝文皇帝)의 후손이다.

31) 건중 2년(781) 9월, 항주(杭州) 자사에서 검중(黔中) 관찰사로 임명되었다. 정원 2년(786) 4월, 호남관찰사로 옮겼다.

32) 자는 준소(遵素), 경조 두릉(杜陵) 사람이다. 보응(寶應) 2년(763) 진사에 합격했다.

33) 정원 21년(805) 7월, 태상경(太常卿)에서 평장사(平章事)가 되었다.

34) '내실이 있었다'고 옮긴 부분은 원문이 "有牆仞"으로, 의미가 확실하지 않다.

35) 유벽(劉闢)이 난을 일으키자, 검남(劍南)은 지형이 험해서 전쟁을 일으키면 안된다는 의견이 대부분이었다. 두황상만이 토벌할 것을 적극 주장하여, 헌종이 따랐다.

지위가 더해지고, 하중(河中) 절도사로 외근했다.36)

유공제(劉公濟), 하간(河間) 사람이다. 관후(寬厚)하고 도량이 컸으며, 외물과 저촉되는 것이 없었다. 위북(渭北) 절도사를 지냈고,37) 조정에 들어가 공부상서(工部尚書)를 지내다 세상을 떠났다.38)

양씨(楊氏) 형제, 홍농 사람이다. 모두 효성스럽고 우애가 깊고, 문장에 뛰어났다. 양빙(楊憑)은 강남서도에서 조정에 들어가 산기상시(散騎常侍)를 지냈다.39) 양응(楊凝)은 병부랑중으로 세상을 떠났다.40) 양릉(楊凌)은 대리평사로 세상을 떠났다.41) 가장 문장에 뛰어났다.

목씨(穆氏) 형제, 하남 사람이다.42) 모두 굳세고 어질고 효성스러웠다. 목찬(穆贊)은 어사중승을 지냈다. 간신에게 대항하여 폄적되었다.43) 나중에 선(宣)·지(池)·흡(歙) 처치사에 이르렀다가 세상을 떠났다.44) 목질(穆質)은 상서랑을 지냈다. 시어사내공봉(侍御史內供奉)으로 재임하다 세상을 떠났다. 가장 글에 뛰어났다.

황보정(皇甫政), 하남 사람이다. 위엄과 의표가 있었다. 절동염사(浙東廉使)에서 태자빈객이 되었다.45)

---

36) 원화 2년(807) 정월, 재상에서 파직되고 하중절도사가 되었다.
37) 정원 18년(802) 11월, 동주(同州) 자사에서 위북(渭北) 부방(鄜坊) 절도사에 임명되었다.
38) 정원 20년(804) 정월, 조정으로 불러들여 공부상서에 임명했는데, 조금 있다 세상을 떠났다.
39) 양빙의 자는 허수(虛受) 또는 사인(嗣仁)이다. 정원 원년(785) 11월, 호남관찰사에서 강서로 옮겼고, 강서에서 조정으로 옮겨 좌산기상시를 지냈다.
40) 양응의 자는 무공(懋功)이다.
41) 양릉의 자는 공이(恭履)이다.
42) 회주(懷州) 하내(河內) 사람이다.
43) 목찬의 자는 상명(相明)이다. 목찬이 노소와 두참의 모함을 당한 사건 얘기는 앞 편 유종원 선친의 「신도표」 주석에 나온다. 목찬이 모함으로 하옥되자, 동생 목상(穆賞)이 억울함을 호소하는 상소문을 올려, 삼사(三司)에서 다시 사건을 심리하도록 지시하였는데, 결국 혐의가 없음이 밝혀졌다. 그래도 침주(郴州) 자사로 폄적되었다.
44) 영정 원년(805) 8월, 상주(常州) 자사에서 선·흡·지 관찰처치사로 임명되었다. 11월에 세상을 떠났다.
45) 정원 3년(787) 정월, 선주(宣州) 자사에서 절동관찰사가 되었다. 13년(797) 3월, 조정에 들어가 태자빈객이 되었다.

배추(裴樞), 선친과 동향인 하동 사람이다. 어사를 지냈다. 천자가 분명하지 않은 죄를 씌워 관리를 주벌하려 하는 것을 배추가 머리 조아리며 극구 그 실상을 말하고자 한 까닭에 폄적되었다. 후에 상서랑이 되었다.

이주(李舟),[46] 농서(隴西) 사람이다. 문장에 학문이 깊었고, 변론에 뛰어났으며, 의지와 기개가 높았다. 상서랑의 신분으로 위험하고 의심많은 반란군 지역에 두 번이나 사신으로 파견되었으며, 임무를 욕되게 하지 않았다.[47] 그의 도가 크게 알려졌다. 참언과 질투를 당하여 외지의 자사로 옮겨져서, 고질이 발병하여 죽었다.

이용(李鄘), 강하(江夏) 사람이다.[48] 과감하고 검약한 것으로 자부했고, 의젓하게 관직을 잘 수행했다. 어사중승·경조윤[49]·봉상(鳳翔)절도사를 지냈다.[50]

양숙(梁肅), 안정(安定) 사람이다.[51] 가장 글에 뛰어났고, 보궐로 역사를 편찬했다. 황태자를 모셨다.[52] 사망 이후 예부낭중에 추증되었다.

진경(陳京),[53] 사상(泗上) 사람이다. 처음에 간관이 되어, 누차 간쟁했다.[54] 개인적으로도 품행이 뛰어났으며, 문자의 뜻을 밝힌 글을 많이 썼

---

46) 자는 공도(公度)이다.
47) 건중 원년(780) 4월, 경원별가(涇原別駕) 유문회(劉文喜)가 주를 근거지로 반란을 일으켰다. 이주더러 사신으로 가도록 명하여, 갔는데 유문회는 그를 옥에 가두었다. 5월, 유문회 휘하 장수 유해빈(劉海賓)이 유문회를 죽이고 항복했다. 2년, 양숭의(梁崇義)가 변고를 일으키려고 하여, 그때 이주는 금부원외랑으로 있었는데, 양주(襄州)로 파견되어, 설득하고 회유하여 아무 일이 없게 하라는 명을 받았다. 전국 각지에서 발호를 일삼는 자들이 이주는 성을 뒤엎고 장수를 죽일 수도 있다고 했다. 양주에 이르자, 양숭의가 싫어했다. 군중에서 의심하고 두려워하므로 다른 사신으로 교체해달라고 보고했다.
48) 이용의 자는 건후(健侯), 양주(揚州) 강도(江都) 사람이다.
49) 순종이 즉위하여 어사중승에 임명했다. 영정 원년(805) 10월, 경조윤으로 옮겼다. 원화 원년(806) 2월, 상서우승에 임명했다. 8월, 다시 경조윤이 되었다.
50) 원화 2년(807) 6월, 검교예부상서·봉상윤·봉상농우절도사에 임명되었다.
51) 자는 경지(敬之) 또는 관중(寬中)이요, 수(隋)나라 형부상서 양비(梁毗)의 5대손으로, 대대로 육혼(陸渾)에서 살았다.
52) 황태자제왕시독(皇太子諸王侍讀)을 지냈다.
53) 진경의 자는 경복(慶復)이다. 진(陳) 의도왕(宜都王) 숙명(叔明)의 5대손이다. 대력 6년(771) 진사 급제했다.

다. 급사중을 지냈다. 천자가 재상으로 삼으려 하였는데, 마침 병에 걸려, 스스로를 칼로 찔러, 고질이 되어 사망했다.

한회(韓會), 창려(昌黎) 사람이다. 청담(淸談)을 잘 했고, 글에 뛰어나서 가장 명성이 높았다. 그러나 그로 인해 훼방(毀謗)을 많이 받았다. 기거랑에 이르렀다. 폄적되어 사망했다.[55] 아우가 한유(韓愈)로, 글이 더욱 뛰어났다.

허맹용(許孟容), 오(吳) 사람이다.[56] 독서하고 글을 짓고 웅변에도 뛰어났다. 급사중이 되어, 항상 국사를 논했다. 태상소경에서 형부시랑이 되었다.[57]

이적(李勣),[58] 농서 사람이다. 정의감이 매우 투철했다. 형부낭중에 이르러, 세상을 떠났다. 예전에 선친과 삼사(三司)의 하나로 일했던 분이다.[59] 삼사 중 또 한 사람은 당시 대리경 양우(楊瑀)였다.[60] 양우는 특별히 언급할 점은 없고, 역시 공정하고 정직하여 어사를 지냈다.

우문막(宇文邈),[61] 하남 사람이다. 글재주가 있고, 근면 성실한 사람이다. 어사중승을 지냈고, 자기 도를 굳게 지켰다. 그러나 너무 강직해서 면직되었고, 다시 자사가 되었다가 세상을 떠났다.

원자(袁滋), 진군(陳郡) 사람이다.[62] 전서(篆書)에 뛰어났고, 글 잘 쓰고 민첩하고 남들과 다투지 않았다. 재상이 되어,[63] 절도사로 보냈으나 명을 따르려고 하지 않아 자사로 폄적되었다.[64] 다시 의성군(義成軍) 절도

---

54) 덕종이 봉천(奉天)에서 경사로 돌아와, 진경을 좌보궐로 발탁했는데, 누차 간쟁을 했다.

55) 대력 14년(779) 4월, 기거사인에서 소주(韶州) 자사로 폄적되어, 세상을 떠났다.

56) 허맹용의 자는 공범(公範), 경조 장안 사람이다. 대력 11년(776) 진사 급제했다.

57) 정원 연간에 너무 통절한 풍자를 많이 해서 태상소경으로 바뀌었다. 원화 초기에 형부시랑으로 옮겼다.

58) 이적은 대력 2년(767) 진사 급제했다.

59) 정원 4년(788), 이적은 형부원외랑이었고, 양우(楊瑀)는 대리경이었고, 유종원의 부친 유진은 전중시어사였는데, 셋이서 목찬(穆贊)의 옥사를 재심했다. 앞 편 유종원의 부친 신도표에 설명되어 있다.

60) 양우는 대력 9년(774) 진사 급제했다.

61) 우문막은 대력 2년(767) 진사 급제했다.

62) 원자의 자는 덕심(德深)이다. 채주(蔡州) 낭산(朗山) 사람이다.

63) 영정 원년(805) 7월, 동평장사가 되었다.

사가 되었다가 세상을 떠났다.65)

노군(盧羣), 범양(范陽) 사람이다.66) 박학다식했고, 인정하는 사람이 많
았다. 반란이 일어난 지역에 사절로 파견되어 가서, 임무 수행을 잘 한다
고 천자가 여겼다.67) 의성군절도사가 되어, 세상을 떠났다.68)

최손(崔損), 청하(淸河) 사람이다.69) 두려움이 많고 신중하여, 재상이 되
어서,70) 특별히 한 일은 없었다. 그러나 누구를 해치진 않았다. 천자가
유독 총애하여 장자(長者)로 삼았다.

정여경(鄭餘慶), 형양(滎陽) 사람이다.71) 두 번 재상이 되었다.72) 처음에
는 천하 사람들이 모두 장자(長者)로 여겼는데, 고관이 되고 나서 명성이
더 적어졌다. 지금은 상서·하남윤으로 있으며,73) 무고하다.

정이용(鄭利用), 정여경의 사촌형이다.74) 진정한 장자(長者)이다. 대리소
경에서 어사중승이 되고, 다시 중승에서 대리소경이 되었다.

---

64) 이해 10월, 원자를 서천(西川) 절도사로 임명하고, 유벽(劉闢)을 급사중으로 불러들였
다. 원자는 유벽이 두려워 감히 부임하려고 하지 않았다. 11월, 원자를 길주(吉州) 자사
로 내려보냈다.

65) 원화 원년(806) 7월, 길주에서 의성군절도사로 임명되었다. 12년(817)에 호남관찰사
가 되어 죽었다. 의성군절도사로 죽지는 않았다.

66) 자는 재초(載初), 세계(世系)가 범양으로부터 나왔다.

67) 회서(淮西) 절도사 오소성(吳少誠)이 유수(洧水)의 물길을 마음대로 터 밭에 물을 댔다.
사절을 보내 제지하도록 했으나, 듣지 않았다. 노군더러 채주(蔡州)에 가서 힐책하도록
했다. 오소성이 그의 말을 들어, 사절의 사명을 잘 이행한다고 해서 검교비서소감으로
옮겼다.

68) 정원 16년(800) 4월 의성군절도사에 임명되고, 9월에 죽었다.

69) 최손의 자는 지무(至無)이다. 계보의 본적은 박릉(博陵)이다. 대력 11년(776) 진사 급제
했다.

70) 정원 12년(796) 10월, 간의대부에서 평장사가 되었다.

71) 정여경의 자는 거업(居業), 정주(鄭州) 형양(滎陽) 사람이다.

72) 정원 14년(798) 7월에 동평장사가 되었고, 16년(800) 9월에 파직되었다. 영정 원년
(805) 8월 동평장사가 되었고, 원화 원년(806) 5월에 파직되었다.

73) 원화 원년(806) 11월, 정여경을 하남윤으로 삼았다.

74) 대력 8년(773) 진사 급제했다. 정이용의 조부가 정장유(鄭長裕)로, 허주(許州) 장사를
지냈다. 두 아들이 정량(鄭諒)·정자명(鄭慈明)이다. 정량은 관씨령(冠氏令)을 지냈고, 정
이용을 낳았고, 정자명은 태자사인이 되어 정여경을 낳았다.

이익(李益),75) 농서(隴西) 고장(姑臧) 사람이다. 풍류가 있었고 글에 뛰어났다. 젊었을 때 의심증이 있어서,76) 이 때문에 중용(重用)되지 못했다. 연로해서 벼슬을 그만 둘 생각이었으나 뜻대로 되지 않아, 다시 상서랑이 되었다.

왕서(王紓), 동생 왕소(王紹)와 더불어 태원(太原) 사람이다.77) 왕소는 덕종의 총애를 받아, 상서를 지냈고, 재상보다 지위가 위에 있었다.78) 지금은 서사(徐泗) 절도사이다.79) 왕서는 학문이 있었고, 성실 강직하고, 상서랑을 지냈다.

노필(路泌), 하남 사람이다. 상서랑으로 서융(西戎)에 사절로 갔다. 서융에 머물렀는데, 지금쯤이면 이미 80여 세일 것으로 짐작된다. 서융과 화친을 하고도 15년 동안 돌아오지 못했으니, 그의 소식을 말해주는 사람이 없다.80)

우당(虞當), 회계(會稽) 사람이다.81) 곽상부(郭尙父) 종사(從事)를 지냈고, 면주(沔州) 자사로 죽었다. 신의가 있기로 유명했다.82)

가엄(賈弇),83) 장락(長樂) 사람이다. 선량한 사람이다. 교서랑을 지내고

---

75) 이익의 자는 군우(君虞)이다. 재상 이규(李揆)의 일족이다. 대력 4년(769) 진사 급제했고, 가시(歌詩)에 뛰어났다.

76) 이익은 젊어서 의심증이 있고 시기가 많아서, 처첩을 지나치게 가혹하게 단속했다고 한다. 그래서 당시에 질투하고 의심하는 병을 '이익질(李益疾)'이라고까지 했다고 한다.

77) 왕소의 자는 덕소(德素)로, 태원에서 경조 만년으로 옮겼다.

78) 정원 연간에 호부시랑판탁지(戶部侍郎判度支)를 지냈다. 덕종은 오래 재위할수록 재상에게 권한을 주지 않아서, 두참(竇參)·육지(陸贄)가 배척된 이후로 중서에서 그 자리를 충당했고, 오직 왕소만이 가까이서 성실하게 보좌하여, 두터운 신임을 받았다. 참모 역할 대략 8년 동안, 매 정사에 거의 모두 관여했고, 왕소 역시 한 마디도 사람들에게 누설하지 않았다.

79) 원화 원년(806) 11월, 검교상사좌복야·서주(徐州)자사·무녕군(武寧軍)절도사가 되었고, 나중에 호(濠)·사(泗) 두 주에서 군대를 맡았다.

80) 노필의 자는 안기(安期)이다. 선조는 양평(陽平) 사람이다. 혼감(渾瑊) 밑에서 부원수판관이 되었다. 정원 3년(787) 윤5월, 혼감이 상결찬(尙結贊)과 평량(平涼)에서 동맹을 맺던 중 트루판 군대에게 공격당했다. 노필 등 60여 명이 사로잡혔다. 19년(803)에 트루판이 화친을 청했고, 아들 노수(路隋)가 세 번 상소하여 귀환을 허락해달라고 했는데, 회신하지 않았다.

81) 회계 여요(餘姚) 사람이다.

82) 우당에게 우구고(虞九皐)란 아들이 있었는데, 유종원이 뇌(誄)를 썼다. 제11권 「우명학뢰(虞鳴鶴誄)」가 그것이다.

죽었다. 아우가 가전(賈全)으로,[84] 어사중승에 이르렀다.[85]

조수(趙需), 천수(天水) 사람이다. 온화한 유자로,[86] 명망이 있었다. 병부낭중에 이르러 죽었다.[87]

장식(張式),[88] 남양 사람이다.

장거(張莒),[89] 상산(常山) 사람이다.

장유검(張惟儉),[90] 선성(宣城) 당도(當塗) 사람이다. 모두 해학을 잘 했다. 장식은 하남윤에 이르렀다.[91] 장거는 등주(鄧州) 자사를 지냈다. 장유검은 화주(和州) 자사를 지냈다.

해척(奚陟), 강도(江都) 사람이다.[92] 부드럽고 기민했다. 이부낭중에 이르렀다.[93] 세상 사람들은 해척이 훌륭한 관리라고 했다. 그러나 그는 그의 지혜로 스스로 잘 처신했다.

노경량(盧景亮), 탁(涿) 사람이다.[94] 기개와 의리가 있어서, 격한 감정을 표출한 적이 많았다. 간관으로 있으면서, 물이 골짜기로 내달리듯 상소를 올렸다. 이에 연루되어 폄적되어, 아주 오랫동안 외지에 버려져 있었다.[95] 순종 때에 이르러 상서랑이 되었고, 중서사인으로 승진하고, 세상

---

83) 대력 2년(767) 진사 급제했다.
84) 가전은 대력 4년(769) 진사 급제했다.
85) 정원 18년(802) 정월, 상주(常州) 자사에서 절동관찰사가 되었다.
86) 여기서 '온화한 유자'라고 번역한 부분의 원문은 '睅睅儒士'로, 역대 주석에서 '睅(한)'은 '睔(후)'로 써야 한다고 보았다. '睔'는 한 글자로는 은(殷)나라 때 모자를 뜻하지만, 여기서는 첩어로 쓰여서, '姁姁(후후)' 또는 '煦煦(후후)' 등과 같이 '온화한 모양, 화락한 모양'의 뜻으로 보아야 한다고 했다.
87) 정원 원년(785) 정월, 길주(吉州) 장사 노기(盧杞)를 요주(饒州) 자사로 삼았다. 조수는 보궐이었는데, 불가하다는 상소를 올렸다.
88) 대력 7년(772) 진사 급제했다.
89) 대력 9년(774) 진사 급제했다.
90) 대력 6년(771) 진사 급제했다.
91) 정원 16년(800) 9월, 장식은 하남소윤(河南少尹)에서 대윤(大尹)·수륙전운사로 옮겼다.
92) 자는 은경(殷卿)이다. 그 선조가 초(譙)·박(亳)에서 옮겨 경조(京兆) 사람이 되었다. 대력 14년(779) 진사 급제했다.
93) 정원 연간에 이부시랑에 이르렀다. 정원 15년(799)에 사망했다.
94) 노경량의 자는 장회(長晦), 유주(幽州) 범양(范陽) 사람이다. 대력 6년(771) 진사 급제했다.

을 떠났다.96)

양오릉(楊於陵),97) 홍농 사람이다. 좋은 관리였고, 기민하고 우수했다. 중서사인·경조윤을 지냈다.98)

장인(張因), 아무개 사람이다.99) 책시(策試) 조령에 의하여 선발되어 장안위가 되었다. 관직을 떠나서 도사가 되기를 원하여, 매우 유명했다. 아우 장회(張回)가 봉주(封州)로 폄적되자, "나도 이제 늙었으니, 곧 죽을 것이다"라고 하여, 장회도 울며 떠났다. 결국 봉주에서 죽었다.100)

고영(高郢), 발해(渤海) 사람이다.101) 문장의 재능과 스스로 입신 처세하는 준칙이 있었고, 부귀한 자에게 빌붙지 않았다. 태상(太常)에서 재상이 되었고,102) 물러나 상서에 있었다.103)

당차(唐次), 북해(北海) 사람이다.104) 문장과 학문과 행실이 뛰어났고 의리감이 높았다. 상서랑에서 외지에 자사로 나가 오랫동안 있었다.105) 영정 연간에 중서사인으로 소환했다. 도중에 병이 나, 장안과 70리 거리를 두고 객사에서 사망했다.106)

---

95) 건중 초기, 우보궐이 되었다. 주체(朱泚)가 반란을 일으키자, 노경량은 "폐하께서 자기 죄를 묻지 않으시면 사람들에게 깊이 감화를 줄 수 없습니다"라고 덕종에게 권하여, 황제가 옳다고 여겼다. 노경량은 기개와 의리가 넘쳐, 격한 감정을 표출한 적이 많았다. 목찬(穆贊)과 함께 간관의 자리에 있었다. 여러 차례 굳건히 상소를 올려, 어떤 일이 있어도 철회하지 않았다. 노경량이 황제의 말을 누설하여 자기가 좋은 일을 한 것처럼 한다고 재상 이필(李泌)이 탄핵했다. 황제가 노하여 낭주(朗州) 사마로 폄적하여, 20년 동안 버려두었다.
96) 헌종 때, 화주(和州) 별가에서 소환되어 다시 중서사인으로 옮겨, 결국 세상을 떠났다.
97) 자는 달부(達夫)이다.
98) 정원 말기에 중서사인이 되었고, 조금 후에 경조윤으로 옮겼다.
99) 장인은 경조 장안 사람이다.
100) 영정 원년(805)에 죽었다. 제11권 「동명장선생묘지(東明張先生墓誌)」 참조.
101) 고영의 자는 공초(公楚)이다. 본래 발해 수(脩) 사람으로, 나중에 위주(衛州)로 옮겼다.
102) 정원 19년(803) 12월, 태상경에서 동평장사가 되었다.
103) 영정 원년(805) 정월, 재상에서 물러나 형부상서로 있었다.
104) 당차의 자는 문편(文編), 병주(并州) 진양(陳陽) 사람이다. 건중 원년(780) 진사 급제했다.
105) 정원 연간에 재상 두참이 예부원외랑으로 추천했다. 8년(792), 두참의 직위가 강등되어, 당차는 개주(開州) 자사로 쫓겨났다. 파(巴)·협(峽) 사이에서 10여 년 있을 동안 등용되지 않았다.

묘증(苗拯), 상당(上黨) 사람이다. 학문이 깊었고, 강직했다. 간의대부로 있을 때 성(省)에서 논의한 일을 누설하여 만주(萬州)로 폄적되어, 세상을 떠났다.

유씨(柳氏) 형제, 선친의 일가 형제이다. 맏이 유병(柳幷)으로, 자는 백존(伯存)이다. 문장에 뛰어났고, 어사에 이르렀다. 눈병으로 실명을 당하여 파직되었다. 그 밑이 유중용(柳中庸)·유중행(柳中行)으로,107) 모두 문장으로 이름났다. 모두 관직을 지냈고, 요절했다.

유등(柳登)·유면(柳冕), 일가 조카이다.108) 그들의 부친 유방(柳芳)으로부터 문장과 역사를 잘 했고,109) 유면과 함께 집현전에서 근무했다. 유면은 문장이 더욱 뛰어났고, 자못 조급했다. 이부낭중에서 외지의 자사로 나갔다.110) 복건염사(福建廉使)에 이르러 세상을 떠났다. 유등은 만년에 상서랑·비서소감에 이르렀다.

설단(薛丹), 같은 고향 하동 사람이다. 상서랑을 지냈다.

여목(呂牧), 동평(東平) 사람이다.111) 상서랑에서 택주(澤州) 자사를 지내

---

106) 영정 원년(805) 8월, 요주자사 이길보(李吉甫)를 고공낭중(考功郎中)으로 삼고, 기주(夔州) 자사 당차를 이부낭중 겸 지제고로 삼았다. 당차를 중서사인으로 임명했는데, 세상을 떠났다.

107) 유종원의 8대조 유승습(柳僧習)에게 아들이 둘이었다. 유작(柳鷟)·유경(柳慶)이다. 유작의 아들이 유대위(柳帶韋)요, 유대위의 아들이 유조(柳旨)요, 유조의 아들이 유범(柳範)이요, 유범의 아들이 유제물(柳齊物)이요, 유제물의 아들이 유회(柳喜)요, 유회의 아들이 유병·유중용·유중행이다. 유경의 아들이 유단(柳旦)이요, 유단의 아들이 유해(柳楷)요, 유해의 아들이 유자하(柳子夏)요, 유자하의 아들이 유종유(柳從裕)요, 유종유의 아들이 유찰궁(柳察躬)이요, 유찰궁의 아들이 유진(柳鎭)이요, 유진의 아들이 바로 유종원이다.

108) 유등의 자는 성백(成伯), 유면의 자는 경숙(敬叔)으로, 포주(蒲州) 하동 사람이다.

109) 유방의 자는 중부(仲敷)이다.

110) 정원 6년(790) 11월, 황제가 직접 교제를 집전했다. 황제는 제사의 의식을 중시하여, 매사에 예법에 의거했다. 당시 유면은 이부낭중으로 태상박사 일도 맡아보았는데, 사봉낭중(司封郎中) 서대(徐岱)·창부낭중(倉部郎中) 육질(陸質), 공부낭중 장천(張薦)과 더불어 모두 예관(禮官) 일을 맡아, 함께 『교사의주(郊祀儀注)』를 편찬했다. 당시 황제가 매우 훌륭하게 여겼다. 오래 이후 어떤 논의에서 너무 강경하게 주장하여, 집정관이 좋아하지 않아 무주(婺州) 자사로 나갔다.

111) 여목은 영태(永泰) 2년(766) 진사 급제했다.

다가 세상을 떠났다.

최진(崔禛),[112] 청하 사람이다. 검교낭관에 이르렀다.[113] 아들이 최균(崔羣)으로, 우보궐을 지냈고, 급사중에 추증되었다.

방계(房啓), 하남 사람이다. 청담을 잘 했다. 만년령에서 용주(容州) 경략사가 되었다.

우신(于申), 하남 사람이다. 상서랑에 이르렀다.

상중유(常仲儒), 하남 사람이다. 지금은 간의대부가 되었다.

소변(蘇弁), 무공(武功) 사람이다.[114] 책 수집을 좋아하여, 3만 권에 달했다.[115] 선친과 서신을 왕래했다. 호부시랑에서 폄적되었다.[116] 다시 자사가 되었다.[117]

최봉(崔芃), 박릉 사람이다. 명교(名教)와 이학(理學)에 관한 담론에 뛰어났다. 어사상서랑을 지냈다.[118]

정원균(鄭元均),[119] 형양 사람이다. 강경하고 고집이 세, 미루거나 양보하는 법이 없어, 이로 인해 원한을 많이 사, 벼슬하지 못하고 곤궁하게 지냈다.

신운(辛惲),[120] 농서 사람이다. 사학(史學)에 뛰어났다.

한형(韓衡), 창려 사람이다. 좋은 사람이다.

진중보(陳衆甫), 재동(梓潼) 사람이다. 의지와 기개가 높았다.

설백고(薛伯高), 하동 사람이다. 독서를 좋아하고 장자(長者)라고 불렸다. 후에 상서에 이르러 세상을 떠났다.

---

112) 자는 실방(實方)이다.
113) 검교금부낭중(檢校金部郎中)을 지냈다.
114) 소변의 자는 원용(元容)이다.
115) 소변이 수집한 책이 3만 권에 달해, 모두 손수 교정을 보았다. 당시 비부(秘府)보다 많다는 얘기가 있었다.
116) 정원 초, 호부시랑판탁지가 되었는데, 장무성(長武城) 보급 군량 부패 사건에 연루되어, 정주(汀州) 사호참군(司戶參軍)으로 폄적되었다.
117) 몇년 후 저주(滁州) 자사로 기용되어, 세상을 떠났다.
118) 원화 초 상서랑이 되었고, 나중에 강서관찰사로 옮겼다.
119) 건중 2년(781) 진사 급제했다.
120) 건중 원년(780) 진사 급제했다.

장선력(張宣力), 청하 사람이다. 고아하고 선량했다. 나중에 자기 이름에서 '력(力)'을 없앤다고 공표하여, 그냥 '선(宣)'이라고 외글자 이름을 썼다.

정원균부터 장선력까지는 모두 특별히 이름이 나지는 않았고, 이렇다 할 관직을 역임하지 않았다.

아들 종원은 말한다. 선친께서 사귄 친구들을 보면, 천하의 훌륭한 인물이 모두 모였다. 신의있고 겸손하여 크게 이름이 난 분도 있고, 널리 도를 수양하여 티없이 순수한 학문을 이룬 분도 있어, 지금 세상에서 교유를 말할 때 모범으로 삼을 만하다. 특히 가깝게 지냈던 분들을 감히 모두 적어, 이 비석의 뒷면에 부록으로 새긴다.

袁高, 河南人. 以給事中敢諫爭. 貞直忠蹇, 擧無與比. 能使所居官大, 再贈至禮部尙書.

姜公輔, 爲內學士, 以奇策取相位. 好諫諍, 免. 後以罪貶, 復爲刺史, 卒.

齊映, 南陽人. 爲相. 以文敏顯用.

嚴郢, 河南人. 剛厲好殺, 號忠能. 爲京兆河南尹, 御史大夫. 善擧職, 爲邪險構扇, 以貶死.

元全柔, 河南人. 氣象甚偉, 好以德報怨, 恢然者也. 爲大官, 有土地, 入爲太子賓客.

杜黃裳, 京兆人. 弘大人也, 善言體要, 爲相, 有牆仞, 不佞. 以謀克蜀, 加司空, 出爲河中節度.

劉公濟, 河間人. 寬厚碩大, 與物無忤. 爲渭北節度, 入爲工部尙書, 卒.

楊氏兄弟者, 弘農人. 皆孝友, 有文章. 憑, 由江南西道入爲散騎常侍. 凝, 以兵部郎中卒. 凌, 以大理評事卒. 最善文.

穆氏兄弟者, 河南人. 皆强毅仁孝. 贊, 爲御史中丞. 捍佞倖得貶. 後至宣池歙處置使, 卒. 質, 爲尙書郎. 以侍御史內供奉卒. 最善文.

皇甫政, 河南人. 有威儀. 由浙東廉使爲太子賓客.

裴樞, 同郡人. 爲御史. 天子以隱罪誅吏, 樞頓首願白其狀, 以故貶. 後爲尙書郎.

李舟, 隴西人. 有文學, 俊辯, 高志氣. 以尙書郎使危疑反側者再, 不辱命. 其道大顯. 被讒妬, 出爲刺史, 發瘑卒.

李廓, 江夏人. 果檢自負, 巉然善爲官. 爲御史中丞、京兆尹、鳳翔節度

梁肅, 安定人. 最能爲文, 以補闕修史. 侍皇太子. 卒, 贈禮部郎中.

陳京, 泗上人. 始爲諫官, 數諫諍. 有內行, 文多詁訓. 爲給事中. 上方以爲相, 會惑疾, 自刃, 廢瘑卒.

韓會, 昌黎人. 善淸言, 有文章, 名最高. 然以故多謗. 至起居郎, 貶官, 卒. 弟愈, 文益奇.

許孟容, 吳人. 讀書爲文口辯. 爲給事中, 常論事. 由太常少卿爲刑部侍郎.

李觀, 隴西人. 行義甚脩. 至刑部郎中, 卒. 故與先君爲三司者也. 其大理者曰楊瑀. 瑀無可言, 猶以獄直爲御史.

宇文邈, 河南人. 有文, 謹愨人也. 爲御史中丞, 齪齪自守. 然以直免官, 復爲刺史, 卒.

袁滋, 陳郡人. 善篆書, 文敏不競. 爲相, 出使辱命, 貶刺史. 復爲義成軍節度, 卒.

盧羣, 范陽人. 雜博, 多所許與. 使反側之地, 天子以爲任事. 爲義成軍節度, 卒.

崔損, 淸河人. 畏愼, 爲相, 無所發明. 然不害物. 天子獨愛幸, 以損爲長者.

鄭餘慶, 滎陽人. 再爲相. 始天下皆以爲長者, 及爲大官, 名益少. 今爲尙書、河南尹, 無恙.

鄭利用, 餘慶從父兄也. 眞長者. 由大理少卿爲御史中丞, 復由中丞爲大理少卿.

李益, 隴西姑臧人. 風流有文詞. 少有僻疾, 以故不得用. 年老常望仕, 非其志, 復爲尙書郎.

王紓, 其弟紹, 太原人. 紹得幸德宗, 爲尙書, 在宰相之右. 今爲徐泗節度. 紓有學術, 魯直, 爲尙書郎.

路泌, 河南人. 以尙書郎使西戎. 留戎中, 度今已年八十餘. 旣和戎, 十五年不得歸, 無爲言者.

虞當, 會稽人. 爲郭尙父從事, 終沔州刺史. 以信聞.

賈弇, 長樂人. 善士也. 爲校書郎, 卒. 弟全, 至御史中丞.

趙需, 天水人. 啍啍儒士也. 有名. 至兵部郎中, 卒.

張式, 南陽人.

張莒, 常山人.

張惟儉, 宣城當塗人. 皆善言譴. 式至河南尹. 莒, 鄧州刺史. 惟儉, 和州刺史.

奚陟, 江都人. 柔敏. 至吏部侍郎. 世謂陟善宦. 然其智足以自處也.

盧景亮, 涿人. 有志義, 多所激發. 爲諫官, 奏書如水赴壑. 坐貶, 廢棄甚久. 至順宗時, 爲尙書郎, 升中書舍人, 卒.

楊於陵, 弘農人. 善吏, 敏秀者也. 爲中書舍人、京兆尹.

張因, 某人. 擧詔策, 爲長安尉. 願去官爲道士, 甚有名. 以其弟回降封州, 曰:“吾老矣, 必死.” 回也哭而行. 遂死封州.

高郢, 渤海人. 有文章規矩自立者, 不干貴幸. 以太常爲相, 罷居尙書.

唐次, 北海人. 有文章學行義甚高. 以尙書郎出爲刺史, 屛棄. 永貞中, 召以爲中書舍人. 道病, 去長安七十里, 死傳舍.

苗拯, 上黨人. 有學術, 峭直. 以諫議大夫漏泄省中語, 貶萬州, 卒.

柳氏兄弟者, 先君族兄弟也. 最大幷, 字伯存. 爲文學, 至御史. 病瞀遂廢. 次中庸、中行, 皆名有文. 咸爲官, 早死.

柳登、柳冕者, 族子也. 自其父芳, 善文史, 與冕並居集賢書府. 冕文學益健, 頗躁. 自吏部郎中出爲刺史. 至福建廉使, 卒. 登晚仕至尙書郎、秘書少監.

薛丹, 同郡人. 至尙書郎.

呂牧, 東平人. 由尙書郎刺澤州, 卒.

崔積, 淸河人. 至檢校郎官. 子羣, 爲右補闕, 贈給事中.

房啓, 河南人. 善淸言. 由萬年令爲容州經略.

于申, 河南人. 至尙書郎.

常仲孺, 河南人. 今爲諫議大夫.

蘇弁, 武功人. 好聚書, 至三萬卷. 與先君通書. 以戶部侍郎貶. 復爲刺史.

崔芃, 博陵人. 善言名理. 爲御史尙書郎.

鄭元均, 滎陽人. 强抗, 少所推讓, 然以此多怨, 困不得仕.

辛憚, 隴西人. 有史學.

韓衡, 昌黎人. 善士.

陳衆甫, 梓潼人. 高志氣.

薛伯高, 同郡人. 好讀書, 號爲長者. 後至尙書卒.

張宣力, 淸河人. 儒善. 後表其名去力, 但爲宣.

自元均至宣力, 皆沒沒無顯仕者.

孤宗元曰: 先君之所與友, 凡天下善士擧集焉. 信讓而大顯, 道博而無
雜, 今之世言交者以爲端. 敢悉書所尤厚者, 附茲石以銘于背如右.

고전중시어사유공묘표(故殿中侍御史柳公墓表: 고 전중시어사 유공 묘표)[121]

당대 정원 12년(796) 2월 경인일, 우리 전중시어사 하동 유공을 만년현
(萬年縣)의 소릉원(少陵原)에 안장한다. 공의 이름은 아무개요 자는 아무개
로, 우향(虞鄕)에서 살았다. 증조부는 아무개 관직을 지냈고,[122] 조부는

---

121) 본편은 유종원 선친 묘의 지(誌)를 썼던 숙부 전중군(殿中君)의 묘표로, 숙부의 이름
은 알 수 없다. 앞의 「선시어사부군신도표(先侍御史府君神道表)」 각주 참조

아무개 관직을 지냈고,[123] 부친은 아무개 관직을 지냈다.[124] 여러 대에 걸쳐 집안의 복을 쌓아, 많이 쌓았으되 아직 결실을 보지는 못했다. 대대로 전해진 덕과 복에 의해 이후 (집안과 후손이) 마땅히 크게 되어야 했다. 그러나 꽃은 피었으되 열매가 맺지 않아, 선을 행하는 자들이 의혹에 빠지게 했다. 어허, 슬프구나!

공은 돈후하고 부드럽고 준엄하고 맑고, 성실하고 신중하고 단정하고 반듯했다. 행동거지에 위엄과 의표가 있었고, 매사에 언제나 처음과 끝이 똑같았다. 빼어난 기풍이 보통의 무리를 뛰어넘었고, 고고한 정기가 바르고 곧았다. 집안에서는 효성과 우애가 있었고, 사람들과 어울리면 신용과 겸양이 있었다. 관직에 나아가 직분을 맡게 되어서는 강인하고 의연하여, 마치 칼을 내리치듯 결단을 내렸다. 어릴 때부터 공부에 몰두하여, 글에 상당히 뛰어났다. 낮에 온 힘을 다했건만, 또한 밤에도 계속했다. 향리에서 그를 추천 선발하여, 임용길에 나가도록 신신당부 재촉했다. 이에 가슴 가득 계획과 지모를 품고 경사로 왔다. 영대(靈臺)에서 재능을 선보이게 되어, 유사에게 문장을 올렸다. 사책(射策) 시험에 응시하여 출제 의도와 합치되어,[125] 마침내 수석을 차지했다. 훌륭한 명성이 퍼지고, 뭇 유생들이 부러워하고 흠모했다. 몇년 후 하남부문학(河南府文學)의 자리에 임명되었다. 학생 제자들을 가르치고 지도하여 나라의 인재를 선발했다. 유자들은 서로 축하하고, 서민들은 예(禮)의 진면목을 보았다. 임기 만료되자, 위북(渭北) 절도사가 참좌(參佐)로 발탁하여,[126] 군정(軍政)을 총괄하여 잘 다스려서 매우 유능하다는 칭찬을 많이 받고, 태상시

---

122) 증조부는 유자하(柳子夏)로, 서주장사(徐州長史)를 지냈다.

123) 조부는 유종유(柳從裕)로, 창주(滄州) 청지령(清池令)을 지냈다.

124) 부친은 유찰궁(柳察躬)으로, 호주(湖州) 덕청령(德清令)을 지냈다.

125) 사책(射策)은 일종의 시험 방식으로, 경서나 정치의 의문점을 각각 댓조각에 적어놓고, 응시자가 그 중 한가지를 선택하여 답안을 쓰게 하는 방식을 말한다.

126) 정원 2년(786) 7월, 우금오위대장군 논유명(論惟明)이 위북부방(渭北鄜坊) 절도사가 되었다.

협률랑(太常寺協律郎)으로 승진되었다. 절도사가 사망하여,[127] 파직되어 집으로 돌아왔다. 티끌과 먼지로 뒤덮인 세상을 벗어나 은거하여 도(道)와 더불어 살려고 했었다. 느긋하고 넓게 정신을 보호하고, 여유롭고 부드럽게 유도(儒道)를 지켰다. 사방에서 그 소식을 풍문으로 듣고, 초빙하는 서신이 여기저기서 날아왔다. 붓을 들고 사절의 수레에 올라, 참모가 되었다. 삭방(朔方)을 드나들면서, (절도사를 따라) 전차를 배행하며 보좌했다.[128] 대리평사로 승진되고, 또한 인장과 인끈을 하사받았다. 붉은 복장과 은색 인장은 종족에게 영광을 주었다. 계책을 내고 정책을 구상함에 전심전력하고 정성스런 마음으로 보좌하여, 그 효과가 훤히 드러났다. 변방의 정(亭)과 보(堡)를 온전하게 잘 지키고, 강학과 교육을 적시에 행했다. 실로 나의 계책을 따라서, 이웃 지역에서 이를 본받았다. 탁지판관(度支判官)이 되고, 대리사직(大理司直)이 되었다. 부고(府庫)의 출납을 맡아보아, 군대의 식량을 배급했다. 아래에서는 가렴주구한다는 원한이 없었고, 백성들은 편히 쉬듯 했다. 매달 대조하고 매년 결산하면, 계획대로 되지 않은 적이 없었다. 창고가 풍족하고 재물이 넉넉하여, 체제가 완성되고 회계가 적절했다. 다시 전중시어사·탁지영전부사(度支營田副使)로 옮겨졌다. 절도사 막부에 있을 때 그 사무의 반을 참여하여 처리했다. 부드러운 상대는 인(仁)으로 위무(慰撫)하고, 억센 상대는 의(義)로 결단했다. (특별한 문제가 없어) 무신은 앉아서 휘파람을 불고, 공당(公堂)에는 일이 없었다. 조정에서 목을 빼고 기다리며, 직위를 주어서 대접하려고 했었다. 봉록은 벌빙(伐冰)의 수준에 이르지 못하고, 정치는 전결의 권한을 가지는 지위에 오르지 못했다. 그 해 정월 9일 병이 나, 자택에서 세상을 떠나니, 향년 50세이다. 아하 애통하다!

준마가 힘을 다해 달리더니, 중도에 발을 헛디뎠다. 기러기 저 높이

---

127) 정원 3년(787) 11월, 논유명이 사망했다.
128) 정원 4년(788) 7월, 좌금오장군 장헌보(張獻甫)를 삭방빈녕(朔方邠寧) 절도사에 임명했는데, 유공을 참모로 기용하겠다고 상소했다.

가볍게 나르다, 구름에서 날개 꺾여 추락했다. 내가 아는 모든 사람들이 끝없이 애통해했다. 본도 절도사 상서랑 영왕(寧王) 장공(張公)은 눈물 흘리며 애도하고 사모하여 감당하지 못하는 듯했다. 임견아장시전중감(臨遣牙將試殿中監) 이보충(李輔忠)은 상례(喪禮)를 갖추어 조문하면서 부의한 품목이 매우 융숭했다. 행군사마 시어사 위중규(韋重規) 등이 달려와 포복하며 도와주어, 상사(喪事)를 치름에 부족한 것이 없게 되었다. 붉은 상장(喪章)에 하얀 영거(靈車)로 귀환하여 상경했다. 날짜를 택하고 안택을 정함이 아무런 착오도 없었다. 친구와 제자와 친척과 인척이 통곡하며 모여 장례를 지내니, 애통과 예법이 모두 갖추어졌다. 현당(玄堂)에 하관을 마치고, 둘레 넓게 봉토했다. 돌아보니 의지할 것 없어, 배회하며 슬픔이 더한다. 훌륭한 명성을 돌에 새겨 후세 현자들에게 보여주고자 했다. 이에 여남(汝南) 주공소(周公巢) 등이 함께 돌을 쪼아서 덕을 기록하여, 영원히 인멸되지 않고 전해지게 했다. 명문은 다음과 같다.

원순(元淳)을 품에 안고,
수화(粹和)를 타고났다.
강하고 의연하면서,
부드럽고 훌륭했다.
의조(儀曹 : 예부)에서 등용되어,
문장이 빛을 발했다.
학도들을 가르쳐서,
유풍(儒風)을 널리 날렸다.
위북(渭北)으로부터,
삭방(朔方)에 오게 되었다.
군정(軍政)이 한가해지고
백성이 편안해졌다.
혜문관(惠文冠)을 쓰고,[129]

주상(朱裳)을 늘어뜨렸다.

재능이 세상에 펴지지도 않았건만,

하늘 저편으로 가버렸다.

낙석(樂石)에 새기어,130)

남긴 덕을 기록한다.

훌륭한 공 길이길이,

모범과 법도로 전해지리.

만년에 안장하노니,

끝없이 영원하리라.

　唐貞元十二年二月庚寅, 葬我殿中侍御史河東柳公於萬年縣之少陵原.
公諱某字某, 邑居於虞鄉. 曾王父某官, 王父某官, 皇考某官. 奕世餘慶,
叢而未稔. 濟德流祉, 其後宜大. 秀而不實, 爲善者惑. 嗚呼哀哉!
　惟公敦柔峻淸, 恪愼端莊. 進止威儀, 動有恒常. 英風超倫, 孤厲貞方.
居室孝悌, 與人信讓. 當職强毅, 游刃立斷. 自少耽學, 頗工爲文. 旣窮日
力, 又繼以夜. 鄉里推擇, 敦迫上道. 乃與計偕, 來游京師. 觀藝靈臺, 貢文
有司. 射策合程, 遂冠首科. 休有令問, 羣士羨慕. 居數年, 授河南府文學.
敎勵生徒, 撰擇貢士. 儒黨相賀, 庶人觀禮. 秩滿, 渭北節度使延爲參佐,
總齊軍政, 甚獲能稱, 加太常寺協律郎. 旣喪主帥, 罷歸私室. 方將脫遺紛
埃, 退與道俱. 沖漠保神, 優柔隷儒. 四方聞風, 交馳鵠書. 載筆乘軺, 乃作
參謀. 出入朔方, 陪佐戎車. 遷大理評事, 又加章綬. 朱裳銀印, 宗黨有耀.
權略密勿, 潛機理照. 完彼亭堡, 時其講敎. 實從我謀, 隣國是做. 改度支

---

129) 혜문관(惠文冠)은 모자 이름이다. 전국시대 조(趙)나라 무령왕(武靈王)이 호복(胡服)을
　　본떠 쓰기 시작했으며, 그의 아들 혜문왕이 즐겨 썼기 때문에 '혜문관'이라고 한다. 혹
　　은 '惠'를 '鵔'로 쓰기도 하는데, 모자의 무늬가 매미 날개처럼 섬세했기 때문이라고 한
　　다. 한대(漢代)에는 무변(武弁) 또는 대관(大冠)이라고도 했고, 금박과 담비 꼬리로 장식
　　을 더하여, 고위 무관·시중·상시의 모자로 사용되었다.
130) 낙석(樂石)은 사수(泗水)가에서 나는 돌로, 단단하여 경(磬)을 만드는 데 쓰인다.

判官, 轉大理司直. 出納府庫, 頒給軍食. 下無譴斂, 黔首休息. 月校歲會,
莫不如畫. 庫豊財美, 制成計得. 又遷殿中侍御史、度支營田副使. 分閫
之寄, 參制其半. 柔以仁撫, 剛以義斷. 戎臣坐嘯, 公堂無事. 朝端延首, 方
待以位. 旣而祿不及伐冰, 政不獲專達. 以其年正月九日遇疾, 終於私館,
享年五十. 嗚呼痛哉!

奔驥騁力, 中塗蹏足. 高鴻輕擧, 在雲墜翼. 凡我所知, 哀慟無極. 本道
節度尙書郎寧王張公, 震悼涕慕, 不任于懷. 臨遣牙將試殿中監李輔忠監
備凶禮, 賵賻甚厚. 行軍司馬侍御史韋重規等, 匍匐救助, 事用無闕. 丹旐
素車, 歸于上京. 撰期定宅, 莫有愆素. 故友諸生, 宗人外姻, 號慟會葬, 哀
禮咸申. 克窆玄堂, 掩坎廣輪. 顧眄無依, 徘徊增哀. 願勒休聲, 延垂後賢.
於是汝南周公巢等, 相與琢石書德, 用圖不朽. 文曰:

抱元淳, 稟粹和. 旣强毅, 又柔嘉. 登儀曹, 耀文章. 司學徒, 儒風揚.
自渭北, 來朔方. 戎政閑, 黔首康. 冠惠文, 垂朱裳. 才不施, 天茫茫.
刊樂石, 篆遺德. 延休烈, 垂憲則. 於萬年, 長無極.

고숙부전중시어사부군묘판문(故叔父殿中侍御史府君墓版文: 고 숙부 전중시어사부군 묘판문)[131]

유씨(柳氏)의 선조 중 황제(黃帝) 시대로부터 주(周)·노(魯) 시대를 지나
기까지 세상에 드러난 사람으로는 무해(無駭)가 있는데, (조부의) 자(字)에
서 씨(氏)를 취하여 전씨(展氏)라고 했고,[132] 금(禽)은 식읍에서 유(柳)라는

---

131) 본편은 바로 앞의 묘표의 주인공 전중시어사 유공의 묘판문이다.
132) 노(魯) 효공(孝公)의 아들의 자가 자전(子展)으로, 시호가 이백(夷伯)이다. 자전의 손자
　　가 무해로, 조부의 자를 씨(氏)로 삼았다.

성(姓)을 취했다.[133] 그 후 창대하여, 대대로 하동에서 터를 잡았다. 오호!
공의 이름은 아무개 자는 아무개요, 증조부는 조청대부(朝請大夫) 서주장
사(徐州長史) 아무개로,[134] 깨끗하고 곧은 지조를 물려주어, 종문(宗門)의
의표가 되었다. 조부는 조청대부 창주(滄州) 청지령(淸池令) 아무개로,[135]
넓고 여유로운 도를 물려주어, 후손에게 도움의 길을 열었다. 부친은 호
주(湖州) 덕청령(德淸令) 아무개로,[136] 효제의 덕을 크게 돋보여 집안의 성
망을 드높였다. 공은 반듯하고 위엄있고 아첨을 일삼지 않았고, 온화하
고 부드럽고 여유가 있었다. 준엄하면서도 포용할 줄 알았고, 강직하면
서도 어울릴 줄 알았다. 집안에 있을 때는 일거일동이 언제나 대화(大和)
와 합치되어, 모두 바르고 순조로웠다. 우애있고 화목하여 어긋난 말이
없어, 일족들이 칭송했다. 공문(公門)에 있을 때는 나쁜 것을 풀고 굽은
것을 바로잡아, 언제 어디서나 곧음을 지켰다. 매사에 합당함을 잃지 않
고 일처리에 폭정이 없어서, 관청에서 칭송했다. 너그럽고 겸양하고 최
선을 다하려는 의지로 친구의 도를 넓히고 바르게 하여, 밖에서 믿고 칭
송했다. 부드럽고 화기있고 널리 사랑하는 도로 외롭고 약한 자들을 대
우하여, 안에서 인(仁)이 드러났다. 이것이 공이 자기를 수양한 큰 줄기이
다. 진사에서 수석 급제하여 하남부문학(河南府文學)에 임명되었다. 임기
를 마치자, 위북(渭北) 절도사 논유명(論惟明)이 종사관으로 발탁하여, 태
상시협률랑(太常寺協律郎) 직책을 받았다. 절도사 상관이 세상을 떠나, 파
직되어 집에서 지냈다. 얼마 안 있어 삭방절도사 장헌보(張獻甫)가 발탁하
여 참모로 임명하여, 대리평사에 임명되고, 비어대를 하사받았다. 탁지판
관(度支判官)으로 바뀌었고, 대리사직(大理司直)으로 바뀌었다. 전중시어사
로 바뀌고, 탁지영전부사(度支營田副使)로 승진되었다. 이것이 공이 정치

---

133) 무해가 금(禽)을 낳으니, 자가 계(季)로, 노나라 사사(士師)를 지냈고, 시호가 혜(惠)이
    다. 식읍이 유하(柳下)였으므로 결국 성을 유씨(柳氏)로 했다.
134) 유자하(柳子夏)이다.
135) 유종유(柳從裕)이다.
136) 유찰궁(柳察躬)이다.

에 참여한 대체적 경력이다. 군중(軍中)의 일을 보좌할 때는 실질적으로 중부(中府)를 맡았다. 군중의 법령을 반포하는 데 체계가 섰고, 회계가 빈틈없이 분명했다. 어허! 절도사가 공에게 정무를 맡기고서, 공으로 인하여 임무를 완성했고, 조정에서 자리 비워놓고, 공이 오기를 기다려 일을 맡기려 하였다. 종문(宗門)이 공으로 인하여 광대해졌고, 인척이 공을 보아 빛을 떨쳤다. 정원 12년(796) 경자(景子 : 丙子)년,[137] 정월 9일 임인일, 갑자기 병에 걸려 자택에서 세상을 떠나니, 향년 50세이다. 애통하다!

부인은 오군(吳郡) 육씨(陸氏)로,[138] 중제(仲弟) 유종(柳綜), 막내 동생 유속(柳續), 장조카 아무개 등과 함께,[139] 공의 어린 아들을 안고 신위 앞에 나아가, 이끌어주면서 예를 갖추게 했다. 공경스럽게 영구를 받들어 모셔, 경사로 돌아왔다. 모년 2월 28일 경인일, 만년현 소릉원에 안장하니, 예를 따른 것이다. 공에게 아들이 하나 있는데, 이제 겨우 나이 여섯이다. 머리 땋는 어린 나이에도 효를 알아, 앙앙 울며 눈물을 흘려서, 우리 집안 친척들이 어루만지고 보면서 비통이 더했다. 어허 슬프도다!

전에 공의 맏형께서 순수하고 깊은 행실과 반듯하고 곧은 덕으로 천하에 소문이 났다.[140] 관직이 시어사까지 이르러, 도끼를 가지고 조정에 올라가, 법령이 이로써 엄숙하고 깨끗하게 정비되었다. 선친의 유해를 아직 모셔오지 못했기 때문에, 항상 자리를 바르게 앉지도 못하고, 맛난 걸 먹어도 맛을 느끼지 못하다가, 날을 골라 정하기까지 했는데, 하늘이 봐주지 않아 세상을 떠나서, 그 소원을 빼앗기고 예의 절차가 중단되었다. 공은 실로 맏형이 남긴 뜻을 삼가 이어받아, 오랫동안 준비를 했건만, 흉사가 닥쳐서 일을 마치지 못했다. 그러니 우리 종족의 통한이 어찌 끝이 있으리오? 공은 효도와 봉양에 공경을 다하여, 부모상에 몸이 쇠해지기까지

---

137) 당대에는 '丙'을 휘(諱)하여 '景'으로 썼다고 한다. 따라서 여기서 '景子'는 곧 '丙子'이다.
138) 유종원이 육씨(陸氏) 지(誌)를 쓴 것이 있다.
139) 유찰궁의 아들로 유진(柳鎭) · 아무개 · 유훈(柳緟) · 유종(柳綜) · 유속(柳續)이 있었다. 여기서 장조카는 바로 유종원 본인을 말한다.
140) 맏형이란 바로 유종원의 부친 유진(柳鎭)을 말한다.

했다. 유씨 종중에서 그 바름이 드러났고 타성 일족에게 모범이 되기도 했다. 그러므로 종중 사람들은 모두 '효성이 방여공(方輿公)과 같다'고 했다.[141] 시를 지어 덕을 노래하고 글을 지어 의지를 이끌어냈다. 통치의 교화의 시작은 요(堯)보다 더 높은 경우가 없다고 여겨 「요사송(堯祠頌)」을 지었다. 덕을 서술하는 길은 조상을 잊지 않은 것에 있다고 여겨 「시조비(始祖碑)」를 지었다. 광대한 뜻을 기록하고 정직한 절의를 서술하여 부모에게 부끄럽지 않게 하겠다고 여겨 「원형시어사부군묘지(元兄侍御史府君墓誌)」를 지었다.[142] 그 나머지 읊어낸 시와 글도 모두 고풍에 합치되었다. 그러므로 종중 사람들은 모두 '문장이 오흥수(吳興守)같다'고 했다.[143] 관리가 되어서 곧고 굳건하여, 무엇에도 흔들리지 않고 소신을 지켰다. 논의를 할 때는 바르고 단정한 자세를 취하여, 곧으면서도 각박하지 않았다. 그러므로 종중 사람들은 모두 '바름이 위태사(衛太史)같다'고 했다.[144] 타고난 성격이 청렴하고 곧았으며, 바름과 청결을 지녔다. 청백한 가풍을 이어받고 유자들에게 가르침을 남겼다. 그러므로 종중 사람들은 모두 '맑음이 노사사(魯士師)같다'고 했다.[145] 네 가지 덕을 겸비하여 두루 갖추었으되 영달하지 않은 것은 바로 공의 경우를 말한다.

이 조카는 늘 형제가 없어 화목의 정을 친구에게 쏟았고, 어려서 부모를 여의면서 효도를 숙부에게 쏟으려 했다. 하늘이 나를 궁지로 몰고 내 뜻을 빼앗으려 하여, 그러므로 끝없는 통한이 밀려온다! 질박하고 우둔

---

141) 유종원의 8대조 유승습(柳僧習)이 후위(後魏)에서 출사하여 방여공(方輿公)에 책봉되었으며, 효덕(孝德)으로 널리 알려졌다.

142) 유종원의 부친 유진(柳鎭)의 묘지를 지은 것을 말한다.

143) 『남사(南史)』에 나온다. 유운(柳惲)의 자는 문창(文暢)이다. 공부를 잘 했고 척독(尺牘)에 뛰어났다. 어려서 시를 잘 지어 "정자와 연못에 나뭇잎 떨어지고, 밭두렁 머리 위로 가을 구름 날아간다[亭皐木葉下, 隴首秋雲飛]"라는 구절이 전해진다. 송(宋)에 출사하여 오흥군(吳興郡) 태수를 지냈다.

144) 『예기』「단궁(檀弓) 하(下)」에 위(衛) 태사(太史) 유장(柳莊)에 관한 이야기가 나온다.

145) 『논어』에 나오는 내용으로, 유하혜는 사사(士師)가 되어서 세 번 쫓겨났다. "이제 이 나라를 떠나도 되지 않을까요?"라고 누가 말하자, "곧은 도로 사람을 섬기면 어디 간들 세 번 쫓겨나지 않으리오?"라고 대답했다.

하고 매우 어리석고, 글을 잘 못써서, 감히 종중 사람들의 말을 기록하여 그 곧음을 드러내려고 했기 때문에 말이 투박하고 통속적일 수도 있다. 곡을 거두고 사적을 기록하는데, 슬퍼서 운문을 쓸 수 없어, 여기까지 쓰고 마치고자 한다.

柳氏之先, 自黃帝歷周·魯, 其著者無駭, 以字爲展氏, 禽以食采爲柳姓. 厥後昌大, 世家河東. 嗚呼! 公諱某字某, 曾王父朝請大夫徐州長史諱某, 遺貞白之操, 表儀宗門. 王父朝請大夫滄州淸池令諱某, 垂博裕之道, 啓佑後胤. 皇考湖州德淸令諱某, 弘孝悌之德, 振揚家聲. 惟公端莊無諂, 徽柔有裕. 峻而能容, 介而能羣. 其在閨門也, 動合大和, 皆由順正. 愷悌雍睦, 莫有間言, 故宗黨歌之. 其在公門也, 釋回措枉, 造次秉直. 事不失當, 擧無秕政, 故官府誦之. 用冲退徑盡之志, 以弘正友道, 信稱於外焉. 用柔和博愛之道, 以視遇孤弱, 仁著於內焉. 此公修己之大經也. 自進士登高第, 調受河南府文學. 秩滿, 渭北節度使論惟明辟爲從事, 受太常寺協律郞. 元戎卽世, 罷職家食. 無何, 朔方節度使張獻甫辟署參謀, 受大理評事, 賜緋魚袋. 改度支判官, 轉大理司直. 遷殿中侍御史, 加度支營田副使. 此公從政之大略也. 旣佐戎事, 實司中府. 匪頒有制, 會計明白. 嗚呼! 分閫委政, 繫公而成務; 朝右虛位, 待公而周事. 宗門期公而光大, 姻黨仰公而振耀. 貞元十二年, 歲在景子, 正月九日壬寅, 遇暴疾, 終於私館, 享年五十. 痛矣!

夫人吳郡陸氏, 洎仲弟綜·季弟續·冢姪某等, 抱孤卽位, 牽率備禮. 祇奉裳帷, 歸于京師. 以某年二月二十八日庚寅, 安厝於萬年縣之少陵原, 禮也. 公有男一人, 始六年矣. 在齠知孝, 呱呱涕洟, 凡我宗戚, 撫視增慟. 嗚呼哀哉!

初, 公元兄以純深之行端直之德, 名聞於天下. 官至侍御史, 持斧登朝, 憲章肅淸. 常以先公之神未克遷祔, 不正席, 不甘味, 及撰日定期, 而昊天不弔, 志奪禮廢. 公實敬承遺志, 行有日矣, 而閔凶荐及, 不克終事. 則我宗族之痛恨, 其有旣乎? 惟公盡敬於孝養, 致毀於居憂. 表正宗姓, 觀示他族. 故宗人咸曰 "孝如方輿公." 修詞以藻德, 振文而導志. 以爲理化之始, 莫尊乎堯, 作堯祠頌; 以爲述德之道, 不忘於祖, 作始祖碑; 以爲紀廣大之志, 叙正直之節, 不嫌於親, 作元兄侍御史府君墓誌. 其餘諷詠比興, 皆合于古. 故宗人咸曰 "文如吳興守." 當官貞固, 確乎不拔. 持議端方, 直而不苛. 故宗人咸曰 "正如衛太史." 率性廉介, 懷貞抱潔. 嗣家風之淸白, 紹遺訓於儒素. 故宗人咸曰 "淸如魯士師." 兼備四德, 具體而微, 公之謂矣.

小子常以無兄弟, 移其睦於朋友; 少孤, 移其孝於叔父. 天將窮我而奪其志, 故罔極之痛仍集焉! 朴魯甚駤, 不能文字, 敢用書宗人之辭以致其直, 故質而俚. 輟哭紀事, 哀不能文, 故叙而終焉.

고홍농령유부군분전석표사(故弘農令柳府君墳前石表辭 : 고 홍 농령 유부군 묘 앞 석표에 새기는 말)[146]

소릉원(少陵原)은 유씨의 대규모 묘지로, 당 정원 19년(803) 모월 모일, 아들 아무개가 부친과 모친의 관을 모셔와 제 자리에 합장했다. 새 묘에서 남쪽으로 몇걸음 되는 곳은 고조부 난주부군(蘭州府君) 휘 아무개 자 아무개의 묘이다. 또 동쪽으로 몇걸음 되는 곳은 증조부 빈주부군(邠州府君) 휘 아무개의 묘이다. 서쪽으로 몇 걸음 되는 곳은 조부 사의랑부군(司議郎府君) 휘 아무개의 묘이다. 모두 위치는 다르되 서로 바라보고 있다. 각각의 자리가 지위와 서열이 있고, 봉분과 나무를 돋우고 감하는 등의 일이 모두 율령과 같게 처리되었다.

---

146) 본편은 유종원의 일족으로 홍농령을 지낸 유부군의 석표문이다. 이름을 밝히지 않아, 유부군이 누구인지 정확히 알 수는 없다.

부군의 이름은 아무개 자는 아무개요, 부친으로 인해 태묘재랑(太廟齋郎)에 임명되고, 허창(許昌)·양무(陽武)·이궐(伊闕)·화원위(華原尉)를 지내고, 왕옥승(王屋丞)을 지냈고, 여음령(汝陰令)을 지냈다. 홍농(弘農)을 2년 동안 다스리면서, 그 성심(誠心)을 미루어 넓혀서 사람들에게 은택이 미쳤다. 땅을 개간하고 곡식을 생산하는데 마치 하늘이 돕는 듯 순조로웠다. 의식(衣食)이 풍족했기 때문에 사람들은 병들거나 요절하지 않았고, 교육과 격려의 분위기가 밝게 갖추어졌기 때문에 다투고 빼앗는 습속이 없어졌다. 결국 큰 조화와 합치되어 통치의 업적이 밝게 드러났다. 자사 노기(盧杞)가 예를 더하여 그의 행적을 표창하고 업적이 남달리 뛰어나다는 평가를 내렸다.[147] 부군의 정치를 미루어 아래 읍들이 본받도록 했다. 이부상서랑에 임명했다. 유하남(庾河南)이 출척사(黜陟使)로 명을 받았는데, 부군의 정치의 업적이 특별히 뛰어나므로 마땅히 중앙 조정으로 승진시켜야 한다고 상소하여, 황제가 감탄했다. 이제 마악 승진시킬 계획이었는데, 수명이 길지 못해, 나이 55세 때, 건중 2년(781) 모월 모일 현직에서 세상을 떠났다. 평소 청렴하여, 집에 있는 것으로는 상사에 충당하기가 부족하여, 결국 이 읍에 임시로 매장했다. 그리고 이후에도 위난을 만나, 지금에 이르러서야 귀향하여 장례할 수 있었다. 아들 아무개는 일찍이 검주녹사참군(黔州錄事參軍)을 지냈다가, 지금은 벼슬이 없지만, 그 뜻을 감히 늦출 수는 없었다. 예전에 공은 사농소경(司農少卿) 경조(京兆) 위산(韋山)의 손자 경양주부(涇陽主簿) 회지(廻智)의 딸을 아내로 맞아, 따뜻하고 선량하고 덕이 있고 너그러웠는데, 대력 2년(767) 모월 모일 월(越)에서 세상을 떠나, 임시 매장했다. 아들 아무개가 월에서부터 걸어서 부인의 유해를 들고 괵에 왔고, 홍농군의 유해를 들고 모두 묘에 와서 합장했다. 합장하고, 묘 앞에 석표를 세워, 효도와 공경을 잊지 말 것을 후세 사람들에게 보여주었다.

오호! 밖에서 어렵게 벼슬을 하면서 종족의 묘에 장례하는 경우가 세

---

147) 노기의 자는 자량(子良)이다. 대력 말기에 괵주(虢州) 자사가 되었다. 홍농현은 괵주에 속했다.

상에 드물다. 효자의 마음은 사마오정(駟馬五鼎)으로 모실 날이 있기를 기다리지만 끝내 이르지 않는 경우가 있다. 지금처럼 상복 입고 먹을 것 폐하고, 처자를 추위에 떨게 하고, 종복을 굶주리게 하고, 종신토록 이 길을 따르되 의지가 더욱 해이해지지 않고, 만리 길을 맨발로 다니는 객이 되어, 온갖 곤경 끝에 일을 마쳤으니, 참으로 보기 어려운 효를 다한 것이로다! 50이 되어도 부모를 사모한 사람이 순(舜)이요, 천종(千鍾)의 녹을 받게 되어도 슬퍼한 사람이 증자(曾子)로, 성인도 현인도 이와같이 어려웠다. 지금 사람 중에서도 그 길을 따르는 자가 있었으니, 세상에 알리지 않을 수 있을까?

少陵原柳氏之大墓, 唐貞元十九年某月日, 孤某奉其先府君洎夫人之喪祔于其位. 由新墓而南若干步, 曰高祖王父蘭州府君諱某字某之墓. 又東若干步, 曰曾祖王父邠州府君諱某之墓. 西若干步, 曰祖王父司議郎府君諱某之墓. 咸異兆而相望. 昭穆之有位序, 壞樹之有豐殺, 皆如律令.

府君諱某字某, 由父任爲太廟齋郎, 更許昌, 陽武, 伊闕, 華原尉, 王屋丞, 汝陰令. 爲弘農二年, 推其誠心, 裕于其人. 闢土生穀, 若有天相之道. 衣食給足, 故人不札夭, 敎厲明具, 故俗不爭奪. 遂以治于大和, 事理克彰. 刺史盧杞, 加禮襃旌, 考績絶尤. 推君之政, 風于下邑. 命爲吏部尙書郎. 庾河南受命黜陟, 狀君理績殊異, 宜升天朝, 帝有歎焉. 方圖優昇, 命用不長, 年五十五, 建中二年某月日卒于官. 以其素廉, 家之蓄不足以充凶事, 遂殯于是邑. 仍會危難, 至于今乃克返葬. 孤某, 嘗爲黔州錄事參軍, 今無祿仕, 而志不敢緩. 初, 公娶司農少卿京兆韋山之孫涇陽主簿廻智之女, 德容溫良, 大歷二年某月日卒于越而假葬焉. 孤某徒行自越, 擧夫人之喪至于虢, 擧弘農君之喪, 咸至于墓, 窆焉. 旣窆, 立石表于墳前, 示後之人以無忘孝敬.

嗚呼! 世有難仕于外而葬其族者希矣. 孝子之心, 有待駟馬五鼎而卒不至者焉. 若今之殺衣黜食, 寒妻子, 飢僕御, 終身由之而志益不懈, 爲旅人徒跣萬里, 以厄困終事, 孝之難者歟! 五十而慕者舜也, 祿千鍾而悲者曾子也, 聖且賢難之若是. 今之人有由其道者, 得不立於世乎?

지종부제종직빈(志從父弟宗直殯: 사촌 동생 유종직 임시 매장 지문)[148]

사촌 동생 유종직은 태생이 강건하고 기개를 좋아하여, 스스로 자를 정부(正夫)라고 했다. 남의 선함을 들으면 즉시 자기의 스승으로 여겼고, 남의 악함을 들으면 마치 자기 원수처럼 여겼고, 아첨하는 안색이나 잘 보이려고 웃는 사람을 보면 차마 함께 앉아 말을 하려고 하지 않았다. 서예에 뛰어나, 스승의 필법을 전수받은 것이 아주 제대로였다. 먹을 갈아 구불구불 붓을 휘두르면 기암절벽이 깎아지른 듯 소탈하고 자유로워, 아는 사람들은 훌륭하다고 여겼다. 시문을 지으면 담박하고 고풍스러우며 성률에 신중하고 비유나 표현이 적절했다. 『한서(漢書)』 문장을 40권으로 엮어,[149] 시가와 의론이 섬세하게 모두 구비되고 서로 연계되고 계통이 있어서, 글을 좋아하는 사람들은 훌륭하다고 여겼다. 밤낮을 가리지 않고 지나치게 독서에 열중했기 때문에 상기병(上氣病)에 걸렸다. 몸이 붓고 피가 거꾸로 흐르듯 하여, 매번 발작할 때마다 자거나 먹지도 못하고 움직이기도 어려웠다. 간혹 조금 차도가 있으면 또 학업에 전념하느라 일어나, 신음 소리와 독서 소리가 한데 섞여 어떤 소리인지 구분할

---

148) 본편은 유종원의 사촌동생 유종직의 지문이다. 유종원은 영정 원년(805) 9월에 예부원 외랑에서 소주(邵州) 자사로 폄적되었다가 11월에 또 영주사마로 바뀌었다. 원화 10년 (815) 정월에 소환을 받아 수도로 갔다. 이어서 유주자사로 나갔다. 유종직은 유종원과 함께 다녔으므로 유주에서 사망했다. 『한창려집』에 「뇌당제우문(雷塘祭雨文)」이 실려 있는데, 이 지문의 내용에 따르면 한유가 지은 것이 아닌 듯하여, 잘못 편입된 것인 듯하다.
149) 유종직이 『서한문류(西漢文類)』 40권을 편찬했고, 유종원이 서문을 썼다.

수가 없었다.

사촌형 (나) 유종원이 조정에서 훼방을 받아, 그 여파가 형제까지 진사에 급제하지 못하게 연루되었다. 11년 동안 학업을 완성했건만, 나이 서른셋이 되도록 급제하지 못했다. 재능은 더욱 훌륭해지고, 병은 더욱 깊어갔다. 원화 10년(815) 내가 비로소 유주자사가 되었다. 7월에 남쪽으로 와 나와 함께 지내려고 했다. 오는 길에 학질과 오한이 들어, 며칠 만에 좋아졌다. 또한 뇌당(雷塘)에서 기우제 지내는 것에도 따라갔다가,150) 돌아오면서 영천(靈泉)에서 놀고, 의기양양 돌아와서 누워 아침이 되었는데, 불러도 아무 반응이 없어 가보니 이미 혼백이 몸을 떠난 뒤였다. 오호! 하늘이 실로 내 형체를 가르는 듯 내 일생을 해치는 듯, 이 아이로 하여금 이렇게 이룬 것이 없게 할 수가 있는가! 이달 24일, 성 서북쪽 몇자되는 위치에 임시로 매장하니, 사망한지 7일째다. 내가 돌아갈 때 함께 돌아가게 하길 기약하며 장지에 지문을 쓴다.

從父弟宗直, 生剛健好氣, 自字曰正夫. 聞人善, 立以爲已師; 聞惡, 若已讎; 見佞色諂笑者, 不忍與坐語. 善操觚牘, 得師法甚備. 融液屈折, 奇峭博麗, 知之者以爲工. 作文辭, 淡泊尙古, 謹聲律, 切事類. 譔漢書文章爲四十卷, 歌謠言議, 纖悉備具, 連累貫統, 好文者以爲工. 讀書不廢蚤夜, 以專故, 得上氣病. 臚脹奔逆, 每作, 害寢食, 難俯仰. 時少閒, 又執業以興, 呻痛咏言, 雜莫能知.

兄宗元得謗於朝, 力能累兄弟爲進士. 凡業成十一年, 年三十三不擧. 藝益工, 病益牢. 元和十年, 宗元始得召爲柳州刺史. 七月, 南來從余. 道加瘧寒, 數日良已. 又從謁雨雷塘神所, 還戲靈泉上, 洋洋而歸, 臥至旦, 呼之無

---

150) 뇌당(雷塘)은 유주의 지명이다. 유주에 뇌산(雷山)이 있는데, 양쪽 절벽이 모두 동서 방향인 곳에서 뇌수(雷水)가 흘러나온다. 절벽 안쪽 물이 고이는 곳을 뇌당이라고 하는데, 구름의 기운이 나오고 뇌우(雷雨)를 만들 수 있다고 하여, 온갖 제물을 차리고 비를 빌면 호응이 있다고 한다.

聞, 就視, 形神離矣. 嗚呼! 天實析余之形, 殘余之生, 使是子也能無成! 是
月二十四日, 出殯城西北若干尺, 死七日矣. 俟吾歸, 與之俱, 志其殯.

제13권 지(誌)

선태부인하동현태군귀부지(先太夫人河東縣太君歸祔誌 : 선태부인 하동현태군의 귀향 안장 지문)[1]

선부인의 성은 노씨(盧氏)요, 이름은 아무개요, 그 집안은 대대로 탁군(涿郡)에서 살았고, 향년 겨우 68세로, 원화 원년(806) 병술년 5월 15일, 영주 영릉 불사(佛寺)에서 세상을 떠났다. 다음 해 모월 모일, 경조(京兆) 만년현(萬年縣) 서봉원(棲鳳原) 선시어사부군(先侍御史府君)의 묘에 편안하게 합장했다. 그 아들인 내게 죄가 있어, 슬픔을 머금고 처분을 기다려야 하

---

1) 본편은 유종원 모친 노씨 지문이다. 유종원이 영주사마로 쫓겨났기 때문에 모친 태부인이 영주에서 세상을 떠났다. 다음 해에 유해를 모시고 귀향하여 경조(京兆)에 있는 부친 선시어사부군의 묘에 합장하는데, 유종원은 직접 유해를 모시고 귀향할 수 없고 여전히 영주에 머물러 있어야 해서, 이 지문을 썼다.

는 처지라, 유해를 모시고 귀향하여 마지막 효도를 다할 수가 없어, 조카 및 태부인의 오빠의 아들 홍례(弘禮)가 이 일을 맡았다. 아아, 하늘이여! 태부인께 아들이 있었는데 영민하지 못해서 큰 죄에 빠짐으로써, 아들이 폄적되면서 전염병이 득실대는 땅으로 옮겨와, 의원·무녀·약·음식이 변변치 않아 죽음을 재촉한 셈이니, 하늘이 이 잔혹한 형벌을 내린 것이 아니라, 불행하게도 못된 자식을 가져서 이 지경에 이른 것이라. 또한 지금 장례를 처리할 마땅한 상주도 없으니, 하늘 땅이 끝이 있다 한들 이 억울함은 끝이 없을 것이로다. 유해를 싣고 출발하려고 하여, 불초한 말로써 모친의 덕을 서술하고 또한 비통한 마음을 기록하려 한다.

일찍이 큰외숙을 뵈었을 때 태부인의 행실을 칭찬하며 나를 가르치시던 말씀을 들은 적이 있다. "너는 잘 알아두어야 한다. (너희 어머니는) 일곱 살 때 『모시(毛詩)』와 유씨(劉氏)의 『열녀전(烈女傳)』을 깨우치고, 매사에 이에 맞춰 행동하여, 그 뜻에 어긋나지 않았었다. 너희 종중은 큰 가문으로, 시집와서 시부모를 잘 모시고 인척 사이에 두루 화목하게 지내서, 유씨의 효성과 인덕이 더욱 알려졌다. 흉년이 들어 먹을 것이 부족하면 자신은 충분히 먹지 않고 어린 아이들에게 배불리 먹였으니, 이는 실로 어려운 일이다." 또한 일찍이 선친께서 살아계실 때, 외숙께서 말씀하신 것과 비슷한 내용을 들은 적이 있다. "내가 읽는 옛날 역사서와 제자서의 내용을 부인은 듣고서 빠짐없이 다 알았다." 내가 네 살 때 경성 서쪽 전려(田廬)에서 살았다. 당시 선친은 오(吳)에 계시고, 집에는 책이 없었다. 태부인이 옛 시 14수를 가르치셨는데, 모두 암송해서 가르쳤다. 시(詩)와 예(禮)와 그림과 역사 및 바느질과 뜨개질을 딸들에게 가르쳐, 장성해서 모두 이름난 부인이 되었다.

선친께서 벼슬할 때, 백모 숙모 고모자매 조카들이 모두 수천 리 밖 먼 곳에 있었건만, 반드시 데려와 부양하고자 했다. 태부인은 이들을 맞아서, 자기보다 높은 연배에게는 마치 신하가 군주를 섬기듯 공경했고, 자기보다 낮은 연배에게는 마치 어머니가 자녀를 보살피듯 사랑했고, 자기를 적대시하는 자에게는 마치 형제처럼 우애로 대했다. 만족하지 않는 사람이 없었다. 고모들이 시집을 갈 때면 필시 침식을 폐하더라도 예를 다 갖추어, 일찍이 과로로 인한 병이 있었다. 선친께서 조부와 조모의 유해를 개장(改葬)하고자 하여, 태부인께서 울면서 일을 추진했다. 모든 일이 준비되었는데, 선친께서 세상을 떠나게 되어, 예를 완수하지 못했다.

내가 조정으로부터 명을 받게 되자, 삼가 가르침을 받들며 말씀하셨다. "너는 큰 일을 잊었느냐? 나는 집안의 맏며느리로, 이제 늙을 것이지만, 이 일만은 감히 소홀히 할 겨를이 없으니, 내가 맡아 보겠다. 만약 날이 정해지면 내가 가겠다." 소주(邵州)로 가라는 명을 받게 되자 또한 기뻐하며 "나의 바람이 이루어졌다"고 하셨다. 결국 임지에 가기도 전에 죄를 받게 되었다. 그 해 초엽 천자께서 신하들에게 은혜를 베푸시어, 유종원이 어사상서랑을 맡게 하고, 태부인을 하동현태군(河東縣太君)에 책봉했다. 8월에 부인들더러 흥경궁에서 태상황후에게 회책(會冊)을 하라고 명했는데, 예의상 어긋난 부분이 없었다. 영주에 이르러 또 가르침을 말하셨다. "네가 법도를 존중하지 않아서 이미 죄를 얻었는데, 이제 후손에게 크게 경계를 주어서 이전의 악을 덮어야 하니, 경애하고 두려워할 따름이다. 이것만 할 수 있다면 내가 무얼 한탄하겠느냐? 현명한 사람은 지난 일로 애도하지 않으며, 나는 일찍이 비통한 적이 없다." 그러나 끝내 효도를 다하지 못했고 보답을 드리지 못했다.

상주인 아들이 부인을 잃은 지 7년이건만 아직 재혼을 하지 않았다.[2] 궁벽한 이곳은 사람들이 병에 많이 걸리고, 불볕더위가 굽듯 찌듯 하고, 지대가 낮고 습기가 많아, 모친을 모실 땅이 아니다. 의원의 진찰을 보게 하지 못했고, 약 한 번 구해드리지 못했고, 기도도 드려본 적이 없어, 하늘만 부르고 있다가 마침내 큰 벌이 내렸다.

하늘이여! 신이여! 이것을 참으란 말인가! 그러고도 홀로 살아 있는 나

---

[2] 정원 15년(799) 유종원의 부인 양씨가 세상을 떠났다.

는 누구란 말인가? 화를 입히고, 반역을 저지르고, 또 완고하고 사나운데 죽지 못하고, 달을 넘기고 세월을 보내 지금에 이르렀구나. 영구를 실은 수레는 멀리 가는데 이 몸은 홀로 멈춰 있고, 묘소는 썼는데 이 눈에는 보이지 않는다. 외로운 죄인으로 궁지에 갇혀 있어, 혼백만 멀리 떠나가니 마음은 무너지는구나. 푸른 하늘이여! 푸른 하늘이여! 이런 일이 있을 수 있는가? 이런 일이 있을 수 있는가? 그러고도 여전히 말을 하고 밥을 먹는 이 사람은 과연 어떤 사람인가? 끝났도다! 끝났도다! 천하의 소리를 다 동원해도 이 슬픔을 펼칠 수 없고, 천하의 말들을 다 동원해도 이 뼈 아픈 심정을 전할 수 없다. 단단한 돌에 새겨, 묘혈에 함께 두어, 하늘이 다하는 날에야 없어지리라.

先夫人姓盧氏, 諱某, 世家涿郡, 壽止六十有八, 元和元年, 歲次丙戌, 五月十五日, 棄代于永州零陵佛寺. 明年某月日, 安祔于京兆萬年棲鳳原先侍御史府君之墓. 其孤有罪, 銜哀待刑, 不得歸奉喪事以盡其志, 姪泊太夫人兄之子弘禮承事焉. 嗚呼天乎! 太夫人有子不令而陷于大僇, 徙播癘土, 醫巫藥膳之不具, 以速天禍, 非天降之酷, 將不幸而有惡子以及是也. 又今無適主以葬, 天地有窮, 此冤無窮. 旣擧葬紼, 猶以不肖之辭, 擬述先德, 且誌其酷焉.

嘗逮事伯舅, 聞其稱太夫人之行以教曰: "汝宜知之, 七歲通'毛詩'及劉氏 '烈女傳', 斟酌而行, 不墜其旨. 汝宗大家也, 旣事舅姑, 周睦姻族, 柳氏之孝仁益聞. 歲惡少食, 不自足而飽孤幼, 是良難也." 又嘗侍先君, 有聞如舅氏之謂, 且曰: "吾所讀舊史及諸子書, 夫人聞而盡知之無遺者." 某始四歲, 居京城西田廬中, 先君在吳, 家無書, 太夫人教古賦十四首, 皆諷傳之. 以詩禮圖史及窮製縷結授諸女, 及長, 皆爲名婦.

先君之仕也, 伯母叔母姑姊妹子姪皆遠在數千里之外, 必奉迎以來. 太夫人之承之也: 尊己者, 敬之如臣事君; 下己者, 慈之如母畜子; 敵己者, 友之如兄弟. 無不得志者也. 諸姑之有歸, 必廢寢食, 禮旣備, 嘗有勞疾.

先君將改葬王父母, 太夫人泣以蒞事. 事旣具, 而大故及焉, 不得成禮.

旣得命於朝, 祗奉教曰: "汝忘大事乎? 吾冢婦也, 今也宜老, 而唯是則不敢暇, 抑將任焉. 若有日, 吾其行也." 及命爲邵州, 又喜曰: "吾願得矣." 竟不至官而及於罪. 是歲之初, 天子加恩羣臣, 以宗元任御史尙書郞, 封太夫人河東縣太君. 八月, 會冊太上皇后于興慶宮, 禮無違者. 旣至永州, 又奉教曰: "汝唯不恭憲度, 旣獲戾矣, 今將大儆于後, 以蓋前惡, 敬懼而已. 苟能是, 吾何恨哉! 明者不悼往事, 吾未嘗有戚戚也." 而卒以無孝道, 不能有報焉.

喪主子婦七歲, 而不果娶. 竄窮徼, 人多疾殀, 炎暑燔蒸, 其下卑濕, 非所以養也. 診視無所問, 藥石無所求, 禱祠無所實, 蒼黃叫呼, 遂遘大罰. 天乎神乎, 其忍是乎! 而獨生者誰也? 爲禍爲逆, 又頑很而不得死, 逾月逾時, 以至于今. 靈車遠去而身獨止, 玄堂暫開而目不見. 孤囚窮縶, 魄逝心壞. 蒼天蒼天, 有如是耶? 有如是耶? 而猶言猶食者, 何如人耶? 已矣已矣! 窮天下之聲, 無以舒其哀矣. 盡天下之辭, 無以傳其酷矣. 刻之堅石, 措之幽陰, 終天而止矣.

백조비조군이부인묘지명(伯祖妣趙郡李夫人墓誌銘 : 백조모 조군 이부인 묘지명)[3]

부인의 성은 이씨(李氏)로, 족성(族姓)을 분별하는 사람의 말에 따르면, 선조는 조군(趙郡) 찬황(贊皇)의 동조(東祖)라고 한다.[4] 조부는 아무개로, 아

---

3) 본편은 백조모의 묘지명이다. 백조부의 이름을 직접 밝히지 않아 누군지 확실치 않은데, 역대 주석에서 유찰궁(柳察躬)의 형으로 추측했다.
4) 찬황(贊皇)은 조주(趙州)의 현 이름이다. 6국 때 무안군(武安君) 이목(李牧)이 조(趙)나라

무개 관직을 지냈다. 부친은 이충(李沖)으로, 단보위(單父尉)를 지냈다. 부인은 좋은 집안에서 태어나, 번듯하게 남달랐다. 열다섯 머리 땋을 나이가 되어, 덕이 용모에 가득차고 행동은 말을 실천하여, 고결하면서도 부드러움을 잃지 않았고 엄격하면서도 조화로움을 잃지 않았다. 마름질하고 바느질하는 여인들의 일에 특히 뛰어났고 또한 아금(雅琴)을 뜯으며 진성(秦聲)을 잘 노래했고 다양한 연주 능력을 갖추었다. 부도(婦道)가 갖추어지니, 군자의 배필이 되는 것이 당연했다. 우리 백조부 임공령부군(臨邛令府君) 아무개께서 부인을 이씨의 사당에서 정실(正室)로 맞이하셨다.5) 임공령부군의 선친은 나의 증조부 청지부군(淸池府君) 아무개이다. 청지부군의 선친은 서주부군(徐州府君) 아무개이다.6) 또 그 선친은 상시부군(常侍府君) 유해(柳楷)이다. 상시(常侍)의 형의 아들이 중서령(中書令) 유석(柳奭)이다. 중서령부터 위로 네 세대에서 재상을 지냈다.7)

아! 우리 백조부는 종중이 창대하여 그 두터운 덕망을 이어받았고, 부인은 집안이 청렴으로 유명하여 그 예의범절을 닦아서, 두 성(姓)이 결합하여 선조의 유덕을 이으니, 사대부로서 영광이었다. 그러므로 어른을 모시고 식구 부양하고 제사를 모시는 것에서 부덕(婦德)이 빛나서 가풍에 아주 잘 들어맞았다. 얼마 안 가 백조부께서 임공에서 세상을 떠나 장례를 치렀다. 부인은 아들을 따라 회수(淮水) 근처 고향으로 돌아갔다. 오호! 우리 선친께서 매번 출사할 때마다 부인을 모셔와 봉양하지 않은 적이

를 섬겨, 결국 조나라 사람이 되었다. 진(晉) 사농승 이해(李楷)가 상산(常山)으로 옮겨 거주했는데, 집(輯)·황(晃)·분(芬)·경(勁)·예(叡) 다섯 아들이 있었고, 예의 아들이 욱(勗)으로, 형제가 거리의 동쪽에 살았고, 경의 아들이 성(盛)으로, 형제가 거리의 서쪽에 살았다. 그래서 예가 동조(東祖)가 되었고, 분과 동생 경을 함께 서조(西祖)라고 했고, 집과 동생 황을 함께 남조(南祖)라고 했다.

5) 이 묘지명에서 임공령부군의 이름을 밝히지 않았고, 『신당서』 연표에서도 '아무개가 임공령이 되었다[某爲臨邛令]'고만 했고, 그밖에 추적할 자료가 없는데, 유찰궁의 형으로 보인다.

6) 유자하(柳子夏)이다.

7) 유석의 부친 유칙(柳則), 유칙의 부친 유단(柳旦), 유단의 부친 유경(柳慶) 이렇게 모두 네 세대가 재상을 지냈다.

없었으니, 반드시 정성을 다했고 반드시 친절을 다했다. 아들이 장성하면 반드시 출사하여 봉록을 받도록 했고, 딸은 반드시 가정을 이루도록 했다. 딸을 시집보내려 하면, 반드시 시어머니와 잘 어울릴 수 있는 좋은 남자를 골라서 결정한 연후에 혼사를 의논했다. 중부 전중시어사부군이 이와 같이 기록했다.

부인은 아들 하나를 낳았고, 이름은 아무개로, 불행하게도 선주(宣州) 정덕위(旌德尉)를 지내다 죽었다. 딸이 셋으로, 모두 좋은 배필을 만났다. 농서(隴西) 이백화(李伯和)는 양자승(楊子丞)을 지냈는데, 관절을 앓다가 고질병이 되어 세상을 떠났다. 태원(太原) 왕서(王紓)는 지금 우보궐(右補闕)을 지내고 있다.[8] 영천(潁川) 진장(陳萇)은 교서랑(校書郎)·위남위(渭南尉)를 지냈고, 명성이 있었다. 정원 16년(800), 왕씨네 고모 댁에서 모시고자 양주에서 경사까지 데리고 오던 중, 길에서 병에 걸려, 결국 진씨네 고모 댁에 묵었다. 사위들이 선량하고 딸들이 잘 봉양하여, 마음에 맞지 않는 것이 없었다. 향년 81세로, 올해 6월 29일 평강리(平康里)에서 세상을 떠났다. 소렴(小斂)에서 대렴(大斂)을 거쳐서 안장하기에 이르기까지 두 사위가 실로 모든 절차를 주관했다. 손주가 둘인데, 맏손주가 조랑(曹郎)으로, 상복을 입고 자리에 바로 하여 복상했다. 8월 24일, 만년현 소릉원에 안장하니, 사실은 서봉원(棲鳳原)이라, 우리 선친과 숙부의 두 묘 사이에 자리잡았으니, 마음이 편하게 지낼 수 있는 곳이리라.

어허! 대를 이을 아들이 일찍 세상을 떠났고, 임공 만리 길에, 세월 또한 어수선하여, 아직 백조부 유해를 모셔와 합장하지 못했으니, 어느 슬픔이 이보다 심하겠는가! 고모들이 내게 이를 기록하라고 하였다. 사람들의 관례를 따라서, 남편 집안을 안으로 하고, 부모 집안을 밖으로 하되, 또한 우리에게서 장례를 지내고, 우리에게서 묘지를 쓰게 되니, 이에 따라 유씨에 대한 것도 갖추어 기록해둔다. 명문은 다음과 같다.

---

8) 왕서는 공부원외랑 왕단(王端)의 아들이다. 그의 동생이 왕소(王紹)로, 사서에 전기가 수록되어 있다.

남기신 향기 널리 퍼지고, 천수를 누리고 강녕하셨는데, 대량성(大梁星)
과 순화성(鶉火星) 때 깊이 빛을 감추셨다.9) 일찍 남편 여의시고 대를 이
을 아들 또한 잃었건만, 유해 모신 수레 민산(岷山) 남쪽에 돌아오지 못했
다. 유해를 안장한 묘는 서봉리에 있어, 간산(艮山) 근처요, 태수(兌水) 근
처라, 유해 모신 수레, 마땅히 여기로 돌아와야 하리. 남기신 복 자손백
대 누리리니, 누구의 말인가 하니 청오자(靑鳥子)의 말이라네.10)

夫人姓李氏, 鸞族姓者曰, 趙郡贊皇之東祖. 祖某, 爲某官. 父冲, 爲單
父尉. 夫人生於良族, 嶷然殊異. 及笄, 德充於容, 行踐於言, 高朗而不傷
其柔, 嚴恪而不害其和. 特善女工翦製之事, 又能爲雅琴秦聲操縵之具.
婦道旣備, 宜爲君子之配偶焉. 我伯祖臨邛令府君諱某, 受夫人於李氏之
廟而歸于正室. 臨邛府君之先曰我曾王父淸池府君諱某. 淸池之先曰徐
州府君諱某. 又其先曰常侍府君諱楷. 常侍之兄子曰中書令諱奭. 自中書
以上, 爲宰相四世.

噫! 我伯祖以宗胄碩大而濟其德厚, 夫人以族屬淸顯而修其禮範, 合二
姓以承先祖, 爲士者榮之. 故佐奉養, 承祭祀, 婦德用光, 家道甚宜. 無何,
伯祖終于臨邛而窆焉. 夫人從子而返于淮涘. 嗚呼! 我先府君每得仕, 未嘗
不奉迎供養, 必誠必親. 男旣立, 必使之有祿仕, 女必使之有家. 將嫁己子,
必先擇良士可以配諸姑者, 定, 然後議焉. 仲父殿中侍御史府君由是志也.

夫人生男一人, 諱某, 不幸終於宣州旌德尉. 女三人, 皆得良壻. 隴西李
伯和爲楊子丞, 疾痹廢瘤而沒. 太原王紓, 今爲右補闕. 潁川陳蒧, 爲校書
郎、渭南尉, 知名. 貞元十六年, 王氏姑定省扶持, 自揚州至于京師, 道路

9) 대량성(大梁星)과 순화성(鶉火星)은 별 이름이다. 이해는 별자리로 대량성(大梁星)에 해
   당되고, 날짜로는 순화성(鶉火星)에 해당된다. 별자리로 연월일시를 표시한 것이다.
10) 『풍속통』에 따르면, 한나라 때 청오자(靑鳥子)가 있었는데, 상수와 역학에 능했다고
   한다. 『당서』 「예문지」에서는 장례에 관한 책으로 『청오자』 3권이 있었다고 한다. 『상
   총서(相冢書)』를 보면, 산이 3중으로 연이어 있으면 연화산(連華山)이라고 하는데, 이곳
   에 안장하면 후손 중에서 2천 석 고관이 나온다고 청오자가 말했다고 한다.

遇疾, 遂館于陳氏. 以諸壻之良, 諸女之養, 無不得意焉. 享年八十一, 是
歲六月二十九日, 終于平康里. 自小斂至于大斂, 比及葬, 則二壻實參主
之. 有孫二人, 長曰曹郞, 奉之以繰而正于位. 八月二十四日, 葬于萬年縣
之少陵原, 實棲鳳原, 介于我先府君仲父二兆之間, 神心之所安也.

嗚呼! 嗣子早夭, 臨邛萬里, 以歲之不易, 未克合祔, 哀孰甚焉. 諸姑命
宗元以爲斯志. 以從人之道, 內夫家, 外父母家, 且又葬于我, 志于我, 故
敍柳氏爲備. 銘曰:

藹其芳, 壽且康, 大梁鶉火沉幽光. 夙淪夫子嗣又喪, 輀帷不復岷之陽.
兆靈趾, 棲鳳里, 艮之山, 兌之水, 靈之車, 當返此. 子孫百代承靈祉, 誰之
言者靑烏子.

숙비오군육씨부인지문(叔妣吳郡陸氏夫人誌文: 숙모 오군 육씨부인 지문)[11]

부인의 이름은 칙(則), 자는 내의(內儀), 성은 육씨(陸氏), 고향은 오군(吳郡)
으로, 강좌(江左) 지역에서 쟁쟁한 집안이었다. 종손이 다른 지역에 있어
서 집안의 족보가 산실되었기 때문에 증조부・조부의 이름이 무엇인지
무슨 관직을 지냈는지 제대로 살펴 알 수 없어서, 그 내용은 생략한다.
부친은 육담(陸覃)으로, 하남 육혼현령(陸渾縣令)을 지냈다. 부인은 태생으
로 부드러운 미덕을 지녔고, 머리 뚫는 열다섯이 되어서는 예를 모두 익
혔다. 마침 큰외숙이 하남윤이 되어 동료를 선발했는데, 우리 현의 문학
으로 있게 된 숙부가 사림에서 남달리 빼어난 사람이고 유자의 기풍이

---

11) 본편은 숙모 육씨부인의 지문이다. 육씨부인은 유종원의 숙부 전중군의 부인이다.
유종원이 이에 앞서 「전중군묘판문」을 쓸 때는 아직 부인에게 별 탈이 없었는데, 이때
육씨부인이 세상을 떠나, 합장하고 이 지문을 썼다.

드높다고 하여,[12] 이 때문에 부인이 우리 집안에 시집왔다.

부인의 성품은 온순하게 윗분을 모시고 다정하게 아랫사람을 보살펴, 감히 종부를 이기려 하지 않았고, 감히 첩들을 모욕하려고 하지 않았다. 그러므로 복을 받고 장수하는 것으로 하늘이 응해주는 것이 마땅하며, 모친의 모범이 모아졌다. 운명을 받음이 순탄치 못하여, 향년 35세 정원 12년(796) 11월 기해일에 장안 태평리 집에서 세상을 떠났다. 오호! 부인은 아들 하나를 낳아, 조파(曹婆)라고 하였으니, 아직 어린지라 어른 품에 안긴 채로 상복을 입고 제사에 참여했다. 딸이 하나 있어, 희자(喜子)라고 하였으니, 아직 기어다니고 강보에 싸여 부인 손에 안겨 지냈었다. 슬프도다! 쇠미한 집안은 복이 적고 하늘도 도와주지 않는 건지, 숙부께서 연초에 돌아가시고, 부인께서 이 달에 세상을 떠나셨다. 남은 아이들은 너무 어려 아직 가업을 이을 수가 없으니, 우리 모든 일족의 아픔이 크기만 하도다! 결국 이해 12월 13일 경오일에 소릉원의 묘에 합장했다. 삼가 숙부의 이름과 자를 되뇌여서 판문(版文)에 기록해 두었으니, 지금 적지 않는 것은 다시 성함을 거론하기가 두려워서이다.

夫人諱則, 字內儀, 姓陸氏, 家于吳郡, 蓋江左上族. 以宗子在他國, 家牒逸墜, 故曾王父、王父之諱官, 不克究知而闕其文. 父覃, 皇河南陸渾令. 夫人生而柔, 笄而禮. 曾伯舅爲河南尹, 撰擇僚寀, 謂我文學掾仲父, 士林殊英, 儒流推高, 故夫人歸于我.

夫人之志也, 溫順以承上, 沖厚以字下, 不敢踰於冢婦, 不敢侮於臣妾. 是宜允膺福壽, 集成母儀. 稟命不淑, 享年三十有五, 貞元十二年十一月己亥, 終于長安太平里第. 嗚呼! 夫人生男一人, 曰曹婆, 幼孺在抱, 委綏就位. 女一人, 曰喜子, 匍匐繦緥, 寄婦人之手. 哀哉! 蓋衰門薄祐, 神道不相, 顧仲父違背於歲首, 而夫人捐棄於是月. 遺孤眇藐, 未克承紹, 凡我族

屬, 其痛巨乎! 遂以其年十二月十三日庚午, 合祔于少陵原之墓. 恭惟仲父之諱字爵齒, 備于版文, 今不書, 懼再告也.

망고위남현위진군부인권조지(亡姑渭南縣尉陳君夫人權厝誌 : 고모 위남현위 진군부인 임시 안장 지문)[13]

당대 정원 17년(801) 9월 6일 갑자일, 전 위남현위(渭南縣尉) 영천(潁川) 진군(陳君)의 부인 하동 유씨가 평강리(平康里)에서 삶을 마쳤다. 삶을 마치려 할 때 진군에게 말했다. "나는 44년을 살았고, 진씨네 개부(介婦)가 된지 9년으로, 태만하지 않고 근면하게 살았건만, 이제 이 상황에 이르렀으니, 운명인 것 같습니다. 며느리가 되고 나서, 마땅히 어머니에게 제사를 올리러 삼원(三原)의 산소를 찾아가야 했건만, 그러나 불행하게도 중도에 병이 들어 아버님을 제대로 모시지도 못하고, 또한 제사 준비에도 도움을 주지 못했고, 당신의 아들을 낳았건만, 한 달도 안되어 세상을 떠났습니다. 일찍이 당신은 존귀한 자리가 있게 될 것이라고 생각했었는데, 그걸 보지 못하게 되었습니다. 아버님 장례에 관한 것도 제대로 마무리를 하지 못했습니다. 모두가 하늘이 큰 벌을 내린 것입니다. 제발 바라노니 예를 간략히 차려서 내 바람을 이루어주는데, 선부인의 묘 가까운 곳에 나를 묻어주십시오 나중에 당신이 세상 떠날 때까지 기다렸다가, 바른 자리로 돌아가게만 해주면 됩니다." 진군이 이에 12월 18일 좋은 날을 잡아 성남에 임시로 안정하니, 그 자리는 서봉이요, 부인의 뜻대로 했다. 또한 이날 갑자일에 나 종원에게 말씀하셨다. "자네의 고모는 집안에

---

13) 본편은 고모의 지문이다. 여기서 고모는 앞서 묘지명을 썼던 백조모 이부인과 백조부 임공령의 딸이다.

서 효도하고, 이를 우리 집안 어른에게 옮겨왔고, 식구들과 화목하게 지내고, 이를 우리 일족에게 퍼뜨렸다. 그래서 난 빈객을 대하듯 예우했고, 마치 내게 보탬을 주는 벗 같았는데, 이제 내 곁을 떠났으니, 끝이로다, 내가 보답을 할 수가 없다. 예전에 일찍이 자네가 성실하고 글을 잘 쓴다는 말을 했었는데, 지문을 써주길 바라노니, 다행히 저 세상에서 지각이 있다면 자네가 써주면 편안히 여길 것이요, 나도 여한이 없겠네." 오호! 존귀한 자가 꼭 현명한 것은 아니고, 장수한 자가 꼭 어진 것은 아니라, 하늘을 믿을 수 없음이 오래 되었도다. 결국 곡을 하고 부탁을 받아들여, 부인의 행적을 쓰고 이 돌에 새긴다.

부인의 6대조는 유경(柳慶)이요, 5대조는 유단(柳旦)으로, 지위가 모두 재상에 이르렀다. 고조부는 유해(柳楷)로, 제주(濟州) 자사를 지냈다. 증조부는 아무개로, 서주장사(徐州長史)를 지냈다. 조부는 아무개로, 청지령(淸池令)을 지냈다. 부친은 아무개로, 임공령(臨邛令)을 지냈다. 모친은 이씨(李氏)로, 조군(趙郡) 찬황(贊皇) 사람이다. 나머지는 개장한 후 제대로 갖추도록 하리라.

唐貞元十七年九月六日甲子, 前渭南縣尉潁川陳君之夫人河東柳氏, 終于平康里. 將終, 告于陳君曰:"吾生四十有四年, 爲陳氏介婦九年, 謹飭不怠, 以至于此, 命也. 旣成婦矣, 宜祔于皇姑, 從兆于三原, 然而不幸中道而有痼疾, 旣不及養于舅姑, 又不得佐于蒸嘗, 生君之子, 不期月而殤; 嘗謂君宜有貴位, 而不克見; 執親之喪, 不得終紀:皆天譴之大者也. 且願殺禮, 以成吾私, 邇先夫人之墓而窆我焉. 將俟君之不諱, 而歸復於正, 其可也." 陳君乃卜十二月十八日, 權厝于城南, 原曰棲鳳, 如夫人之志. 且以時日甲子, 授于宗元曰:"子之姑, 孝於家, 移于我之長; 睦于族, 施于我之黨. 是用賓而禮之, 如益者之友, 今則去我, 已矣, 吾無以報焉. 他日嘗謂子愨而文, 願以爲誌, 庶幸而有知, 將安子之爲也, 葢無恨矣." 嗚呼! 貴不必賢, 壽不必仁, 天之不可恃也久矣. 遂哭而受命, 書夫人之世, 以記于玆石.

夫人六代祖諱慶, 五代祖諱旦, 位皆至宰相. 高祖諱楷, 爲濟州刺史. 曾祖諱某, 爲徐州長史. 祖諱某, 爲清池令. 考諱某, 爲臨邛令. 妣李氏, 趙郡贊皇人. 其他則俟改葬而後備.

망자최씨부인묘지개석문(亡姊崔氏夫人墓誌蓋石文 : 누나 최씨 부인 묘지 개석문)[14]

우리 큰누나를 장례 지내면서, 남편 박릉(博陵) 최씨가 묘지명을 썼다.[15] 시집을 간 이후 며느리이자 아내이자 어머니로서 어떻게 지냈는지에 대해서는, 내가 아는 것이 최씨가 아는 것만큼 상세하지 못하다. 그러나 열다섯 머리를 땋을 때부터 그 이전으로 어린 시절까지는 당연히 최씨가 나만큼 알지 못할테니, 또한 어찌 기록을 그칠 수 있겠는가! 지금 관례에서 묘에 묘지명을 남길 경우 조밀한 돌을 쪼아 새기고 그 위에 덮개를 덮는데, 이에 감히 비석 뒷면에 새기는 뜻을 이용하여 이 돌에 적는다.

오호! 부인이 하늘로부터 타고난 성품은 참으로 남과 다른 점이 있었다. 아기 때는 그 소리가 온화했고, 어려서는 기질이 부드러웠다. 우리 일족이 대규모여서 어른들이 많았는데, 부인은 말을 할 줄 알 때부터 일찍이 함자를 잘못 댄 적이 없었다. 또래들과 집에서 놀 때는 일찍이 장난감을 다툰 적이 없었다. 선친께서 악(鄂)에서 경사로 가셨을 때,[16] 그 당시는 시절이 어수선해서 부친으로부터의 소식이 잘 오지 않아, 부인은 염려하며 달을 넘기곤 하였으며, 울음을 삼키고 먹지 않으면서, 또한 모

---

14) 본편은 최간(崔簡)에게 시집갔던 큰누나 최씨부인의 개석문이다.
15) 남편은 바로 최간(崔簡)으로, 자는 자경(子敬)이다.
16) 부친 유진(柳鎭)이 악악(鄂岳) 도단련판관을 지냈다.

친께서 염려할까 걱정하여, 병이 나서 그렇다며 속이다가, 부친의 편지가 오자 씻은 듯 나으니, 사람들이 그제서야 실상을 알았다. 예서에 뛰어났고 아금(雅琴)을 잘 연주하여 스스로 즐겼는데, 이를 내색하거나 자랑하지도 않았다. 솜씨는 족히 복장을 아름답게 만들 수 있을 정도였으되 대단하게 여기지 않았고, 언동은 족히 예를 발양할 수 있을 정도였으되 논쟁을 벌이지 않았다. 효성이 지극했고, 공경이 갖춰졌고, 인덕이 크고, 또한 군자의 짝으로 알맞았다. 그러나 존귀와 장수의 운명을 타고나지 못해, 이렇게 일찍 세상을 떠나게 되었으니, 하늘은 안다고 누가 말했는가?

태부인이 딸을 둘 낳으니, 둘째는 배씨(裴氏) 부인으로, 부인과 마찬가지로 부덕이 있었다. 두 딸이 시집간 두 집안에서 모두 훌륭한 덕으로 소문이 났으나, 모두 일찍 세상을 떠났다. 그들의 동생은 어리석고 모자란데 홀로 살아 있으니, 하늘은 모든 걸 따진다고 누가 말했는가? 오호, 너무나도 비통하다! 결국 피눈물로 글을 써서 하늘 끝까지 이르는 슬픔을 기록하나니, 이 돌과 영원히 전해지리.

我伯姊之葬, 良人博陵崔氏爲之誌. 凡歸于夫家, 爲婦爲妻爲母之道, 我之知不若崔之悉也. 然而自笄而上以至于幼孩, 崔固不若我之知也, 又烏可以已. 今之制, 凡誌于墓者, 琢密石, 加蓋于其上, 用敢附碑陰之義, 假茲石而書焉.

嗚呼! 夫人天命之性, 固有以異於人. 孩而聲和, 幼而氣柔. 以吾族之大, 尊長之多, 夫人自能言, 而未嘗誤擧其諱. 與其類戲于家, 游弄之具, 未嘗有爭. 先公自鄂如京師, 其時事會世難, 告教罕至, 夫人憂勞踰月, 默泣不食, 又懼貽太夫人之憂慮, 紿以疾告, 書至而愈, 人乃知之. 善隸書, 爲雅琴, 以自娛樂, 隱而不耀. 工足以致美於服而不爲異, 言足以發揚於禮而不爲辨. 孝之至, 敬之備, 仁之大, 又以配君子. 然而不克會于貴壽, 以至于斯, 孰謂之天有知者耶?

太夫人生二女, 幼曰裴氏婦, 如夫人之懿. 在二族咸以令德聞, 而皆早

世. 其弟昏愚而獨存, 孰謂天可問耶? 嗚呼, 痛其甚歟! 遂濡血而書, 以志
終天之哀, 與茲石永久.

망자전경조부참군배군부인묘지(亡姊前京兆府參軍裴君夫人
墓誌 : 누나 전 경조부참군 배군부인 묘지)[17]

유씨가 당대에 이르러 두각을 나타낸 사람으로는 중서령 유석(柳奭)이
있다. 중서령의 동생이 서주부군(徐州府君) 아무개로,[18] 실로 효성과 덕망
이 있었고, 가업을 이어받았다. 청지부군(淸池府君) 아무개가 있어,[19] 가업
을 이어서 창성하고 튼실하게 했다. 덕청부군(德淸府君) 아무개가 있어,[20]
훌륭한 정치로 그 뒤를 이었다. 시어사부군 아무개에 이르러,[21] 곧음과
믿음과 굳셈과 바름을 보여서 나라에 이름이 났다. 현명한 딸을 낳아, 배
씨의 배필로 시집을 보냈다. 배씨가 당대에 이르러 두각을 나타낸 사람
은 예부상서 배행검(裴行儉)이다.[22] 예부상서의 아들이 시중 배광정(裴光
庭)으로,[23] 충정과 성실을 이어받아, 국사에 기록되었다. 사부부군(祠部府
君) 배진(裴稹)이 곧음으로 가업을 이었다. 금오부군(金吾府君) 배경(裴儆)에
이르러, 순수하고 너그럽고 단정하고 밝은 성품으로 천하에 이름이 알려
졌다. 훌륭한 아들을 낳으니, 부인을 배필로 맞이했다.[24]

---

17) 본편은 배근(裴墐)에게 시집간 누나의 묘지이다. 유종원의 명작 전기 「재인전(梓人傳)」
　　은 바로 광덕리에 있는 자형 배근 즉 누나의 집으로 찾아온 목수 이야기로 시작된다.
18) 유자하(柳子夏)이다.
19) 유종유(柳從裕)이다.
20) 유찰궁(柳察躬)이다.
21) 부친 유진(柳鎭)을 말한다.
22) 배행검의 자는 수약(守約), 강주(絳州) 문희(聞喜) 사람이다. 고종 때 예부상서를 지냈다.
23) 배광정의 자는 연성(連城)으로, 개원(開元) 때 재상을 지냈다.
24) 배경의 아들은 배견(裴堅)·배근(裴墐)·배전(裴塤)·배훈(裴塤) 넷이다. 부인은 배근의

어허! 부인은 인(仁)과 효(孝)와 함께 태어났고, 예절과 순종과 함께 성장했다. 삶을 시작하여 본가에서 살면서는 순박했고, 시집에서 삶을 마칠 때까지는 단정했다. 자식의 도리를 행할 때는 효성있고 따뜻하고, 공손하고 너그럽고, 갖고 주는 것이 순리를 따라서, 반드시 부모의 마음에 흡족하게 했다. 선친과 모친이 너무나 애틋하게 아끼고 사랑하여, 그러므로 부인이 옆에서 모실 때는 꾸짖거나 화를 내신 적이 전혀 없었다. 하늘이 우리 가족에 화를 불러와, 선친께서 일찍 이 세상을 떠나시게 하였으니, 남은 우리 형제들은 모친을 모시고, 감히 죽음을 도모할 겨를이 없었고, 일상을 회복하게 이르렀다. 부인이 세 살 때 씻을 물도 없고 먹을 찬도 없어, 발을 동동 구르며 울부짖어 슬픔이 천지에 뻗쳤다. 외모상 머리가 빠져서 비녀도 지탱하지 못할 정도였고, 체력이 약하여 띠도 이겨내지 못할 정도였다. 모친께서 울며 달래도 먹지 않더니, 아침 저녁으로 가르치고 타일러서 가까스로 위기를 넘겼다. 아내의 도리를 지킨 면을 보면, 곧고 순종하는 덕이 항상 몸에 배어 있고, 의심과 시기의 우려가 마음에 싹트지 않고, 분노와 원한의 기색이 용모에 드러나지 않고, 한결같이 예의에 합치되었고, 부드럽게 바름을 얻었다. 며느리의 도리를 지킨 면을 보면, 어른 말에 순종하고 삼가 공경하고 인척끼리 화목하고 어리고 어려운 사람들을 보살피는 행실이 아주 잘 갖추어졌건만, 항상 불행으로 여긴 것은 시어머니를 제대로 봉양하지 못했다는 것으로, 이를 큰 한으로 여겼다. 그러므로 봄 가을 시사를 챙길 때는 제수를 깨끗이 씻고 제기에 정성껏 담아, 수고롭게 새벽까지 기다렸다. 매번 슬픈 느낌이 일어날 때마다 또한 그 효심을 배씨의 집안에 옮겨 펼쳐, 총부(冢婦)개부(介婦)와도 화목하게 지내고, 반드시 공경하고 반드시 친애했고, 아래로는 타고난 순수한 마음을 잃지 않아, 인척의 덕망이 두텁게 된 것은 모두 이로 말미암은 것이었다. 오호! 나의 크나큰 잘못인가? 배씨의 크나

배필이다.

큰 불행인가? 부인의 덕행이라면 마땅히 존귀하고 장수해야 하고, 마땅히 강녕해야 하거늘, 그러나 나이 겨우 서른이 되어 장수를 누리지 못하게 되었다. 남편은 관직이 참군사(參軍事)가 되었는데, 존귀함을 함께 누리지 못하게 되었다. 골수에 박힌 병이 몸에 쌓여, 정원 16년(800) 3월 13일 갑자일에 광덕리(光德里) 집에서 세상을 떠났다. 애통하도다!

처음 부인이 병에 걸리자 부인의 가족은 자기가 병에 걸린 것처럼 보아서, 집안 원로·처첩·하인들이 모두 남몰래 분주히 길에서 오가며 귀신에게 기도하고 점을 치는 사람들이 줄을 이었다. 병에 걸린 이후 모친께서 옆에 있자, 오히려 모친의 근심이 쌓여서 모친의 마음이 상할까 염려하여, 간신히 지탱하고 기운을 내며 조금이나마 차도가 있다고 속였다. 어린 두 아이는 아직 이를 갈 나이도 안되었고, 남편은 멀리 있어, 유언을 남겨서 뒷날에 제대로 전해줄 상황도 아니었다. 그러므로 하늘에 외치는 나의 통한은 더 심해짐이 당연하다. 오호! 하늘은 어찌 이 훌륭한 덕에도 보답을 제대로 하지 않았는가, 이는 유독 무슨 잘못인가? 하늘이 이토록 잔인할 줄 난 몰랐다. 한 달이 넘어서, 남편이 낙양에서 와, 문을 바라보고 곡을 하며 말했다. "이제 우리 집안을 일으키고 내 입신을 도와줄 사람이 없다." 아들 셋을 낳았으니, 어린 것이 최칠(崔七)이라, 부인보다 여덟 달 앞서 죽어, 그 혼백이 가지 않는 곳이 없다. 둘째가 최육(崔六)이라, 부인 뒤를 이어 50일 만에 요절하여, 합장했다. 지금 남아 있는 것은 최오(崔五)로, 다행히 아무 탈이 없어, 유모에게 맡겨두어 수화(水火)의 상극을 피하도록 했다. 슬프도다! 이해 8월 18일 갑자일에 장안현 신화원(神禾原)에 안장하니, 선영을 따라서 시모 곁에 합장한 것이니, 마땅하다.

아우가 울면서 묘지를 쓰자니, 비통이 극에 달해 숨이 막힐 지경이라, 자세히 쓰지도 못하고 대략 쓴다. 감히 고하나니 부끄러운 말 한 마디 없고, 지나친 찬미의 말 없이, 정직하게 써서 영혼의 마음이 편한하게 하려 한다. 아아! 슬픔이 극에 달하면 글로 표현할 수 없고 공경이 극에 달하면 꾸미지 않는 법이므로 명문은 쓰지 않는다.

柳氏至于唐, 其著者中書令諱奭. 中書之弟曰徐州府君諱某, 實有孝德, 世其家業. 清池府君諱某, 繼之以茂實. 德清府君諱某, 承之以善政. 以至于侍御史府君諱某, 用貞信勁正, 達于邦家. 克生賢女, 以配于裴氏. 裴氏至于唐, 其著者禮部尙書諱行儉. 禮部之子曰侍中諱光庭, 嗣用忠肅, 書于國史. 祠部府君諱稹, 業之以貞直. 以至于金吾府君諱儆, 用純懿端亮, 聞於天下. 實生良子, 以配夫人.

嗚呼! 夫人與仁孝偕生, 以禮順偕長. 始於家, 純如也; 終於夫族, 穆如也. 其爲子道也, 孝以和, 恭以惠, 取與承順, 必稱所欲. 先君與太夫人恩遇尤厚, 故夫人侍側, 無威怒之教焉. 天禍弊族, 夙遭大故, 我諸孤奉太夫人之養, 不敢圖死, 至于復常. 夫人三歲無湯沐, 無鹽酪, 頓踣叫號, 哀徹天地. 外除髮不勝笄, 體不勝帶. 太夫人泣而命之, 固猶不食, 朝夕諭誨, 僅而濟焉. 其爲妻道也, 貞順之宜, 恒服於身體; 疑忌之慮, 不萌於心術; 忿懟之色, 不兆於容貌, 同焉而合於禮, 婉焉而得其正. 其爲婦道也, 惟聽順謹敬睦姻任恤之行甚備, 常以不幸, 不及姑舅之養, 用爲大恨. 是故相春秋之事, 視滌濯, 羞簠簋, 勞以待旦. 每怵惕之感至焉, 則又移其孝於裴氏之門, 而以睦于家婦介婦, 必敬必親, 下以不失其赤子之心, 姻族歸厚, 率由是也. 嗚呼! 我之大譴歟? 裴氏之大不幸歟? 以夫人之德行, 宜貴壽, 宜康寧, 然而年始三十, 不克至于壽. 良人官爲參軍事, 不及偕其貴. 骨髓之疾, 實鍾于身, 以貞元十六年三月十三日甲子, 終于光德里第. 痛矣夫!

始夫人之疾也, 夫人之族視之如己, 其家老、長妾、臧獲之微, 皆以其私奔謁於道路, 禱鬼神、問卜筮者相及也. 旣病, 太夫人在側, 尙慮積憂傷于尊懷, 猶持形立氣, 紿以少間. 故二稚未亂, 良人在遠, 不及有緖言遺念以傳於後. 則我呼天之痛, 宜有加焉. 嗚呼! 天胡厚是懿德而嗇其報施, 獨何咎歟? 余不知天之忍也. 旣逾月, 良人至自洛師, 望門而哭曰 : "無以立吾家成吾身矣." 凡生三子, 幼曰崔七, 先夫人八月而殞, 魂氣無不之也. 次曰崔六, 後夫人五旬而夭, 因祔焉. 今其存者曰崔五, 幸無恙, 託于乳媼, 以虞水火. 哀哉! 其年八月十八日甲子, 安厝于長安縣之神禾原, 從于先塋, 祔于皇姑, 宜也.

母弟號哭而爲之志, 毒痛憑塞, 略不能具. 敢告無愧辭, 無溢美, 庶用正
直, 克安神心. 嗚呼! 至哀無文, 至敬不飾, 故無其辭.

망처홍농양씨지(亡妻弘農楊氏誌 : 처 홍농 양씨 지문)[25]

처 홍농(弘農) 양씨(楊氏)의 이름은 아무개이다. 고조부는 사훈낭중(司勳
郎中) 아무개이고,[26) 사훈낭중은 전중시어사 아무개를 낳았다.[27) 전중시
어사는 예천현위(醴泉縣尉) 아무개를 낳았다.[28) 예천현위는 지금의 예부낭
중 양응(楊凝)을 낳았다.[29) 대대로 인(仁)과 효(孝)를 이어받아, 덕이 있는 가
문으로 알려졌다. 예부낭중은 농서(隴西) 이씨(李氏)와 혼인하여 부인을 낳
았다. 부인이 태어난지 3년 만에 모친은 세상을 떠났고, 외조부 이겸(李兼)
이 방백연수(方伯連帥)의 자리에 있어서, 남부를 두루 다스렸다.[30) 부인은
어렸을 때부터 머리 땋는 열다섯 때까지 외가에 의지해 있어서, 보살피고
사랑하고 애지중지 키운 것이 지나치다고 할 정도였다. 부인은 조심스럽
고 공경하고 순종하여, 총애를 받으면 더욱 조심하여, 시종 교만한 안색을
짓지 않아, 보기 드문 경우라고 친척들이 여길 정도였다. 다섯 살 때, 모친

---

25) 본편은 23세 젊은 나이에 안타깝게 세상을 떠난 유종원의 부인 양씨(楊氏) 지문이다.
26) 사훈낭중은 양원정(楊元政)이다.
27) 전중시어사는 양지현(楊志玄)이다.
28) 예천현위는 양성명(楊成名)이다.
29) 양성명은 아들 셋이 있었으니, 첫째가 양빙(楊憑), 자는 허수(虛受)요, 둘째가 양응(楊凝),
   자는 무공(懋功)이요, 셋째가 양릉(楊淩), 자는 공리(恭履)이다. 예부낭중을 지낸 것은 양빙
   이고, 유종원의 장인 또한 양빙이므로, 여기서 '응(凝)'은 '빙(憑)'의 오기임이 분명하다.
30) 건중 4년(783), 이겸을 악악(鄂岳) 관찰사로 삼았다. 정원 원년(785), 강서관찰사로 옮
   겼다.

의 기일을 맞아, 인사(仁祠)에서 승려들에게 공양하는데, 그 까닭을 묻기에 보모가 말해주자, 결국 우느라고 밥을 먹지 않았다. 이후 매년 이날이 되면 꼭 허둥지둥 눈물을 흘리며 그리워하면서 종신의 슬픔을 간직했다. 내게 시집오는 것을 허락하게 되어, 부드러운 날을 잡아,31) 유씨 집안으로 들어왔다. 생각해 보자니 선친께서 벗의 도를 가장 중시하고 존중하여, 낭중과 사이가 가장 깊었었다. 우리가 어릴 때 혼담을 주고 받아, 선의의 농담으로 시작했건만, 비록 타지에 있어도 끝내 말을 달리 하지 않았다. 13년 이후 두 성이 가약을 맺으니, 처음 했던 말을 지켰던 것이다.

부인이 시집 와, 공경과 봉양의 도리를 다하여 모친을 모셨고, 남편 가족들과 돈독하고 화목하여, 단정하고 화기로운 미덕을 보여주었다. 식생활을 주관하고 때마다 제사 준비를 도와주어, 조심하고 공경하는 의표가 종중에서 드러났다. 모친께서 일찍이 "내가 며느리를 얻은 때로부터 효녀 하나 더 얻은 듯하다"고 말하셨다. 하물며 또한 다른 집안과의 왕래에서 아이들을 마치 자기 아이처럼 사랑했고, 두 누나 최씨부인·배씨부인이 형제처럼 대하였다. 그러므로 두 집안의 우호가 다른 집안과 달랐다. 그러나 평소 족질(足疾)을 앓아, 제대로 걸을 수 없었다. 혼인한지 3년이 안되어, 아이를 가지면 유산되곤 하여, 그 병이 더욱 심해졌다. 그 다음 해, 의원에게 진찰받고 약 먹기에 편하고자 친정 영녕리(永寧里) 처가로 돌아갔는데, 8월 1일 갑자일에 병이 위독하여 숨을 거두게 되었으니, 나이 겨우 스물셋이었다. 오호 비통하다! 부인은 유순하고 정숙하니, 천수를 누려야 마땅했고, 단정하고 현명하고 맘씨 좋고 따뜻하니, 존귀한 자리에 올라야 마땅했고, 나면서 효도와 사랑의 근본을 알았으니, 많은 복을 받는 것이 마땅했다. 이 세 가지가 모두 헛되이 아무 보응이 없으니, 하늘을 탓할까?

쇠락한 가문에 액운이 많고 하늘도 돕지 않는지, 그래서 신미년부터 올해에 이르기까지 누차 연이어 상복을 입게 되고 슬픔과 비통이 이어

---

31) 『예기』에 따르면, 바깥 일은 강한 날을 잡고, 집안 일은 부드러운 날을 잡는다고 했다. 부드러운 날은 을·정·기·신·계의 날이다.

졌다.32) 그간 평상의 의관을 갖추고 한달을 채운 것이 세 번뿐이었다. 이것이 부인의 수명에 누를 끼친 것이 아닌가? 애도와 통곡의 마음이 어찌 한 달뿐이리오 슬프구나! 결국 9월 5일 경오일에 만년현 서봉원에 안장하여, 선영에 함께 하였으니, 예를 따른 것이다. 이해는 당대 정원 15년(799), 기묘년이다. 지문은 다음과 같다.

곤덕(坤德)은 유순하고,
부도(婦道)는 정숙하다.
아 이 사람의,
순하고 맑은 자태.
하늘하늘 나는 듯한 예쁜 용모,
이 궁벽한 먼지 속에 묻혔구나.
당신이 잠든 이곳 견고하여,
햇빛 막아주리.33)
나 죽으면 같이 묻히리니,
이곳으로 돌아오리.

亡妻弘農楊氏, 諱某. 高祖皇司勳郎中諱某, 司勳生殿中侍御史諱某. 殿中生醴泉縣尉諱某. 醴泉生今禮部郎中凝. 代濟仁孝, 號爲德門. 郎中娶于隴西李氏, 生夫人. 夫人生三年而皇姑卽世, 外王父兼, 居方伯連帥之任, 歷刺南部. 夫人自幼及笄, 依于外族, 所以撫愛視遇者, 殆過厚焉. 夫人小心敬順, 居寵益畏, 終始無驕盈之色, 親黨難之. 五歲, 屬先妣之

---

32) 신미년은 정원 7년(791)이다. 정원 9년(793), 유종원 부친 유진이 사망했다. 12년(796) 정월, 숙부가 사망했다. 11월, 숙모 육씨가 사망했다.

33) 『박물지(博物志)』에 따르면, 한(漢) 등공(滕公) 하후영(夏侯嬰)이 죽어, 공경들이 장례 행렬을 이루어 동도(東都) 문 밖에 이르렀는데, 말이 가지 않고 땅에 쓰러져 슬피 울기에, 석관 하나를 발견했는데 "견고하고 아름다운 이곳, 삼천년 지나야 햇빛을 보리니, 아 아 등공이 여기서 살리"라는 글이 새겨 있어, 그 석관에 장사지냈다고 한다.

忌, 飯僧於仁祠, 就問其故, 媒傅以告, 遂號泣不食. 後每及是日, 必遑遑涕慕, 抱終身之戚焉. 及許嫁于我, 柔日旣卜, 乃歸于柳氏. 恭惟先府君重崇友道, 於郎中最深. 髫稚好言, 始於善謔, 雖間在他國, 終無異辭. 凡十有三歲, 而二姓克合, 奉初言也.

夫人旣歸, 事太夫人, 備敬養之道, 敦睦夫黨, 致肅雍之美. 主中饋, 佐烝嘗, 怵惕之義, 表于宗門. 太夫人嘗曰 : "自吾得新婦, 增一孝女." 況又通家, 愛之如己子, 崔氏、裴氏姊視之如兄弟. 故二族之好, 異於他門. 然以素被足疾, 不能良行. 未三歲, 孕而不育, 厭疾增甚. 明年, 以謁醫救藥之便, 來歸女氏永寧里之私第, 八月一日甲子, 至于大疾, 年始二十有三. 嗚呼痛哉! 以夫人柔順淑茂, 宜延于上壽; 端明惠和, 宜齒于貴位; 生知孝愛之本, 宜承于餘慶. 是三者皆虛其應, 天可問乎?

衰門多釁, 上天無祐, 故自辛未, 逮于茲歲, 累服齊斬, 繼纏哀酷. 其間冠衣純采期月者, 三而已矣. 無乃以是累夫人之壽歟? 悼慟之懷, 曷月而已矣. 哀夫! 遂以九月五日庚午, 克葬于萬年縣棲鳳原, 從先塋, 禮也. 是歲, 唐貞元十五年, 龍集己卯. 爲之誌云 :

坤德柔順, 婦道肅雍.

惟若人兮, 婉娩淑姿. 鏘翔令容, 委窮塵兮.

佳城鬱鬱, 閉白日兮. 之死同穴, 歸此室兮.

하상여자묘전기(下殤女子墓塼記 : 요절한 여자아이 묘전기)[34]

요절한 여자아이는 장안 선화리(善和里)에서 태어났으며, 처음에는 이름을 화낭(和娘)이라고 했다. 병에 걸리자 "부처는 내가 의지하는 바이니, 부처를 위해 살기를 원합니다"라고 말하고, 이름을 불비(佛婢)로 바꿨다. 병에 걸린 이후 삭발하여 비구니가 되기를 원하여, 초심(初心)이라고 불렀다. 원화 5년(810) 4월 3일 영주에서 사망하니, 열 살이었다. 어머니가 없었기 때문에 느즈막히 부녀의 인연을 맺었다. 성격이 부드럽고 착해, 어른같다고 해도 될 만했으나 결국 요절했다. 검은 갈옷으로 염을 하고 벽돌에 명문을 새겨, 영릉 동쪽 성문 밖 두 번째 봉우리 서쪽 모퉁이에 안장한다. 명문은 다음과 같다.

누가 너를 오게 하여 태어났는가?
누가 너를 불러 가버렸는가?
어디서 왔는가?
어디로 가는가?
혼백은 안 가는 곳이 없으련만,
골육은 여기로 돌아와 편히 잠들어라.

下殤女子生長安善和里, 其始名和娘. 旣得病, 乃曰 : "佛, 我依也, 願以爲役." 更名佛婢. 旣病, 求去髮爲尼, 號之爲初心. 元和五年四月三日死永州, 凡十歲. 其母微也, 故爲父子晚. 性柔惠, 類可以爲成人者, 然卒

---

34) 본편은 영주에서 요절한 어느 여자아이의 묘전기이다. 상(殤)은 아직 성년에 이르지 못하고 죽은 것을 말한다. 19세에서 16세 사이에 죽으면 장상(長殤)이라고 하고, 15세에서 12세 사이에 죽으면 중상(中殤)이라고 하고, 11세에서 8세 사이에 죽으면 하상(下殤)이라고 한다.

夭. 斂用緇褐, 銘用塼甓, 葬零陵東郭門外第二崗之西隅. 銘曰 :

執致也而生? 執召也而死? 焉從而來? 焉往而止? 魂氣無不之也, 骨肉
歸復於此.

소질여자묘전기(小姪女子墓塼記 : 조카 여자아이 묘전기)[35]

자는 아(雅)요, 성은 유(柳)라.

태어난 해는 갑신년이요,[36] 사망한 해는 기축년이라.[37]

날짜로는 12일이요, 달은 9월이라.

이 날 안장하니, 동쪽 봉우리 위이다.

태어나서 총명하더니, 명이 짧아 요절했구나.

애초에 아무 것도 없었으니, 지금 또한 무엇이 있으랴?

아직 다 자라지 못했으니, 응당 빨리 썩으리라.

이 벽돌에 새겨, 영원히 보존되길 기약한다.

字爲雅, 氏爲柳. 生甲申, 死己丑. 日十二, 月在九. 是日葬, 東崗首.
生而惠, 命則夭. 始也無, 今何有? 質之微, 當速朽. 銘玆瓦, 期永久.

---

35) 본편은 다섯살에 죽은 조카 여자아이 유아(柳雅)의 묘전기이다.
36) 갑신년은 정원 20년(804)으로, 원래 판본 주석에는 '정원 12년(796)'이라고 되어 있으
나, 정원 12년은 병자년이다.
37) 기축년은 원화 4년(809)이다.

고상서호부시랑왕군선태부인하간유씨지문(故尙書戶部侍郞王君 先太夫人河間劉氏誌文: 상서호부시랑 왕군 선태부인 하간 유씨 지문)[38]

부인의 성은 유씨(劉氏)요, 선조는 한(漢)의 하간왕(河間王)이다.[39] 하간 왕은 밝은 덕을 지녀, 대대로 그 뛰어난 덕망을 이어받았다. 당대에 이르러 유문소(劉文昭)라는 후손이 있어, 면주(綿州) 자사를 지냈는데, 훌륭한 자사로 칭송받았다. 그 후손 유신언(劉愼言)이 선거령(仙居令)·광주장사(光州長史)를 지냈고, 선조의 가풍을 잘 이어받았다. 광주장사가 바로 부인의 부친이다. 부인은 성년이 된 지 5년 후 북해(北海) 왕부군(王府君) 아무개에게 출가했다.[40] 왕부군은 명경(明經)에 급제하고 임성위좌금오위병조(任城尉左金吾衛兵曹)의 관직을 지냈다. 경술(經術)을 수양하여 성인의 도를 추구했고, 고금의 도에 통달하고 왕도의 법전을 추구했다. 세상에 혼란한 일이 많아 뜻대로 성취하지 못하고, 결국 은거하여 일생을 마쳤다.

부인은 아들 둘을 낳았다. 큰아들은 왕이륜(王彝倫)으로, 오경에 급제했으나 요절했다. 작은아들은 왕숙문(王叔文)으로, 굳고 밝고 곧고 성실하며 문무의 재질을 갖추었다. 정원 연간에 조정에서 대조(待詔)로 재직 중 세자와 도가 합치되어, 이후 18년 동안 선을 권장하고 악을 배척하며 열심히 세자를 가르치고 보필했다.[41] 선제가 세상을 떠나고[42] 후사 황제가 대위를 이었다.[43] 공은 금중(禁中)에 거하며 정책을 모의하고 명령을 결

---

38) 본편은 왕숙문(王叔文)의 모친 유씨부인 지문이다. 유종원은 왕숙문과 뜻을 같이 했으므로, 이 묘지명에서 매우 칭찬했다. 정원 21년(805) 가을의 일이다. 8월에 헌종이 등극하여, 왕숙문은 패하고 유종원도 이어서 폄적되었다.

39) 하간헌왕(河間獻王) 유덕(劉德)으로, 한 경제(景帝)의 장자이다.

40) 왕부군은 월주(越州) 산음(山陰) 사람이다. 왕숙문은 스스로 왕맹(王猛)의 후손이라고 말했다.

41) 왕숙문이 바둑을 잘 두어, 정원 초기부터 동궁을 출입하면서 태자와 어울렸다고 한다. 이때 백성의 고통에 대해 많은 이야기를 나눈 것으로 보인다.

42) 정원 21년(805) 정월 계사일에 덕종이 세상을 떠났다.

43) 병신일에 순종이 즉위했다.

정하는 등 국정 운영을 돕는 공적을 쌓았다. 소주사공참군(蘇州司功參軍)에서 기거사인(起居舍人)·한림학사(翰林學士)가 되었다. 왕명의 출납을 관장하고 사리와 시비를 밝히면서, 국가대사의 통변(通變)을 두루 관장하고, 지방을 경영하고 재정을 관할하는 직책을 보좌했다.[44] 호부시랑(戶部侍郞)에 더해지고, 자금어대(紫金魚袋)를 하사받았다.[45] 물가의 경중과 물자 교류의 문을 열고 닫는 것이 조화롭고 균등하고 적절하고 충분한 효과가 있었다. 안으로 국정 모의에 참여하여 그 자리를 헛되지 않게 하여, 이 직분을 맡은 것이 146일이었다. 백성을 이롭고 편하게 하는 도가 장차 백성에게 베풀어지려고 하는데 부인께서 댁에서 돌아가셨으니, 정원 21년(805) 6월 21일이었다. 도를 아는 사람들은 만백성을 위하여 안타까워했다. 천자가 중알자(中謁者)를 파견하여 그의 집에 문상하도록 했고, 조의품으로 포백(布帛)을 하사했다.

아아! 부인은 친가에서 정숙과 순종으로 처신했고, 효성과 근면으로 부모를 봉양했다. 시집을 와서는 공손과 공경으로 웃사람을 받들었고 엄숙으로 아랫사람을 대했다. 남편을 섬김이 49년 동안 그 부지런함과 수고로움이 해이해지지 않았고, 호부시랑을 낳은지 53년 동안 가르치고 훈계함을 빠트림이 없었다.[46] 나이 79에 호부시랑의 도가 천하에 알려져 큰 관료가 되고 자수(紫綬)를 하사받아 봉양하였다. 공경왕후가 모두 집을 찾아왔다. 장수하고 집안이 창성하여 세상 사람들이 선모했다. 천자가 조서를 내려 봉읍을 정하게 하여 유사가 등급을 따지다가 중단되어, 끝내 책봉되기에 이르지 못해, 당시 사람들이 애통해했다. 이해 8월 모일에 병조군의 묘소에 합장한다. 명문은 다음과 같다.

---

44) 3월, 왕숙문을 탁지염철전운부사에 임명했다.
45) 5월의 일이다.
46) 천보 12년(753), 왕숙문이 출생했다.

부인의 성품은,

따스하고 부드럽고 공경하고 정직했다.

여인의 도덕의 가르침을 이어받아,

여성의 규범으로서 모범이 되었다.

훌륭한 아들을 낳아,

훌륭한 덕망을 드날렸다.

아들은 문과 무를 겸비하여,

우리의 통치에 큰 공을 세웠다.

천자가 이를 지원하고,

나라 사람들이 이를 바라봤다.

치렁치렁 드리워진 자수(紫綬),

고당(高堂)의 영광이 되었다.

옛날 맹자의 모친은,

천하의 사모(母師)라고 일컬었다.

한나라 때 현모(賢母)로는,

준불의(雋不疑) 모친이 있었다.47)

부인의 드높은 덕망은,

그들과 닮았다.

산북리(山北里) 마을의,

신화원(神禾原) 들판에 묘가 있다.

영험한 거북에게 길일을 물어,

이 영혼을 안장한다.

돌에 새겨 남기니,

천만년 영원히 전해지리.

---

47) 이 부분 원문이 "在漢稱賢, 有惑不疑"라고 되어 있는데, 여기서 '惑'은 '雋'의 오자로 보인다.

夫人姓劉, 其先漢河間王. 王有明德, 世紹顯懿. 至于唐, 有文昭者, 爲綿州刺史, 號良二千石. 其嗣愼言, 爲仙居令、光州長史, 克荷于前人. 光州, 夫人之父也. 夫人旣笄五年, 從于北海王府君, 諱某. 府君擧明經, 授任城尉左金吾衛兵曹. 修經術, 以求聖人之道; 通古今, 以推一王之典. 會世多難, 不克如志, 卒以隱終.

夫人生二子 : 長曰彝倫, 擧五經, 早夭; 少曰叔文, 堅明直亮, 有文武之用. 貞元中, 待詔禁中, 以道合于儲后, 凡十有八載, 獻可替否, 有匡弼調護之勤. 先帝棄萬姓, 嗣皇承大位. 公居禁中, 訏謨定命, 有扶翼經緯之績. 由蘇州司功參軍, 爲起居舍人、翰林學士. 將明出納, 有彌綸通變之勞, 副經邦阜財之職. 加戶部侍郎, 賜紫金魚袋. 重輕開塞, 有和鈞肅給之效. 內贊謨畫, 不廢其位, 凡執事十四旬有六日. 利安之道, 將施于人, 而夫人卒于堂, 蓋貞元之二十一年六月二十日也. 知道之士, 爲蒼生惜焉. 天子使中謁者臨問其家, 賻以布帛.

嗚呼! 夫人之在女氏也, 貞順以自處, 孝謹以有奉; 其在夫族也, 祗敬以承上, 嚴肅以涖下. 事良人四十有九年, 而勤勞不懈; 生戶部五十有三年, 而敎戒無闕. 年七十有九, 而戶部之道聞于天下, 爲大僚, 垂紫綬, 以就奉養. 公卿侯王, 咸造于門. 旣壽而昌, 世用羨慕. 然而天子有詔, 俾定封邑, 有司稽於論次, 終以不及, 時有痛焉. 是年八月某日, 祔于兵曹君之墓. 銘曰:

夫人之德, 溫柔敬直. 承于陰敎, 式是嬪則. 克生良子, 用揚懿美.
有其文武, 弘我化理. 天子是毗, 邦人是望. 若若紫綬, 榮于高堂.
惟昔孟氏, 號爲母師. 在漢稱賢, 有惑不疑. 懿懿夫人, 維其似之.
山北之里, 神禾之原. 問于靈龜, 閟此顯魂. 勒石垂休, 永永萬年.

낭주원외사호설군처최씨묘지(朗州員外司戶薛君妻崔氏墓誌 : 낭주 원외사호 설군 처 최씨 묘지)[48]

당대 영주자사 박릉(博陵) 최간(崔簡)의 딸 최원(崔媛)이 낭주(朗州) 원외 사호 하동(河東) 설손(薛巽)의 처로 시집갔다. 세 살 때 양보할 줄 알았고, 다섯 살 때 자계(自戒)할 줄 알았고, 일곱 살 때 여자 일을 할 줄 알았다. 글씨를 잘 썼고, 책을 읽어 고금에 통달했으며, 여가가 있으면 현악기 연주하고 시소(詩騷)를 읊는 것을 오락으로 삼았다. 예전에 최간은 문아(文雅)하고 청수(淸秀)하여 당세에 중용되었는데, 그 후 미혹에 빠져서 죄를 얻어 환주(驩州)로 쫓겨나 죽었다.[49] 딸들이 봉두난발로 울며 절규하니, 유씨가 데려다 키웠다. 설씨에게 시집가도록 외숙으로서 명하였다. 공손하고 부드럽고 정성스럽고 부지런하게 며느리와 처의 도를 지켜, 예전 부인 소생 아이들과 자기 소생 아이들을 똑같이 대하여, 섞어놓으면 전혀 구분할 수 없었다. 시기와 질투가 없었고, 어른들을 거역하는 성깔을 부리지 않아, 1무(畝)의 집에서 말소리 웃음소리가 이웃에 들리지 않았다. 원화 12년(817) 5월 28일, 아이를 막 해산하고, 간에 탈이 생겨 기가 폐로 역류하여, 왼쪽 겨드랑이에 맺혀서, 무의(巫醫)도 그치게 하지 못했다. 한 달 되는 날에, 복장을 깨끗이 하고 용모를 다듬고, 삶을 마쳤으니, 나이는 약간년이다. 모월 모일 낙양으로 운구하여, 모월 모일 묘에 안장했다. 북망산(北邙山) 남쪽 낙수(洛水) 동쪽이다. 설손이 예전에 하북 군량의 관리를 보좌하느라고 수고를 했는데, 미처 알려지지는 않았다. 어쩌다 그의 상관이 죄를 얻어, 그도 따라 내쳐졌다.[50] 대사면이 단행되어 북으로

---

48) 본편은 최간의 딸로 설씨에게 시집간 조카의 묘지다. 최간은 유종원의 자형으로, 유종원은 최씨의 외숙이 된다.

49) 최간은 원화 7년(812) 환주에서 사망했다.

50) 원화 초기, 성덕(成德) 절도사 왕승종(王承宗)을 토벌하는데, 우고모(于皐謨)·동계(董溪)를 하북행영양료사(河北行營糧料使)로 삼고, 최원수(崔元受)·위호(韋岵)·설손(薛巽)·왕상(王相) 등을 판관으로 삼아, 각각 군량을 나누어 공급하도록 했다. 군대가 파하고, 우고모

옮기게 되었는데,[51] 그의 처는 이미 화를 당했다.

설손의 부친은 대리사직 설중경(薛仲卿)이요, 조부는 태자우찬선대부(太子右贊善大夫) 설환(薛環)이요, 증조부는 평서령(平舒令) 설욱(薛煜)이요, 고조부는 공부상서 설진장(薛眞藏)이다. 최간의 부친은 대리사직 최필(崔畢)이요,[52] 조부는 아무개 관직을 지낸 최예(崔鯢)이다. 당이 홍기하여, 중서령 최인사(崔仁師)가 형벌이 자손에게까지 미치게 하지는 말자는 건의를 했었다.[53] 그의 2세가 조부이다.[54] 설손의 다른 여자의 자식으로, 아들은 노(老)이고, 딸은 장파(張婆)이다. 처의 자식으로, 딸은 타라니(陀羅尼)이고, 아들은 아무개로, 사실상 후계자이다. 명문은 다음과 같다.

공경과 신중을 겸비한 최인사,
큰 인(仁)의 덕을 지녔었다.
말 한 마디에 형벌이 경감되어,
200년 동안 그 혜택 이어졌다.
그 복이 중간에 사라져,
증손도 현손도 뒤를 잇지 못했다.
최간은 따스하고 문아(文雅)했건만,

등이 군량 수천 민(緡)을 횡령했다 하여 죄를 물었다. 원화 6년(811) 5월, 우고모를 춘주(春州)로, 동계를 봉주(封州)로 유배시켜, 가다가 담주(潭州)에 이르러 사약을 내렸다. 최원수 등이 이에 연좌되어 모두 영표(嶺表)로 쫓겨났다.

51) 원화 13년(818) 정월, 회서(淮西)의 난리를 평정하여, 천하에 사면을 내렸다.

52) 원문에서는 '필(畢)'로 되어 있으나, '엽(曄)'이 맞다.

53) 정관(貞觀) 16년(642), 도적에 관련된 법률에서 반역죄에 해당되면 형제까지 연좌시켜 관직을 몰수하도록 되어 있는 것이 너무 가볍다고 형부에서 주장하여, 사형으로 바꾸도록 고칠 것을 요청했다. 좌복야 고사렴(高士廉), 이부상서 후군집(侯君集), 병부상서 이적(李勣) 등은 중형을 내리도록 하자는 설을 따랐고, 민부상서 당검(唐儉), 예부상서 강하왕(江夏王) 도종(道宗), 공부상서 두초객(杜楚客) 등은 고치지 말고 예전대로 할 것을 주장했다. 당시 논자들이 한·위·진(晉) 때 모반하면 모두 3족을 멸했기 때문에 고사렴 등의 주장대로 하려고 했는데, 급사중의 자리에 있었던 최인사가 안된다고 반박하여, 태종은 그대로 따랐다.

54) 최인사는 최읍(崔挹)을 낳았다. 최읍은 최액(崔液)을 낳았다. 최액은 최예를 낳았다. 최예는 최엽을 낳았다.

끝내 미혹에 빠져 배척당했다.

최간의 자식은 7남 3녀,

그 중 여덟을 내가 키웠다.

그러고도 6년 동안 화를 당해,

살아남은 숫자는 마치 없는 듯하다.

복을 받아야 하건만 재앙을 내리니,

누가 이들을 보살필까?

설씨에게 시집간 부인은,

인덕과 재능을 갖추었다.

이웃에서는 부인의 말소리 들은 적 없고,

아랫사람들도 공손히 대했다.

어진 덕을 넓혀서 여러 소생 아이들을 보살피니,

아이들은 이상할 것도 가련할 것도 없어졌다.

첫째 부인 아이들도 보살피니,

시댁 식구들은 너무나 기뻤다.

제사용 가발 높이 틀어올리고,

제기도 훌륭히 갖추었다.

찌고 흠향하고 제물을 갖추니,

차린 것이 참으로 많기도 하다.

향이 피어나고 엄숙한데,

신이여 이것을 어떻게 먹을까?

혜중(奚仲)·중훼(仲虺)는,[55]

왜 복이 멀리까지 미치지 못하게 했는가?

고조부 증조부 조부 부친,

왜 이리 큰 화를 내렸는가?

---

55) 하(夏)나라 우왕(禹王)때 혜중이 설후(薛侯)로 책봉되고, 12세손 중훼가 상(商)나라 탕
왕(湯王)의 좌상(左相)을 지내, 이로부터 설(薛)을 씨로 삼았다.

부인이 없으니,
누가 이 집을 맡을까?
명문 새겨 슬픔을 고하고,
봉우리 묘소에 남긴다.

唐永州刺史博陵崔簡女諱媛, 嫁爲朗州員外司戶河東薛巽妻. 三歲知
讓, 五歲知戒, 七歲能女事. 善筆扎, 讀書通古今, 其暇則鳴絃桐諷詩騷以
爲娛. 始簡以文雅淸秀重於當世, 其後病惑, 得罪投驪州. 諸女蓬垢涕號,
柳氏出也. 以叔舅命, 歸于薛. 惟恭柔專勤, 以爲婦妻, 恩其故他姬子雜己
子, 造次莫能辨. 無怭忌之行, 無犯迕之氣, 一畝之宅, 言笑不聞于鄰. 元
和十二年五月二十八日, 旣乳, 病肝氣逆肺, 牽拘左腋, 巫醫不能已. 期月
之日, 潔服飭容而終, 年若干. 某月日遷柩于洛, 某月日祔于墓. 在北邙山
南洛水東. 巽始佐河北軍食有勞, 未及錄. 會其長以罪聞, 因從貶. 更大
赦, 方北遷, 而其室已禍.

巽之考曰大理司直仲卿, 祖曰太子右贊善大夫環, 曾祖曰平舒令煜, 高
祖曰工部尙書眞藏. 簡之父曰大理司直畢, 祖曰某官鯢. 唐興, 中書令仁
師議刑不孚. 其二世, 大父也. 巽之他姬子, 丈夫子曰老, 女子曰張婆. 妻
之子, 女子曰陀羅尼, 丈夫子曰某, 實後子. 銘曰:

翼翼仁師, 惟仁之碩. 一言刑輕, 綿載二百.
其慶中缺, 曾玄不績. 簡之溫文, 卒昏以易.
七男三女, 八我之出. 仍禍六稔, 數存如沒.
宜福而災, 伊誰云恤? 惟薛之婦, 德良才全.
鄰無言聞, 臧獲以虔. 推仁撫庶, 孩不異憐.
兄公是怙, 夫屬忻然. 髮髻峩峩, 籩豆維嘉.
烝嘗賓燕, 其羞孔多. 有苾有嚴, 神饗斯何?
奚仲、仲虺, 胡祐不遐? 高曾祖考, 胡嘏之訛?
淑人不居, 誰任于家? 書銘告哀, 以寘巖阿.

위부인분기(韋夫人墳記 : 위부인 묘소 기록)[56]

위부인은 성도(成都)에서 사망하여, 만년현(萬年縣)에 빈소를 차리고, 위남(渭南)으로 운구하여, 합장을 하려다가 하지 않았다. 대장(大葬)의 기일이 이롭지 않다 하여, 예에 따라 기다리려는 것이다. 부인 가족의 계보는 아무개가 쓴 지문의 내용과 같으며, 원화 4년(809) 모월 모일 하토를 하면서, 아들 아무개가 석각을 마련해 함께 묘혈에 넣는다.

韋夫人終成都, 殯萬年, 遷柩渭南, 祔而不合, 大葬未利, 以俟禮也. 其族系如某人之誌, 珊用元和十四年月日, 子某爲石刻而納諸壙.

마실녀뇌오장지(馬室女雷五葬誌 : 마씨 집 딸 뇌오 지문)[57]

마씨 집 딸 뇌오(雷五)의 부친은 사유(師儒)로, 진사 시험을 준비 중이다. 뇌오는 태어나면서 기교와 재치가 남달리 뛰어나 실로 무늬를 수놓는 일을 했는데, 사람이 한 것 같지 않아서 내가 보고 깜짝 놀랐었다. 집이 가난해서 해마다 옷을 갈아입지도 못했지만, 타고난 자질이 청결하고 단정하여, 항상 마치 주옥 비녀를 꽂은 듯 능라 비단을 입은 듯, 정연하

---

56) 본편은 위부인이라는 사람의 묘소에 기록한 것으로, 내용이 워낙 소략하여 위부인에 대한 자세한 내용을 알 수 없다.

57) 본편은 15세 어린 나이에 병사한 마씨 여자아이를 추도한 글이다. 본편 내용으로 보아, 마씨 여자아이는 세상 떠난 자기 묘에 유종원이 지문을 써주는 것이 소망이었지만, 가족이 감히 말을 못하던 중, 유종원에게 배속된 기녀가 이모였던 듯, 기녀로부터 내용을 전해 듣고 늦게나마 본편을 쓰게 되었다.

여 세상의 티끌에 쉽게 때문지 않았다. 나이 열다섯에 병들어 죽어서, 이틀 후 영주 동쪽 성 밖 동리(東里)에 안장한다. 그 아이 이모가 내 기녀였기에, 숨을 거두려고 할 때 "듣자 하니 유공께서 일찍이 나를 귀여워하고 어여삐 여겼다고 하는데, 이제 불행히도 죽게 되었으니, 혹시 공의 글로 내 묘지에 지문을 쓰도록 부탁할 수는 없겠는지요?"라고 말했다는데, 그 아이 부모가 감히 말하지 못했다고 한다. 매장하는 날이 되어서야 내가 그 말을 듣게 되어, 애처로워했다. 석물을 이미 다 마무리한 이후라서, 결국 검은 벽돌에 주사로 써서 추가로 묘지에 묻는다.

馬室女雷五, 父曰師儒, 業進士. 雷五生巧慧異甚, 凡事絲繢文繡, 不類人所爲者, 余覩之甚駭. 家貧, 歲不易衣, 而天姿潔淸修嚴, 恒若簪珠璣, 衣紈縠, 寥然不易爲塵垢雜. 年十五, 病死, 後二日, 葬永州東郭東里. 以其姨母爲妓於余也, 將死, 曰：'吾聞柳公嘗巧我慧我, 今不幸死矣, 安得公之文志我於墓?' 其父母不敢以云. 葬之日, 余乃聞焉, 旣而閔焉. 以攻石之後也, 遂爲砂書玄塼, 追而納諸墓.